KB141418

유민영·전성희 편

차범석 전집
5

희곡
1974-1977

태학사

차범석 전집 – 희곡 5(1974~1977)

초판 1쇄 인쇄 2018년 11월 23일
초판 1쇄 발행 2018년 11월 30일
엮은이 유민영·전성희
펴낸이 지현구
펴낸곳 태학사
등록 제406-2006-00008호
주소 경기도 파주시 광인사길 223
전화 마케팅부 (031) 955-7580~2 편집부 (031) 955-7584~90
전송 (031) 955-0910
홈페이지 www.thaehaksa.com **전자우편** thaehak4@chol.com

ISBN 978-89-5966-996-7 04680
ISBN 978-89-5966-991-2 (세트)

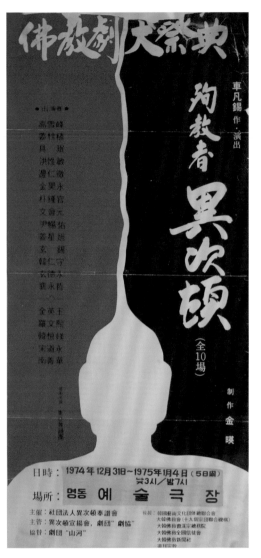

〈순교자 이차돈〉 포스터

〈순교자 이차돈〉 공연사진

〈순교자 이차돈〉 공연사진

〈셋이서 왈츠를〉 포스터

〈간주곡〉 포스터

〈오판〉 포스터

발간사

유민영

차범석 선생은 생전에 감투 쓰는 것에 그렇게 연연하지는 않았지만 그의 비중에 걸맞게 문화예술계 인사들이 오르기 어려운 큰 자리를 모두 거쳤다. 가령 한국문예진흥원장과 대한민국예술원 회장, 그리고 예술대학장 등이 바로 그런 자리였는데, 그 외에도 각종 잘디잔 감투를 누구보다도 많이 썼었다. 그러나 그가 어디에 글을 쓸 때, 붙이는 호칭에는 언제나 극작가라고 적었다. 이처럼 그는 여러 가지 감투는 잠시 지나가는 자리고 자신은 어디까지나 극작가로서 자부하고 있었지 않나 싶다.

그럴 수밖에 없는 것이 그의 평생을 놓고 볼 때 교사, 방송국 PD, 교수, 그리고 문예진흥원장 등 고정월급으로 생활한 기간보다는 극작가로서 원고료를 받고 산 기간이 더 길 것이기 때문이다. 그만큼 그는 자신이 일생을 보내면서 역사 속에 남길 유산은 어떤 자리가 아니라 문화예술계에 던져놓는 방대한 작품이라고 확신했던 것으로 보인다.

따라서 그가 생전에 가장 갈망했던 것은 전집출판이었고, 사후에는 자신의 이름을 딴 희곡상 제정이었다. 그래서 그는 만년에 12권짜리 전집을 발간하려고 목차까지 다 짜놓고 출판사와 접촉하다가 출판사정이 여의치 않아 무산됨으로써 생전의 꿈을 이루지 못하고 소천했지만 사후의 꿈인 희곡상 제정만은 유족과 조선일보사의 협조로 잘 되어 유망한 후진을 계속 양성하고 있다.

저간의 사정을 가장 잘 아는 이는 유족이지만 필자 역시 선생과 가까이 지내면서 그에 관한 이야기를 많이 했던 터라서 항상 숙제를 안고 있었다. 그러다가 이번에 유족 측의 용단과 태학사의 호의로 그의 꿈인 12권짜리 전집을 발간케 되어 숙제를 푼 것 같아 기쁘다. 그런데 이번에 전집을 준비하면서 선생을 잘 안다고 생각했던 필자마저 놀랄 정도로 그가 방대한 작품을 남겼음을 발견케 되었다. 희곡사적으로는 유치진에 이어 소위 리얼리즘극을 심화 정착시킨 작가지만 그의 창작범위는 상상을 초월한다. 즉 희곡을 필두로 하여 무용극본, 오페라극본, 시나리오, 악극대본, 그리고 방송드라마 등에 걸쳐 편수를 헤아리기 어려울 정도로 엄청난 작품을 남긴 것이다. 그가 작품만 쓴 것도 아니고, 자전을 비롯하여 수많은 연극평론과 에세이도 남겼다.

그런데 더욱 놀라운 것은 그 많은 글을 그가 순전히 수작업 手作業으로 해냈다는 사실이다. 선비적인 기질 때문인지 그는 일평생 컴퓨터, 운전, 휴대폰, 카드까지 거부하고 만년필과 볼펜으로 수십만 장의 원고지를 메운 셈이다. 문제는 작품이 너무 넘쳐서 12권 속에 모두 주어 담을 수가 없다는데 있었다. 그래서 할 수없이 나머지 작품들은 다음 기회에 별도로 내기로 하였다.

이 전집이 순탄하게 나올 수 있도록 도와준 차범석재단 차혜영 이사장 및 유족, 작품을 열심히 찾아내고 교정까지 보아준 전성희, 이은경 교수, 지방에서 멀리 올라와서까지 도와준 김삼일 석좌교수와 홍미희 목포문학관 학예사, 그리고 박명성 대표 등에 감사하고 태학사 지현구 사장 및 직원들에게도 고마움을 표한다.

아버지의 전집 발간에 부쳐

차혜영

사랑하는 아버지!

아버지 가신지 12년이 지났습니다.

세월이 흘러도 아버지는 생전의 그 모습 그대로 카랑카랑한 목소리는 제 가슴에 남아 아버지의 못 다 이룬 이야기들을 들려주시는 듯, 문득 문득 부족한 제 자신에 죄송한 마음이 들곤 합니다.

쓰고 싶은 일 하고 싶은 일이 너무 많아 83년의 시간이 너무나도 부족하셨나요? 바람처럼 살다보니 시간조차 쫓아오지 못해서 늙지도 않는다는 아버지의 욕심이 사단이었나 싶습니다.

아버지 가신 뒤 우리는 그저 무력하게 아무것도 할 수 없었습니다. 그때 저희를 일깨워 준 '신시뮤지컬 컴퍼니'의 박명성 대표의 은혜는 영원히 잊지 못합니다.

머뭇거리지 말고 하루 빨리 '차범석 재단'을 만들어 다음 해 부터라도 아버지를 기리는 일을 해야 한다고 우리를 설득했지요.

참 복도 많으신 우리 아버지! 아버지의 양아들 박 대표는 우리가 해야 할 일이 무엇인지 아버지의 뜻을 알고 있었답니다. 거기에 평생 아버지의 행동대장이시던 어머니는 사시던 집을 팔아 부족하지만 결코 부끄럽지 않은 재단이 탄생되었습니다. 10여 년 재단을 운영하며 아버지께서 가장 안타까워하시던 『차범석 전집』을 숙제처럼 가슴에 지니고 있었습니다. 그러던 지난 2016년 6월 6일 아버지의 10주기 날 저녁 유민영 교수님께서 전화를 주셨습니다.

"『차범석 전집』을 내야지? 오늘 문득 그 생각이 나서 말이야. 더 늦으면 나도 힘들어" 교수님은 그 날이 아버지 기일인지 모르셨다며 놀라셨습니다. 저는 순간 아버지께서 교수님의 생각을 빌어 말씀해 주시는 것 같은 착각에 가슴이 떨렸습니다.

그때부터 유민영 교수님의 기획 하에 전성희 교수님의 집요한 열정은 폭풍처럼 아버지의 여든 세 해의 시간을 무섭게 파고 드셨습니다. 가끔 저는 교수님의 일 하시는 모습에서 아버지의 깐깐한 모습을 보는 듯 깜짝 놀라기도 했습니다.

세월이 지나도 변함없는 의리와 애정으로 저희를 지지 해주시는 포항의 김삼일 교수님, 아버지의 발자취가 모조리 남아있는 목포 문학관의 홍미희 학예사님의 아낌없는 성원, 또한 첫 작업부터 완성까지 무조건으로 힘든 일 함께 해 주신 이은경 교수님, 그리고 저희의 풍족치 못한 재정에 항상 고민 하시면서도 출판을 맡아 주신 태학사 지현구 대표님이 계셔서 꿈같은 『차범석 전집』이 세상에 빛을 보게 되었습니다.

사랑하는 아버지!

『차범석 전집』의 책 커버는 아버지께서 어머니께 선물하신 저고리를 모티브로 어머니의 영정사진에서 전성희 교수님의 기발한 아이디어로 진행되었지만 이 모든 것에서 또 하나의 기적을 보는 듯 합니다. 아버지께서는 저 세상에 계시면서 우리를 총지휘 하시는 것 같은 착각 말입니다. 저희는 아버지라면 어떠셨을까를 항상 염두에 두고 하나하나 조심스럽게 만들어 나갔습니다.

아버지의 흡족해하시는 모습을 훗날 만날 수 있기를 기대합니다.

아버지의 영전에 아버지 여든 세 해의 소중한 작품을 바칩니다.

차범석의 생애와 예술

전성희

차범석은 한국연극사에서 최고의 사실주의 희곡작가이며 64편의 희곡을 발표한 다작의 작가다. 한국에서 사실주의 연극의 시작은 유치진에 의해서였지만 찬란하게 꽃을 피운 것은 차범석이다. 그러나 무용, 뮤지컬, 오페라, 국극, 악극에 이르기까지 다양한 예술 분야뿐만 아니라 방송 대본에 이르기까지 전방위적인 활동을 펼쳤던 차범석을 연극계의 인물로만 한정할 수는 없다. 그가 가장 애착을 가졌던 분야는 연극이었지만 그의 뛰어난 극작술과 다양한 예술에 대한 이해는 여러 장르의 대본을 창작할 수 있는 바탕이 되었고 그 결과 연극 이외의 분야에도 많은 작품들을 남길 수 있었다.

차범석은 1924년 11월 15일(음력 10월 19일) 전라남도 목포시 북교동 184번지에서 아버지 차남진(車南鎭) 어머니 김남오(金南午) 사이에서 3남 3녀 중 차남으로 태어났다.

일본 유학생 출신의 아버지는 중농 규모의 할아버지 유산을 잘 관리했을 뿐만 아니라 간척사업에 착수, 농토를 늘려 천석지기 지주가 되었는데 이는 아버지가 진취적이면서도 이재와 치산에 밝았기 때문일 것이다. 그 덕에 차범석은 유복한 가정에서 성장할 수 있었고 이러한 안정적인 가정환경은 차범석이 식민지의 궁핍한 상황에서도 교육과 일정부분 제도적 보살핌을 받을 수 있었다.

차범석은 외향적이며 저돌적인 형이나 소유욕이 강하고 고집스러운 아우의 성정과는 달리 말수도 적었고 자기주장을 하기 보다는 조용히 책을 읽거나 어머니의 곁을 지켰다. 보통학교 4학년 때 교지 「목포학보」에 〈만추〉라는 글을 실어 '예사롭지 않은 문재'가 엿보인다는 말을 듣고 소설가를 꿈꾸기도 했다.

이 무렵부터 차범석은 목포극장과 평화관을 드나들며 영화 관람에 빠졌고 1930년대 전후의 영화를 두루 섭렵, 극예술에 대한 이해를 넓힐 수 있었다. 6학년이 되던 해 그는 최승희의 무용 발표회를 보고 큰 충격과 감동을 받았다. 최승희는 차범석에게 '무대라는 세계, 막이 객석과 무대를 갈라놓은 공간, 보여주는 자와 봐주는 자 사이의 공존의 의미를 깨우쳐 준 첫 번째 예술가'였다.

어릴 적 차범석의 이름은 평균(平均)이었는데 중학교 입시를 앞두고 범석(凡錫)으로 개명, 이후 줄곧 범석이라는 이름으로 활동했다. 광주고등보통학교(후에 광주서중으로 개칭) 진학을 위해 목포를 떠나 광주로 갔지만 소극적인 성격은 변함이 없었다. 호기심이 많았던 그는 책방을 드나들며 하이네나 바이런의 시집, 일본 소설들을 읽고 장차 문학가가 되어야겠다는 꿈을 키웠다. 그러면서도 차범석은 어린 시절 목포에서 그랬던 것처럼 광주에서 보낸 5년 동안 약 4, 50편의 영화를 관람하고 영화 잡지까지 사서 보는 등 적극적으로 영화의 세계에 빠져 들었다. 후에 연극으로 진로를 변경하기는 했지만 극의 세계라는 같은 뿌리의 영화에 마력을 느꼈다. 방학이 되면 목포 본가에 내려가서 골방에 있었던 세계문학 등을 독파했다.

아버지는 차범석이 의사가 되기를 원했지만 그는 의사보다는 문학과 예술에 뜻을 두고 있었다. 아버지와의 불화는 권위적인 아버지가 어린 시절부터 형과 차별 대우를 했던 것에서 비롯, 그를 내성적이고 비사교적인 반면 '회의적이고 반항적이면서 한편으로는 미지의 세계에 대한 도전성과 공격성'을 갖고 있는 사람으로 성장하게 했다.

학교를 졸업하고 진학을 위해 도쿄로 건너가 2년 동안 입시 준비를 하면서도 극장에를 드나들었다. 이 극장은 '예술적인 호기심에다 불붙인 하나의 매체이자 기폭제'였으며 차범석에게 '직접적으로 드라마가 무엇인가를 암시하고 시사하고 터득해 준 교실'이었다. 이 무렵 차범석은 영화뿐만 아니라 일본 연극에도 관심이 생겨 자주 관람했다.

　연이어 입시에 실패한 차범석은 재수 준비를 하고 있었는데 전쟁으로 위험하니 귀국하라는 아버지의 명령으로 급히 돌아왔다. 차범석은 귀국하자마자 군대를 가야하는 징집의 위기를 맞았지만 병역면제의 혜택을 받기 위해 1년 과정의 관립광주사범학교 강습과에 입학을 했다. 교육에 뜻이 있었던 것이 아니었기 때문에 현실도피 생활에서 오는 자포자기의 심정과 허무는 그를 술로 이끌었고 이후 차범석의 건강과 삶에 큰 영향을 미쳤다. 교사 발령 4개월 만에 징집, 4개월간의 군대생활 중 해방이 되고 다시 모교에 복직하게 되었다.

　그는 1946년 문학공부를 위해 연희전문학교 전문부 문과에 입학, 뒤늦게 사회적 정치적으로 개안을 하게 되었다. 친일세력에 대한 과거청산이 역사적 필연성에 있다는 것과 동학혁명정신이 광주학생독립운동이나 3.1운동 정신과도 맥을 같이 한다는 것이다. 이러한 역사의식의 재확인은 자아각성으로 연결되고 그 결과 문학이나 연극에 대한 인식과 태도도 달라질 수밖에 없었다. 그래서 차범석은 일제 말기에 폐간되었던 문학잡지 「문장」의 전 질을 구해 읽으며 다시 문학공부를 하는 등 문학의 참다운 뿌리를 찾기 위해 노력했다. 자신이 가야할 길이 문학과 연극에 있다는 신념으로 문학서클 '새마을회'에서도 활동하고 '연희극예술연구회'를 조직하기도 했다.

　대학 시절 "우리가 처해있는 현실을 그대로 거울 속에 비춰보고 싶다"는 그에게 유치진의 강의는 사실주의에 대한 확신을 갖게 해주었고 이후 자신의 연극관으로 삼게 되었다. 그러면서 차범석은 직업극단의 공연과

연습장까지 찾아다니는 등 점차 연극 세계에 깊이 빠져들어 갔다.

1949년 유치진이 만든 제1회 전국남녀대학 연극경연대회에 '연희극예술연구회'가 차범석 역/연출의 〈오이디프스 왕〉으로 참가, 우수상을 수상했다. 차범석은 연극경연대회에 함께 참가했던 각 대학의 연극인들을 모아 '대학극회'를 조직하는데 앞장섰다. 그리고 1950년 초 국립극장이 설치되자 당시 유치진 극장장의 배려로 전속단원이 되어 현장에서 활동할 기회를 가질 수 있었다. 그러나 그것도 잠시 한국전쟁이 발발하자 고향으로 피난을 갔던 차범석은 목포중학에서 교편을 잡았다. 교직생활 중에도 습작을 게을리 하지 않으면서도 '목중예술제'를 만들었다. 목중예술제에서 1951년 처녀작 〈별은 밤마다〉를 무대에 올리고 주연까지 맡았다. 이 시기에 〈닭〉, 〈제4의 벽〉, 〈전야〉, 〈풍랑〉 등의 습작품을 정훈잡지에 발표했다.

대학 다닐 때 방학이면 고향에 내려와 목포청년들과 주변의 섬들을 여행하며 얻었던 소재를 바탕으로 〈밀주〉를 창작, 1955년 조선일보 신춘문예에 가작으로 입선하였다. 가작 입상에 만족을 못한 차범석은 이듬해 조선일보 신춘문예에 재도전, 〈귀향〉이 당선되었다. 〈밀주〉는 흑산도, 〈귀향〉은 해남을 무대로 그가 나고 유년시절을 보낸 바닷가 마을이 배경이다. 차범석은 〈밀주〉에서 가난한 어민들의 찌든 삶을 그렸지만 〈귀향〉에서는 가난한 농민을 묘사하면서 그 이유가 사회의 부조리와 모순 때문이라는 것을 지적했다. 이 지점에서 그의 희곡의 특성, 즉 로컬리즘을 바탕으로 한 사실주의 출발을 확인할 수 있다.

신춘문예 당선을 계기로 서울로 이주, 덕성여고에서 교편을 잡고 중앙무대를 향한 열정을 불태우며 창작에 몰두했다. 그러면서도 대학극회에서 같이 활동했던 김경옥, 최창봉, 조동화, 박현숙, 노희엽, 이두현 등과 '제작극회'를 결성, 한국연극에 새로운 바람을 일으켰다. 이 시기에 차범석은 활발하게 희곡을 창작, 문예지에 〈불모지〉, 〈4등차〉, 〈계산기〉, 〈상주), 〈분수〉, 〈나는 살아야 한다〉 등을 발표했다. 앞서 발표했던 로컬리즘을 바탕으로 한 사실주의극과는 다르게 고향을 벗어나 전쟁으로 좌절한 사람들을 사실적으로 묘사했다. 특히 〈껍질이 째지는 아픔 없이는〉은 4·19 1주년 기념공연으로 제작되었는데 혼탁한 정치 상황에서 드러난 신, 구세대 간의 갈등을 형상화한 것으로 차범석의 정치, 사회의 비판적 인식을 확인해 볼 수 있는 작품이다.

이러한 창작 경향은 이후에 〈산불〉(1961년)로 절정을 이루었다. 차범석의 대표작이며 '한국 사실주의 희곡의 최고봉'이라고 일컬어지는 〈산불〉은 6·25전쟁을 겪은 작가가 전쟁을 객관화시키는 사유의 시간을 통해 이데올로기가 인간을 어떻게 파괴하는지를 리얼하게 보여주었다. 그러한 점에서 〈산불〉은 한국 사실주의 연극의 수준을 한 단계 끌어올렸다고 할 수 있다. 차범석은 당시의 연극들이 '답답한 소극장 응접실 무대' 위주였던 데에서 벗어나 대숲이 있는 마을을 무대로 "이념의 대립과 갈등이 동족 전쟁을 야기하고 궁극적으로 인간 그 자체를 파괴해 간다는 강렬한 메시지"를 전달, 차범석 전후의 대표작이 되었다.

〈산불〉은 국립극장 초연 당시 큰 인기를 얻었고 이후 영화로, 방송 드라마로, 오페라로, 뮤지컬(〈새도우 댄싱〉)로 다양한 매체의 전환을 통해 관객과 만날 수 있었다. 원 소스 멀티 유즈라는 측면에서 보면 〈산불〉은 원천컨텐츠로서의 가치가 충분한 작품이다.

차범석은 〈산불〉의 성공 이후 신협 재기를 위한 이해랑의 요청으로 〈갈매기떼〉를 집필, 국립극장 무대에 올려 〈산불〉 못지않은 인기를 끌었다. 목포 부둣가에 있는 영흥관이라는 식당을 둘러싸고 벌어지는 정치권력과 조직폭력배간의 갈등, 그리고 그로 인해 무구하게 희생당하는 서민들을 그려냈다.

〈산불〉과 〈갈매기떼〉의 성공으로 고무된 차범석은 전문적인 극단을 창단하기로 마음을 먹었다. 당시 연극계가 동인제 극단시대로 진입하기 시작했고 드라마센터의 개관이라는 연극상황의 변화가 일어나고 있었기 때문에 이전의 아마추어적인 '제작극회'로는 변화에 대처할 수 없을 것이라는 판단에서였다. '제작극회' 다른 멤버들의 반대를 무릅쓰고 1963년 연극의 대중화와 전문화를 지향하는 극단 '산하(山河)'를 창단했다. 현실과 동떨어진 번역극 대신 창작극을 주로 공연했고, 극단 창단 당시 의도했던 대로 지방공연도 가지면서 왕성하게 활동을 이어갔다.

이 무렵 차범석은 MBC로 직장을 옮겨 바쁜 와중에도 극단 '산하'의 일뿐만 아니라 창작에도 매진, 〈청기와집〉, 당시 유명 배우 강효실을 위해 집필, '산하'에 상업적 성공을 안겨준 〈열대어〉, 〈풍운아 나운규〉, 동성애 문제를 다룬 〈장미의 성〉, 〈대리인〉, 정치와 정치인을 풍자한 〈왕교수의 직업〉 등의 희곡 외에도 '산하'의 공연을 위해 여러 편의 각색 작업과 연출로도 참여하였다.

1969년 사단법인 한국연극협회 제 7대 이사장으로 선출되면서 협회 일에 열심을 냈고 원래 하고 있었던 방송국 일과 작품 집필, 극단 운영 등으로 건강에 이상이 생겼다. 1970년 봄 간염으로 병원에 입원, 방송국까지 그만 두었지만 발병 전에 국립극장에서 차기공연작으로 위촉한 장막극 〈환상여행〉을 집필했다. 그는 책임감 때문에 와병 중에도 약속을 지키기 위해 무리를 하면서도 완성을 했다.

차범석이 병원에서 퇴원 후 1년간의 요양생활을 하는 동안 같이 활동했던 사람들이 이런저런 이유로 그의 곁을 떠났다. 그는 인생이 철저하게 외로운 것이며 이 길은 자신이 원해서 가는 것이니 누구도 원망하지 않겠다는 결단을 내렸다.

1972년 차범석은 MBC-TV 요청으로 일일연속극 〈물레방아〉를 집필했다. 〈물레방아〉는 당시로서는 드물게 5개월 동안 방영, 100회를 넘겼으며 이러한 롱런은 MBC-TV 사상 최초였다. 이전에 라디오 드라마와 TBC(동양방송) 단막극, 〈태양의 연인들〉과 같은 특집극을 쓰기도 했지만 TV

일일연속극은 그로서도 처음이었지만 성공적이었다. 드라마의 성공은 차범석에게 경제적 안정을 가져다주었고 그래서 차범석은 연극 현장으로 돌아올 수 있었다.

1974년 6년 동안 맡았던 한국연극협회 이사장직을 이진순에게 내주고 그 해 봄 극단 산하의 사무실도 마련하고 연극현장의 기록이 소실되는 것이 안타까워 〈극단 산하 십년사〉를 펴내는 등 다각적인 연극활동을 펼쳤다. 그런데 1975년 동양극장과 '산하' 간의 전속 계약을 체결, 계약금과 중도금을 지불하고 의욕적으로 공연을 준비하던 차에 동양극장의 매각 사실을 알게 되었다. 속수무책 사기를 당한 차범석은 잔금은 안 털렸으니 다행이라고 스스로를 위로했다. 이러한 차범석의 긍정적 태도는 이후 창작태도에도 영향을 미쳤다.

유신의 시대를 거치면서 유신을 지지하기보다는 오히려 부정적인 시선을 견지하고 있었던 그였지만 〈약산의 진달래〉, 〈활화산〉 같은 새마을 극본을 쓰기도 했다. 그렇지만 새마을운동의 찬양이 아니라 "나와 함께 살아가는 이 시대의 이야기"로 가난과 싸우는 농촌여성의 "삶을 리얼하게 묘사함으로써 우리가 안고 있는 퇴영적이면서도 부정적인 행태를 드러내"려 했다. 이 시기에 그의 역사인식은 자연스럽게 개화기를 향했다. 〈새야새야 파랑새야〉에서는 동학도와 같은 민중의 저항을, 〈손탁호텔〉에서는 외세의 압력에도 불구하고 꿋꿋이 자존을 지키기 위해 투쟁하는 서재필과 같은 진보적 청년들의 연대를 그리면서 창작의 지평을 넓혀갔다.

1970년대 중반에 들어서면서 연극계는 상업주의가 팽배하고 있었는데 이것은 '산하'가 지향하는 연극 대중화와는 달랐다. 차범석은 연극에 있어 앙상블을 중요하게 생각했기 때문에 한두 명의 스타에 의존, 웃음을 파는 연극을 극도로 경계했다. 그런데 상업주의가 판치던 당시의 연극현실은 동인제 시스템을 고수했던 차범석에게는 절망적이었다. 그런 상황에서도 문학성과 연극성을 지닌 레퍼토리라면 승산이 있을 것이라고 판단,

차범석의 생애와 예술

1979년 〈제인 에어〉를 무대에 올렸다. 그러나 관객들의 외면으로 흥행에 실패하고 말았다. 일련의 일들로 차범석은 '산하'가 추구하는 대중성에 대한 회의가 일어나고 '산하'의 해산문제까지 생각하기도 했다. 그렇지만 차범석은 유신정권의 횡포와 비민주적 정권욕으로 급격하게 경색되어가는 시대에 연극을 통해서 이야기를 해야겠다는 결심을 했다. 연극대본의 사전심사제로 창작극의 공연이 어렵게 되자 숀 오케이시의 〈쥬노와 공작〉 연습에 들어갔다. 1980년 5월 공연을 보름 앞두고 광주민주화항쟁이 일어나자 차범석은 공연중지를 선언했다. 그 이유는 사람들이 총칼에 쓰러지고 있는데 연극을 하고 있을 수 없다는 것이었다.

실의에 빠진 차범석에게 MBC-TV에서 농촌드라마 의뢰가 들어왔다. 옴니버스 형식의 농촌드라마 〈전원일기〉를 1년 동안 총 48회 집필했다. 1980년 10월 22일 '박수칠 때 떠나라'를 시작으로 1981년 10월 20일 '시인의 눈물'까지 꼭 1년을 썼는데 어수선한 시국에 농촌에 대한 향수를 자극해 최고의 드라마로 자리를 잡았고 이후 20년 동안 방송되면서 최장수 드라마로 남았다. 그런데 차범석은 연극을 하기 위해 방송국의 간청에도 불구하고 〈전원일기〉 집필을 포기했다.

'산하'에 돌아와 1980년에 준비하다 중단했던 〈쥬노와 공작〉을 무대에 올려 보았지만 흥행에 참패하고 말았다. 그리고 '산하'의 재기를 위해 옛 멤버들을 규합해 보려했지만 이마저도 여의치 않았다. 결국 〈산불〉 공연마저 실패하고 1983년 '산하'를 해단하는 어려운 결정을 내렸다.

그를 무대로 이끌었던 유년시절의 최승희 공연의 영향과 대학시절 춤을 배우러 다녔던 경험 때문이었는지 1982년 조영숙무용단의 〈강〉을 시작으로 최청자무용단의 〈갈증〉 등 무용극으로 창작의 장르를 확대해 나갔다. 이후에 무용극 〈도미부인〉(1984년 국립무용단, LA 올림픽참가공연), 〈십장생도〉(1988년 홍정희발레단), 〈저 하늘 저 북소리〉(1990년 국립무용단), 〈고려애가〉(1991년 국립발레단), 〈꿈의 춘향〉(1992년 서울시

립무용단), 〈파도〉(1995년 국립국악원 무용단), 〈오데로〉(1996년, 국립무용단) 등 여러 편의 무용극 대본을 창작했다.

1983년 차범석은 청주대학교의 요청에 의해 연극영화과 교수로 부임했다. 조용한 곳에서 창작의 기회를 가질 수 있다는 점이 그에게 매력적으로 다가왔고 학생들과의 생활이 연극판에서 지친 그에게 활력을 주었다. 그러나 그가 예술대학장직을 맡으면서 휴식은 끝나고 말았다. 당시는 학원민주화 운동이 번지고 있었을 때였다. 누구보다도 민주화를 열망해 왔던 그였지만 과격해진 학생들의 기물파괴 등의 파괴적인 행동은 받아들일 수 없었다. 목포 북교초등학교, 덕성여고에서 교사로 재직하고 있을 때 불의를 보면 참지 못하고 투쟁을 했던 그로서도 학생들의 그런 행동은 받아들일 수 없었고 결국 보직에서 물러났다.

그 때 '서울88예술단'이 조직되면서 차범석에게 단장을 맡아달라는 제의가 들어왔다. 단장직을 수락했지만 총체가무극이라는 것이 그가 생각했던 연극의 방향과 맞지 않았을 뿐만 아니라 관의 간섭이 싫었던 그는 창립공연으로 〈새불〉을 올리고 다시 대학으로 복귀했다. 생래적으로 구속을 싫어하고 자유를 추구했던 그로서는 이러한 상황이 견디기 어려웠을 것이다. 오죽했으면 목포북교 초등학교 시절 자신이 담당했던 학급의 급훈이 자유였을까.

대학으로 돌아간 그는 특정사회단체의 요청이기는 하지만 신채호를 다룬 〈식민지의 아침〉, 김대건 신부의 일대기를 그린 〈사막의 이슬〉 등 활발하게 창작활동을 이어갔다. 1989년 학교 측에서 총장으로 추대하려는 움직임이 보이자 교수직을 사퇴하고 이후 서울예술대학의 교수로 자리를 옮겨 창작에 몰두했다. 이 시기에 차범석은 창작방식에 있어 변화가 일어나 이전의 창작방식에서 벗어나 형식과 주제가 다양한 작품을 발표했다.

1992년 징용 노무자의 딸 야마네 마사코의 자전적 수기를 바탕으로

차범석의 생애와 예술

쓴 〈안네 프랑크의 장미〉는 '일본제국주의의 만행을 용서와 화해의 차원에서 접근' 하였으며, 〈통곡의 땅〉은 백범 김구의 삶을 작품화하면서 한국현대사에서 이념문제를, 〈나는 불섬으로 간다〉에서는 소작쟁의와 그로 인해 생긴 연좌제 문제를 제기하기도 했다. 작가적 연륜이 깊어가면서도 차범석의 의식은 언제나 날카롭게 깨어 있어 부당하거나 문제가 있는 것에 대해서는 비판적 태도를 취하는 스탠스만큼은 변함이 없었다. 이색적으로 〈바람 분다, 문 열어라〉에서는 여성들의 변화를, 〈그 여자의 작은 행복론〉에서는 어머니와 아들 간의 근친상간적 욕망을 그려내는 등 소재의 영역도 넓혀갔다.

차범석은 본래 대중예술과 고급예술을 경계 짓는 것에 대해 우려를 해왔다. 어떤 작가보다 사회의식이 있는 작품을 쓰면서도 대중성 또한 중요하게 생각했다. 노년의 차범석은 그 경계를 허물고 〈가거라 38선〉같은 악극의 대본을 쓰거나 의뢰를 받은 것이긴 하지만 뮤지컬 〈처용〉, 오페라 〈백록담〉, 〈연오랑 세오녀〉의 대본 등을 썼다. 그러면서도 〈옥단어!〉(2003년)와 같은 작품에서는 깊은 사유의 절정을 보여주었다. 이 작품은 '단순한 연극이 아닌 우리의 현대사와 그 아픔을 되돌아보자는 데에 그 의미를' 두고 있다. 차범석은 〈옥단어!〉에서 자신이 '평생 동안 삶의 방식으로 지켜온 자유정신을 투영'시켰으며 떠돌이 옥단이를 통해 인생의 허망함을 보여주면서 한국적 사실주의의 진전을 이루어 냈다는 평가를 받았다.

2006년 세상을 떠날 때까지 차범석은 다양한 장르를 경계 없이 넘나들며 많은 작품들을 발표했던 현역 작가였으며 연극인이었다. 자리에 욕심을 낸 적이 없었던 차범석이지만 한국연극협회 이사장, 한국문예진흥원장, 대한민국예술원회장 등을 지내 예술인으로서 영광도 누렸다.

차범석 전집 5

■

차례

발간사 유민영 001

아버지의 전집 발간에 부쳐 차혜영 003

차범석의 생애와 예술 전성희 005

꽃바람 017

순교자 이차돈 084

셋이서 왈츠를 156

쑥굴레떡 235

간주곡 255

쌍둥이의 모험 275

화조 326

오판 396

일러두기

* 명백한 오자, 탈자 외에는 가능한 원본을 그대로 수록했음을 밝힌다.

* 신문기사·작품〈 〉, 책제목「 」로 표기했다.

* 잘 사용하지 않아 의미가 명확하지 않은 단어는 각주를 붙여서 설명했다.

꽃바람 (6막)

- 등장인물

  정공례(18~60), 이 극의 주인공

  명대덕(48), 공례의 남편, 주단포목상 주인

  기철(23~26), 명대덕의 아들

  기숙(17~22), 명대덕의 딸

  정일만(40), 정공례의 아버지

  이 씨(42), 정공례의 어머니

  박용세(22~26), 명대덕의 점포 점원

  오산댁(45~50), 명대덕의 집 식모

  개성댁(40), 포목행상 겸 중매인

  정자(19), 공례의 친구

  말례(18), 공례의 친구

  형사(30), 일본경찰

  기자(27), 방송보도 기자

  재판장 등장 않음

  검사

  간수

- **때**

  서막은 1970년대 초기, 그 밖의 시대 배경은 1937년부터 약 5년
  동안에 일어난 일
  단, 정공례는 18세부터 약 40년간
- **곳**

  서막 - 중학교 재단이사장실
  1막 - 공례의 집 초가
  2막부터 4막 - 명대덕의 집

서막

묘앞에 큼직한 테이블과 회전의자가 있다. 테이블 위에는 '이사장 정공례'라고 쓰인 명패가 잘 보이도록 놓여 있다.

시골 중학교 브라스 밴드가 연주하는 행진곡이 우렁차게 퍼지는 가운데 객석 뒤에서 정공례 여사가 등장한다.

박수소리와 학생들의 환호성에 답한 듯 손을 흔들며 무대 위로 올라선다. 그녀 뒤에 방송국 보도부 기자가 휴대용 녹음기를 어깨에 메고 따라나선다.

정공례 여사는 나이보다도 훨씬 머리가 희였다. 은회색 두루마기의 은근한 광택과는 대조적으로 그녀의 손은 거칠고 얼굴에 주름살도 유난히 고랑이 져 보인다.

그녀는 회전의자에 어색한 자세로 걸터앉는다. 긴장과 환희와 그리고 일말의 허무감마저 얽히어진 표정은 매우 착잡한 그늘을 지게 한다. 어느덧 취주악은 서정적인 동요곡 〈고향의 봄〉으로 바뀌며 아련히 바다으로 깔려 아까까지의 축제 기분에서 쓸쓸한 분위기를 일게 한다.

기자 (마이크를 꺼내며) 감상이 어떻습니까? 할머니!

공례 (아직도 흥분이 가라앉지 않은 상태에서) 가, 감상이랄게 뭐 있나유 … 그, 그저 덤덤 하구먼유.

기자 이렇게 할머니께서 손수 모으신 재산으로 학교를 세우셨는데 그래도 뭔가 느끼시는 점이 있으실텐데요. 한 말씀 해 주십시오. (하며 마이크를 입 가까이 가져다 대자 정 여사는 반사적으로 피한다)

공례 이게 뭐예유?

기자 (쓴웃음을 뱉으며) 겁내실 건 없습니다. 할머니의 말씀을 이렇게 녹음해서 우리 방송국의 전파를 통해 전국 방방곡곡으로 방송하고 싶어서 서울서 내려 왔으니까요.

공례 무슨 이야길 하나유? 난 그저 못 배우고 못사는 촌아이들에게 조
금이라도 도움이 되어 주어야겠다는 생각뿐이었지유.

기자 그렇지만 말이 그렇지 그게 어디 쉬운 일인가요? 듣자니까 할머
니께서는 37년 동안 모은 재산을 몽땅 내 놓으셨다지요?

공례 예… 뭐 재산이랄 것도 없지유…

기자 어떻게 돈을 모으셨나요?

공례 (멋쩍게 웃으며) 그 이야길 죄다 할라치면 날 새도록 해도 못하지
유… 홋흐… (하며 옷소매에서 손수건을 꺼낸다)

기자 어떻습니까? 해주세요. 우린 할머니가 근 40년 동안 고생하신 이야
기를 듣고 싶습니다. 더구나 요즘 세상처럼 각박하고 메마른 시
대에 할머니께서 온갖 고생 끝에 모으신 이천만 원이라는 돈을
내놓으시게 되었다니 여러 가지 사연도 많으셨으리라 믿어지는
데요…

공례 (차츰 흥분이 가라앉는 듯 길게 숨을 몰아쉬며) 사연이사 많았지유.
내사 일자무식인데다가 쪼그라진 농사꾼의 딸로 태어나서 끼니
굶기를 냉수 마시듯 핫지유.

기자 그러시면 이천만 원이라는 돈을 다른데다가 쓰실 수도 있었을
텐데 왜 하필이면 학교를 세우시겠다고 결심하셨나요?

공례 (눈을 번쩍이며) 그까짓 돈 이천만 원은 다른데다가 워떻게 쓴단
말이유? 아까도 말했지만유 나는 어려서부터 뭣이 기중 부럽는고
하면 공부 많이 한 사람이 기중 부럽데유. 돈 많은 사람도 싫고유…
비단옷도 싫고유… 그저 공부 많이 한 사람이 그렇게도 부럽구
쳐다보여지고 하대유… 그래서 나는 나이가 들어가고 수중에 돈
이 모여지게 되니까 저절로 떠오르는 생각이 바로 학교 세우는
일이었지유. 내가 못 배운 대신 촌 아이들만은 꼭 지식을 가르쳐

사 쓴다고 생각했지유.

기자 그러니까 누구하고 의논하거나 뜻을 같이 한 분은 없었다 이 말씀이군요? 학교를 세우는데…

공례 아 그건 전혀 없었다고는 할 수 없지유.

기자 그게 누굽니까? 제가 알기엔 주인어른께서는 일찍 세상을 뜨신 걸로 알고 있는데요.

공례 (서슴지 않고) 예 그 양반은 내가 시집간 지 3년도 못된 해에 돌아가셨지유.

기자 그때부터 혼자서…

공례 (손꼽아보며 과거를 회상하듯) 열여덟에 시집가서… 스물하나에 혼자되었으니… (한참 손가락을 꼽는다) 서른일곱 해를 혼자 살았지유… (자기도 모르게 쑥스러워지는지 피식 웃으며) 내가 팔자가 시었는가비여! 그러니께 청상과부로 지내왔지유… 훗흐…

기자 (흥미를 느낀 듯 바짝 다가서며) 할머니 그때 얘기부터 해 주시겠어요?

공례 그때라니유?

기자 할머니 시집가시던 얘기 말이에요. 기억나시죠?

공례 기억이사 나지유! 지금도 눈 앞에 선하지유. 옛날 일이다라는 생각도 없고유. 그저 작년이나 재작년에 있었던 일처럼 선하다니께유! (한숨을 몰아쉬며) 생각하자면 나같이 미련하고 꽉꽉한 인생도 아마 이 세상에 없을 거예유… 사람마다 제가끔 슬픔도 있고 괴로움도 있었겠지만… 내가 걸어온 이약들은 정말 기가 맥힌 일이 한두 가지가 아니었지유. (다음 순간 울음이 목구멍까지 치솟은 걸 재빨리 손수건으로 가리고 나서) 그것이 다 못 배운 탓이었지유… 시상이 뭣인지도 모르고… 산다는 것이 무엇인지 사랑하고 미워하는 것이 무엇인지도 모르고… 그저 뼈가 아스라지고 살이 녹아들도록 일만 하다 보니께 그만… (다시 눈물을 삼키며) 그것을 알게

꽃바람

되었을 때는… 벌써… 백발이 성성하고 말았으니… 따지고 보면 난 헛 세상 살았지유… 헛 세상 살았어.

기자 그럼 지난날을 후회하고 계십니까?

공례 그렇다고 후회는 안하지유! 난 한번 지나가 버린 일은 후회하거나 미련을 느끼며 살지는 않았으니께유… 다만 한번 실수한 일은 다시는 안 해야겠다고 마음 먹었지유… 깨진 그릇 조각을 맞추면 뭣하나요. 고름이 살이 되간디유? 강물은 거꾸로 흐르지는 못하지유… 그래서 제가 남편을 잃고도 개가를 안 한 것도 그런 생각이지라우… 제가 신식공부를 한 신여성처럼 뭣을 많이 알아서가 아니라우… 아마 우리나라 여성들의 절반은 그렇게 살아왔겠지유… 그렇지만 지금 세상에는 그런 일이 있었어도 안 되고 있을 수도 없지만유… 내가 시집가게 된 이약부터 하자면 정말 기가 막히지유.

기자 할머니, 그 얘기 좀 해주세요.

공례 (잠시 생각에 잠기다가) 예, 그렇게 합시다.

기자 감사합니다.

암전

제1막

무대

정공례의 집.

집이라기보다는 움막이라는 것이 더 적합할 정도로 초라한 초가집.

방 하나에 부엌이 딸렸다.

때는 봄. 해질 무렵.

막이 오르면 정자, 말례가 토방에 앉아서 나물을 다듬고 있다. 보릿고개를 넘기기 위해서 해마다 이맘때는 쑥을 캐다가 죽을 쒀 먹어야 하는 이들에게 있어서 이 일은 지겹고도 나른한 작업이다. 멀리서 지나가는 완행열차의 푹푹거리는 소리가 한층 권태로운 분위기를 자아내게 한다. 말례가 노래를 부른다.

말례   우리 어메 노리개는
　　　　보리방아가 노리개요.
　　　　우리 아부지 노리개는
　　　　담뱃대가 노리개요.
　　　　우리 서방님의 노리개는
　　　　아랫목이 노리개요.

정자   (장난기어린 시선으로 보며) 말례야! 너 봄이 되니께 시집 못가서 몸살 나는가비여… 훗흐…

말례   흥… 그렇게 말하는 너는? 마음이 바쁜 건 정자 너제 나는 아니여! 헛허…

정자   (한숨을 뿜으며) 아이고… 꽁례도 못가는 시집을 내가 워떻게 간다냐…

말례	꽁례는 꽁례고 너는 너제! 늬가 꽁례땀세 못가는 감? 홋호… 나물이나 캐!
정자	홋호 허긴 그렇지 꽁례는 인물이 못났을까 행실이 못됐을까 원수의 돈이 없어서 시집 못가지만 말이여! 우리사 인물도 못났지 바느질 솜씨는 섬머슴 장작 패듯 하니께 시집 가기는 다 틀렸네 홋호…
말례	흥… 그래도 헌 보선도 제짝이 있고 부서진 돌쪽이에도 제짝이 있다는데 무슨 걱정이여!
정자	홋호… 아무리 네가 그렇게 몸살 나도 중매장이가 얼씬도 안 하는디 어떻꿈 시집 가냐!
말례	에게 그까짓 중매장이 없음 시집 못가남!
정자	암 중매장이가 그 집안에 드나들어야 시집이고 장가고 가제 우리같은 가난뱅이는 어느 월에 시집 간담!

이때 부엌에서 꽁례가 나온다. 18세의 처녀 앞가슴이 눈에 띠게 부풀었다.

꽁례	웬 잡소리들이여 어서 나물이나 다듬제.
정자	꽁례야 접대 느이집에 개성댁이 왔다문서?
꽁례	개성댁?
정자	그래 포목장수 하는 개성댁 말이여!
꽁례	(얼버무리며) 응… 그, 그렇지만 난 못 봤어.
정자	정말?
말례	그 개성댁 들어서 안 익은 혼담은 없었다는디… 꽁례 너 중매 서려고 왔는갑다.
꽁례	아, 아니여. 내가 지금 무슨 재수로 시집 가냐? 끼니도 없어서 이

렇게 날마다 나물 캐다 죽 쒀 먹는 판국에…

말례 (한숨을 뱉고 노래하듯) 아이고 내 팔 짜야… 언제나 이 논두럭 운전수 신세를 면한다냐! 벼락 맞을 호미는 언제나 버릴꼬! (하며 옆에 있던 호미를 내동댕이친다. 모두들 웃어 제친다)

공례 별 수 있남! 듣자니께 내년부터는 군청에서 곡식 공출은 하란다는데 이제 나물이라도 안 캐 묵으면 영낙없이 굶어죽제!

정자 아이고… 나도 영임이처럼 만주로나 갈까비여!

말례 정자야! 너 그거 말이라고 하냐? 다른 가시네가 어떻굼 만주에 가… 가긴…

정자 갈려고 마음먹으면 왜 못가… 소문 들으니께 만주 가면 우리 같은 까막눈들도 돈벌이 할 수 있고 먹고 입고 편하디야!

말례 아니여! 그것도 총각들 얘기레 우리들 같은 촌가시내야 누가 무엇으로 써줘! 써주긴!

(노래) (진도아리랑에 맞춰)

남의 집 영감은

자동차를 타는데

우리집 그 잡놈은

논두렁만 탄다네

아리 아리랑…

이씨 (아슬하게 멀리서) 꽁례야… 꽁례야.

정자 꽁례야 누가 부른다. (하며 행길쪽을 넘어다 본다)

말례 꽁례 늬 어머니 오신다!

공례 응? (하며 자리에서 일어나서 돌각담 모퉁이까지 나간다)

공례 어머니 이 씨가 빈 광주리를 끼고 숨을 헐떡이며 등장.

꽃바람

공례 엄니 왜 그래유?

이씨 꽁례야 어서 들어가서 머리에 빗질하고 몸단장 해라. 개성댁이 온다.

공례 개성댁이 와유?

이씨 그래 늬 아부님하고 같이 온다. 후딱 혀! (하며 뜰 안으로 들어선다. 어리둥절해 하는 정자와 말례를 건성으로 보며 설친다) 늬들 왔냐? 우리 집에 손님이 오신다니께 어서들 돌아가 봐라. (툇마루를 훔치며) 있다 저녁에 놀러와! 지금은 바쁘니께… 잉? 어서들 가봐! 잉?

이 씨가 설치는 바람에 정자와 말례는 다듬고 있던 나물을 소쿠리에 쓸어담고 나간다.

정자 꽁례야 간다!

말례 또 보자!

두 사람이 나가자 공례는 시무룩한 표정으로 뜰로 들어와서 다시 나물을 다듬는다.

이씨 꽁례야! 왜 그렇고 있냐? 어서 서둘러.

공례 뭣을 서둘러유.

이씨 단장하고 기다리라고 했단 말이여. 늬 아부지가.

공례 어째서유?

이씨 이 가시네야! 그걸 내가 어떻꿈 안다냐. 네 아부지가 시키시는 일이니께 해나아제 어서!

공례 엄니도 입 두었다 보리 흉년에 죽 쑬래유? 무슨 일인지 물어보지두 못해유?

이씨　　아이고 쑥방망이로 홍두깨질 하겠네. 꽁례야 너 아부지 성질 몰라서 그러냐? 내가 무슨 일이냐고 묻는다고 그 양반이 고분고분하게 말씀하시는 양반이냐 말이여! 그저 무엇이든 이녁 성미대로 하시고 한번 고집을 부리면 황소사타구니에서 뿔이 돋아도 안 움직이는 어른이신디 늬가 몰라서 그러냔 말이여!

공례　　그렇지만 엄니가 그것도 못 물어봐유?

이씨　　물어보고 자시고가 워디 있어? 늬 아부님이 냉큼 하라고 재촉하시니께 나도 숨넘어가게 뛰어 왔제… 어서 일어나 이것아… (하며 억지로 일으켜 방으로 몰고 간다. 이때 한길쪽에 공례아버지와 개성댁이 들어선다. 개성댁은 포목보따리를 머리에 이고 있다. 행동이며 언사가 매끄러워 시골사람들과는 좋은 대조를 이룬다)

개성댁　　그러니까 나하고 같이 내일이라도 당장에 경성으로 올라갑시다.

아버지　　경성이요?

개성댁　　예, 가서 직접 보시면 아실 게 아니에요 내 말이 거짓말인지 참말인지… 아직도 내 얘기를 미심쩍어 하시니까 말이에요.

아버지　　원 별말씀을… 내가 왜 개성댁 얘기를 못 믿어서 그런가유?

두 사람은 툇마루에 걸터앉는다.

개성댁　　그럼 뭐가 두려워서 그러세요? 자, 돈 있고 가문 좋고 인물 훤하고 알뜰한 신랑감인데 뭐가 모자라서 그러세요! 하긴 흠이 없는 것도 아니죠.

아버지　　예?

개성댁　　신랑 나이가 마흔 여덟이니까 따님 나이하고 비한다면 좀 많긴 하지만 (강조해서) 한번 만나 보시면 다에요.

그녀는 담배를 꺼내서 피운다.

개성댁	말이 마흔 여덟이지 아직도 이팔청춘 같아요. 얼굴 화색은 홍도화요 이마가 시원스럽게 트인데다가 살결이 팽팽한 게 꼭 오뉴월 잉어처럼 싱싱하다니까요. 나이가 많아 보이기는커녕 어디 나가면 삼십 안팎으로 밖에 안 보여요. 글쎄 백년 말해봐도 입만 아프고요. 좌우단간 나하고 같이 경성으로 올라갑시다. 그래서 내 말이 틀렸으면 이 눈을 송곳으로 찌르건 고춧가루로 반죽하건 마음대로 하세요.

아버지	그, 그런 것이 아니라… 우리 꽁례로 말하자면 나한테는 단 하나뿐인 혈육이라서.

개성댁	글쎄 눈에 넣어도 아프지 않을 외동딸이라는 걸 누가 모르나요? 그래서 내가 이쪽 집안 형편을 샅샅이 얘기했어요. 아닌 말로 부엌에 부지깽이가 몇 개 있고 수저가 몇 벌이고 초 단지 안에 초가 얼마 남아 있다는 것까지 죄다 말씀드렸지요 훗호…

아버지	그랬더니 뭐라고 하던가유.

개성댁	두 말 할 것 없이 좋다는 거죠!

아버지	좋아요?

개성댁	예… 막말로 저 편에서도 색시 하나보면 그만이지 집안이고 재산이고 무슨 상관인가 이거죠! 살림하고 남편 공경할 줄 아는 그런 얌전한 색시면 된다는데 자꾸 그러세요? 내, 참 이렇게 좋은 혼담이 또 어디 있겠수.

아버지	그, 그렇지만… 어쩐지…

개성댁	게다가 앞으로 처가 식구… 뭐 식구하야 장인 장모 두 분 뿐이 없지만 평생을 편안하게 모시겠다니 얼마나 좋아요. 이거야 말로 누님 좋고 매부 좋고 땅 짚고 헤엄치기죠. 훗호…

아버지 (계면쩍게) 훗호…

이씨 (방문을 열고) 여보…

아버지 응.

이씨 꽁례 데려 왔어라우.

개성댁 아이구 색시 왔구려 어서 나와 보세요 훗호…

이윽고 공례와 이 씨가 나온다. 머리에 기름을 발랐음인지 윤기가 흐른다.

개성댁 (호들갑을 떨며) 아이구… 어쩜 그렇게 서 있는 모습이 오월 울타리
에 핀 박꽃 같구먼! 훗호! 어서 앉아요. 색시… 어서.

아버지 꽁례야. 거기 앉아라.

공례 예.

공례는 툇마루 끝에 앉는다. 개성댁은 공례의 용모를 탐나는 시선으로
바라본다.

아버지 참, 꽁례야 인사드려라.

개성댁 인사는 무슨…

아버지 아니어유. 제대로 학교 공부는 못 배웠지만 인사성은 차릴 줄 아
는 게 우리 집안이지요. 자, 어서 인사드리라니께…

공례 예, 절 받으세요.

공례가 사뿐 절을 한다.

개성댁 에그! 어쩜 절하는 품이 이렇게도 얌전할까… 훗호 지금까지 나
도 여러 집안의 규수를 대해 봤지만 이렇게 얌전한 절 솜씨는 처

음이에요. 홋호… 편히 앉아요.

공례   예.

네 사람은 저마다의 감회와 이해타산에서 얼마 동안의 침묵이 흐른다.

아버지   꽁례야.

공례   예?

아버지   다름이 아니라… 너를 부른 건… 너 혼담 때문이다. (아내의 표정이 긴장하는 것을 눈치 채고) 지금까지 임자한테는 말 안 했지만 그동안 개성댁이 우리 꽁례 때문에 여러모로 애쓰셨어.

개성댁   애쓰긴요. 이렇게 각박한 세상에 서로 돕고 사는 거죠 홋호… 저는 워낙 남의 딱한 사정을 보면 그대로 앉아 있을 수 없는 성미라서요, 홋호.

이씨   그래 신랑은 누군디유?

아버지   경성에 사는 명씨 집안이라는구먼그려!

어머니   경성이유?

개성댁   성이 명씨에 함자는 대덕. 명대덕씨죠.

어머니   명대덕?

개성댁   예, 종로에서 큰 포목상을 하는 부자에요. 실은 내가 그 가게에서 물건을 처다가 파는 말하자면 단골집이에요.

어머니   (자신의 귀를 의심하듯) 그 그럼 우리 꽁례가 경성 부자집으로 시집가는감요.

개성댁   쉽게 말해서 그렇죠…

어머니   저, 정말이에요?

개성댁   그럼요 홋호.

어머니   윗다 이 가시내아, 꽁례야! 이게 무슨 소리라냐! 어젯밤 꿈이 그렇게도 시원시원 하더니 홋호.

개성댁 그래 저편에서는 언제든지 데려갈 수 있으니 아주 이 봄 안으로 혼인을 해 버렸으면 하더군요.

어머니 봄 안으로유?

아버지 워떻게 그렇굼 벼락같이.

개성댁 어려울께 뭐가 있습니까?

어머니 허지만 신랑 얼굴이라도 봐사제유… 아무리 가난하지만 신랑 코가 어디쯤 붙었는지 귀가 제자리에 붙었는지는 봐야지유… 안 그렇감유?

개성댁 홋호… 걱정이 되시겠죠? 그러실 줄 알고 제가 다 미리서 마련을 해 왔어요. 자, 이거 (하며 품에서 봉투 접은 것을 꺼낸다) 받으세요.

아버지 이게 뭐간디유?

개성댁 신랑되실 분이 주십디다.

어머니 예?

아버지 우리한테유? (하며 금방 봉투를 집으려고 손을 내밀었다가 도로 당긴다)

개성댁 펴보세요. 아마 돈인가봐요. 신랑 선을 보시려면 여비도 있으셔야 할 테고 경성까지 나들이 하시려면 옷도 한 벌 지으셔야 할께고 이래저래 돈이 있어야겠다고 말했더니 주시더군요. 어서 펴 보세요.

아버지와 어머니 그리고 공례는 서로 시선만 마주칠 뿐 좀체로 손이 안 나간다. 개성댁이 봉투를 집어들더니 돈을 꺼낸다. 지폐가 석장이 나온다.

개성댁 어마나, 삼십 원이나 들었군요.

아버지 사, 삼십 원?

어머니 아, 아니 그걸 우리한테…

개성댁 그렇지요 홋호… 하긴 그 댁으로서 돈 삼십 원이 문제인가요? 가
보시면 아시겠지만 종로 바닥에서 유신상회가 어디냐고 물어보
면 모르는 사람이 없어요. 가게도 넓직한데다가 비단 필목이 산
더미처럼 쌓인데다가 안채는 안채대로 대궐같구요… 에그 이런
얘기 말로 백 번하면 뭘 하우? 두 분께서 누구라도 좋으니 직접
가서 보시면 될께 아니에요? 직접 만나보기가 어려우시다면 가게
밖에서 유리문 너머로 들여다보셔도 훤해요. 그 명대덕 씨는 비
단 마고자를 차려 입고 가게 안에 담요를 깔고 앉아 있는 품을
보실라치면 그저 한 눈에 썩 드실 거예요… 홋호

어머니 그렇게 돈 많은 분이 어째서 우리 꽁례 같은 가시내를…

개성댁 에그… 그거야 다 그럴만한 사정이 있지요.

아버지 사정이라니요?

개성댁 도회지 색시는 질색이래요. 얘기가 이쯤 되었으니 서로가 다 털
어놔야겠지만 명대덕 씨는 두 번이나 혼인에 실패했지요. 첫 번은
상처하고 두 번째는 이혼하고… 그래서인지 세 번째만은 순진한
시골 색시라야만 되겠다는군요.

어머니 워째서 그럴까요?

개성댁 그 어른이 그렇게 재산을 가졌다 하니까 모두들 재산을 넘어다보
는 여자들만 나서는 게 질색이라지 뭡니까. 그래서 명대덕 씨는
그저 순진하고 알뜰하게 남편 뜻을 받아 들어 줄 수 있는 규수면
더 말을 않겠다니 댁의 따님 같으면야 안성맞춤이지 뭐에요. 홋
호…

그제야 납득이 가는 듯 공례의 부모는 고개를 끄덕인다. 그러나 공례는
길게 숨을 몰아쉬고는 뜰로 내려와서 다듬다 둔 쑥을 챙겨들고 부엌으
로 사라진다. 그 거동을 눈여겨보던 개성댁 눈이 만족한 듯이 웃음을

짓는다.

개성댁 보면 볼수록 마음에 들어요! 내게 아들이 있다면 당장이라도 며
　　　 느리로 삼겠어요 홋호… (웃다 말고) 어떻게 하시겠어요? 경성엔
　　　 가시겠어요?

아버지 글쎄유… (하며 자기 아내에게 어떻게 하면 되겠느냐고 묻기라도 하는
　　　 듯 시선을 돌린다)

어머니 개성댁 이약을 못 믿는 건 아니지만 그래도 역시 한 번은…

개성댁 (잽싸게) 그럼요, 보셔야죠. 귀한 따님을 시집보내는데 사윗감 선
　　　 을 안 보고서야 말이 되겠어요? 보셔야지요 아마 명대덕 씨도 그
　　　 걸 바라고 있을 거에요. 장사에 바쁜 몸이라 길게 얘기를 나눌
　　　 시간은 없겠지만.

아버지 얘기는 무슨… 그저 집안이며 가게가 어떤지 한번 둘러보고 사람
　　　 얼굴 보면 되는 게지… 안 그런가유?

개성댁 그럼요. 보시나마나 흡족하시겠지만 보시면 그만큼 믿음이 생길
　　　 테니까요… 그래 언제 가시겠어요.

아버지 그거야 개성댁 좋으실대로 하세유. 우리사 모든 일을 개성댁한테
　　　 내 맡기고 있는 셈이니께유…

개성댁 어마나! 그럼 모든 게 제 책임이다 이 말씀이시군요? 중매 잘하면
　　　 술 석 잔 못되면 뺨이 석 대라더니, 홋호 좋아요, 쇠뿔도 단김에
　　　 뽑으랬다고 내일이라도 가십시다. 오늘은 제가 이 물건 좀 깔아
　　　 놓고 내일 낮에 들릴 테니까 그때까지 채비를 하고 기다리세요.

아버지 예, 그렇게 하지유.

어머니 정말 뭐라 감사한 말씀 여쭤야 할지 모르겠네유.

보따리를 머리에 이며 일어선다.

개성댁 글쎄 술이 석 잔이 될지 뺨이 석 대가 될지 두고 봅시다. 홋호… 그럼 난 갑니다.

아버지 조심하세유.

개성댁 예.

개성댁이 휭하니 퇴장을 하자 공례의 부모는 돈 봉투를 덥석 쥐어 든다. 처음 만져보는 지폐의 촉감에 전율마저 느낀 듯 얼떨떨해진다.

어머니 영감!

아버지 30원이라는군! 이게.

어머니 우리 공례가 복동이지 뭐유. 그 가시내가 우릴 살렸지 뭐예유.

아버지 (문득 생각나서) 공례는 어디 갔디야?

어머니 (큰 소리로) 꽁례야! 꽁례야!

아버지 아까 정제로 들어가더니… (크게) 꽁례야! 나와봐라! 어서.

어머니 꽁례야! 아부지가 부르신다. 어서 나와 보라니께 그려!

이윽고 공례가 부엌에서 내키지 않은 걸음으로 나온다. 그녀의 얼굴엔 눈물이 흘러내리고 있다.

어머니 꽁례야! 우리 복덩이야! 시상에 늬가 이렇게 될 줄 누가 알았냐.

하며 딸을 얼싸 안는다. 공례는 하고 싶은 얘기를 채 못하고 어머니 품에 안겨 울음을 터뜨리고 흐느낀다.

공례 엄니… 엄니…

아버지 (돈을 집으며) 이 가시내야. 울긴 왜 울어 부자집으로 시집가게 되었다는디 울어?

어머니 꽁례야… 울지 말어 이게 다 늬 복이지야… 잉? 내일 늬 아부지께
서 경성에 올라갔다 오시면 다 알게 되겠지만… 아까 개성댁이
하던 이약 들었제? 경성서도 이름 난 부자란다. 신랑이 나이가
좀 많긴 하다만은 그것이사 늬가 잘만 받들고 시중들고 살림 담
뿍스럽게만 해나가면 다 귀염받게 되지야. 시집살이가 별거 있는
감! 그저 어디가나 내 행실 고우면 귀여움 받게 마련이지야… 응?
그러니께 그리 알고…

아버지 아니 무슨 사설이 그렇게 길어! 어서 내일 입고 갈 두루마기나
내다가 손봐사제!

어머니 예… 예…

아버지 난 용복이네 가게에 가서 고무신이나 한 켤레 사오겠으니께…

어머니 다녀 오세유.

아버지가 신바람이 나서 행길쪽으로 퇴장하자 공례는 새로운 정감에
못이겨 툇마루 끝에 쓰러져 흐느낀다.

공례 엄니…

어머니 오냐… 시집가려면 그러는 벱이제… 실컷 울어라, 울어…

－막

제2막

무대

전막부터 약 2개월 후. 초여름 밤.

명대덕의 집. 비교적 오랜 풍상을 겪은 듯한 전형적인 한옥이다. 무대 정면에 안방과 대청과 건넌방이 있고 안방에서 기역자로 꺾이어 부엌과 방이 있다. 다만 건넌방 앞으로 난 마루가 무대 우편에 있다고 상상되는 포목점으로 통하는 꾸밈이 재래식에 손을 댄 흔적으로 보인다. 우편에 대문과 뜰 아랫방이 있다.

대청마루에는 여늬집 같으면 큼직한 뒤주나 찬장이 있을법한 자리에 큼직한 금고가 버티고 있어 이 집안의 위세를 직설적으로 나타내 주고 있다.

대청 후면 유리문 너머로 경성시가의 밤 경치가 보인다. 몇 개의 화분엔 수국, 옥잠화 등 화초가 소담스럽게 피어 있다.

막이 오르면 대청엔 형식적인 혼례청이 꾸며있다. 병풍을 배경으로 자개박이 교자상에 쌀, 통닭, 대추, 생율, 술잔 그리고 대 竹 가지가 꽂혀있고 두 개의 촛대에는 촛불이 너울거리고 있다.

그 앞에 명대덕이가 나이에 어울리지 않게 옥색 숙고사 마고자에 은회색 불란사* 접바지를 입고 앉아 있다. 무릎을 담요로 가리고 있다. 시원스런 이마와 검실검실한 눈썹이 매우 인상적이다. 그러나 날카로운 눈초리며 구부정한 어깨에서 어딘가 병적이면서 폭군과 같은 인상을 준다. 방마다 전등불이 환히 켜있어 얼핏 보기에도 이 집이 어떤 들뜬 분위기 속에 있다는 것을 직감케 한다. 오산댁이 부엌과 대청

---

*여름 옷감으로 쓰는 서양 옷감의 하나.

사이를 신바람나게 드나들며 상을 차리고 있다.

대덕 오산댁! 그만하면 되었지. 뭘 그렇게 올렸다 내렸다 하나! (하며
      쓴 웃음을 뱉는다)
오산댁 원 주인어른두! 홋호… 그래도 초례상인데 어디 그런가요? 게다
      가 제가 언제 이런 대사를 치뤄봤어야지요. (하며 접시를 이리저리
      옮겨 놓는다)
대덕 대사는 무슨 격식을 찾아 혼인식을 올리는 것도 아니니 대강 대
      강 하게!
오산댁 예! 예!
대덕 (조끼 주머니에서 금시계를 꺼내보며) 그런데 이 사람들이 왜 안와?
      벌써 시간이 지났는데…
오산댁 지금 인력거를 보냈으니 개성댁이 신부하고 상객으로 따라오신
      사돈 영감을 모셔올겝니다.
대덕 이웃사람들에게 소문이 안 나도록 잘 당부했겠지?
오산댁 염려마세요. 그래서 오늘은 가게도 일찍 문을 닫고 점원들도 쉬
      게 했지요.
대덕 잘 했네! 참 용세는 어디 갔나?
오산댁 가게에서 오늘 매상을 셈하고 있나봐요. 들어오라고 할까요?
대덕 셈이 끝나면 들어올테지. 참 기숙이와 기종이는 어디 갔나?
오산댁 (난처한 표정으로) 글쎄, 새어머니가 오시면 생면해야 할테니 집에
      있으라니까 한사코 나가 버렸지 뭡니까!
대덕 (입맛을 쩍쩍 다시며) 내버려 둬! 오늘만 날인가 앞으로 한 집에서
      살게 되면 자연히 낯이 익어지겠지.
오산댁 그렇지만 사돈어른도 계시니 인사가 어디…
대덕 쓸데없는 걱정말게! 내가 새장가 드는 것도 아니고… (엄하게) 거

치장스런 격식이나 예의범절은 일체 안하기로 했잖은가? 이거 다 형식이지 뭔가 말이야.

오산댁은 명대덕의 위세에 밀려나듯 다시 부엌으로 들어간다. 그러나 혼자 남게 되는 명대덕의 표정엔 갑자기 음산한 그림자가 내려앉아 착잡해 보인다. 그는 주머니에서 카이다 담배를 꺼내문다. 약간 손이 떨린다. 이때 우편 가게 쪽에서 용세가 장부와 현금, 그리고 열쇠꾸러미를 들고 등장한다. 모든 게 민첩하고 총명해서 누가 보기에도 빈틈이 없는 청년이라는 인상이다. 대청과 툇마루가 이어진 어구에 멈칫 선다.

용세   들어가도 괜찮겠습니까?
대덕   용세냐? 들어와.
용세   예. (그는 저만치 떨어진 자리에 무릎을 꿇고 앉은 다음 돈과 장부를 내민다) 이것이 오늘 매상고입니다. 그리고 은행에 입금한 전표가 여기 있고…

대덕은 돈과 전표와 장부를 대강 대강 훑어본 다음 현금은 주머니에 넣고 장부는 되돌려 준다.

대덕   틀림없겠지?
용세   예… 어제보다 매상이 32원 70전이 더 올랐습니다.
대덕   네가 열심히 일을 봐준 때문이지.
용세   별 말씀을요. 저는 당연히 해야 할 일을 하고 있는 것 뿐입니다.
대덕   아니지! 내가 너를 믿고 회계를 내맡기고 있다는 건 네가 가게 일을 잘 돌봐준다는 증거일께다.

용세는 평소와는 판이하게 달라진 집안 분위기를 눈치 차리자 잠시 주변을 주의깊게 휘둘러본다. 다음 순간 대덕과 시선이 마주치자 서로가 계면쩍어지며 시선을 피한다.

용세   그럼 별 말씀 없으시면 이만…

대덕   응… 가 봐.

용세   (열쇠꾸러미를 내밀며) 여기 가게 열쇠.

대덕   (힐끗 열쇠를 내려다보며) 가지고 있거라.

용세   예?

대덕   오늘은 네가 가지고 있어!

용세   (약간 미심쩍어서) 제가요?

대덕   내일 아침에 일찍 나와서 가게문을 네가 열어. 아무래도 오늘밤은 내가 열쇠꾸러미를 차고 다닐 수는 없으니까… (용세를 응시하며 낮게) 무슨 말인지 알아듣겠냐?

용세   (어리둥절해서) …예, 대강은…

대덕   성규랑 종태도 어디 갔니?

용세   예 아마 밖에서 저를 기다리고 있을 겁니다. 혹시 주인어른께서 무슨 분부가 있으실지 모르겠다면서…

대덕   별일 없으니 오늘은 일찍들 들어가봐.

용세   그렇지만 손님들이 오시게 되면 저희들이 해야할 일이라도.

대덕   (냉담하게) 가봐!

용세   예… (자리에서 일어나며 열쇠꾸러미를 집는다) 그럼 오늘 밤만 제가 보관하겠습니다.

대덕   그리고 이거… (하며 주머니에서 1원짜리 지폐 서너 장을 꺼내 주며) 가지고 가서 한 잔들 해라.

용세가 어리둥절해서 망설인다.

대덕   넣어둬! 용세. 너는 별로 술을 못하는 줄은 알지만 성규나 종태는 그게 아닐게다. 오늘 같은 날은 한 잔쯤 했으면 하고 밖에서 서성 거리고 있을게다. 난 다 안다. 그러니 이걸로 한 잔들 하라고 해.

용세   예. 그럼 제가 이 씨나 김 씨에게 그렇게 전하겠습니다. (하며 돈을 두 손으로 받아 주머니에 넣는다)

대덕   용세야!

용세   예.

대덕   (넌지시) 밖에서 무슨 얘기를 못 들었어?

용세   아, 아뇨…

대덕   좋아. 가봐… 문단속 잘 하고.

용세   예.

용세가 가게 쪽으로 나가려는데 밖에서 인력거가 도착했는지 뿡뿡하고 고무 경적기 소리가 울린다. 그것도 한 대가 아니라 세 대가 동시에 울리자 집안이 떠들썩해진다.

대덕   무슨 소리냐?

용세   인력거가 온 모양입니다.

이때 오산댁이 부엌에서 황급히 뛰어나온다.

대덕   오산댁!

오산댁   주인 어른 신부께서 드시나 봐요.

대덕   그래? 어서 나가봐

오산댁   예… 예… (하며 춤을 추듯 나간다. 일종의 호기심에서 한구석에 숨어 엿보는 자세로 서 있다. 대덕은 피우던 담배를 급히 부벼 끄고는 담요자락으로 앞을 가리고 고쳐 앉는다. 개성댁의 호들갑스러운 웃음소리며 오산댁의 약간 상기된 말소리가 퍼지며 들어선다) 에그 어서들 오세요.

개성댁   글쎄 인력거가 제 시간보다 10분이나 늦었지 뭡니까? 우리는 말짱 준비를 다하고 기다렸는데… (뒤를 돌아보며) 그렇게 서 있지 말고 어서 들어오세요! 자, 자 (하며 공례의 손을 이끈다. 공례는 원삼쪽두리에 연지까지 찍은 신부차림을 하고 고개를 푹 숙인 채로 서 있다. 그 뒤에 고동색 세이루 두루마기에 갓까지 쓴 아버지 정일만이가 몸둘 곳을 모르고 두리번거린다)

오산댁   먼길 오시느라고 얼마나 고생이 많으셨습니까, 사돈어른.

아버지   (절을 꾸벅하며) 고생이랄게 있나유!

개성댁   그럼요! 홋호 자, 들어서세요.

하며 공례의 손을 이끌며 마루 쪽으로 간다. 오산댁은 새삼 공례의 아름다움에 연신 혀를 날름거리며 뒤를 따른다. 마루에 앉아 있던 대덕은 뜻하지 않게 정장을 하고 온 공례의 모습에 적지 않게 만족을 느끼며 당황하면서도 정일만을 대하기가 매우 거북스런 표정이다.

대덕   (약간 상반신을 일으키며) 어서 올라오십시오.

개성댁   어마나! 신랑이 늙다더니 그렇게 차리고 보니까 새파란 청춘이지 뭡니까, 홋호… (정일만에게) 자, 어서 올라가시고… 신부는 저쪽으로 가고…

개성댁은 대덕과 공례를 마주 볼 수 있게 한 다음 사은 공례 옆에 서게 한다. 개성댁은 객석을 정면으로 보고 서서 실질적으로는 혼인식 진행을 보는 일을 맡게 된다. 정일만이 대덕에게 절을 하려하자 개성댁이 재빨리 말린다.

개성댁 에그, 장인이 사위에게 절을 하는 법이 어디 있습니까. 홋호…

아버지 그, 그렇지만…

개성댁 글쎄 오늘은 제가 시키는 대로 하시면 됩니다. 안 그렇습니까? 신랑? (하며 대덕을 놀리는 말투로 한다)

대덕 개성댁! 뭐 격식을 찾을 것까지는 없지 않나?

개성댁 에그, 누가 격식을 찾으랬습니까? 그래도 오늘 이 자리에는 두 분께서 백년해로의 가약을 맺는 자린뎁쇼. 초례청에서 육례를 갖추는 혼인식은 못되드라도 그래도 첫 인사를 나누는 절차는 있어야 하지 않겠습니까? 네? (하며 정일만을 돌아본다. 정일만은 어리둥절해서 몸둘 바를 모르고 그저 고개만 끄떡거린다)

오산댁 그럼요. 이렇게 신부께서 단장을 하시고 나오니 정말 예쁘시지! 자 그럼 신부가 먼저 재배를 하도록 합시다.

개성댁 그렇게 해요. 신랑은 그대로 앉아서 절을 받고요.

오산댁이 공례를 부축해 세워 절을 시킨다.

개성댁 (자랑하듯) 보세요! 이 절하는 태깔이 얼마나 곱습니까! 중매 잘 했다고 마음 놓으시겠죠? 홋호…

오산댁 (두번째 절을 시키며) 정말! 시골 색시 같지가 않군요… 홋호…

개성댁 (절이 끝나기를 기다리고) 잘 되었어요… 자 앉히세요.

오산댁 예… 자 앉아요.

개성댁 다음은 신랑께서 재배를 하셔야지요.

차범석 전집 5

이 말에 대덕과 오산댁은 매우 난처해서 서로 시선을 마주친다.

오산댁 에그 무슨 절을 합니까? 이제 이만하면 되었지요. 시장들 하실 텐데 어서 요기부터 하시고…

개성댁 (잽싸게 오산댁의 눈치를 알아차리고) 그, 그럴까요? 홋호… 하긴 이번 혼인은 처음부터 약식으로 하기로 돼 있으니까… 홋호…

아버지 (비로소 고개를 들고) 아니에유!

개성댁 예?

아버지 제가 이런 말씀 드리는 건 송구스럽지만도 그래도 제 딸자식 하나 있는 걸 이렇게 여우살이 시키는 이 마당에 신랑 신부 재배도 없이 혼례식을 끝내다니 말이 되겠습니까유? 내사 못 배우고 못 먹고 살아왔지만 그런 법은 없지요. 비록 내 딸이 재취로 들어섰기로 이 집 식구가 되는 첫 인사인데… 맞절은 있었사제유… 안 그렇습니까? (그의 말이 처음은 긴장 때문에 약간 떨렸지만 차츰 냉정을 되찾게 되자 대덕, 오산댁, 개성댁은 서로가 당황한 빛을 감추지 못한다. 공례는 시종 수줍음에서 고개만 숙이고 있을 뿐이다. 한구석에서 이 광경을 지켜보는 용세의 표정이 복잡하게 굳어진다)

대덕 (부러 태연한 척 꾸미며) 물론 지금 그 말씀은 백번 지당하신 말씀으로 알지만 아시다시피 이번 혼인은 제가 우기기를 격식을 안 갖추기로 했어요. 그까짓 절을 하고 안 하고가 문제는 아니겠지요. 앞으로 금슬 좋게 살아가면…

아버지 그렇지만 그런 법이란 고금천지에 없이유. 신부가 재배했으니 신랑도 재배하면 되는거지유. 그것이 무슨 격식인가요? 안 그런가요? 개성댁.

개성댁 그, 그렇긴 하지만서두…

오산댁 그럼요. 우리 주인어른께서는 원래가 그 겨, 격식이라는 걸 좋아하

꽃바람

시질 않으셔요! 그래서 이렇게 혼례청도 아주 간단하게.

아버지 그걸 누가 모른감유? 그렇지만 아까도 말씀드린바와 같이 딸 자식 하나 있는 걸 이렇게 시집보내는 애비마음도 알아주셔야지유 … 그래야 나두 고향에 내려가서 저것 엄씨한테 자랑을 하고 동리 사람들 한테도… 헷헤. 그 점을 생각해 주셔야지유…

개성댁 그, 그렇지만… 지금.

대덕 (불쑥) 알았습니다. 내가 신부한테 절을 하는 게 보고싶다는 말이지요.

아버지 그럼유! 그럼유!

오산댁 (낮게) 주인어른!

대덕 염려말게! 오산댁! 내라고 절을 할 줄 몰라서 안 하는 건 아니니까. 자, (하며 그는 무릎을 덮었던 담요를 걷어 제치고 자리에서 일어선다. 다음 순간 모든 사람의 표정이 꼭같이 한 시점에서 굳어버린다. 대덕의 하반신은 기형적으로 단소해서 공례와 마주선 키가 공례의 어깨도 미치지 못한다)

아버지 (멍해서) 아, 아니… 이게… 어떻꿈 된…

대덕은 그에 말에는 아랑곳 없다는 듯 넙죽넙죽 절을 두 번 하고는 자리에 앉는다.

대덕 장인어른! 이제 됐습니까?

정일만은 입이 딱 벌어진 체 한동안 대덕을 내려다보더니 옆에 서 있는 개성댁을 돌아본다.

개성댁 (어물쩡하게) 이제 그만 앉으세요. 자, 수, 술을… (하며 술잔에 술을

따른다)

아버지 이게 어찌된 일이요? 개성댁.

개성댁 아니 뭐가 어찌돼요. 이제 혼례식은 끝나고…

아버지 끝나? 끝나? (오산댁에게) 이것으로 끝이 난거요? 잉?

오산댁 글쎄, 그건 저…

아버지 (비로소 분노가 터지며) 이 손을 놔!

하며 공례를 부축하고 오산댁의 손을 뿌리친다. 그 서슬에 개성댁이 막 권하려고 내밀던 술잔이 바닥에 떨어진다.

오산댁 왜 이러세요.

개성댁 저, 저좀 보세요.

아버지 (부들부들 떨며) 네, 네것들이 나를 나를 속… 속이구… 나를… (다음 순간 공례의 손목을 잡아끈다) 꽁례야 가자.

공례 아부지.

아버지 가잔말이다. 가… (하며 억지로 끌고 마루에서 내려선다)

공례 아부지, 왜 이러세유. 아부지!

아버지 (대덕을 노려보며) 나를 속일 생각이었겠지만… 안된다. 그건 안된다. 그건 안된단 말이다. 천도가 있어. 꽁례야 가자. (하며 잡아끈다)

공례 아부지, 손을 놓고 이약 허세유!

아버지 이약도 무슨 말라 비틀어 빠진 이약이냐? 늬 눈으로 못봤어? 저 다리를 못 봤는가 말이다! 잉! 내가 입에 자갈을 물고 죽었으면 죽었제 너를 저런… 저런… (그는 자신의 가슴에서 타오르는 불길을 억제하지 못한 채 방바닥에 주저앉아 버린다. 그리고는 울음을 터뜨리고 만다)

개성댁 (마루에서 내려와서) 글쎄 이러시는 게 아니라니까 그러서 영감님!

제 얘기 좀 들어보시구나서…

아버지 (발작적으로) 듣기 싫어! 이 촉새 같은 여편내야 저리 비켜! 가버
려! 아이구! 원통해라… 꽁례야! 이렇게 될 줄… 누가 알았냐! 아
이구! 분해라.

공례도 비로소 울음이 북받히자 뜰 아랫방 앞 툇마루에 엎드려 흐느끼
기 시작한다. 대덕은 지금까지 지그시 감고 있던 눈을 크게 떠보이더니
호령을 한다.

대덕 오산댁! 오산댁!

오산댁 (와들 와들 떨며) 예.

대덕 이 상은 치워버려!

오산댁 예… 예…

대덕 그리고 어서 대문을 걸고!

오산댁 예!

대덕은 땅바닥에 쓰러져 통곡하는 정일만과 공례를 내려다본다. 수모
를 당한 사람의 분노로 얼굴이 상기되자 앉은뱅이 걸음으로 안방으로
들어가 버린다. 오산댁이 정일만에게 다가와서 망설이다 이윽고 말문
을 연다.

오산댁 사돈어른 제가 이런 말씀 드리기는 송구스럽지만 우리 주인어른
은 결코 악한 분이 아니에요. 어쩌다가 태어날 때 그 모양이 되었
지만 마음씨며 사람 대하시는 데는…

아버지 듣기 싫어. 너희들은 나한테 논 다섯 마지기 떼어주고 우리 꽁례
를 사 가겠다는 심뽀였지? 처음부터 짜고 들었지야? 잉? 내가 가

난하고 못 배운 것도 한인디… 나더러 딸년을 병신한테 팔아먹으
라는 법이 워디 있어! 이 몹쓸 것들아 내가 모래를 씹어 먹으면
먹었지 그 짓은 못한다. 차라리 우리 세 식구 양잿물 먹고 죽었으
믄 죽었지… 내 꽁례가 어떤 딸인디 팔아? 못한다, 못해! (그는
펄떡 일어나 공례의 손목을 쥔다) 꽁례야, 가자 지금가면 완행막차
가 있을 것이어, 잉? 가잔 말이다. 이년아! (그러나 공례는 반응이
없다)

공례   (서서히 고개를 들고는 허공을 쳐다보며) 아버지, 먼저 가세유.

아버지 워찌여?

공례   (길게 숨돌리고) 아부지 먼저 내려가시래니께유.

아버지 그럼, 너는?

공례   (고개를 숙인다)

아버지 너는 어쩌고, 잉?

공례   나… 안 갈래유.

아버지 뭣이 어쩌?

저만치 듣고 있던 개성댁과 오산댁이 표정이 긴장하더니 자기들끼리
소근거린다.

공례   좋으나 궂으나 이 집 식구가 아닌감요… 아침에도 집에서 떠날 때
      엄니도 그렇게 이약하셨지, 아버지도 그러시지 않은 감유. 한 번
      시집가면 살아서 돌아올 생각은 하지 말라구유. 나도 그렇게 작
      정 했구유.

아버지 꽁례야, 너 그걸 말이라고 혀?

공례   어차피 나는 팔려온 몸이지유. 못사니까 잘 살려고 팔았지 뭐에
      유… 나 땜새 아버지랑 어머니랑 고생하시는 것을 워찌 보고 있

대유… 이제는 그짓을 못해유. 어제까지는 그렇게 할 수 있었는
지 몰라두 지금은 못해유. 경성 부잣집으로 간다고 동네방네 소
문난지가 원제인데 지금 와서 되돌아 가유? 난 못가유. 그렇니께
아부지만 내려 가세유. 가셔서 아무 이약 마세유.

아버지 이 병신아, 가잔 말이여, 가. (하며 다시 공례의 손을 나직이 채자
공례는 무서운 힘으로 뿌리친다)

공례 (날카롭게) 안 간단 말이에유. 안 가. 안 가! (하며 마루로 되돌아
와 걸터앉는다. 그녀의 눈에선 어느덧 눈물이 넘쳐흐른다. 오산댁과 개
성댁이 급히 안방으로 들어간다) 죽었으믄 죽었제 난 촌에는 안 갈
래유. 난 안 간다디 워째서 가자고 허유! 못간단 말이유 못가…
흑… (하며 엎드려 흐느끼기 시작한다. 정일만은 멍청히 서 있고 용세
는 어떤 감동에 이끌려 공례의 물결치듯 들먹이는 어깨를 바라본다)

-막

제3막

무대

전막과 같음. 전막부터 약 한 달 후 아침나절. 마루엔 대발이 반쯤 걸려 있다. 막이 오르자 건너방 미닫이가 홱 열리며 도시락이 뜰 한복판에 내던져진다. 그 서슬에 밥이며 반찬이 산지사방에 흩어진다. 부엌에서 황급히 나온 공례가 그것을 보고 잠시 멍하니 서 있다. 분홍 깨끼적삼에 검정치마를 받쳐 입고 앞치마를 두른 모습이 전보다 훨씬 숙성해 보인다. 공례는 긴 한숨을 뱉은 다음 흩어진 도시락을 쓸어모으기 시작한다. 이때 여학생복을 입은 기숙이가 책가방을 들고 나오다가 공례를 증오의 눈으로 쏘아본다. 그리고는 토방으로 내려와 신을 신고 대문쪽으로 나가려 한다.

공례 (담담하게) 도시락 찬거리가 입에 안 맞으면 다른 걸로 바꿔달래지 이러면 쓰남… 음식을 땅에 버리면 하나님한테 벌 받는디야…

기숙 (홱 돌아서며) 하나님이 그렇게 할 일이 없을까?

공례 그러는게 아니여… 촌에서는 이것이면 큰 잔치도 치를 수 있을 반찬인디… (하며 부엌으로 들어간다. 기숙은 더욱 화가 치밀어 오르는지 발을 동동 구른다)

기숙 누구 약 올리는 거야? 아니 그걸로 어떻게 잔치를 치뤄요! 치루긴… 정말 기가 막혀서… (얼마 전에 안방에서 나오던 대덕이가 이 광경을 보더니 마루 끝까지 나온다)

대덕 기숙아! 웬 소란이냐?

기숙 (입을 히죽거리며) 제가 잘못한 건 없어요… 글쎄 내가 싫어하는 줄 알면서도 왜…

대덕   (엄하게) 기숙아!

기숙   (아버지를 노려보며) 아버진 그래도 저 편이시군요? 흥! 그렇게 속
       아놓구서 물리지도 않으세요?

대덕   아니 저놈이 누구 앞에서…

기숙   벌써 몇 번째에요? 네? 우리 엄마가 돌아가신 후 집에 데려다 놓
       은 여자가 몇 사람이었는가 말이에요!

대덕   (화를 내며) 듣기 싫어… 비싼 돈 들여 여학교까지 보내주니까 한
       다는 소리가…

기숙   절 공부시켜 주시는 게 그렇게 자랑이세요? 학교 그만 두겠어요…
       흥! 생각만 해도 불결해요!

대덕   뭐, 부, 불결해?

기숙   그래요! 아버진 여자를 뭘로 보시는 거예요?

대덕   저, 저 자식이…

기숙   아버지하고는 얘기조차 하기 싫어요. 게다가 어디서 저런 무식한
       여자까지…

대덕   (큰 소리로) 듣기 싫어! 나가! 나가지 못 하겠니?

기숙   흥! 아버지께서 아무리 소리를 치셔도 제 마음은 돌아서지 않아
       요! 에그… 지겨워… 나도 오빠처럼 집을 나가버릴까부다!

대덕   나가 다 나가! 싫은 놈은 나가! (하며 가게 쪽으로 퇴장)

기숙   그럴 테지요! 저 무식한 여자와 둘이서 사시면 좋겠다 이거죠? 흥!
       (하며 대문 밖으로 나간다)

이때 가게 앞 행길 청소를 끝내고 용세가 들어선다. 빈 바께쓰와 비
그리고 물뿌리개를 들고 있다. 다음 순간 기숙의 얼굴에 금시 화사한
미소가 번진다.

기숙	어머! 일찍 나오셨네요? 용세 씨!
용세	예? 예…
기숙	요즘은 왜 통 볼 수가 없어요?
용세	가게 일이 바빠서요… 학교 늦겠어요… 어서 가봐요.
기숙	예… (하며 급히 퇴장. 용세가 부엌 앞에까지 와서 바께쓰를 부엌 안에다 내민다. 공례가 나오다가 그것을 받아든다)
용세	(말문을 열기가 거북하게) 저… 보리차 끓었으면 주세요… 가게에 가져갈…
공례	예… 잠깐만 기다려요. (하며 다시 부엌으로 들어간다. 용세는 손을 씻은 다음 마루 끝에 앉아 수건에 손을 닦는다. 잠시 후 공례가 쟁반에 컵과 주전자를 받쳐 들고 가까이 온다. 그것을 주고받는 동안 용세의 표정은 눈 둘 곳을 몰라 난처해 보인다)
용세	(불쑥) 고되시죠?
공례	예?
용세	이 댁 분위기에 익숙해지시려면 한두 달로는 어렵지요…
공례	(말없이 용세의 눈길을 본다)
용세	저는 주인어른 밑에서 6년이나 있어서 비위 맞출 줄도 알고 안기숙이랑 기종이도 말벗이 될 수 있지만 아마… (하며 공례의 얼굴을 쳐다본다. 공례는 수줍음도 피곤도 아닌 미묘한 한숨을 뱉는다)
공례	남의 집 식구가 된다는 게 워디 쉬운 일인감요?
용세	아까 잠깐 들었는데… 기숙이는 성질이 좀 까다롭지만 악한 편은 아니에요… 다만 그동안 가정환경이 너무 복잡했기 때문에…
공례	알고 있어요.
용세	예? 어떻게 그걸…
공례	오산댁이 죄다 이약 해주데요… (한숨) 내가 알고 있는 이약보다 모르고 있었던 일들이 엄청나서 처음 들었을 때는 눈 앞이 캄캄해

지데유… 그렇지만…

용세 (마음을 떠볼 양으로) 지금은 괜찮으신가요?

공례 (손등을 문지르기 시작한다)

용세 (조심스럽게) 이제 한 달이 지났으니까… 안정 되었나요?

공례 안정이요?

용세 (약간 당황하며) 말하자면… 행복하시냐구요…

공례 (쓰게 웃어 보인다) 모르겠시유…

용세 우리 주인어른도 비위 맞추기 까다롭지요? 어떻게 보면 무섭고
또 어떻게 보면 인자하고… 그런가 보면 매몰차고 아니면 무심한
것도 같고… 츳츠 저도 아직까지 주인 어른의 성격을 확실히는
모르겠어요!

공례 (자신도 모르게 이끌리어 간 듯) 그래유… 정말 모를 일이 한두 가지가
아니데유?

용세 예?

공례 사람을 들볶을 때는 금방이라도 도망치고 싶은디 또 금방 풀리면
사정없이… (자신의 말이 지나쳤다는 수치심에 행주치마로 얼굴을 감
싼다)

용세 (한숨) 우리 주인어른은 수수께끼 같은 분이지요. 그 마음 속은
아무도 몰라요 친 자식들도 몰라요.

공례 그래서 큰 아들도 집을 나가버렸는감유?

용세 아시고 계셨군요? 기철 도련님 얘기…

공례 예… 오산댁이 죄다 이약해 주더라니께요… 일본에 가 있다문서
유?

용세 그것도 확실치 않아요. 일본에 있다가 만주로 가고 중국으로 가
있다더니 또 요즘은 일본에 가 있다나 봐요.

공례 대학생이라문서요?

용세	그것도 잘 모르겠어요. 2년 전에 나오셨을 때는 사각모자를 쓰셨 던데… 지금은 어쩐지…
공례	(눈이 빛나며) 사각모자를?
용세	예…
공례	(금시 소녀처럼) 사각모를 쓴 학생 나도 본 일이 있시유…
용세	기철 도련님을 봤어요?
공례	아니지요… 촌에 있을 때 언젠가 경성서 전문학생들이 내려와서 야학을 가르쳐줬지요…
용세	아… 농촌계몽단 말이군요?
공례	여자전문학생도 끼어 있구유… 그런데 그렇게 연설을 잘 하데유 … 지식도 많고… 그래서 나는 언제나 저 사람들처럼 공부해 볼까 했지만… (풀이 죽어지며) 그게 워디 쉬운감요… 이 꼴 밖에 못되 니…
용세	후회하십니까?
공례	(다시 손등을 문지르며) 후회하면 무슨 소용 있나유? 한 번 정한걸…
용세	(지나간 일이 문득 생각난 듯) 난 그날 저녁 일이 지금도 안 잊혀지 는군요.
공례	예?
용세	(말하기가 거북해서) 아주머니께서 처음 여기 오시던 날 말이지요 … 친정 아버님께서 가자니까 안 가겠다고 버티시던 일… 바로 저 자리였지요? 어디서 그런 용기가 나오셨는지… 난 틀림없이 따 라가실 거라고 믿었었는데… 그렇게 나오시다니…
공례	믿었어유? 제가 아부지 따라가기를 바랬었구먼유?
용세	예…
공례	워째서유?
용세	예? 그 그건…

꽃바람

공례	용세 총각 생각으루는 내가 이 집에서 떠나가기를 바랬었다니 그 이유가 뭔디…
용세	(자리에서 벌떡 일어서며) 아 아닙니다… 헛허… 제가 공연한 얘길 했구먼요… 그럼. (그는 공례의 대답이 떨어지기도 전에 쟁반을 들고 마루를 거쳐 우편 가게 쪽으로 퇴장한다. 공례는 어딘지 허전하고 못다 한 느낌에 갑작스럽게 주위가 텅 빈 것 같은 고독감에 잠긴다. 이때 대문 쪽에서 오산댁이 장바구니에 고기며 사골뼈 등 속을 사가지고 들어선다)
오산댁	아이구… 다리야… 아이구…
공례	오산댁… 먼길 고생했네유…
오산댁	사골뼈하고 골을 사려고 동대문 밖 도살장까지 갔지 뭐에요… 아이구 다리야… (하며 마루에 걸터앉는다)
공례	식전부터 고생 많았구먼요.
오산댁	에그… 새댁두… 고생이 무슨 고생이겠우… 츳츠 이게 다 주인어른 보양해드리려는 정성이지요!
공례	그래 샀수?
오산댁	그럼입쇼… 갓 잡은 소의 골이라 김이 무럭무럭 나더군요… 주인어른은 기침하셨어요…
공례	아까 가게로 나가시는 것 같은데…
오산댁	그럼 사골뼈부터 옹기솥에 앉히고 소골을 곧 회쳐 드려야지! (하며 장바구니를 들고 부엌으로 퇴장한다. 공례가 자리에서 일어서려고 할 때 우편에서 대덕이가 엉금엉금 걸어 나온다. 공례는 깜짝 놀라며 비켜선다)
대덕	왜 사람을 보고 놀래 훗흐…
공례	(안도의 숨을 내리 쉬며) 아 아니에유… 저는 꼭 무엇이… 벽에서 튀어 나오는 줄 알고…

대덕   (그는 입가에 음탕하고도 야욕에 타는 웃음이 번지며) 임자는 그렇게
　　　　겁을 낼 때가 좋거든… 홋흐.

공례   예?

대덕   (공례의 손을 덥석 쥐며) 들어와!

공례   아 아니… 왜…

대덕   (낮으나 강압적으로) 방으로 들어가! 어서.

공례   이 손… 놔유… 지금…

대덕   아무도 없어! 우리 두 사람 밖에 홋흐… 자… (하며 공례의 앞가슴
　　　　을 움켜쥔다)

공례   이러시면 안 되유… 저… 부 부엌에.

대덕   그러니까 방으로 들어가… 홋흐… 소리 지르면 피차 창피지… 응?

공례   예… 들어갈게유… 놔유… 손을…

대덕   어서 올라와! 홋흐… 내게 한번 붙들린 날에는 덫에 걸린 짐승이
　　　　지… 홋흐… 짓…

대덕은 마치 야수와 같은 힘으로 공례를 끌고 안방으로 들어간다. 이
때 대문쪽에서 기철이가 등장한다. 대학생이라기보다는 빈한한 시인
이라는 인상이 더 짙어보인다. 덥수룩한 머리에 수염을 깎지 않아 나
이보다는 훨씬 늙어 보인다. 그는 뜰 한복판에 서서 집안을 둘러보더
니 부엌쪽으로 간다.

기철   (부엌 안을 들여다 보며) 오산댁! 오산댁!

잠시 후 부엌에서 일을 하다 뛰쳐나온 오산댁은 반가움보다는 놀라움
이 더 커 보이는 표정으로 대한다. 핏발이 선 두 눈으로 보아 약간
술기운이 있는 것 같다.

오산댁   기철 학생 아니요?

기철   훗흐… 잘 있었소? 집안이 왜 이렇게 절간 같죠?

오산댁   아, 아니에요. 주인어른도 가게에 계실텐데요. 제가 모셔오지요.

기철   그럴 필요 없어… 오다가 유리창 너머로 들여다보니까 안 계시던
데… (길게 숨을 내뱉고) 언제 와 봐도 이 집에서는 이상한 냄새가
난단 말이야!

오산댁   냄새라고?

기철   훗흐… 오산댁은 10년 이상을 이 집에서 줄곧 살아 왔기 때문에
그걸 못 느낄 걸… 마치 변소 안에 오래 앉아 있으면 구린내를
모르듯 말이지 헛허…

오산댁   (멋쩍게 따라 웃다가 안방 쪽을 힐끗 보며 조심스럽게) 기철 학생!

기철   (잽싸게 눈치를 채린 듯) 다 알고 있어요! 또 새사람이 들어왔다면
서요?

오산댁   그걸 어떻게…

기철   우리 아버지는 여자를 헌 버선짝 갈 듯 하시니까… 훗흐…

오산댁   무슨 말씀을…

기철   허지만 나는 아버지의 그런 심정을 이해 할 수 있지! 아버지는
그것으로 자기가 이 세상에 생존하고 있다는 의미를 발견하시는
분이니까…

오산댁   기철 학생… (손짓으로 안방에 사람이 있다는 걸 경고하는 시늉을 한다)

기철   제 얘기가 사실이니까 들어도 해로울 건 없으실걸요. 아버지는
뭔가 정복하고 싶으신 거예요… 세상 사람이 아버지를 불구자라
는 색안경으로 보니까 자신도 떳떳한 남자라는 걸 과시하기 위해
서 말이지요… 더구나 일 년을 넘기지 못하고 도망쳐 버리는 여
자들에게 일종의 복수심 같은걸 느끼시는 분이거든요! 그런 여자
들은 대개가 아버지의 재산을 넘어다 보고 왔지 참된 사랑을 위

해서 시집 온 건 아니니까요? 그러고 보면 여자란 정복당해도 싸지요! 아버지는 그런 점에서는 초인간적인 힘을 가지신 분이지! 난 그런 아버지를 존경하지! 단 한 가지 결점만을 제외하고 말이야! 헛허… (하며 호탕하게 웃는다. 오산댁은 몸 둘 곳을 몰라 안절부절 못한다. 이때 안방에서 대덕의 카랑카랑한 목소리가 들려온다)

대덕   (소리만) 오산댁! 밖에 누가 왔나!

오산댁   (당황하며) 예? 예… 저… 기철 도련님이 오셨군요… (기철에게) 어서 올라가봐요.

기철   (힐쭉거리며) 내가 어떻게 들어갑니까… 홋흐… (하며 마루 끝에 앉는다)

오산댁   (낮은 소리로) 그저 흔연스럽게 대해요. 나쁜 분은 아니니까!

기철   예? 난 아버지한테 용무가 있어서 왔지 새어머니하고는…

이때 공례가 옷매무새를 여미며 방에서 나온다. 다음 순간 기철의 시선과 마주치자 이상야릇한 전율 같은 것을 느꼈는지 공례가 먼저 시선을 돌린다. 그러나 기철은 예상 외로 젊고 아름다운 공례의 신선한 인상에 눈이 쏠린다.

오산댁   새댁! 내가 늘 얘기하던… 기철 도련이에요. (기철에게 재촉하듯 허리를 쿡 찌르며) 생면 인사를 드려야지요… 어서… (기철은 잠깐 망설이는 눈치더니 구두를 벗고 마루로 올라선다)

기철   (불쑥) 절 받으십시오!

공례   예? 절은 무슨…

오산댁   새댁! 그래도 받으셔야지요…

기철   기철입니다. (하며 넙죽이 엎드려 절을 한다. 공례는 앉기가 무섭게 끝나버린 기철의 절을 미처 받아드릴 여유도 없게 되자 수치심이 더

커진다)

기철 여러 가지로 고생이 많으실 거예요.

공례 ……

기철 우리 집안은 오래 전부터… 좀 별난 점이 많지요. 다른 집에 비하
면…

이때 대덕이가 방에서 나오면서 대뜸 참견을 한다.

대덕 왜 또 왔니?

기철 (그는 대덕의 화려한 옷의 색감에 약간 당혹되어 말을 잇지 못한다)

대덕 (마주 앉으며) 그동안 편지 한 장 없기에 난…

기철 (빙그레 웃으며) 차라리 영원히 소식이 끊어지기를 바라셨겠지요?

대덕 뭐라구? (그는 눈을 부릅뜨고 무슨 말을 하려다가 옆에 공례가 앉아
있음을 눈치 차리자 허튼 기침을 뱉으며 외면한다) 그래서… (담배를
꺼내 물며 못 마땅하게 쏘아 본다)

기철 예?

대덕 (빈정대듯) 들어보나 마나 돈 때문에 왔을테지.

기철 (가볍게) 예.

대덕 대답이 간단해서 좋군.

기철 아버지!

대덕 (공례에게) 임자는 가서 일이나 봐! (공례는 기다렸다는 듯 불쑥 일어나
서 부엌으로 들어간다. 부엌 문지방에서 이들을 지켜보고 있던 오산댁
이 공례에게 뭐라고 수군거리며 부엌 안으로 들어간다. 부자라기보다는
불리한 상담을 거래하려 드는 남남같은 싸늘한 분위기가 삽시간에 퍼진다)
기철아… 내 미리 일러두지만 돈 얘기 같으면 할 필요도 들을
필요도 없다.

기철　그렇지만… 아버지…

대덕　(가로 막으며) 지금까지 나는 네가 요구하는 일은 무엇이든지 들어 줬어. 돈 뿐이 아니지… 네 교육도 그리고 네가 사업을 하겠다는 것도… 그렇지만 이미 너는 내 곁을 떠나간 사람이다. 애비도 아들도 아닌 남남이 되어 버렸다. 물론 네가 집에 눌러 있기를 꺼려하는 걸 나도 알지. 그러나 장자인 네가 그렇게 뜨내기 생활을 하면서 돈은 돈대로 없앴다는건 네 자신이 잘 알테지. 종로 바닥에서 명대덕의 자식 놈이 하라는 공부는 안 하고 무슨 문학을 한다 강연회를 한답시고 버리고 다닌 돈이 얼마나 되는지 아니? 게다가 뭐 사회주의 운동을 합네하고 형사한테 끌려간 걸 풀어내기 위해서 쓴 돈이 또 얼마인 줄이나 아는가 말이다. 애비가 병신이라 자식만은 똑바로 키워야겠다는 욕심도 이제는 다 과거지사가 되었다. 아닌 말로 자식이 못미더워하는 애비인데 하물며 여자가 제대로 붙어 있겠니? 지금까지 나한테 시집을 온 여자는 열 손가락이 모자랄 정도였다. 웬줄 아니? 그 여자들은 모두가 내 돈주머니를 넘어다 보고 시집 왔어! 아니 심지어는 내가 먼저 죽기를 기다리는 편이었어… 그건 바로 너도 마찬가지일게다. 안 그러냐?

기철　아버지 그건 너무 하시는 말씀입니다. 제가 아버지를 싫어하는 건 바로 그 억지예요.

대덕　억지?

기철　예… 억지죠. 아버지는 모든 일이 아버지 자신의 생각대로만 되어지기를 바라고 계십니다.

대덕　그건 내 권리야…

기철　권리는 누구에게나 있습니다! 아버지가 가지고 계시는 권리는 모든 것을 손아귀에 쥐고 가두려는 권리뿐이에요… 풀어줘야 할 것은 풀어줘야 돼요! 왜 아버지는…

대덕   이놈!

기철   정말이에요!

아버지와 아들의 눈에서는 불꽃이 튕겨져 나오고 있다가 어느덧 기철
의 눈에는 이슬이 맺힌다. 부엌에서 공례가 화채그릇을 들고 나오려다
가 험악해진 분위기에 멈칫 서 버린다.

기철   (자신의 감정을 자제하려고 애쓰며) 저는 아버지를 이해하려고 무척
애쓴 놈입니다. 어렸을 때 아버지가 어쩌다가 거리에 나가시면
동리 아이들이 아버지의 부자연스러운 그 몸짓을 흉보고 놀려대
노라면 아버지께서는 화를 내시며 돌팔매질까지 하셨지요? 저는
어린 소견에도 그렇게 놀려대는 아이들보다 화를 내시는 아버지
가 더 못마땅했지요.

대덕   애비가 수모를 당하는 꼴을 보고도 도리어 내 편보다 그 놈들 편
을 들었단 말이지? (악에 바친 듯) 그게… 그게 바로 네놈의 심뽀
야… 그러면서도 내게서 받아갈 것은 다 받아냈어… 나는 내가
가지고 있는 돈은 내 마음대로 쓸 권리와 자유가 있었어… 그래
서 네가 일본이건 만주건 가고 싶은대로 보냈다. 웬지 아나니?
네가 출세해서… 그래서 명대덕의 아들이… 다리 병신이요 무식
한 명대덕에게도 이런 아들이 있었다는 걸 보여주고 싶었어…
허지만 그건 벌써 부러진 날갯죽지야… 내가 내 마음대로 할 수
있는 것은 자식이 아니었어… 내 자신이 소유하고 있는 거라곤
하나도 내 마음대로 되는 것이 없는 거야. 내가 마음대로 할 수
있는 것은 남의 것이야… 그러나 돈만 쥐고 있으면 그것은 언제
든지 할 수가 있었어… 돈만 있으면 집도 땅도 벼슬도… 그리고

사람도…

기철 아버지! 그건 옳지 않아요!

대덕 옳은 일을 할 수 있는 세상이 어디 있냐? 응? 자기 뜻대로 해보는 쾌감마자 없이 어떻게 사는가 말이다! (몸을 떨며) 내 다리가 네 다리만큼 길어지지 않는 한 그건 안 돼! 나는 내 마음대로 주무를 수 있는 것만을 골라서 하는 거야! 그게 잘못이란 말이냐? 내가 마누라를 헌 버선짝 버리듯 하니까 불결하단 말이지? 기숙이년도 그런 말투야… 허지만 그건 내 권리다.

그는 그 이상 더 앉아 있을 수 없자 마치 짐승처럼 손을 내짚고 기어서 방으로 들어가더니 미닫이를 탁 닫아 버린다. 폭풍이 지나간 뒤와 같은 무거운 정적이 한동안 집안을 내리누른다. 기철은 혼자서 어이 없는 웃음을 내뱉고는 자리에서 일어선다. 다음 순간 공례가 자기 앞에 와 있음을 발견하자 꿈에서 깨어난 사람처럼 섬뜩 놀란다.

공례 화채라도 마시지… (하며 화채그릇을 내민다)

기철 고맙습니다. (그는 공례를 힐끗 보다 말고 화채 그릇을 들고 단숨에 마셔버린다. 그의 생뚱맞은 행위에 위압당한 듯 공례는 자기도 모르게 입이 떡 벌어진다) 맛이 좋군요? (하며 빈 그릇을 내민다)

공례 더 타올까?

기철 아니에요… 그 화채를 마시니까 오랜만에 내 집에 돌아왔다는 느낌이 드는군요.

공례 (생긋 웃으며) 정말?

기철 예… 객지로만 떠돌아다니는 버릇이 되어서인지 이렇게 알뜰하게 타준 화채는 어렸을 때 마셔보고는 처음인 것 같군요… (먼 과거를 회상한 듯) 사람이란 언젠가 한 번은 가 본적이 있는 집인

꽃바람

데 그게 어디던가 하고 머릿속으로만 생각하는 그런 때가 있지
요? 처음 만난 사람인데도 꼭 어디서 만난 적이 있는 것 같은 느
낌이 들고.

공례 (흥미를 느끼면서도) 나… 나도 그런 생각이 문득 드는구먼요… 꼭
만난 적이 있는 것 같은…

기철 말씀 낮추세요.

공례 예?

기철 말씀을 낮추시라구요… (멋쩍게 웃으며) 저보다 나이는 아래시더
라도 어머니는 어머니 아니세요? 저 스물넷이니까 어머니보다…

공례 워메… (하며 수치심에 얼굴이 홍당무가 되어 돌아선다. 그리고는 빈
화채 그릇을 들고 재빨리 부엌으로 사라진다. 기철은 어떤 친근감과 신
선감에 놀란 듯 한동안 부엌쪽을 바라보더니 껄껄대고 웃는다. 그가 신
을 신고 일어서자 부엌에서 오산댁이 웃으며 나온다)

오산댁 기철 학생… 무슨 얘기를 했기에 새어머니께서 저렇게 안절부절
못하우? 홋호.

기철 그럼 저를 매 때리셔야지요… 헛허…

오산댁 매 맞을 사람이 맞아줘야지… 회초리를 잡으면 도리어 꺾어버리
지나 않을까 모르겠군요… 홋호…

기철 (귓속말로) 좋은 분 같군요?

오산댁 그럼요… 시골서 자라서 제대로 공부를 못 했을 뿐 성품이 여간
참하신 게 아니에요. 게다가 부지런하고 알뜰하신 게… 지금까지
모셔본 중에서는 이거지요… (하며 엄지손가락을 세워보인다)

기철 (빈정대듯) 그런 여자가 무엇이 안타까워서 우리 아버지한테 시집
왔는가가 문제지… 흥…

오산댁 아니 그게 무슨 소리유?

기철 나이가 젊지도 육신이 성하시지도 않으신 우리 아버지한테 왜 시

집을 왔는가 이 말이지… 흥… 대답은 간단해요… 돈! 돈을 보고 왔을 테니 따지고 보면 세상 여자는 다 그렇고 그렇더라는 결론이지 뭐요? 헛허…

오산댁 기철 도령! 그 그런…

기철 물론 나도 돈이 필요하지만 말이에요!

오산댁 기철 학생… 내가 이런 애기를 할 건 못되지만… 기철 도령도 이제 마음잡고 집에 계셔야지요. 장가도 들어야 하고 또…

기철 그래서 아버지처럼 살아가야 한다는 말? 흥 그만 둡시다! 그런 애기! 아… 답답해요! 왜 우린 이렇게 밖에 살 수 없는가 말이에요! 빌어먹을… (하며 대문 쪽으로 간다)

오산댁 기철 도령… 어디 가세요…

기철 만나 볼 사람이 있어요… 그리고 참… 오산댁! 나를 찾으면 아직 집에 들리지 않았다고 해요!

오산댁 예? 안 들렸다고요?

기철 예! 내가 집에 들렸었다는 말은 말아요. 그럼 또 들릴게요.
(하며 바삐 나가버린다. 아까부터 부엌에서 나오다가 그들의 말을 듣고 있던 공례의 얼굴에 어두운 그림자가 지나간다)

오산댁 에그… 사람은 좋은데… 아까운 청년이지… 뭐가 저렇게 못마땅해서 밤낮 저렇게 지낸담…

−막

제4막

무대

전막과 같음.

전막부터 일주일 후 밤. 대청마루에는 대덕과 용세가 돈 계산을 하고 마루에 놓은 금고의 육중한 문이 반쯤 열려 있고 마루 위에는 장부며 돈다발에 열쇠꾸러미가 널려 있다. 마당 한 귀퉁이에는 대로 엮은 평상이 놓여있고 그 위에서 공례와 오산댁이 다리미질을 하고 있다. 장독대 밑에서 울어대는 귀뚜라미 소리가 한여름 밤의 정적을 을씨년스러운 분위기로 바꿔 놓고 있다.

뜰 아랫방 툇마루 끝에는 기숙이가 두 다리를 쭉 뻗은 채 앉아서 멍하니 밤하늘을 쳐다보고 있다.

공례는 다리미질 하다 말고 모시 치마를 맞잡고 앉은 채 졸고 있는 오산댁을 발견하자 생긋 웃는다.

공례   오산댁!

오산댁 (깜박 졸음에서 깨어나며) 예?

공례   졸리면 먼저 들어가 자요. 얼마 남지 않았으니 내가 마자 데릴테니께유.

오산댁 괜찮아요. (하품을 하며) 난 이 초저녁잠 때문에 몸살이 난다니까요. (하며 머리를 뜩뜩 긁는다)

공례   초저녁 잠이 많은 사람은 복이 많다는디유… (하며 불이 시들한 다리미 숯불에다 부채질을 하며 불을 살핀다)

오산댁 에그 새댁도… 복이 많으면 이 모양 이 꼴이겠우… 복이라고는 까마귀 발톱 만큼도 없는 몸이지요.

공례	(다시 빨랫감을 펴며) 오산댁! 사람이 타고난 복을 재물만 가지고 따지는 게 아니지요. 장수도 복이지요. 마음 편한 것도 복이지유. 안 그래유? (하며 다시 다리기 시작한다)
오산댁	하긴 혼자 사니까 마음이사 편하지요. 누가 귀찮게 할 사람도 없고 괴롭힐 일도 없구요. (문득 마루 쪽을 보며) 저렇게 돈을 벌어들이는 주인 어른은 항상 근심 걱정이 태산 같지 뭐예요. 홋호…
공례	정말이에유… 남들은 내가 부잣집으로 간다고 부러워했지만 가난하게 사는 게 마음은 더 편한 법이지유. 난 저런 돈을 보면 겁부터 나더구먼유… 홋흐…
오산댁	그러기에 고기도 먹어본 사람이 더 잘 먹는다지 않아요. 홋호…
기숙	흥! 말들은 번지르하지. 돈을 쥐어줘봐 누가 싫다고 할까!
오산댁	그게 누구보고 하는 소리지? (하며 눈을 흘긴다)
기숙	누군 누구! 돈을 봐두 욕심이 안 난다는 하늘 나라 선녀 같은 분을 두고 하는 말이지.
오산댁	(공례의 눈치를 살피며) 기숙아!
공례	정말이다! 나는 돈에 탐이 나서 시집 온건 아니란 말이여.
기숙	흥! 그럼 우리 아버지가 예뻐서 왔단 말이유?
공례	(담담하게) 무식한 탓으로 시집왔지.
오산댁	무식한 탓이라고요?
공례	그럼! 못 먹고 못 배워서 무엇이 옳은지 글렀는지 모르니께 부모가 시키는 대로 시집왔지. 오산댁, 그렇지만 이제는 쬐끔식 알아지는 것 같구먼유. 사람이 왜 살아가는지… 무엇땜에 살려고 바둥거리는지…
기숙	돈 때문이지 뭐! 우리 아버지처럼 돈이라면 그저…

기숙의 말소리가 높아지자 마루에서 계산을 하고 있던 대덕이 힐끗

쳐다본다.

대덕   기숙인 아직도 안 자니? 어서 들어가서 자지 않고 무슨 얘기들이
        니?

기숙   알았어요! (자리에서 일어나 방으로 들어가며) 그저 이 집에서는 보
        지도 듣지도 말아야지! (하며 문을 탁 닫아 버린다)

오산댁   (혀를 차며) 웬 처녀가 저렇게 되바라졌는지 원… 이제 나이 열여섯
        살인데도 톡톡 쏘이는 오뉴월 초눈맛이지.

공례   (경계하듯) 오산댁! 그런 소리 말아유. 기숙이도 여학교 3학년이면
        이제 제철이 났지유.

오산댁   철이 있으면 뭘 해요? 기철 학생은 보세요. 나이 스물넷이나 되어
        도 하는 짓은 꼭 어린애 같지 않아요.

공례   참, 어디 갔기에 안 들어 올까유? 벌써 다녀 간지가 일주일이나
        지났는디…

오산댁   그 도령 하는 일은 자다 깨도 모르겠어요.

공례   이상한 생각이 들데유.

오산댁   뭐가유? 새댁.

공례   일주일 전에 집을 나갈 때 오산댁 보고 그랬잖아유? 누가 혹시
        찾드라두 안 다녀갔다고 하라고. 마치 무슨 죄라도 지은 사람처
        럼 말이에유.

오산댁   보나마나 외상 술값 재촉을 받겠죠. 홋호…

공례   홋흐… 오산댁도.

오산댁   아니에요. 제가 알기만도 그런 적이 한두 번이 아니었지요. 그러
        니까 주인어른께서도 이제 돈 얘기만 나오면 진절머리가 나신다
        지 않아요?

대덕   (용세에게) 그럼 이것이 276원이고, 맞나?

66   차범석 전집 5

용세 예…

대덕 그럼 내일 은행에 입금할 거니 보자기에 싸고 나머지도 함께 금고 안에 넣도록 하라…

용세 예.

대덕 (시계를 꺼내보며) 벌써 열 점이구나. 고단할텐데 너도 돌아가고.

용세 예. (용세는 장부를 챙기고 돈은 돈대로 챙긴다. 대덕은 담배를 피우며 뜰에서 다리미질 하는 공례를 너머다 본다)

대덕 아직들 멀었나?

공례 다 됐어유. 이제 몇 가지 안 남았는디유.

대덕 오산댁이 다리지 않구.

공례 아니에유. 촌에서두 이런 일은 노상 해봤어유… 훗흐…

오산댁 에그. 정말 우리 새댁은 못하는 게 없어요. 주인님! 마른 일 젖은 일… 앞 일 뒷일 그리고 저 시작했다하면 끝장을 보고 하니 원… 이제 우리 같은 건 따라갈래야 따라갈 수가 없어요. 훗흐…

대덕 그럼 오산댁이 시집살이 시키게! 헛허…

공례도 오산댁도 따라 웃는다. 이때 대문 흔드는 소리가 들린다.

형사 (소리만) 실례합니다. 잠깐만 실례합시다.

오산댁 아니 누굴까요? 이 밤중에.

공례 어서 나가봐! 오산댁.

용세 제가 나가보죠…

그는 금고문을 잠근 다음 열쇠꾸러미를 대덕에게 준 다음 급히 대문쪽으로 뛰어 나간다.

공례	누가 올 사람이라곤 없을 텐데.

마지막 다리던 적삼을 차곡차곡 개면서도 시선을 대문쪽으로 돌린다. 잠시 후 용세가 급히 뛰어온다.

용세	주인어른! 손님이 오셨는데요.
대덕	네게?

형사가 들어선다.

형사	실례합시다.
대덕	어디서 오셨지요?
형사	아, 명대덕 씨군요.
대덕	예.
형사	(얘기를 하면서도 시선은 집안을 휘둘러본다) 명기철이가 자제분이 시죠?
대덕	예… 그런데 어디서…
형사	나… 경찰서에서 나왔습니다.

마루로 나와서 신분증을 꺼내 보인다. 이 사이에 공례와 오산댁 그리고 용세는 불안한 표정으로 수군거리고 서 있다.

형사	혹시 아드님께서 집에 안 들렀던가요.
대덕	(반사적으로) 그 놈이 무슨 죄라도 저질렀습니까?
형사	글쎄… 여기서 자세한 얘기는 안 되겠지만, 동경에서 조선 학생들 끼리 비밀 결사를 꾸미려다가 탄로가 나자 당국의 수색을 받고

잠적했습니다.

공례 (용세에게) 비밀결사가 뭐유?

용세 조용히 하세요!

대덕 그럼 그놈이 경찰에 쫓기어 왔단 말인가요?

형사 예. 왔던가요?

대덕 예. 일주일 전에 잠깐 들렀지만 그길로 어디론지…

형사 틀림없겠지요.

대덕 (화를 내며) 어떻게 하시는 말씀입니까? 이 명대덕이는 장사를 하
고 있지만 당국에서 의심 받은 적이라곤 없소.

형사 (당황해서) 잘 알고 있습니다. 명대덕 씨께서는 평소에 우리 경찰
에 여러 가지로 협력해 주신다는 것도.

대덕 그래 기철이가 무슨 짓을 했습니까? 좀 더 자세히 말씀해 주세요.
그렇다고 내 자식을 두둔하거나 구명운동을 하고 싶은 생각은
추호도 없으니까요.

형사 글쎄 지금은 뭐라고 말할 수 없지만 아무튼 멀리 못가도록 해야
겠습니다. 만약에 집에 돌아오면 즉각 경찰서 고등계로 연락해
주시오. 아시겠죠.

대덕 예.

형사 그럼 밤늦게 실례했습니다.

그는 건성으로 인사를 하고 나오다가 공례를 보더니 의아한 표정으로
훑어본다.

형사 부인이신가요?

공례 예?

형사 명기철의 부인인가 말이요.

오산댁 무슨 말씀을 그렇게 하십니까? 우리집 주인마님이셔요.

형사 아! 이거 실례했습니다. (하며 역시 건성으로 절을 하고 나간다. 대덕은 지금까지 억제해오던 분노가 폭발하자 주먹으로 마루를 쿵쿵 친다)

대덕 내 그렇게 될 줄 알았지. 그놈이 고등계 형사한테 쫓기고 있으니 필경 그 사회주의 운동인가 지랄을 아직도. 아니 그 자식이 지금 이 어떤 세상인데 그래.

공례 그게 그렇게 무서운 죄인가유?

대덕 물론이지! 사회주의자는 더 말할 것 없이 형무소에 가서 징역을 살게 되어 있다구!

공례 징역을 살아유?

용세 제가 알기엔 우리 유학생들이 일본 정치에 반대하느라고 가끔 모이는 일이 있다더군요.

공례 그렇니께 기철이도 그 일본정치에 반대하는 사람이구먼유?

대덕 (신경질이 나서) 임자는 또 뭘 안다고 참견이야? 어서 문 잠그고 잘 생각이나 해! 인제 그 자식이 오면 대문도 열어주지 말어. (그는 엉금성금 기어서 안방으로 들어간다)

오산댁 에그… 기철 도령은 또 어쩌다가 그런 일에 가담해서 집안 사람을 괴롭힌담… 생각만 해도 끔찍해! 새댁, 나 먼저 들어가 자겠어요. 이제 다 끝냈죠?

공례 (골똘히 생각에 잠기다가) 어서 들어가유. 난, 좀 더 있겠어유. (오산댁이 부엌에 딸린 방으로 들어가자 용세도 일어서려고 하자 공례가 부른다)

공례 잠깐만…

용세 예?

공례 정말 잡히면 감옥에 가는 가유?

용세 그렇죠. 일본 경찰이 가장 미워하는 사람이 바로 그런 사상 운동

차범석 전집 5

하는 지식인이니까요. 나도 가끔 책에서 읽었지만 지난날에 독립
운동을 하다가 옥살이한 분들의 얘기는 정말 비참하더군요 그
안중근 의사 말이에요… 아시죠?

공례　안중근 의사?

용세　그 이등박문을 죽인 독립투사 말이에요.

공례　(고개를 저으며) 몰르겠는디…

용세　그래요? (잠시 생각하다가) 그럼 삼일운동 아시나요?

공례　(역시 고개를 좌우로 젓는다)

용세　그럼… 광주 학생사건을 모르세요.

공례　(여전히 대꾸를 못하는 그녀의 표정이 심각해진다) 용세 총각! 난 아
무것도 몰라… 그러니 나한테 그런 얘기 좀 해 줘요. 응? 난 배우
지 못한 게 한이지만 지금도 배우고 싶은 생각은 있어? 용세 총
각! 용세 총각은 나보다는 아는 게 더 많을 게 아니어? 응. 나도
언문은 쬐끔은 읽을 수 있으니께 배우면 곧 따라갈 수 있을거여!

용세　그, 그걸 제가 어떻게.

공례　그럼 이 집안에서 누가 나한테 공부를 가르쳐 주겠는가 말이여.
주인 어른이 가르쳐 주겠어, 기숙이가 가르쳐 주겠어? 응?

용세　주인 어른께 말씀드려 보세요.

공례　공부를 가르쳐 달라고?

용세　예. 요즘은 야학원이 있어서 뜻만 있으시다면야 그까짓거.

공례　(금시 실망의 빛이 돌며) 주인 어른께서 들어주실리가 없지. 내가
공부를 하고 싶다고 하면 주인 어른은 나를 쫓아 내실꺼여.

용세　그, 그럴 리가.

공례　아니여! 그분은 그런 분이여. 그러니께 나 같은 촌뜨기를 데려다
놓고 그저 자기 수족처럼 부리고 주무를려고 한거여. 배웠다는
여자는 싫다는 거여. 주인어른은 머리에 든 여자는 딱 질색이라

고 하셨어! 용세 총각! 그러니 나 좀 가르쳐 줘. 시간 나는대로 가갸거겨부터 배울터여, 응? 나도 인제 배워사제! 옛날에는 배가 고파서도 못했지만 지금은 다르제. 눈뜬 장님으로 살아갈 수는 없단 말이여, 용세 총각!

대덕   (방에서 소리만) 뭘 하고 있는 거야, 응?

공례   예, 지금 가요.

용세   어서 들어가 보세요.

공례   그러니 공부 가르쳐 준다고 약속혀, 응? 난, 용세 총각만은 내 말을 알아줄 것 같았어!

용세   예?

공례   고생은 해본 사람이라사 그 뜻을 알 수 있을꺼여. 곯아본 사람이 쌀밥 고마운 줄 알듯이 세상 쓴맛 아는 사람이 인정도 있고 동정도 할 줄 아니까. 그러나 내가 보기에는 이 집 식구들은 그런 고생을 해본 사람이 없제. 모두가 자기 앞 자기 잇속을 위할 줄 알지 남을 이해하고 남을 위해 주려는 마음씨는 없다고 봐. 안 그려, 응?

용세   예, 잘 보셨습니다. 그렇지만 기철 도련님 같은 분은 대학까지 나오셨는데도 사상 운동을 하시니 정말 훌륭한 분이시지요!

공례   (새로운 사실에 눈이 뜨는 듯) 정말 훌륭한 일인가? 기철 도령이 하는 일이 말이여.

용세   그럼요. 그런 분들 덕택으로 조선 사람은 아직… (이때 부엌에서 쿵하며 뭐가 떨어지는 소리가 난다)

공례   웬 소리여! (하며 소리 나는 쪽을 본다)

용세   쥐가 물건을 떨어뜨렸나봐요. 그럼 밤도 늦었는데 이만 주무십시요.

공례   지금 그 얘기는 꼭 들어 줘야 혀! 알았제.

용세   예.

공례   고마워.

용세   그럼.

용세가 대문 쪽으로 나가자 공례는 따라가 대문을 걸고 돌아선다. 그
녀는 한 손에 다려놓은 옷을 들고 다른 한 손에 다리미를 들고 부엌
앞을 지나 대청으로 간다. 그가 다리미를 토방 아래 놓고 대청 마루로
올라간 다음 전등을 끈다. 뒷 유리문을 닫으려고 하는 순간 뒤안에서
시커먼 그림자가 어둠 속에서 불쑥 나타난다. 공례는 질겁을 하며 소
리도 못 지르고 와들와들 떤다. 괴한은 얼굴에 복면을 써서 누군지
얼굴을 분간하기 어렵다.

공례   누… 누구… (이가 달달 부딪쳐 떨린다)

괴한   (칼을 쓱 내밀며 낮게 가성을 내서) 떠들지 마…

공례   예?

괴한   시키는 대로 해.

공례   뭐… 뭘!

괴한   안방에 들어가서 금고 열쇠를 가져 와…

공례   모- 몰라유… 나… 난…

괴한   (칼을 바싹 대며) 어서… 당신 남편이 가지고 있어… 어서…

공례   모, 못해유… 나 난…

괴한   죽으면 끝이야… 살고 싶으면 시키는대로 해! 어서…

공례는 그 이상 항거할 용기도 없이 뒷걸음쳐 방문 앞까지 물러서 나
간다. 괴한은 칼을 내민 채 방으로 들어가라고 위협한다. 공례는 떨리
는 손으로 미닫이를 열어 제친다. 괴한은 다시 재촉하자 공례가 방으
로 들어간다. 괴한은 문지방에 서서 방 안과 밖을 지켜본다. 이윽고

공례가 열쇠꾸러미를 가지고 나온다. 괴한은 열쇠꾸러미를 받아들자 공례를 금고 옆으로 밀어제친다.

괴한   (다시 위협하며) 엎드려… 어서…

공례   왜… 왜… 나를…

괴한이 다시 위협하자 공례는 마룻바닥에 고개를 푹 숙인 채 엎드린다. 괴한은 금고를 연다. 이윽고 열리자 돈을 꺼내서 보자기에 싼다.

공례   안 되오… 그걸 가져가면 난… 난…

괴한   소리를 지르지 말어…

공례   (울음을 참으며) 제발 이러지 좀 말아유… 예? 그러면 못 써유… 제발… 제발… 흑.

대덕   (안방에서 잠결에) 여보 거기서 뭘 하는 거야.

괴한이 재빨리 칼을 공례 목덜미에다가 들이댄다.

대덕   (소리만) 마루에서 뭘 하느냐구… (하며 웃저고리를 벗은 채 마루로 기어나오다가 깜짝 놀라서 제자리에 앉아 버린다) 누, 누구야!

괴한   (칼을 대덕에게 들이대며) 조용히 하는 게 피차에… 이롭겠죠.

대덕   뭐라구? 아니…

공례   (아까부터 이상한 예감에서) 혹시… 기, 기철이가…

대덕   뭐라구?

괴한   (동시에) 예? (하며 크게 당황한 눈치이다)

공례   그래요! 기철이 목소리에요! 틀림없어!

대덕   기철아! (하며 덤비려 하자 그는 잽싸게 마루에서 마당으로 뛰어내린다)

안 된다. 그 돈을 훔쳐내 가다니… 그럴 수가…

괴한 염려 마세요. 이건 훔치는 게 아니라 빌려가는 돈입니다. 내가
쓰기 위해서라기보다… 더 큰 사업에 쓰려고… (복면을 벗으며)
아버지… 죄송합니다… 이 방법 밖에 없었어요… 한시가 급한걸
어떻겁니까… 우리 동지들이 기다리고 있어요. (공례에게) 용서하
십시요! 정말 죄송합니다. 그러나 먼 훗날 꼭 이 은혜는 갚겠습니
다… 그럼… (하며 돈보따리를 들고 대문을 향해 뛰어간다. 대덕이 부
자유스런 동작으로 그 뒤를 쫓으려 하자 공례가 그를 붙들고 매달린다)

대덕 저 놈 잡아라… 저 놈을…

공례 (필사적으로) 가게 내버려둬유! 여보! 가게 내버려둬유!

대덕 이 손을 놔! 왜 나를 말리는거냐! 놔! (하며 공례의 머리채를 휘어잡
고 굴린다. 공례는 필사적으로 항거한다)

공례 여보! 안 돼요! 안 돼!

대덕 오산댁! 용세야! 내 돈! 내 돈! 나는 돈 없으면 죽는다!

공례 여보! 그 돈은 먼 훗날 갚는다고 했잖아유? 꼭 돌아온다고 했시
유? 그러니 저 마음대로 가게 해줘유! 여보… 흑… (하며 대덕을
붙들고 흐느낀다. 이때 속옷 바람으로 기숙, 오산댁이 방에서 뛰어나오
다가 이 광경을 보고 깜짝 놀란다)

오산댁 주인어른!

기숙 아버지! 왜 이러세요?

대덕 내 돈… 내 돈…

공례 여보! 저 길을 가게 해유… 흑…

대덕 (기진맥진 하여 숨이 차오다가 갑작이 넋이 나간 사람처럼) 그럴 수가…
있을까? 그 놈이… 그 놈이 내 돈을… 내 돈을… (그는 말을 채
끝내기도 전에 그대로 졸도를 한다) 아…

공례 여보… 여보… 정신 차리세유…

75   꽃바람

기숙 아버지… 아버지…

공례 여보! 오산댁… 어서… 병원… 의사를…

이때 행길 쪽에서 경찰관이 불어대는 요란스런 호루라기 소리며 구두
발자국 소리가 울려 퍼진다. 위협 발사하는 총소리도 울린다. 공례는
한없이 흐느낀다.

–막

제5막

무 대

법원 전막부터 약 3개월 후. 사실적인 법정이라기보다 조명과 실루엣으로 법정의 분위기를 나타내 주면 족하다. 어둠 속에서 재판장의 음성이 울려온다.

재판장 그럼 지금으로부터 관철동 강도사건 선고공판을 속개하겠습니다. 피의자 정공례!

말과 동시에 핀 라이트가 죄수복에 용수를 쓴 공례의 모습을 부각시킨다. 간수가 다가와서 수갑을 풀고 용수를 벗긴다. 헝클어진 머리와 핏기 없는 모습이다. 그러나 그 태도는 담담하며 마치 어떤 체념 속에서 달관해버린 사람 같다.

재판장 피고 정공례는 지금까지의 사실 심의와 그리고 자백에서 현금을 탈취하였음을 시인했는데 사실인가?

공례는 조용히 고개만 숙인다.

재판장 그러나 변호인과 변호인측 증인으로 채택된 김팔순 일명 오산댁과 박용세는 이 사실을 전적으로 부인하고 있는데 어떻게 생각하는고?

이와 동시에 무대 한편에 오산댁과 용세가 핀 라이트로 포착된다.

오산댁 새댁은 그럴 사람이 아니에요.

용세   그건 허위자백입니다. 자기희생을 할 셈으로 거짓 자백한 겝니다.

공례   (담담하게) 재판장님! 그건 여러 차례 말씀 드린 대로 지가 했시유!

재판장 그 이유는?

공례   예?

재판장 명기철과 공모하여 금고 속에서 돈을 훔치게 된 동기와 그 돈의
      사용 목적이 무엇인가 말해봐…

공례   ……

재판장 자기 남편이 소중하게 간직한 돈을 훔쳐 냈을 때는 그럴만한 이
      유가 있었을 터인데 왜 말을 못하는가?

공례   ……

재판장 남편을 미워했던가? (사이) 나이가 너무 층하가 지고 지체 불구자
      였기 때문에 평소부터 마음 속으로는 죽이고 싶도록 미웠단 말이
      지?

공례   (고개를 들며) 그런 일 없어유.

재판장 그럼 남편을 사랑했단 말인가?

공례   아니에유…

재판장 (노기 띤 어조로) 자기 남편을 사랑한 것도 아니고 미워하지도 않
      았다니 도대체 무슨 뜻인가 말이다… 응?

공례   재판장님… 저는 처음부터 그분을 좋아한다 싫어한다 그런 일도
      없고 그런 생각을 품어보지도 못했이유…

재판장 그럼 맹목적으로 남편을 따라 살아왔단 말인가?

공례   예… 그래유… 부모가 시킨 혼인이었고… 부모를 살리는 길이
      그 길 뿐이라기에 나는 두 눈 딱 감고 달밤에 또랑 뛰어 넘듯이
      시집 갔시유… 허지만 그분은 나 같은 기집은 처음이라면서 날마
      다 잠자리를 청했시유… 그분은 내가 좋은 게 아니라 내 몸둥아

리가 좋았던갑이여유… 그렇지만 나는 하나도 좋다는 생각은 없었이유… 그저 하자는 대로 따라다녔을 뿐이어유… 밤이건 낮이건 그분은 나를 안방으로 끌어댕기고서는… 그저 그렇게 지냈을 뿐이지… 정도 사랑도 없었시유… 그렇다구 미운 것도 아니구유…

재판장 그런데 왜 명기철이가 돈을 훔쳐 달아났을 때 명대덕을 붙들고 못 따라가게 했지?

공례 (말문이 막힌다)

재판장 자기 남편의 돈을 훔친 도둑을 그것도 전실 소생이라면 잡아 주는 게 당연할 텐데 어째서 필사적으로 말렸었나 말이지!

공례 그, 그건… 기철이를 돕고 싶어서였지유…

재판장 돕고 싶었다구?

공례 예…

재판장 그 이유는?

공례 그저 워쩐지 기철이가 붙들리면 안 되겠다 싶어서유…

재판장 (긴장) 이유가 있었을 게 아닌가?

공례 (사이) 난… 대학생이 좋았으니께유…

재판장 좋았다니… 사랑했었단 말인가?

공례 원 벼락 맞을 말씀을… 아무리 내가 나이는 어리지만 내가 계모인데 어떻게 그런…

재판장 좋아한다고 했잖아!

공례 좋아했이유… (지나간 날의 달콤한 추억을 더듬기라도 하듯) 난 어려서부터 사각모자를 쓴 학생이 부럽기만 했이유… 촌에 계몽대로 내려온 학생들이 글도 가르쳐 주고 창가도 배워주고 하는데… 그렇게 반가울 수가 없었시유… (풀이 죽어가며) 내사 낫 놓고 기역 자도 모르는 까막 눈이었으니께 그렇겠지만 지식이 많은 사람을 보면 그저 좋아지대유… 그래서 나는 죽을 때까지 실컷 공부나 해 봤으믄 하는 것이 소원이었시유… 왜 그런지 그 이유는 나도 몰라유… 다만 요즘 와서 생각해 보니까 나는 제 남편처럼 돈이나 여자 몸뚱아리만 찾는 사람도 있고 기철이처럼 많은 지식을 쌓아서 여러 사람을 위해서 일하겠다는 사람도 있구나 하는 생각이 들대유… 기철이가 돈을 가지고 나가면서 그 돈은 여러 사람을 위해 쓸 것이며 또 먼 훗날 꼭 갚겠다고 하던 말을 나는 믿고 싶었시유… 그 일이 무엇인지 모르지만 기철이가 내뱉은 그 말은 거짓말이 아니라는 생각이 들었이유… 그래서 제 남편을 붙들고 사정했시유… 정말이에유… 돈을 벌면 뭘해유 쓸 줄도 알아사 제… 돈은 개처럼 벌어서 정승처럼 써야 한다는디 제 남편은 그것이 아니대유… 그저 차곡차곡 쌓아 두고 썩히데유… 그래서 기철이가 그 돈을 좀 빌리자는데 뭐가 나쁜가 싶어서…

재판장 그 돈이 사상운동을 하는 비밀결사 자금으로 쓰일 돈이라는 걸 알고 있었나?

공례 몰랐시유…

재판장 그럼… 기철이가 죽은 사실을 알고 있나?

공례 (크게 놀라며) 예? 기 기철이가 죽어유? 워째 죽어유? 예? 재판장님… 누가 죽였대유? 기철이 같은 사람을 누가 죽였는가 말이어유… 예… (그녀는 자신의 흥분을 억제하지 못해 마구 흐느낀다) 그런 법이 어디 있대유? 똑똑하고 쓸만한 젊은이는 이 잡듯이 가려내고… 소 돼지처럼 먹고 싸고 자는… 등신들만 살리면 뭘 해유? 흑… 기철이가 죽다니 웬 말이어유… 흑… 나는 기철이하고 두어 번 밖에 안 만났지만… 그 눈빛 속에는 힘이 있었이유… 즤 아버지 하고는 다른 또 하나의 빛이 있었이유… 나는 오래전부터 그런 눈빛을 찾고 있었는지도 모른데… 아… 기철이가 죽다니…

당신네들이 잡아 죽였지? 그렇지? 흑… 흑… 어서 나두 죽여줘
유… 그러나 기철을 죽인 그 사람은 또 언젠가 다른 사람 손에
죽을 것이구먼… 꼭 그렇게 되고 말고… 어서 나두 죽여주란 말
이유… 어서…

재판장 5분간 휴정…

어둠 속에서 탕탕 사회봉을 치는 소리가 들리자 인물들을 포착하고
있던 조명이 꺼진다. 잠시 후 다시 사회봉이 탁자를 치는 소리가 들린
다. 어둠 속에서 검사의 판결 내용이 낭독된다.

검사 피고 정공례에게 3년 체형을 언도함.

이와 동시에 두 개의 핀 라이트가 공례와 용세의 모습을 부각시킨다.
두 사람의 대화는 사실적이라기보다 환상적이다.

공례 3년?
용세 3년입니다.
공례 내가 지은 죄가 뭐라든가유?
용세 모르겠습니다.
공례 용세 총각은 알텐디유 나보다 배운 게 있으니까.
용세 나도 모릅니다. 왜놈들이 자기들 마음대로 만들어 놓은 법률로
자기들 마음대로 우리를 다스리겠다는데 알게 뭡니까…
공례 그럼 나는 무슨 죄인지도 모르는 채 3년을 감옥살이 하는 감유?
용세 그렇습니다. 그러나 3년만 지나면… 다시 만나게 됩니다. (뜨겁게)
아주머니 그까짓 3년이사 늘어지게 낮잠 한 번 자고 일어난다고
생각하세요.

공례	내가 무슨 죄로 3년 징역인가는 알고 싶네유.
용세	제가 가르쳐 드릴까요?
공례	뭔디유?
용세	세상 물정을 모르고 살아온 죄인겝니다.
공례	세상 물정을 모르고 산 죄? 그럼 모른다는 것도 죄인감유?
용세	죄구 말구요! 인간은 알 권리가 있고 알아둘 권리가 있지요. 그 권리와 의무를 포기했으니 그것도 큰 죄지요…
공례	모르고 지내는 것도 죄라는 걸 이제야 알았네유…
용세	앞으로 더 알아야 할 일들이 산더미처럼 많을 거예요. 먼 훗날 우리 후손들이 물어봤을 때 몰랐다는 대답은 해서는 안 되니까요.
공례	그럼 나는 이제부터 배우겠시유… 3년 동안 감옥에서 배우고 3년 이 지난 다음 다시 세상에 나가게 되면 나는 모든 것을 새로 배워야지유… 내가 못 배운 건 다른 사람들에게 배우도록 일러줘야지! 안 그렇소? 용세 총각.
용세	그럼요! 지금 그 말씀을 잊지 마십시요.
공례	기억하겠지요… 기억하는 일이야 누가 막지도 말리지도 못할테니께유…
용세	그럼요… 우리가 당하고 있는 이 일들을 하나도 빼놓지 말고 기억해야지요… 그래서 우리가 다시 만나게 되는 날 얼마나 빠트리지 않고 잘 기억했나 대조해 봅시다.
공례	아니 그럼 용세 총각이 나를 기다리겠단 말인감?
용세	물론이지요…
공례	참말이어?
용세	예… 3년 아니라 30년이라도 기다리겠습니다.
공례	용세 총각… (새로운 눈물이 솟는다)
용세	아주머니도 나도 세상을 모르는 죄인임에는 꼭 같은 처지지요…

그러나 그 죄가 무엇인가를 알고 있는 이상은 버려둘 수 없지요. 구슬처럼 한 알 한 알 꿰어둬야지요! 그것이 백 개가 되건 천 개가 되건 그 꿴 구슬이 목걸이가 되면 다시 만나는 날 아주머니 목에 걸어 드리지요!

공례 용세 총각! 그럼 기다려요!

용세 몸조심 하세요…

공례 용세 총각…

두 사람은 서로가 서서히 멀어져 가는 안타까움에 몸부림친다.

공례 용세 총각! 나는 죽어서 다시 태어날 수만 있다면 배움을 가지겠시유… 바람에 꽃이 지면 열매가 맺히듯 나도 그 바람 속에서 내일을 기대리겠시유… 그까짓 밤새 불어간 바람이사 눈과 귀를 막고 있으면 지게 마련이지… 바람결에 들리는 저 소리는 또 다른 꽃봉오리를 피우게 하겠지유! 용세 총각! 살아서 꼭 만나야 해유. 그래서 지나온 나날을 이약해유. 별에도 저마다 사연이 있다는데 떨어진 꽃잎이라구 왜 사연이 없겠시유… 10년, 20년… 40년… 살아남은 동안은 누군가가 이 이약을 해 줄 거예유…

-막

순교자 이차돈 (1막 11장)

- **등장인물**

  이차돈

  법흥왕

  왕비

  아란공주

  구슬아기

  선보진 先甫眞

  황차윤 荒差尹

  한사달 漢私達

  알공 謁恭

  공목 貢目

  백봉국사

  조신 갑, 을, 병

  포졸 A, B

  시녀 A, B

  기타 시민 다수, 조신 다수

  (무용단)

- **때**

  서기 525년 전후 신라 23대 법흥왕조

- **곳**

  신라, 고구려

제1막

제1장

무대

궁중 안 정전 正殿.

정면에 높직한 층계가 있다. 용상에 앉아 있는 법흥왕을 중심으로 왕비, 아란공주가 서 있다.

층계 아래 문무백관이 질서정연하게 서 있다.

우아하고도 흥겨운 풍악과 함께 막이 오른다. 아름다운 궁중무가 전개되고 있다. 법흥왕을 비롯하여 모두가 희색이 만면하다.

이윽고 춤이 끝나자 서로 감탄과 만족의 표정을 감추지 못한다.

왕 (신하들을 내려다보며) 올해는 근래에 드문 풍년이 들어 오곡백과가 다 풍성하여 만백성들이 배불리 지내게 되었으니 이 어찌 기쁘지 않은고. 풍년보다 더한 국가 경사가 어디 또 있을까. 안 그렇소, 선보진!

선보진 황공하옵니다. 모두가 성주의 은덕이시옵니다.

강재 그러하옵니다. 망극하신 성은이 서라벌 구석구석에 햇볕처럼 스며들어 백성이 배불리 먹고 격양가를 드높게 부르게 됨은 애오라지 성덕의 힘인가 하옵니다.

왕 헛허…… 강재공. 그건 과인의 덕이 아니라 여러 경들의 충성심에서 비롯함을 내 어찌 모르겠소.

사무공 그러하오나 폐하께서 창생들을 위해 덕을 베푸시기를 봄비 뿌리듯 하셨음을 생각하니 망극하신 천은을 어찌 갚사올지 그저 황송

순교자 이차돈

하올 뿐입니다.

왕   핫하…… 사무공이 그렇게 겸손하게 말하는 걸 보니 과연 과인은 덕을 잃지는 않은 모양이군…… 헛허……

일동   황공하여이다.

신하가 일제히 절을 하자 왕은 뒤에 서 있는 왕비와 공주에게 만족스런 미소를 던진다.

왕비   (왕에게 다가서며) 마마의 치하의 말씀은 이제 그 정도면 충분하옵니다. 어서 신들에게 그 영을 내리십시오.

왕   응?

왕비   (공주를 쳐다보며) 아란공주가 아까부터 안절부절 못하고 있습니다.

공주   (얼굴을 붉히며) 아이 어마마마…… (하며 손을 입에 댄다)

왕비   내 눈을 속일 수는 없지. 그 옷자락을 어찌나 부비고 주물렀는지 구김살이 갈 정도이니…… 홋호……

왕   헛허…… 그럴 테지. 알고말고…… 공주는 그 소식이 더 기다려질 테지. 헛허……

신하들은 의아한 표정으로 왕을 쳐다보며 웅성거린다.

선보진   폐하, 오늘 한가윗날 아침에 신들을 이렇게 부르신 연유가 궁금하옵니다. 혹시 오늘밤 여섯 마을 처자들이 대궐 마당에서 길쌈내기를 겨루는 일이라면 그건 이미 다……

왕   아니오. 경들을 모이게 한 연유를 지금부터 말하겠소.

일동   황공하여이다.

왕   (약간 심각해지며) 경들을 부른 것은 다름이 아니라…… 내 나이도 어언 칠순이 가까워짐에 요즘에 와서는 오만 가지 생각이 거품처럼 일었다가는 사라지곤 하오. 그 가운데서도 태자가 없다는 사실이오. 오직 미거한 공주 하나만 이렇게 남아있으니 보위를 전할 곳이 없소. 우리나라는 예로부터 나라 안에서 가장 어진 사람을 골라 나라를 전하는 법이 남아있음을 경들도 잘 알고 있을 터이오. 우리나라는 북에는 고구려가 강성하고 서에는 백제, 남에는 금관국이, 동해 중에 우산국이 서로 맞서 있음에 나라를 지키기 위해서는 충성과 용기를 겸비한 위인만이 안으로는 백성을 다스리고 밖으로는 국위를 떨치게 될 것이오. 그러므로 과인은 밤낮으로 하느님과 열성조에 빌되 이 나라를 맡길 인재를 얻기가 소원이었던 바 드디어 그 사람을 구했으니 이 아니 기쁘오?

모두들 긴장과 흥분을 감추지 못하여 웅성거린다.

선보진 (불쾌해지며) 폐하…… 그 사람이 누굽니까?

왕 선보진, 그 사람이 누구인 줄 알게 되면 기뻐할 줄 믿소.

황차윤 폐하…… 그게 누구인 줄 알려주십시오.

왕 황차윤도 잘 알고 있는 사람이오.

황차윤 소신이 잘 알고 있는 사람이라니 누구입니까?

왕 천천히! 내가 장차 나라와 어린 딸을 맡길 사람은 바로…… 이차돈이오!

이 말이 떨어지자 장내는 전에 없이 희비가 엇갈린다. 그중에서도 이차돈의 조부 한사달은 기쁨을 감추지 못하고 선보진과 황차윤은 분노를 터뜨린다. 왕비는 공주의 머리를 쓰다듬으며 속삭인다.

| 왕 | (한사달에게) 한사달⋯⋯ 경의 손자 이차돈이 며칠 전 재주겨루기에서 장원을 했다고 들었는데 경의 뜻은 어떠하오? |

왕 (한사달에게) 한사달⋯⋯ 경의 손자 이차돈이 며칠 전 재주겨루기에서 장원을 했다고 들었는데 경의 뜻은 어떠하오?

한사달 (땅바닥에 무릎을 꿇고) 폐하⋯⋯ 황공하옵니다. 소신의 미거한 손자 이차돈이 천은을 입사와 장원을 한 것만으로도 몸 둘 곳을 모르겠사온데⋯⋯ 이제 다시 공주님의 부마로⋯⋯ 폐하⋯⋯ 혹시 이차돈을 잘못 보심이나 아니올지⋯⋯

왕 헛허⋯⋯ 잘못 봐?

한사달 예. 이차돈이 어려서부터 총명하고 무예를 익혀오긴 했지만 공주님의 부마가 되기엔 미급한 점이 한두 가지가 아니옵니다. 저기서 계신 선보진 서방님으로 말하자면 폐하의 친동기시며 또 덕이 높으시와 민심이 귀복하는 줄로 아오니 원하옵건데 아까 그 말씀은 취하하심이 어떠실지⋯⋯

왕 한사달⋯⋯ 비록 겸양지덕이 소중하다고는 하지만 막중대사에 그런 허례를 돌아보는 법은 없소. 과인의 말은 한 번 떨어지면 다시 거두어들이지는 못하오. 오늘밤 한가위 달을 보며 신궁과 시조묘에서도 이 말을 아뢸 것이니 그리 아오.

한사달 폐하⋯⋯ 그러하오나⋯⋯

왕비 이차돈의 인품이며 학식이며 무예가 뛰어나다는 점은 오래 전부터 익히 들었소. 그리고 이미 공주도 그 말을 밝힌 바 있으니 그리 아시오.

한사달 폐하⋯⋯ 황공하오이다. (하며 넙죽 절을 하고 고개를 들지 못한다)

왕 오늘밤 한가윗달을 보면서 신궁에서 올릴 제사에는 한 사람도 빠짐없이 나오도록 이르오!

일동 예.

왕비 그런데 이차돈은 아직 아니 왔는가? (왕비가 공주의 상기된 뺨을 어루만진다)

신 A   예, 지금 오고 있사옵니다.

왕비   어디…… (하며 무대 왼쪽을 멀리 내려다본다)

신 B   저기 다리를 건너오고 있습니다.

왕비   옳지. 머리에 흰 띠를 매고 활과 칼을 찬 저 씩씩한 모습. 마마! 이차돈이라는 이름은 들었지만 직접 보기는 오늘이 처음인 것 같습니다.

왕   이차돈은 우리나라 안에서 가장 뛰어난 재능과 덕망을 지니고 있어 장차 공주의 배필로서 그리고 과인의 태자로서도 나무랄 곳 없는 존재요.

신 A   폐하. 이차돈이 현신하였습니다.

일동은 축복과 선망과 기대 속에서 길을 비키자 이차돈이 등장한다. 수려한 얼굴은 남성적이라기보다는 도리어 여성적일만큼 곱상하다. 다만 이글거리는 눈과 꼭 다문 입가에 사나이다운 의지가 엿보인다. 그는 왕이 내려다보는 앞에 절을 하고 엎드린다.

왕   네가 이차돈이냐?

이차돈   예……

왕   고개를 들어라.

이차돈이 고개를 든다. 왕도 왕비도 그리고 공주도 만족한 표정이다.

왕   어제 장원급제했다지?

이차돈   예. 모두가 망극하신 성은인가 하옵니다.

왕   음…… 과인이 너를 왜 불렀는지 까닭을 알겠느냐?

이차돈   모르옵니다. 산에서 활쏘기 연습에 열중하고 있는 중에 급히 입

궐하라는 분부가……

왕   두려우냐?

이차돈   아니옵니다.

왕   한사달의 손자가 틀림없느냐?

이차돈   예.

왕   듣거라. 우리나라에는 예로부터 물려받아온 다섯 가지 가르침이
있느니라. 알고 있느냐?

이차돈   예. 조부님으로부터 익히 들어왔습니다.

왕   과연 한사달은 훌륭한 가문을 지녀왔군.

한사달   황공하옵니다.

왕   어디 그 다섯 가지 가르침을 외워보아라.

이차돈   예. (잠시 자세를 고쳐 앉으며) 첫째 임금을 충성으로 섬기고.

왕   충성이란 무엇인고?

이차돈   목숨을 바치는 일이옵니다.

왕   둘째는?

이차돈   어버이는 효로 섬기고.

왕   충과 효가 쌍전하기 어려울 때는 어찌할 것인가?

이차돈   충을 취하겠습니다.

왕   (매우 만족해하며) 옳거니! 옳거니! 또 셋째는?

이차돈   벗을 믿음으로 사귀어야 하며.

왕   믿음이라니?

이차돈   거짓이 없고 언약을 지키는 길이옵니다.

왕   넷째는?

이차돈   임전무퇴로 아옵니다.

왕   전장에 나가면 물러설 줄을 몰라야 한다? 음…… 끝으로 다섯째
는?

이차돈	만부득이한 경우를 제하고는 함부로 살생을 하지 말라 하셨습니다.
왕	음…… 과연 이차돈은 이 나라 으뜸가는 젊은이구나. 한사달! 듣거라!
한사달	예, 폐하……
왕	경은 나라에 충성을 다 바친 공신일 뿐만 아니라 집안에서도 자녀를 가르침에도 투철한 그 미덕을 높이 찬양하는 바요!
한사달	황공무지로소이다. 이차돈은 소신의 유일한 핏줄인바 일찍이 아비를 여의고 소신이 대신 그 아비 구실을 해야겠기에 각별히 수양에 애썼을 따름이옵니다.
왕	그렇다면 이차돈은 편모슬하에서 자라나왔단 말인가?
한사달	예, 그러하옵니다.
왕	(왕비와 공주에게 일별을 보내며) 편모슬하에서 장성하였으면서도 저토록 건장한 신체와 영특한 재주를 지녔으니 이 아니 칭송할 수가 있겠소?
왕비	예! 그러하옵니다.
왕	이차돈! 듣거라.

이차돈은 조심스럽게 고개를 들어 왕을 쳐다본다.

왕	오늘 한가윗날을 기하여 문무백관이 모인 이 자리에서 공포하노니 이차돈은 아란공주의 부마로 책하며 장차 이 나라를 맡을 태자가 될 몸이니 가일층 수양에 힘쓰도록 하라.
이차돈	(얼굴이 붉어지며) 예?
왕	그리고 한사달 경의 손자 이차돈은 하느님과 검님께옵서 우리나라를 복주시려고 내려보낸 사람으로 아오. 내 평생에 오늘과 같은 기쁜 날은 일찍이 없었던 것 같소. 모두들 듣거라.

순교자 이차돈

일동   예!

왕   오늘밤은 밤새 풍악을 울리게 하고 불꽃을 서라벌 온 하늘에 퍼
        지게 하여 한가위 잔치를 크게 벌이도록 하여라.

일동   황공하오이다.

왕비, 공주가 땅에 엎드려 있는 이차돈에게 인자한 일별을 보내고 내
전으로 퇴장하자 이윽고 신하들도 그 뒤를 따른다. 그러나 아까부터
매우 불만스러운 표정으로 서 있던 황차윤이 이차돈에게로 다가간다.
그의 눈에는 적개심과 질투가 타고 있다.

황차윤   이차돈!

이차돈은 여전히 움직이지 않은 채 눈을 감고 있다.

황차윤   나는 너에게 두 번이나 패배를 당한 꼴이 되었구나. 한 번은 어제
          재주겨룸에서 장원 자리를 빼앗긴 일이며 또 한 번은 아란공주의
          부마 자리까지 빼앗긴 일이다. 그러나 듣거라. 이 황차윤은 그런
          일로 물러설 사람은 아니다.

이차돈   (날카롭게 쏘아보며) 뭐라고?

황차윤   이차돈 네가 공주의 부마 자리를 차지한다손 치더라도 나는 반드
          시 소신을 굽히지 않을 것이다.

이차돈   소신?

황차윤   그렇다. 남아대장부가 한 번 마음 속에 새긴 뜻은 기어코 이루고
          야 말 터이니 그리 알라. (황차윤은 이차돈의 대답을 들으려 하지도
          않고 급히 퇴장한다. 이차돈은 서서히 일어나 허공을 쳐다보며 중얼거
          린다)

이차돈 아니다. 그건 전혀 내 뜻이 아니다. 나는 아란공주의 부마가 될 수 없고 이 나라를 다스릴 태자가 될 수 없는 몸이다. 그건 잘못된 일이야. 잘못된 일이다. 그건 내 뜻이 아니다.

제2장

무대

숲속. 노송이 몇 그루 서 있고 무성한 풀섶 사이에 이차돈과 구슬아기가 앉아 있다. 하늘에 보름달이 걸려 있고 멀리서 흥겨운 풍악소리가 들려온다. 풀벌레 소리가 소낙비처럼 흘러나온다. 그러나 두 사람의 표정은 심각하게 가라앉아 있다. 이따금씩 밤하늘에 불꽃 무늬가 화려하게 피었다가 사라진다.

이차돈 구슬아기님……

구슬아기 (여전히 고개를 숙이고 있다)

이차돈 내 말을 들어주오.

구슬아기 (되도록 침착하려고 애쓰며) 다 알고 있습니다.

이차돈 다 알다니?

구슬아기 그런 줄 알았더면 차라리 서방님께서 장원을 못하시도록 빌어야 했을 것을……

이차돈 구슬아기님……

구슬아기 장원을 하셨길래 아란공주의 부마가 되시고 태자가 되시다니……

이차돈 알고 있었소?

구슬아기 예.

이차돈 누구한테서……

구슬아기 공주님한테서 들었습니다.

이차돈 공주님이?

구슬아기 오늘 아침 공주님이 부르시기에 내전에 들어갔더니 여섯 마을 처녀들이 모인 자리에서 공주님이 몸소 말씀하시는 걸 들었사옵니다. 이차돈 서방님과 혼인을 하게 되었다면서 기쁨을 억제하지 못하시는 걸 직접…… (말끝이 흐려진다)

이차돈 구슬아기님! 그, 그건.

구슬아기 (눈물을 깨물며) 그러니까 이차돈 서방님을 만나 뵙게 되는 것도 오늘이 마지막인가 봅니다. 공주님께서 이 사실을 아시게 되면 큰 벼락이 떨어지리라고 짐작은 하면서도 마지막으로 만나 뵙고 싶었습니다!

이차돈 구슬아기님. (그는 구슬아기의 손목을 잡으려 하자 구슬아기는 피해서 일어선다)

구슬아기 서방님은 머지않아 공주님의 부마이시자 태자가 되시니 이런 경사가 또 어디 있겠습니까? 허지만…… 허지만…… 난…… 서방님을 떠나서는…… 흑…… 흑…… (그녀는 소나무에 이마를 대고 흐느낀다. 부엉이가 두어 번 울어댄다)

이차돈 울지 마오. 그리고 내 이야기를 들어요.

구슬아기 이제 무슨 말씀이…… 서방님과 저와는 이제 은하수보다 더 먼 거리에 갈라진 것을……

이차돈 그럴 리가 없소……

구슬아기 그럴 리가 없다니요?

이차돈 이차돈은 그런 실없는 인간은 아니라니까요!

구슬아기 예?

이차돈 아란공주와의 혼인을 할 수 없다는 뜻을 밝힐 작정이오!

구슬아기 아니 됩니다! 그런……

이차돈 이 몸을 죽이시겠다면 죽는 수밖에 없지요.

구슬아기 서방님……

이차돈 신라 남아는 목숨보다도 신의와 언약을 지키는 일을 더 무겁게 여기는 법입니다.

구슬아기 목숨을 버리는 것도 경우가 옳아야 합니다. 이 몸과 같은 미천한 계집 때문에 목숨을 잃으시는 건 남 부끄러운 일입니다!

이차돈 부끄러울 게 없소!

구슬아기 후세 사람들이 이차돈을 구슬아기라는 계집 때문에 죽음을 당했다면 그 부끄러움을 무엇으로 씻을 수가 있겠습니까? 뿐만 아니라 이 몸도 함께 죽음을 당하게 될 테니 그 계집이 가문을 더럽혔다는 핀잔을 어찌 받을 수가 있겠습니까? 서방님…… 그러니 이 몸을 잊어주십시오. 아란공주님과 혼인을 하셔요! 공주님의 부마가 되시고 태자가 되셔서 나중에 우리나라에 크신 임금이 되어주셔요!

이차돈 구슬아기님! 나는 그리 못하오! 비록 구슬아기가 아란공주보다 신분이 천하고 미급 未及하다손 치더라도 한 번 맺은 언약을 저버릴 수는 없소. 부마 자리도 태자 자리도 싫소! 이차돈에게 필요한 건 오직 구슬아기님 뿐이오! (하며 그녀의 손목을 쥔다)

구슬아기 아니 되옵니다! 이러시면 아니 되옵니다!

이차돈 해님도 달님도 부끄러울 게 없소! 우리는 떳떳하게 살 수 있소!

구슬아기 아니 됩니다! 아란공주님께서 이 일을 아시는 날에는 가만히 아니 계실 겝니다. 공주님의 성깔이 얼마나 고집스럽고 표독스러운 것은 천하가 다 아는 일이온데…… 서방님 놓으세요…… 이만 가봐야겠습니다!

이차돈 구슬아기님! 그렇지만 우리의 언약이 헛될 수는 없소. 설사 죽음

순교자 이차돈

을 당한다손 치더라도 구슬아기님과 나와는 결코 떨어질 순 없소! 정말이오. 진심이오……

구슬아기 서방님! (하며 이차돈의 품에 안긴다. 이때 숲속에서 웃음소리가 터져 나온다. 질겁을 한 두 사람은 급히 떨어져 선다)

이차돈 누, 누구냐?

이윽고 풀섶을 헤치고 황차윤이 나온다. 그 뒤에 두어 명의 졸개들도 따라 나선다. 황차윤은 약간 술에 취해 있다.

황차윤 두 분께서 은밀히 재미를 보시는 걸 모르고…… 정말 미안하오! 훗흐……

이차돈 비, 비겁한……

황차윤 뭐라구? 비겁해? 내가? 핫하…… (졸개들에게) 들었지 나보고 비겁하단다. 헛허……

이차돈 남의 얘기를 엿듣는 건 첩자가 아니면 간신배들이나 하는 짓일 건데 어떻게 그런……

황차윤 닥쳐라! (하며 칼에 손을 댄다)

이차돈 뭐라고?

구슬아기 서방님…… 그만 돌아가셔요!

황차윤 오늘밤 신궁에서 제사가 베풀어지고 그 뒤를 이어 여섯 마을 처녀들이 모여 베틀겨루기를 한다고 온 장안 사람이 들떠있는데 …… 이렇게 둘이서 살짝궁 숨어서 재미를 보는 꼬락서니는 첩자보다도 간신배보다도 더 비열한 짓이다!

이차돈 흥! 그래서 간신배를 찾아냈으니 상감마마께 일러바치겠다는 뜻인가?

황차윤 아니지. 나는 아란공주님께 알리겠다!

구슬아기 뭣이?

황차윤 공주님은 식은 아니 올렸을 뿐 이미 이차돈을 부마로 작정하고 계시는 몸. 그런데 그 공주님 곁에서 한시도 떠나서는 안 될 이차돈이 다른 처자와 은밀히 만나고 있었다고 아시게 되면…… 흐흐…… 이거야말로 흥미진진한 일이지 뭔가? 핫하…… (하며 졸개들을 돌아보자 그들도 통쾌하게 그러나 빈정거리며 웃어제낀다)

이차돈 황차윤! 네가 나를 적수로 여긴 나머지 내 뒤를 미행하고 다니면서 그 사실을 상감마마와 공주님께 일러바치려는 심정은 잘 안다!

황차윤 그걸 알고 있다면 얘기는 간단하지! 이차돈이 장차 부마가 될 위인인 줄을 알지만 이 사실을 공주께서 아시면 가만 계시지는 않을걸! 헛허…… (그는 졸개들에게 가자고 눈짓을 하며 사라진다. 이차돈과 구슬아기는 어찌할 바를 모르고 서성거린다)

이차돈 비겁한 놈!

구슬아기 황차윤 서방님은 오래 전부터 공주님의 부마가 되기를 바라오던 터라 아마도……

이차돈 구슬아기님! 그러니 나는 내일 어전에 나가 부마 자리를 사양하겠소! 그래서 우리 두 사람은 멀리 떠나서 조용히 살고 싶소!

구슬아기 그렇지만 황차윤 서방님이 상감마마께 일러바치게 되면 어찌하옵니까?

이차돈 두려워할 건 없소! 우리가 무슨 죄를 지었던가요? 걱정 마오. 나는 남아답게 떳떳하게 말씀드리기로 하겠소. 그래서 우리의 죄를 사하신다면 구슬아기님과 어디로 떠납시다.

구슬아기 만일 사하지 않으신다면 어찌하겠소?

이차돈 응?

구슬아기 공주님은 공주님대로 이 년을 미워하실 게고 상감마마는 상감마

마대로 이차돈 서방님을 괘씸히 여기실 건데…… 이미 대죄를
지었소…… 서방님…… (하며 쓰러져 운다)

이차돈 걱정 마오. 우리에게 있어서 소중한 건 진실이오…… 거짓이 없
다는 점이오. 설사 상감께서 사하시지 않으신다면 나는 언제까지라
도 그날이 오기를 빌겠소. 일 년이고 십 년이고 백 년이고……
그날이 오기까지 기다리면 되오!

구슬아기 서방님!

구슬아기는 다시 이차돈의 품에 안기며 흐느낀다. 멀리 밤하늘에 불꽃
이 터진다. 풍악소리가 다시 드높아진다.

암전

제3장

무대

내전.

법흥왕은 심각한 표정으로 초조하게 서성거리고 있고 왕비는 몸 둘
곳을 모르고 있다. 공주가 부왕 앞에서 울먹이며 하소연을 하고 있다.
그녀의 눈에는 복수의 불길이 타오르고 있다.
선보진도 저만치 떨어져 서 있다.

공주 아바마마 황차윤의 말은 틀림이 없습니다. 뒷산 숲속에서 두 사
람이 망측스런 거동까지 하는 걸 목격했다는데 어찌하여 아니 믿
으십니까?

왕	누가 안 믿는다고 했는가…… 이차돈과 구슬아기를 불러들이라고 했으니 그들의 입에서 무슨 말이 나올지 기다리는 것뿐이다. (크게) 거기 아무도 없느냐?
신A	(소리만) 예……
왕	어찌 되었느냐? 이차돈을 부르러 간지가 언제인데.
신A	집을 떠났다는 기별이 왔습니다.
왕	계집도 함께 오겠지?
신A	예, 그러하옵이다.
왕	응…… 이런 발칙한 것들……
공주	아바마마…… 이차돈과 구슬아기를 한칼로 목을 베게 하십시오!
왕비	공주!
공주	그렇지 아니하면 이 몸이 먼저 죽겠습니다! 죽고 말겠습니다!
왕비	무슨 말을 그렇게 함부로……
공주	어마마마! (울음이 터지며) 분통이 터져 못 견디겠습니다. 억울하옵니다…… 그런 계집년에게 모멸을 당하다니…… 흑…… 흑 ……
왕	울지 마라. 따지고 보면 내가 사람을 보는 눈이 없었던 흠도 있지. 이차돈의 한 면만 보았지 다른 한 면을 꿰뚫어보지 못했던 탓이니라……
공주	아바마마.
왕	그렇다고 부마될 사람이 어디 이차돈 한 사람뿐이라더냐?
왕비	상감마마 무슨 말씀이시온지……
왕	이차돈이 아니라도 공주의 부마감인 인재는 얼마든지 있지. 황차 윤만 하더라도 재주겨루기에서 이차돈에게 장원 자리를 빼앗겼다고는 하나 신라 안에서 보기 드문 준재로 안다. 그러니……
공주	(짜증스럽게) 싫습니다. 싫습니다!

왕비   공주…… 진정해요.

공주   어마마마! 이 몸은 이차돈에게 시집을 안 가면 이차돈을 죽이고
        야 말겠습니다! 그러하오니 아바마마, 이 가엾은 딸을 불쌍히 여
        기신다면 이차돈과 구슬아기의 목을 한칼에 베게 해주십시오! 그
        렇지 아니하면 이 몸이 먼저 죽겠습니다!

왕   울지 말라니까!

선보진 공주의 심정도 이해해주셔야 합니다.

공주   작은아버지. 난…… 난 어찌 살아갑니까…… 흑……

이때 포박당한 채로 이차돈과 구슬아기가 끌려나온다. 왕, 왕비, 공주
는 새삼 놀라움과 측은함과 그리고 복수심이 엇갈리어 매우 착잡한
표정들이다. 신하들도 들어선다.

포졸 갑 이차돈을 잡아왔습니다.

왕   거기 꿇어 앉혀라.

포졸 을 예.

그들은 함부로 두 사람의 등을 밀치며 땅바닥에 앉힌다.

왕   이차돈아! 들어라. 네가 무슨 죄로 끌려왔는지 알고 있겠지?

이차돈 (침착하게) 예, 알고 있습니다.

선보진 뻔뻔스런 놈! 그러고도 넙죽넙죽 말대답이냐? 네놈은 양심도 수
        치심도 아니 가지는 금수와도 같은 놈임을 모르느냐?

이차돈 (태연하게) 상감마마! 이 몸이 지은 죄는 불 속보다 환히 잘 알고
        있습니다. 그러하오나 꼭 한마디 드릴 말씀이 있습니다.

공주   듣기 싫다! 그 더러운 입에서 쏟아지는 마디마디는 말이 아니라

독일진대 어찌 감히…… 아바마마…… 저것을 한칼에 죽여주시오! 죽여주시오! 흑…… 흑……

왕 진정하여라! 운다고 되는 일은 아니다! 나도 저것들의 목숨을 그대로 살려주고 싶은 생각은 없다. 다만 언제 어디서 어떻게 죽이느냐는 방법만이 남아있을 뿐이다. 누구고 좋은 지혜가 없는가? 한칼 아래 목을 베기는 너무나 쉽고 편안한 방법이니 그 길이 아니고 다른 방법이 있거든 서슴지 말고 말하여라. (좌중이 잠시 술렁이자 선보진이 앞으로 나와 절을 한다)

선보진 아뢰옵니다.

왕 오, 선보진. 무슨 좋은 방법이라도 있는가?

선보진 예.

왕비 뭣을 어떻게 하겠는고?

공주 숙부님! 어서 좋은 지혜를 알려주십시오! 이 가슴이 후련하게 씻어질 꾀는 없습니까?

왕 어서 말하여라. 이 나라의 안녕을 반석 위에 올려놓을 만한 지혜를 말한다면 내 아우로서라기보다 충신으로서 크게 포상을 하리라.

선보진 황공하여이다. 상감마마께서는 항상 창생을 불쌍히 여겨오시던 바 이차돈과 구슬아기 두 사람의 행실은 참형에 처하기 마땅하리라 봅니다. 그러하오나……

왕 그러하오나?

선보진 이차돈의 아비는 지난날 나라를 위하여 전장에서 죽었고 그 할아비 한사달은 또한 나라에 공이 큰 줄로 아뢰오. 따라서 그들의 죄는 막중하되 아비의 공으로 보아 목숨만은 살려둠이 좋을 줄로 아뢰오.

왕 살려주라고?

공주 숙부님! 그 무슨 망발이오? 아까는 그토록 강력하게 말씀하시더니 이제 와서는……

선보진 잠깐! 그러하오나 이 두 사람이 부부가 되어 살게 할 수는 없사온즉 이차돈은 나라 밖 멀리 추방하되 3년 말미를 주시고 그동안에 신라를 위해 무슨 공을 세워야 돌아오게 할 것이며……

공주 그럼 구슬아기는 살려두자는 것인가?

선보진 아니옵니다. 살려는 주되 평생을 혼자서 늙어 죽게 하십시오.

공주 시집을 못 가게 한다.

선보진 상감마마의 성덕도 상하심이 없고 또 나라 법의 위엄도 세울 줄로 아옵니다.

왕 음…… 과연 아우의 말은 합당하다.

장내가 다시 한 번 술렁거린다. 그러나 이차돈과 구슬아기는 돌처럼 앉아 있다.

왕 나라 밖으로 쫓아보내되 3년 안에 큰 공을 세우게 되면 죄를 사하고 그렇지 못하면 영원히 신라 땅을 못 밟게 한다, 이 말인가?

선보진 그렇사옵니다.

왕비 그리고 구슬아기는 평생을 지아비를 얻을 생각 말고 혼자서 늙어 죽게 하란 말이군요?

선보진 예. 그것은 곧 만백성을 어여삐 봐주신 성은의 발로이자 자비하신 마음으로 새겨들을 것으로 아뢰옵니다.

왕 (일동을 내려다보며) 들어라! 오늘 저녁을 기하여 이차돈은 즉시 성밖으로 내쫓게 하고 구슬아기는 평생을 혼자 살게 하여라.

일동 예!

왕과 공주, 왕비가 물러가자 포졸들이 각각 이차돈과 구슬아기를 일으킨다.

구슬아기 (목이 메여) 서방님!

이차돈 구슬아기! 모두가 이 몸에서 생겨난 화근이오!

구슬아기 아니옵니다. 그건 이 몸에서 일어난 재앙이옵니다.

이차돈 나는 나라 밖으로 쫓겨간다 해도 사나이로서 살 길은 있겠지만 구슬아기는 어찌 살겠소?

구슬아기 아니어요. 이 몸은 혼자 살아도 내 나라 내 땅에서 살진데 서방님 은 낯선 타관에서 어떻게 살아가시며…… 흑…… 흑……

이차돈 구슬아기! 그러나 나는 무슨 짓을 하여서라도 꼭 돌아올 테요.

구슬아기 서방님!

이차돈 내 나라 내 겨레를 위하여 공을 세우면 우리 죄를 사하신다고 하셨으니 나는…… 나는 기어코 그 공을 세워 돌아오리다. 그러 니 구슬아기는 나를 기다려야 하오! 알겠소?

구슬아기 서방님!

포졸 갑 (이차돈의 등을 밀며) 그만 가자.

구슬아기 서방님!

이차돈 기다리오. 꼭 오리다!

이차돈은 끌려가다가 서서 구슬아기에 대한 미련을 이기지 못하여 울 부짖는다.

이차돈 구슬아기님!

암전

순교자 이차돈

제4장

무대

깊은 산중. 겨울 어둠이 다가오는 시간. 눈보라가 마구 휘몰아치며 금수의 울부짖음도 간간이 들려온다.

이윽고 한 무리의 유랑민이 터벅거리며 나온다. 그들은 기아와 피로와 그리고 어떤 오뇌에서 헤어나려는 인간상을 무용으로 보여준다.

무용이 끝나고 서서히 퇴장하려 할 때 반대편에서 이차돈이 등장한다. 남루한 차림에 머리는 헝클어지고 몰라보게 수척해진 모습이다. 이차돈 역시 기아와 피로 속에서 간신히 지탱해 나가는 밑바닥의 인생으로 전락하고 말았다. 그는 지나가는 유랑민에게 말을 건다.

이차돈   여보시오…… 말씀을 묻겠습니다. (그러나 유랑민 A는 그대로 스쳐가 버린다. 이차돈은 유랑민 B를 붙들고 말을 건다) 여보세요. 여기가 어디쯤 됩니까? (그는 고개를 좌우로 저으며 역시 스쳐간다. 이차돈 유랑민 C에게 말을 건다) 배가 고파 죽겠소. 먹을 것 좀 나눠주시오. (그는 대꾸도 않고 지나간다. 이차돈은 다음 사람을 차례로 붙들고 사정하다 모두가 그대로 사라져 버린다) 여보세요…… 뭐라고 한마디 대답 좀 하시오! 여기가 어딘가 말입니다. 예? 사람 좀 살려주시오!

그러나 유랑민이 모두 사라지고 혼자만 남게 되자 이차돈은 불안과 공포와 기아에서 새삼 슬픔이 솟구치자 허공을 향해 맹수같이 절규를 한다.

이차돈   (크게) 사람 좀 살려요! 여기가 어디예요? (그러나 아무 대답이 없자 그대로 기진맥진되어 눈밭에 주저앉는다) 아…… 모두 가버렸어! 아무도 없어. 나는 어떻게 되는 거야? 나는 여기서 이렇게 죽어야 한단 말인가? 아니야…… 난 살고 싶어. 살아서 돌아가야 해. 살아야 해! 살아야 해! (하며 눈밭을 짐승처럼 기어서 간다. 그러나 이미 방향 감각을 잃어버렸는지 제자리에서 빙빙 돌기만 한다)

이때 한 스님 차림의 사나이가 서서히 나오다가 이차돈의 거동을 지켜본다. 마침내 웃음을 참지 못한 듯 깔깔대며 웃는다.

국사   핫하…… 헛허……

웃음소리에 깜짝 놀란 이차돈이 운동을 멈추고 엎드린 채로 국사를 쳐다본다.

국사   나는 네 발로 기어다니기에 짐승인가 했더니 사람이었군 그래.
이차돈   뭣이?
국사   도대체 어디를 가는데 그렇게 뱅뱅 제자리 돌기만 하는 거요?
이차돈   당신은 누구요?
국사   사람이지. 보시다시피 두 다리로 걸어다니는 사람이지!
이차돈   사람?
국사   그렇지. 제 갈 길이 어딘지도 모르고 방황하는 그런 따위는 아니지!
이차돈   그, 그럼 말씀 좀 묻겠소.
국사   말해요.
이차돈   여기가 어딘가요?
국사   고구려 땅이지 어디는 어디겠나?
이차돈   (놀라며) 고구려 땅?

국사	묘향산 길목이지! 당신은 어디 사는 누구인데 이렇게 눈밭에서 다리 잘린 매미처럼 빙빙 돌고만 있소?
이차돈	나? 나는…… (말하려다 말고) 모르겠소.
국사	몰라? 자기 자신이 누군지도 모른다고?
이차돈	그렇소! 나는 내가 어디서 온 누군지를 잊어버린 지 오래요! 다만 별과 바람과 강줄기를 따라 왔을 뿐이오. 북두칠성만 보고 북으로 북으로 왔을 뿐이오. 샘이 솟는 곳에서 목을 적시고 그늘이 있는 곳에서 눈을 붙인 지가 몇 날 며칠인지…… 아…… 여보시오 …… 배가 고파 죽겠소. 먹을 것 좀 주시오. 제발…… 나 좀 살려 주시오!
국사	보아하니 신라 사람 같은데……
이차돈	예? 아니 그걸 어떻게……
국사	아다마다! 신라 사람은 고구려 사람과는 다르지! 두골상도 다르고 면상도 다르고 더구나 그렇게 성급하게 덤비는 건 바로 남쪽 사람의 특징이기도 하지. 헛허……
이차돈	아니 그렇게 말씀하시는 노인장은……
국사	나 말인가? 훗흐…… 글쎄 나도 구름 따라 물줄기 따라 다니는 뜨내기지. 허지만 길을 찾아다니는 사람이라고나 할까?
이차돈	길이라니 어느 길 말이오?
국사	부처님의 길!
이차돈	부, 부처님의 길?
국사	선한 일을 하면 복을 받고 이승에서 죄를 지으면 저승에 가서 벌을 받는다는 가르침이지!
이차돈	이승은 뭐고 저승은 뭣입니까? 거기를 누가 가봤으며 어떻게 알 수가 있습니까?
국사	글쎄…… 그렇게 말한다면야 이 세상에서 그 길을 가봤다는 사

람은 한 사람도 없지!

이차돈 가본 사람이 없는데 어떻게 그걸 알 수 있습니까?

국사 알 수도 있지.

이차돈 어떻게 말입니까?

국사 그걸 알고 싶다면 나를 따라오지.

이차돈 예?

국사 그 길이 알고 싶으면 따라오고 그렇지 않으면 이 눈 속에서 얼어 죽는 수밖에 없지! 어떻게 하겠나?

이차돈은 국사의 눈길을 피하여 잠시 생각에 잠긴다.

국사 싫은가?

이차돈 싫은 게 아니라 걸어갈 힘이 없습니다. 꼬박 나흘 동안 산 속을 헤매다 보니까 지칠 대로 지쳐서…… 그러니 먹을 것 좀 주십시오. 부탁입니다.

국사 나를 따라오면 먹을 것을 줄 수가 있지!

이차돈 정말입니까?

국사 젊은 사람이 의심도 많기는…… 자, 따라오겠으면 오고 말겠으면 그만 두지…… 난 이만 가보겠다!

국사가 지팡이를 휘휘 저으며 활보해 나가자 이차돈은 마력에 이끌리듯 그의 뒤를 쫓는다.

이차돈 나 좀 보시오! 같이 갑시다. 여보시오! 같이 간다니까요!

암전

제5장

무대

신라 궁중.

공목, 알공, 선보진이 심각한 표정으로 모의를 하고 있다.

선보진 (입맛을 다시며) 이제 와서 그걸 어떻게 번복할 수가 있겠소. 공목.

공목 그렇지만 모두가 선보진 서방님을 위하는 일이온데 용기를 내십시오. (옆에 있는 알공에게 눈짓을 하며) 안 그렇소? 알공!

알공 그렇고말고요! 모두가 선보진 서방님을 위하는 길이죠. 서방님으로 말할 것 같으면 상감마마의 단 한 분의 아우님이시며 앞으로 마땅히 국권을 이어받아야 할 신분이옵니다.

공목 불행히도 아란공주의 부마 자리가 이차돈에게로 돌아갔지만 불행 중 다행으로 이차돈을 국외로 추방한 것까지는 잘 되었다고는 하나 앞날을 더 탄탄하게 다지기 위해서는 이 기회에 아예 이차돈의 목을…… (하며 자기 자신의 목을 베는 시늉을 해 보인다. 선보진은 매우 난처한 표정을 짓는다)

선보진 애당초 이차돈을 국외로 추방하자고 제의한 사람은 바로 나였소. 그것도 당장에 목을 베어버릴까 했지만 세인들의 여론도 있고 해서 추방으로 결정을 했는데 이제 와서 어떻게 그런 말을 상감마마께…… 게다가 아란공주는 이차돈이 떠나간 다음으로는 식음을 전폐하다시피 하여 번민 속에서 나날을 보내고 있으니 어떻게 이제 와서……

공목 기왕 지나간 일을 뉘우치는 것은 어리석은 일입니다. 앞으로 다가올 일을 미연에 막아야지 이대로 됐다가는 큰일 납니다.

알공 공목 어른의 말씀에 동감이오. 이대로 내버려두면 이차돈이 반드시 살아올 겝니다. 그것도 신라를 위해 큰 공을 쌓아 돌아오게 되면 선보진 서방님께서 임금의 자리에 오르시기는 허사가 되고 말 겝니다.

공목 그러니 잠시 생각을 가다듬으시고 어느 쪽이 보다 현명하며 실리를 거둘 수 있을 것인가를 저울질하셔야 합니다.

알공 이차돈이 강을 건너 북으로 갔다지만 떠난 지 일주일밖에 안 되었으니 얼마 멀리는 못 갔을 것이니 거사는 빠를수록 현명합니다.

공목 (선보진에게 바싹 다가오며) 결심을 하십시오. 이차돈이 살아서 돌아오는 날은 서방님이 옥좌에 오르시기는 영영 그르치고 말 겝니다.

선보진 두 분의 뜻 고맙소. 모두가 이 몸을 생각하고 위하는 말인 줄은 잘 알겠지만 문제는 상감의 뜻을 번의시키는 일이오.

알공 그건 어렵지 않습니다.

선보진 아니오. 상감은 성품이 유하고 인자하셔서 이차돈을 국외로 추방한 것만으로도 마음 아파하시는데 이제 와서 이차돈의 목을 베게 하자고 진언하면 아마……

공목 그 일 같으면 소신들께 맡기시옵소서.

선보진 맡기라니?

알공 아까도 말씀드린 바와 같이 공목 어른과 소인은 선보진 서방님을 위해 목숨도 다 바치기로 맹세를 하였습니다. 그러니 이 몸의 충성을 알아주신다면……

선보진 충성이 문제가 아니라 방법이 문제라오.

공목 방법은 있습니다.

선보진 어떻게……

알공 말씀드리죠.

공목 제가 말씀드리겠습니다. (눈치를 보며) 원래 사람을 곯리는 방법에는 두 가지가 있습니다. 하나는 내 손으로 직접 해치우는 방법과 다른 하나는 내 손끝에 물 한 방울 안 묻게 하고 감쪽같이 해치우는 방법이 있습니다.

선보진 손끝에 물 한 방울 안 묻히고?

알공 그렇습니다. 그게 바로 수 치고는 상수에 속하는 법입니다.

선보진 그래 어떻게 하자는 건지 좀 더 자세히 말해주오!

알공 단도직입적으로 말씀드리겠습니다. 먼저 이차돈을 미워하는 자를 찾아내면 됩니다.

선보진 이차돈을 미워하는 사람이라니! 그게 누구요?

알공 황차윤이지 누굽니까?

선보진 황차윤?

알공 예. 황차윤은 오래 전부터 구슬아기를 사모하고 있었지만 구슬아기를 이차돈에게 빼앗긴 마음의 상처는 짐작하고도 남음이 있지요.

선보진 음…… 그렇게 되었군!

공목 그러니 황차윤에게 있어서 이 세상에서 가장 미운 사람은 이차돈일 수밖에 없지 뭐겠소?

선보진 그래서?

알공 황차윤을 시키면 됩니다.

선보진 무엇을?

알공 황차윤으로 하여금 이차돈의 뒤를 밟게 하여 적당한 시기에 한칼에 목을 베게 하면 됩니다. 그렇게 되면 서방님이나 나는 손끝에 물 한 방울 묻히지 않고서 뜻을 세울 수가 있게 됩니다.

선보진 음…… (그는 긴 한숨을 내뱉고는 사르르 눈을 감는다. 알공과 공목은 서로 눈치만 보며 선보진의 입에서 떨어질 말을 기다린다) 황차윤을 시켜 이차돈의 목을?

공목 그렇습니다.

알공 그 길밖에 없습니다.

공목	서방님께서 장차 왕위에 오르시기 위해서는 그 길뿐입니다.
알공	이차돈이 신라 땅을 다시 밟지 못하게 해야 합니다.
선보진	그렇지만 사람의 목숨을 어떻게……
알공	내가 살기 위해서는 불가피하지 뭐겠습니까?
공목	만약에 서방님께서 심약하여 일을 차마 못하신다면 다른 한 가지 계책이 있습니다마는…… (하고 다시 눈치를 살핀다)
선보진	다른 계책?
공목	예.
선보진	말해보오.
공목	예. 황차윤을 시켜 고구려나 백제 임금한테 서신을 보내게 하시면 됩니다.
선보진	서신을?
공목	예. 이차돈이라는 신라인은 그 성품과 행실이 악독하여 대왕의 목숨을 넘겨다보는 흉악배이니 조심하라는 사연의 편지를 띄우기만 하면 그쪽에서는 의당 포졸들을 풀어 신라에서 온 이차돈을 찾게 할 것이며 잡히는 날은 목이 달아날 것인즉 이것이야말로 앉은 자리에서……
알공	(무릎을 탁 치며) 그것 참 묘안이오! 역시 계책을 생각하는 일에 있어서는 공목 어른을 따를 사람이 없구려! 헛허……
공목	어떻습니까?
선보진	음…… 그 두 가지 계책을 놓고 볼 때는 역시 후자가 더 안전하고 후환이 없을 것 같소만……
공목	아니, 아직도 미심쩍어하십니까?
선보진	미심쩍어하는 게 아니라 만약에 황차윤이 그 일을 거절하게 되는 날엔……
알공	마음 놓으십시오. 서방님께서 상금을 듬뿍 안겨주시겠으며 구슬아

기와의 혼인을 약속하시면 그는 단숨에 뛰어갈 위인입니다.

선보진 그렇게 될까?

공목 여부 있겠습니까? 이차돈에게 장원을 빼앗긴 일만도 가슴이 아리는데 구슬아기까지 그 꼴로 되었으니 황차윤의 처지로서는 이차돈이 천추의 원수가 아니겠습니까? 우리는 그 미움과 복수심에다 불만 붙이면 됩니다. 복수의 불길이란 좀체로 꺼지지 않는 법입니다.

선보진 그렇지만 구슬아기는 평생을 혼자서 늙어 죽게 하라는 상감마마의 어명이신데 그건 어떻게 할 것인고?

알공 그건 그때 가서 처리하면 됩니다. 어떻게 두 구멍을 한꺼번에 쑤시겠습니까? 헛헛……

공목 욕심도 많으십니다. 헛허……

선보진 (결심을 한 듯) 좋아! 그렇게 합시다! 그 대신 황차윤을 내가 직접 만나서 얘기를 할 터이니 그리 아시오.

알공·공목 물론입죠.

이때 무대 뒤에서 '상감마마 납시오' 하는 소리를 길게 외치자 세 사람은 놀라며 무대 우편을 바라본다.

공목 상감마마께서 무슨 일로 후원에 나오시는지?

알공 아마 공주마마 일 때문에 심려를 하시다가 소풍을 나오셨겠지.

선보진 우리 저쪽 나무그늘로 피하도록 합시다.

선보진, 알공, 공목은 함께 나무그늘로 피한다. 이윽고 반대쪽에서 왕과 왕비가 시녀를 거느리고 나온다.

왕	(눈부신 햇살을 피하듯 손등으로 가리며) 오늘따라 햇살이 눈물이 나도록 시리구나…… 아…… (긴 한숨을 뱉는다)
왕비	옥체 보중하셔야 하옵니다.
왕	(허공을 바라보며) 한 고비 넘었는가 했더니 또 한 고비니 어찌하면 좋겠소. 아란공주가 저토록 식음을 전폐하고 있으니 이 일을 어찌하면 좋단 말이요.
왕비	상감마마.
왕	말하오.
왕비	소비의 생각 같아서는 한 가지 방법밖에 없을 줄로 압니다만……
왕	한 가지 방법이라니……
왕비	아란공주를 살리는 길 말입니다.
왕	어떻게?
왕비	이차돈을 다시 불러들이게 하옵소서!
왕	뭣이?
왕비	아란공주는 단 하나의 혈육이며 자식이 아니옵니까? 아란공주는 이차돈이 국외로 추방되던 그날부터 밤도 낮도 모르고 그저 탄식과 비분의 눈물 속에 날을 보내고 있으니 차마 곁에서 보고만 있을 수가 없습니다. 이러다가 만약 무슨 일이라도 생기는 날에는…… (울음이 왈칵 치밀어) 상감마마…… 아란공주를 살리기 위해서는 그 길밖에 없는 줄로 아뢰옵니다.
왕	(긴 한숨을 뱉으며) 그렇지만 일단 나라 밖으로 내몰아놓고 이제 와서 되돌아오게 하다니…… 그건 못하오.
왕비	그렇지만 공주가……
왕	그건 못하오! 일국의 왕이 일단 내린 말을 사탕알 집어먹듯 그렇게는 못하오!

순교자 이차돈

이때 아란공주가 나온다. 얼굴은 몰라보게 수척해졌고 헝클어진 머리며 옷매무새에서 완연한 병색을 드러내고 있다. 뿐만 아니라 퀭하니 꺼진 두 눈에는 광채라기보다 일종의 열병에 떠보인다.

왕　　공주!

왕비　아란공주! 바깥바람이 아직은 찬데 어떻게……

그러나 공주는 자기 나름의 생각에 잠긴 듯 말없이 허공을 쳐다보고만 있다. 왕과 왕비는 불길한 예감에 사로잡힌 듯 서로 시선만 마주친다.

공주　(담담하게) 아바마마……

왕　　어서 말하라. 공주가 먹고 싶은 것, 입고 싶은 것, 가지고 싶은 것이면 무엇이든지 가져다 줄 터이니 어서 말하라.

공주　불효한 이 자식 가지고 싶은 거라고는 아무것도 없사옵니다. 다만……

왕비　다만 뭐냐? 공주가 이토록 쇠약해지니 어찌하면 좋겠는가고 지금껏 아바마마께서도 염려를 하시던 중이었지만……

공주　알고 싶은 게 한 가지 있습니다.

왕비　알고 싶은 거라니……

공주　대체 미움이라는 게 뭣인지 알고 싶습니다.

왕·왕비 (동시에) 미움?

공주　예. 이차돈을 원수로 보자, 미워하자 하고 아무리 마음을 돌려먹으려 하와도 마음조차 마음대로 되지 아니 하오니 어인 까닭인지 모르겠사옵니다.

왕　　공주……

공주　아바마마. 이렇게 죄 무서운 몸이 이 생에 또 어버이를 슬프게

114

	하는 이 죄를 어찌하면 좋겠는지 모르겠나이다.
왕비	그게 무슨 죄겠느냐. 공주! 이차돈은 이미 나라 밖으로 쫓겨간 몸이니 잊어버리면 그만인 것을……
공주	그게 안 잊혀지고 날이 갈수록 더 크게 더 또렷하게 마음속에 자라나 미움은 작아지고 그리움만 커가니 어찌하면 좋겠습니까? 어마마마…… (하며 왕비의 품에 안겨 흐느낀다. 왕과 왕비는 측은한 생각이 들어 어찌할 바를 모른다)
왕	공주의 심정을 모르는 바 아니나 그건 모두가 인연이 있고 없고에 따라 이루어지는 일이거늘 어찌 하겠느냐. 날이 가고 해가 가면 미움도 잊어버리게 될 터이니 그리 알고……
공주	아바마마! 그걸 어떻게 참고 기다릴 수 있겠습니까? 차라리 이 몸은 죽고자 해도 불도에서 말하는 지옥이라는 곳이 있어 그곳을 가게 되면 어찌 되나 하고 겁부터 납니다.
왕비	무슨 해괴망측한 말을 하느냐? 공주가 죽기는 왜 죽는단 말인고.
공주	어마마마! 그럼 어찌하란 말씀이오! 내 마음속에서 자라나는 그리움도 마음대로 못하고 그렇다고 미움도 마음대로 못하는 인생을 어디다 쓸 수가 있단 말입니까? 살 수도 없고 죽을 수도 없는 이 버러지만도 못한 생명이 그저 원통하리만큼 싫어질 뿐인 것을…… 훗흐……
왕	이거 참 큰일이로고!
왕비	상감마마! 길은 하나뿐인 줄로 아옵니다.
왕	길이라니?
왕비	공주를 구할 수 있는 길 말입니다. 지금이라도 사람을 보내어 이차돈을 불러오게 하십시오. 그렇지 않고는 공주까지…… 윽…… (왕비는 스스로의 감정을 억제 못하고 흐느껴 운다. 왕은 지그시 눈을 감고 잠시 생각에 잠기더니 무슨 결심이라도 한 듯 눈을 크게 떠보인다)

순교자 이차돈

왕	그렇게 하오!
왕비	예?
왕	이차돈을 불러오게 하오!
왕비	정말이옵니까?
왕	이차돈도 지금쯤은 회개를 하였을 터인즉 돌아오면 사람도 달라지겠지!
왕비	상감마마! 황공하여이다!
왕	공주가 이토록 슬퍼하는 모습을 이상 더 바라보고만 있을 수가 없소. 우리에게는 단 하나의 핏줄이 아니겠소?
공주	아바마마! 싫습니다.
왕	싫어?
왕비	공주! 무슨 말을 그렇게……
공주	이 몸이 지옥에 떨어져 끓는 기름에 타 죽는 한이 있더라도 다시는 다시는 이차돈을 아니 보렵니다. 한 번 미워진 사내에게 어찌…… 어찌 다시 눈을 돌리며…… 정을 줄 수가…… 흑……
왕비	공주!
공주	어마마마! 미워하겠습니다. 이 몸을 이렇게 괴롭힌 그 이차돈을 끝까지 미워하렵니다. 미움을 미움으로 갚겠습니다!
왕	공주! 그건 어리석은 짓이다.
공주	설마 어리석은 짓일지라도 이차돈을 미워하다 죽는 한이 있을지라도 이 몸은 끝까지…… 끝까지……
왕비	오…… 무서운 생각을 하는구나. 공주가 이차돈을 미워하는 그 말마디는 진정 오뉴월에도 서리를 내리게 하는 여인의 집념이라고 하더니만……
공주	그러하옵니다. 이차돈이 이 몸을 거절하고 부마가 되기를 거절하고 태자가 되기를 거절한 그 심정을 오직 미움과 저주로 대하려

합니다.

왕　　공주!

공주　(저주에 불타며) 이차돈의 사랑이 이 몸의 미움보다 더 큰지 작은
지를 이 눈으로 보겠습니다. (하며 급히 나간다. 왕과 왕비는 커다란
충격을 이기지 못하여 거의 허탈한 상태에 서 있다)

–막

제6장

무대

용천암. 전막부터 3년 후.
암자 안에서 들려오는 목탁소리와 독경 소리. 뜰 한 귀퉁이에서 이차
돈이 쌀을 일고 있다. 삭발한 모습이 도리어 앳되게 보인다. 기러기가
길게 여운을 남기며 울고 간다. 이차돈이 문득 기러기 소리에 하늘을
쳐다본다. 감나무 잎이 한 잎 떨어진다. 이차돈의 표정이 쓸쓸해진다.
어느덧 독경 소리가 멎더니 암자 안에서 백봉국사가 나온다. 손에 염
주를 들었다.

백봉　　이차돈아!

이차돈　(꿈에서 깨어난 듯) 예?

백봉　　뭘 생각하고 있느냐? 빨랑 쌀을 일어서 밥을 지어야지.

이차돈　예…… 예…… (그는 다시 부산하게 쌀을 인다)

백봉　　또 고향 생각이 나는 모양이구나?

이차돈　……

백봉 그렇지 않느냐?

이차돈 (말없이 국사를 바라본다)

백봉 너는 활과 칼을 쓸 날은 지났으니 이제부터는 내 곁에서 밥 짓고 불 때며 내 수종이나 들어라.

이차돈 대사님…… 그것을 언제까지 하란 말씀입니까? 예?

백봉 뭣이?

이차돈 벌써 3년이 지났습니다.

백봉 3년이 길다더냐? 아직 멀었느니라.

이차돈 언제까지 기다려야 합니까? 대사님께서 이 몸에게 도를 가르쳐 주신다고 붙들어 두시기가 어언 3년이온데 언제까지……

백봉 알 날이 있을 것이다.

이차돈 언제가 되면 그걸 알게 됩니까?

백봉 응. 오늘도 알 수 없고 내일도 알 수 없어. 그건 오직 네 공부에 달렸거니와 그것이 무엇인지 알아질 때까지 너는 내 곁에 있어야 한다.

이차돈 그러하오나 이 몸은 마음먹은 일이 있어 이제 신라로 가야 하겠습니다.

백봉 알고말고! 너는 신라로 돌아가 조정의 간신을 물리치고 나라를 바로잡으려는 뜻이겠지만 그건 안 되는 일이다.

이차돈 안 되다니요?

백봉 안 된다!

이차돈 왜 안 됩니까?

백봉 모두가 썩었다!

이차돈 예?

백봉 너도 나라도 백성도…… 신라는 모두가 썩었는데 한두 사람을 없이 한다고 나라가 바로잡힐 것 같으냐? 그놈이 없어지면 또 다른 놈이 나오고 이 자를 베면 또 다른 놈이 고개를 내밀고……
음지에서 버섯 돋아나듯 할 것이다.

이차돈 그렇지만 당장에 나라가 망하는 것을 그냥 보고만 있을 수 있습니까?

백봉 그렇지만 무너져가는 한 나라를 한 사람 힘으로 버티고 막을 수는 없느니라. (천천히 거닐며) 나라라는 것은 중생이 모여서 되는 것이다. 중생의 업의 힘이라는 것이지. 선한 중생이 사는 곳에 선한 나라가 일어지고 악한 중생이 사는 곳에는 악한 나라가 일어지는 법이다. 그러니 네가 신라라는 나라를 바로잡으려거든 신라에서 중생을 먼저 바로잡아야 해.

이차돈 중생을 어떻게 바로잡습니까?

백봉 중생들의 마음이지! 신라 중생의 마음 하나하나가 맑고 깨끗해지면 신라라는 나라 전체는 저절로 맑아질 것이요 그렇지 못하면 진흙 구덩이가 되게 마련이지. 이것이 곧 중생의 업력이라는 것이며 인과응보라는 것이니라.

이차돈 인과응보? 인과응보……

백봉 그렇지. 이 삼라만상 천지우주 가운데 인과응보의 법칙이 아니 닿는 곳이라고는 없어. 벌레 한 마리, 한 포기 풀에서부터 인간에 이르기까지, 아니 비와 바람과 별과 태양과 물과 땅과 낮과 밤과…… 모든 것은 바로 그 인과응보의 법에 따라 있고 움직이고 그리고 생성소멸하느니라.

이차돈 (가까이 다가서며) 대사님! 신라 사람의 마음이 좋아지게 하는 방법이 뭔지요?

백봉 그건 바로 도다.

이차돈 도? 도라니요?

백봉 길이다. 길 도 道 자. 도란 말이다. 아까도 잠깐 얘기했지만 별에는 별의 길이 있고 나무에는 나무의 길이 있고 짐승에는 짐승의 길이 있다. 사람도 마찬가지지. 그러나 사람마다 각기 자기가 가야 할 길을 걷기만 하면 자신도 편하고 집도 편하고 나라도 편하게 되느니라. 그 반대로 사람 저마다 자기의 올바른 길을 아니 가거나 남의 길에 뛰어들거나 넘어다보는 데서 자신도 괴롭고 나라도 어지럽고 세상이 괴로운 일로 꽉 차고 만 것이다. 그러니 이차돈아! 네가 신라를 바로잡고 사랑하거든 먼저 신라 사람에게 도를 가르침으로써 그들의 마음을 바로 가지게 해야 하지 않겠니? 안 그러하냐?

이차돈 대사님! 그런데 그 도가 무엇이며 어디에 있습니까?

백봉 그건 네 자신이 스스로 깨닫게 된다. 네가 전생에는 알았던 것이니 세상 생각을 끊고 수도를 하게 되면 저절로 알게 된다. 그러니 그때가 올 때까지 여기 있어야 해.

이차돈 그렇지만 언제 그 많은 중생들에게 그 도를 가르쳐서 또 언제 ……

백봉 헛허…… 너도 성질이 꽤나 급하구나. 이차돈아. 중생은 끝이 없느니라. 시간도 끝이 없다. 그러나 그 무한한 시간은 눈 깜짝할 동안이다. 시간은 길지도 짧지도 않아. 그 모든 일은 사람에게는 무한한 것이며 깨닫지 못한 자에게는 유한한 것이다. 그러니 네가 그 길을 찾게 되면 신라의 중생을 제도하기는 어려운 일이 아니다. 내 말을 알아듣겠느냐?

이차돈 예! (사이) 그러하오나 대사님!

백봉 뭐냐?

이차돈 우리 신라에도 예부터 전해져 내려온 도가 있사옵니다만 그것과 대사님이 말씀하신 도와는 어떻게 다릅니까?

백봉 그건 화랑도요 내가 말하는 건 불도이지. 그러나 근원을 캐 들어가면 다 같은 길로 통한다.

이차돈   같은 길이라니요?

백봉   자비심이지! 자비심이 곧 불도의 근원이니라. 티끌보다 많은 세계가 생긴 이래 몇 천 년 몇 만 년의 세월이 흐르는 동안 헤아릴 수 없는 부처님과 보살님이 세상에 나타나셨느니라. 다만 그 부처님의 말씀을 들은 사람과 못 들은 사람이 있었을 뿐이다. 신라도 고구려도 백제에도 그 정도의 차이는 있었지만 정불도는 있었고 부처님의 가르침은 있었다. 다만 어리석은 중생이 그것을 듣지 않으려 했고 듣고도 그것이 불도임을 미처 깨닫지 못했을 뿐이다. 그러니 이제는 네가 콩알만 한 등잔불 밑에서 살다가 환한 햇빛 속으로 들어서게 되었다.

이차돈   그 햇빛이 어디 있습니까?

백봉   바로 그 속이다. (하며 손으로 이차돈의 가슴을 가리킨다)

이차돈   예? 여기라구요? (하며 반사적으로 자기 손을 가슴에 댄다)

백봉   그렇다! 햇빛은 바로 자기 자신 속에 있는 법이다. 먼 곳이 아니라 바로 가까이 있는 것이다. 그런데 어리석게도 사람들은 그것을 먼 곳으로 찾아 헤메이다가 지쳐서 쓰러지기도 하고 되돌아오기도 하느니라.

이차돈   그렇지만 대사님! 자기 자신 속에 있는 것을 왜 모르고 있을까요? 자기 가슴 속에 있는 것을 깨닫지 못하는 이유는 무엇 때문일까요?

백봉   그건 바로 욕심 때문이다.

이차돈   욕심이라구요?

백봉   그렇지! 그 뱃속에 가득 차 있는 더럽고 어지럽고 무거운 욕심 때문에 헤어나지 못하고 있다. 이차돈, 너의 그 몸뚱아리 속에도 그 욕심이 가득 차 있구나.

이차돈   예? 제, 제가요?

백봉   (갑자기 일어서 화를 내듯 눈을 부릅뜨며) 이차돈아!

이차돈   예?

백봉   땅바닥에 엎드려라!

이차돈   어, 엎드려요?

백봉   그 마음속에 가득한 욕심과 허영과 교만을 뽑아주마! 엎드려라!

이차돈은 백봉국사의 의연한 태도와 호령에 질려 마치 주술에 끌리는
사람마냥 땅바닥에 엎드리고 고개만 쳐든다.

백봉   얼굴도 땅바닥에 바싹 대라!

이차돈은 시키는 대로 얼굴을 땅바닥에 댄다. 백봉은 옆에 있던 죽장을
들어 다시 호령을 한다.

백봉   이차돈아! 듣거라. 네놈이 무엇인지, 네 놈 몸뚱아리 속에 뭣이
차 있는지 그것을 꺼내 보일 테다. 에잇!

백봉이 힘껏 내리치자 이차돈은 비명을 지른다. 다음 순간 뇌성이 귀
청을 찢듯 울려 퍼지더니 무대가 암층으로 변하며 배경에 질풍을 타고
흐르는 새까만 구름만이 보인다. 한 줄기 빛이 엎드려 있는 이차돈의
얼굴만 비춘다. 무대 여기저기서 메아리쳐 들리는 소리.

구슬아기 이차돈 서방님?

아란공부 이차돈!

한사달   이차돈아!

왕   이차돈!

그것은 하늘 저 멀리서 울려 퍼지는 메아리 같기도 하고 땅 속 깊은 곳에서 솟아오르는 물줄기 같기도 하다. 이윽고 무대가 조용해지며 하늘에서 들려오는 듯 백봉국사의 음성이 울려 퍼진다. 이차돈은 서서히 일어나 무릎을 꿇고 앉는다.

백봉   듣거라! 이차돈아! 인생은 괴로움이요 헛된 것이요 덧없는 것이요 나 자신도 없는 것이니라. 있다고 보는 것은 모두가 허망한 것, 끝없는 번뇌를 다 끊어버려라. 모든 것을 끊어라. 그리고 모든 것을 모든 중생을 어여삐 여겨라. (이 말이 끝남과 동시에 무대는 다시 전과 같이 밝아진다. 그러나 백봉국사는 간 곳이 없고 오직 이차돈만이 남아 있다. 그는 두리번거린다)

이차돈   대사님! 스님! 어디 계십니까? 어디 가셨습니까? (하며 여기저기 찾아 헤매이나 없다. 크게) 대사님!

백봉   (소리만 메아리치며) 이차돈아! 모든 것은 덧없고 헛되니라. 중생은 덧없고 헛된 것을 탐내고 성내고 슬퍼하고 기뻐하지만 그것은 모두가 흙으로 돌아간다. 흙도 마침내는 쓰러진다. 그러니 너는 자비심으로 중생의 마음을 일깨워라. 나는 늙었으니, 너는 죽는 중생에게 퍼트리거라.

이차돈   대사님…… (그는 어느덧 두 눈에서 흘러내리는 눈물을 씻으려 하지도 않고 언제까지나 돌처럼 앉아 있다) 대사님! 제가 가겠습니다. 신라에 불법을 펴는 첫 사람이 되어 중생의 가슴마다에 불도의 빛을 심어주겠습니다. 이 몸의 피를 흘려서라도 오직 불도를 심게 하겠습니다.

암전

순교자 이차돈

제7장

무대

전막과 같음.

암자 안에서 독경 소리가 들려온다.

이윽고 행길 쪽에서 구슬아기가 장삼으로 얼굴을 가리어 쓰고 들어선다. 먼 길을 오느라고 신은 헤어지고 옷자락은 흙탕이 튀어 얼룩졌고한 다리는 절뚝거린다. 그녀는 여기저기 사람을 찾다가 암자 앞으로온다. 독경 소리가 더욱 삼매경에 들어간 듯 드높아가기만 한다.

구슬아기 스님…… 스님…… (그래도 여전히 독경 소리가 들린다) 말씀 좀
묻겠습니다…… 스님……

이윽고 독경 소리가 멎고 문이 열리며 이차돈의 상반신이 내다본다.
구슬아기는 수줍음을 이기지 못해 외면을 하며 말을 건다.

이차돈 뉘시오?

구슬아기 저……

이차돈 어디서 오셨는데 무슨 말씀이신가요?

구슬아기 말씀을 묻겠습니다.

이차돈 예?

구슬아기 이 암자에 혹시 백봉국사라는 노스님이 안 계신지요?

이차돈 백봉국사님을 찾으신다고? (다음 순간 그는 구슬아기를 알아보자 황
급히 돌아서며) 왜, 왜 그러시오?

구슬아기 예, 만나 뵙고저 왔습니다.

이차돈 (등 돌아선 채) 스님께서는 지금 아니 계시오마는……

구슬아기 그럼 스님은……

이차돈 얼마 전에 이 암자에 온 몸이오.

구슬아기 그럼 혹시 이 암자에 신라에서 오신 이차돈이라고……

이차돈 (저만치 걸어가며 일부러 과장해서) 이차돈?

구슬아기 예, 아십니까?

이차돈 알고말고요! 잘 압니다.

구슬아기 (바싹 덤비며) 어디 계신가요? 이차돈 서방님이 지금 어디 계시온
지 가르쳐 주옵소서. 예? 스님……

이차돈 가르쳐드리기는 어렵지 않지만…… 아마 만나시기는 어려울 겁
니다.

구슬아기 어렵다니요?

이차돈 예. 이차돈은 이 암자를 떠난 지 오래 전입니다.

구슬아기 (실망하며) 예? 아…… 어디로……

이차돈 모르죠. 벌써 달포 전에 다른 암자를 찾아 떠나갔습니다.

구슬아기는 마치 모래성이 허물어지듯 땅바닥에 주저앉는다. 그러나
이차돈은 못 본 척하며 염주를 만지며 관세음보살만 외운다.

구슬아기 1년을 두고 고구려 땅에 있는 절이라는 절은 다 찾아다녔건만
이 세상에 살아만 계시다면야 만나 뵐 날도 있겠지 하고 물 따라
산 따라 찾아다녔는데…… 아…… 이제 더는 못 가겠구려! 아……
(그녀는 체념과 슬픔에 잠겨 흐느껴 울기 시작한다. 그러나 이차돈은
그대로 입 안에서 불경을 외우며 서 있을 뿐이다) 세상 사람이 무어라
하건 이 몸은 이차돈 서방님을 믿고 살아 왔습니다. 이제 여기서
만나 뵙지 못할진대 어디를 어떻게 가서 만날지…… 아……

이차돈 그렇지요…… 만나시지 못할 거요.

순교자 이차돈

구슬아기 예? (하며 의아하게 이차돈의 옆얼굴을 쳐다본다. 이차돈은 눈을 감은 채로 서서히 말을 한다)

이차돈 아마 이차돈이라는 자는 이미 이 세상에 없을 겁니다.

구슬아기 무슨 말씀을…… 이차돈 서방님이 이 세상에 안 계시다니 그럼 ……

이차돈 예, 죽었을 겁니다.

구슬아기 예? 스님! 그게 정말입니까?

이차돈 예……

구슬아기 어디서 죽었습니까? 그 무덤이라도 가르쳐주셔요. 아니 시체가 어디 있는지 그거라도 가르쳐주셔요. 예? 스님.

이차돈 (피해 서며) 글쎄 그 시체가 지금까지 남아있을까요? 산짐승 떼가 벌써……

구슬아기 뭐라구요?

이차돈 헛허…… 허기진 배를 참지 못하기란 사람도 짐승도 매한가지가 아니겠소? 아마 이차돈이라는 자가 산길에서 죽었다면 산짐승 밥이 되었을 게고 물가에서 죽었다면 물고기의 밥이 되었을 거요. 그러니 아예 찾을 생각일랑 마시고 돌아가시오.

구슬아기 아! 스님은 어떻게 그런 말을……

이차돈 나도 이차돈이라는 사람에 관해서는 좀 알지만 그 사람은 믿을 만한 사람이 못 되오.

구슬아기 아신다고요? 어떻게요? 예?

이차돈 아가씨와는 어떤 사이인지 모르지만 이차돈이 어느 날 내게 자기 신상 얘기를 하던데…… 뭐 구슬아기라는 이름이던데……

구슬아기 구슬아기를 아직도 안 잊고 있던가요?

이차돈 글쎄 이름은 안 잊어버렸지만 정은 이미 구만 리 밖으로 떨어져 나간데다가 못 믿을 건 여자의 마음이라면서 장탄식을 하던데요.

구슬아기 예? 못 믿는다고요?

이차돈 예. 그래 백봉국사님한테서도 여러 번 꾸지람을 듣더니만 아예 구슬아기는 이 세상에서 없어진 것으로 알고 오직 불도에만 정진 하겠다면서 이 암자를 떠났지요. 따지고 보면 아름다운 여인의 몸 이나 벌레나 돌멩이나 다를 바가 없지요. 백봉국사님께서 늘 가 르쳐주시기를 이 세상의 모든 것은 부정하고 비어 있는 것이라고 말씀하셨지요.

구슬아기 부정하다고요?

이차돈 이를테면 여자의 몸을 미인으로 보지 말고 고깃간에 걸린 한 덩 어리의 고기로 보고 흙으로 빚은 등신으로 알라 하셨소. 그러니 거기 속지 말고 애착하지 말라 하셨지요. 젊은 남자가 젊고 아름 다운 계집을 보면 욕심을 내기 마련이지만 다음 순간 그것은 사 람이 아니라 살덩이요 살덩이가 아니라 고기요 고기가 아니라 물건이요 물건이 아니라 벌레요 벌레가 아니라 똥, 오줌이라고 생각하게 되면 욕심은 사라지고 그것은 오직 순간적인 번갯불이 요 허깨비요 텅 비어 있는 것이라 하셨소. 이것이 바로 우리 스님 이 가르쳐주신 부정관이며 공관이지요. 그래서 이차돈도 그 말을 새겨들었는지 다시는 구슬아기라든가 돌멩이아기라든가 아예 잊어버리겠다면서 떠나갔지요. (이차돈이 이렇게 얘기하는 동안 구 슬아기는 이상한 예감에 사로잡혀 설법을 하는 이차돈의 모습을 위아래 로 훑어보다가 다음 순간 시선이 마주치자 이차돈은 적지 않게 놀라 저 만치 피해 간다)

구슬아기 저……

이차돈 (냉담하게) 그러니 어서 다른 곳으로 가보시오. 난 불경을 외울 시 간이오. (하며 다시 암자로 들어가려 하자 구슬아기가 막아선다)

구슬아기 서방님……

이차돈 예?

구슬아기 이차돈 서방님!

이차돈 사람을 잘못 알아보셨소. 나는……

구슬아기 틀림없는 이차돈 서방님이셔요!

이차돈 별 말씀을…… 내 이름은 흥륜이오. 백봉국사께서 지어주신 이름이오. 일어날 흥 자에 바퀴 윤 자……

구슬아기 이차돈 서방님…… 저를 속이시면 안 돼요. 여기까지 찾아온 구슬아기를 불쌍히 여기신다면 그런 말씀을 마셔요! 서방님! (하며 이차돈의 옷자락을 잡아 매달리며 흐느낀다. 이차돈은 가슴 속에서 끓어오르는 욕정을 지그시 깨물며 서 있다. 그의 안면에 아픔을 이겨내려는 의지가 가늘게 경련을 일으킨다)

이차돈 (조용히) 구슬아기님! 미안하오!

구슬아기 서방님! (하며 품에 안기며) 만나고 싶었습니다. 뵙고 싶었습니다. 난 한 번만이라도 단 하루만이라도…… 서방님과 앉아 얘기하고 싶었습니다. 이차돈 서방님! 이 몸이 죽어 혼이 되어서 서방님 곁에 있게 되더라도 살아생전에 서방님 품에 안겨 못다한 말 올리게 되는 이 기쁨만은 못할 것입니다! 그런데 어쩌면…… 아까부터 그토록 차갑고 매섭고 매몰차게…… 서방님! 흑…… (구슬아기는 쌓이고 쌓였던 정과 슬픔과 오뇌를 통곡 속에 내뱉는지 엉엉 소리 내어 울기 시작한다. 그러나 이차돈은 전보다 더 굳어지며 얼굴은 차가운 차돌처럼 윤이 나며 단단하다)

이차돈 구슬아기 잘 들으시오. 인생은 꿈이요 물거품과 같은 것이오. 낳은즉 늙고 병들고 죽고 못 믿을 앞일을 생각하고는 근심하고 슬퍼하고 욕심과 사랑과 미움으로 부대끼고 괴로워해야 하오. 다만 거기서 헤어나기 위해서 나는 새로 태어난 것이오. 번뇌를 끊고 중생을 자비하여 고해에서 건져내려는 대원을 세웠소. 그러니 이제부터는 이 몸을 이차돈이라 여기지 마시오. 지난날의 이차돈은 이미 없어졌소. 저 하늘의 구름처럼 형체도 사라지고 오직 이제는 불도를 닦는 한 개의 중이며 애욕도 부귀공명도 다 끊어버린 불제자요! 그러니 구슬아기는 되돌아가시오.

구슬아기 어디로요?

이차돈 신라 땅으로……

구슬아기 싫습니다.

이차돈 싫어?

구슬아기 이차돈 서방님, 이 몸도 서방님과 함께 그 길을 가겠습니다.

이차돈 뭐라구요?

구슬아기 서방님이 가시는 길이면 어디건 함께 가겠습니다. 서방님의 그림자만 바라볼 수 있는 곳이라면 어디든 가겠습니다. 서방님의 목소리가 있는 곳이라면 언제까지나 함께 있겠습니다. 같이 가게 하옵시고 다시는 이 몸더러 돌아가라는 말씀을 마십시오. 구슬아기의 몸은 산산이 부서졌을지라도 이 넋은 예나 지금이나 한결같이 서방님을 위해 있고 서방님을 위해 살아왔거늘 이제 여기서 가기는 어디로 가며 되돌아갈 곳이 어디 있겠습니까? 못 갑니다. 그리는 못합니다. 이차돈 서방님의 곁에만 있게 해주십시오.

이차돈 (뚫어지게 바라보며) 그럼 나와 함께 신라로 가겠소?

구슬아기 신라로?

이차돈 예, 신라로!

구슬아기 신라에는 서방님을 미워하고 죽이려는 자가 들끓고 있는데 어떻게 가시려고 하십니까? 황차윤도 알공도 공목도 서방님이 부마가 되시고 태자가 되시면 자기들 세력이 꺾일까 두려워하고 있는데 가시다니…… 아니 됩니다. 위험합니다. 서방님을 죽이려고 자객을 고구려 땅에까지 보냈다는 소문도 있습니다.

이차돈 자객을?

구슬아기 예. 아란공주가 서방님 때문에 병석에 눕게 되자 상감마마께서는 사람을 시켜 서방님을 불러들이라고 명을 내리셨나 봐요. 그런데 알공과 공목은 장차 상감의 동생 선보진을 왕으로 모심으로써 자기 세력을 펴기 위해 황차윤으로 하여금 서방님을 죽이게 했다 합니다. 아마 황차윤이가 서방님을 찾아 고구려 땅에 들어왔음이 틀림없습니다.

이차돈 고맙소 구슬아기! 그러나 나는 죽고 사는 일을 생각할 수가 없다오. 나는 불도를 펴기 위해 이 세상을 살아갈 것이며 불도를 펴기 위해 목숨을 잃게 된다면 뉘우치지 않겠소. 부처님께서도 불법을 위해 목숨을 아끼지 않으셨다 하오. 우리 신라는 지금 조정에서 간신악덕배가 들끓고 있으며 저마다 사리사욕과 부귀영화만을 누리고 백성이 굶주리고 병들고 떼죽음을 당하고 있음에도 돌보지 않는다고 들었소. 그러한 일이 계속되는 한 신라는 반드시 망하게 됩니다. 나는 망하려는 내 나라 내 겨레를 그대로 두고 볼 수는 없소. 내 목숨을 바쳐서라도 내 겨레들에게 불법을 펴야겠소. 그것이 이제 내게 남겨진 삶이자 업이자 행복이라오. 그러니 구슬아기님은 이 몸을 잊어주시오! 같이 갈 수는 없소.

구슬아기 서방님. 가겠습니다. 이 몸도 불도를 배우고 깨닫고 그래서 백성들에게 불법을 펴낼 수 있지 않습니까?

이차돈 구슬아기님이 불도를?

구슬아기 이차돈 서방님이 하시는 일은 바로 이 몸이 해야 할 일이요 서방님이 가시려는 길은 또한 이 몸이 가려는 길입니다.

이차돈 진심으로 하는 말이오?

구슬아기 예. 이 몸은 아직 불도는 모르나 아까부터 서방님께서 하시는 말씀을 듣자온데 뭐가 알아질 것도 같습니다. 서방님께서 불도를 위해 몸을 바치시겠다면 이 몸도 바치겠습니다. 서방님께서 피를 흘리시면 이 몸도 피를 흘리겠소. 서방님께서 깨어나시면 이 몸도 깨어나겠고 서방님께서⋯⋯

이차돈 (감격해서) 구슬아기님!

구슬아기 서방님! 허락하시겠습니까? 아니 내가 이 자리에서 이 마음의 표식을 보여드리겠습니다. (구슬아기는 머리에 쓴 장옷을 벗어제치고 보따리에서 가위를 꺼내더니 삼단 같은 머리채를 잡아 중간에서 싹둑 잘라낸다)

이차돈 구슬아기⋯⋯ 아니 되오. 그건⋯⋯

구슬아기 이것이면 믿어주시겠습니까? 불도에 들기 위해서 삭발을 하는 건 남녀가 같은 것으로 알고 있습니다. 서방님⋯⋯ 그러니 이 몸을 불쌍히 여기시되 함께 데려가 주시오. 서방님 곁에 있게만 해주시오!

이렇게⋯⋯ 이렇게 비옵니다! (하며 땅바닥에 두 손을 딛고 절을 한다. 이차돈은 그녀의 숭고하리만큼 고귀한 모습에 감동되어 그녀의 손을 잡으려 할 때 천둥이 치며 다시 무대가 어두워진다)

이차돈 고맙소! 고맙소!

구슬아기 서방님!

이차돈 (허공을 향하여) 스님! 이 몸을 붙들어 주시오! 이 몸으로 하여금 이 구슬아기를 건지게 하옵소서! 신라에 불법을 펴는 일을 돕게 하옵소서!

백봉 (소리만) 가거라! 번뇌만 버리고 자비만 붙들면 되느니라. 어서 가거라! 신라로 가거라.

이차돈 나무불 나무법 나무승 나무제천로 법선신종⋯⋯

이차돈이 염주를 헤아리며 불경을 외운다. 구슬아기도 그 위세에 눌려

131   순교자 이차돈

두 손 모아 눈을 감는다. 환희에 찬 독경 소리가 크게 울려 퍼진다.

—막

제8장

무대

궁중 안. 알공, 공목이 한 귀퉁이에서 불안과 불평에 찬 표정으로 수군 거리고 있다. 여기저기서 조신들이 수군거린다.

알공 이거 정말 큰일입니다. 예삿일이 아니오. 공목 어른!

공목 그러게 말이오. 이차돈이 돌아온 것도 그렇거니와 그 자를 궁중 안 침전에까지 불러들여 불법까지 펴게 하시다니……

알공 벌써 망령이 드신 지는 오래요.

공목 그것도 왕비마마와 공주마마까지 불공에 혹하시어 벽에다가 부처님인가 부지깽인가를 붙여놓고 절을 한다니 이런 해괴망측한 일이 어디 또 있단 말이오! 알공…… 이제 끝이 났나 보오! 그러니 이거야말로 전화위복이지 뭐겠소? 흐흐……

알공 전화위복?

공목 그렇소! 내 얘기를 들어보오. (하며 귓속말로 수군거린다. 두 사람은 회심의 미소를 띠우며 한동안 쑥덕공론이다. 저만치서 그 광경을 보고 있던 조신은 그들대로 못마땅한 표정이다)

조신 갑 영감…… 저것 좀 보시오.

조신 을 뭘 말이오?

조신 갑 알공 영감과 공목 영감이 아까부터 저렇게 수군거리는데 무슨 짓들인지 원……

조신 을 다 알만 하오……

조신 갑 예?

조신 을 듣자니 저 영감들은 상감께서 이차돈을 궁중으로 불러들이게 한 일에 불만을 품고 있다더군요.

조신 병 모르는 소리. 공주마마가 병상에서 일어나지 못하는 때에 이차돈 이 불법으로 병을 치유한다는 소문이 나자 궁중으로 불러들였지 다른 생각은 없어요.

조신 을 누가 아니랍니까! 부모된 도리로서 자식의 병을 고쳐준다면야 이 차돈 아니라 문둥이라도 불러오게 하지요.

조신 갑 그런데 이차돈이 정말 병을 고칠 수가 있을런지……

조신 병 글쎄 소문으로는 앉은뱅이도 서게 하고 문둥이도 깨끗이 낫게 했다는군요. 그래서 지금 고구려에서 일어난 불교를 믿겠다는 사 람이 나날이 늘어만 간다니……

조신 갑 그것 참 알다가도 모를 일이오. 이차돈이 2년 전 부마 자리도 마 다하고 뿌리치고 나갔는데 이번에는 공주 병까지 고치겠다고 되 돌아왔으니 원……

조신 을 그게 바로 자비라오. 자비……

조신 갑 자비인지 재비인지는 몰라도 그 불도가 이상야릇하게 사람 마음 을 끄는 힘이 있는 모양이에요. 그러기에 왕비마마도 부처님 그 림을 벽에 걸고서는 조석으로 그 앞에다가 큰절을 이마에 혹이 나도록 한다지 뭐겠소.

조신 을 음…… 그러오?

그들 세 사람은 사뭇 신기한 얘기라도 하는 양 심각한 표정으로 수군 거린다.

알공	그러니 이차돈이 상감마마의 환심을 사서 세도를 잡는 날이면 우린 뭐가 되겠는가 말이오. 영감이나 내 모가지도 성하지 않을 것이니 미리 대책을 강구해야지 않겠소?
공목	원, 거 무슨 흉측한 말이오?
알공	그러니까 이 문제는 선보진님께 말씀드려서 대책을 세워야 합니다. 두고 보시오. 이차돈도 인간인데 지난날 자기가 그런 누명과 수모를 받은 데 대한 앙갚음을 안 할 것 같소?
공목	음…… 그것도 그렇군.

이때 선보진이 등장한다.

선보진	아니 영감들은 무슨 얘기길래 그렇게 심각하오?
알공	아이고 마침 잘 나오셨소!
선보진	상감마마께서 모두 현신하란다는 기별을 받고 왔는데…… 무슨 일들이오?
공목	글쎄 이차돈이 상감마마 가까이서 요사질을 한다는데 어찌 하면 좋겠소?
선보진	이차돈? 흥…… 염려될 거 뭐가 있소.
알공	아니 그럼 이차돈을 잡을 묘책이라도 있단 말이오?
선보진	지난날에는 두 영감의 지혜만 믿다가 이차돈을 놓쳐버렸으니 이번에는 내가 잡아볼까 하오마는…… 헛허……
알공·공목	예? 잡아요?
선보진	예.
공목	어떻게……
선보진	이차돈을 그대로 두면 이 몸이 위태로운 건 불 속 들여다 본 듯 아는 사실이 아니겠소.

알공　그건 알지만 이차돈을 처치할 방법이 문제 아니오? 지난날 황차윤을 시켜 이차돈을 죽이게 하려다가 도리어 망신만 당했으니 자객을 보내는 일은 어렵겠고……

선보진　방법은 있소.

공목　말씀하시오.

선보진　상감께 말씀드려 이차돈을 상감 곁에서 멀리하는 방법이오.

공목　그게 가능하겠소?

선보진　물론 길고 짧은 건 대봐야겠지만 내게 맡기시오.

알공　그러니까 상감께서 이차돈을 믿게 보시도록 하면 되겠구려?

선보진　그렇소. 이 시기에 자객을 사서 죽인다면 금방 그 바닥이 탄로나서 우리는 위로는 상감한테서 아래는 백성들로부터 미움을 사게 될 테니까 말이오.

공목　알겠소.

이때 상감마마 납신다는 예고와 함께 유현한 궁중악이 울려 퍼진다. 조신들은 저마다 얘기를 멈추고 도열을 한다. 이윽고 왕, 왕비가 등장. 시녀도 따른다.

왕　(유쾌한 표정으로) 날이 가면 갈수록, 설법을 들으면 들을수록 맛이 깊고 이치가 투명하여 마치 장님이 눈을 뜨는 기분이오. 헛허……

이차돈　황공하오이다.

왕비　게다가 공주의 병세도 나날이 나아가는 흔적이 보이니 정말 불법은 오묘하고도 신비롭지 뭐겠소.

이차돈　망극하신 성은으로 여기겠사옵니다.

왕　듣거라. 오늘은 이차돈이 신라로 돌아온 지 한 달째 되는 날이다.

그동안 이차돈은 아란공주의 치병을 위해 이레 동안을 철야불공과 설법을 이행하더니 마침내 공주는 의식을 찾게 되고 오늘은 미음을 들게 되었으니 이 어찌 과인만의 기쁨이리오. 그래서 과인은 이제부터 신라 땅에서도 불도가 포교되기를 허락하고저 경들을 들라 하였던 거요.

좌중은 반신반의의 표정으로 변하여 술렁거린다.

왕　　의견이 있으면 말들 하오. 과인은 그 향긋한 향내만 맡아도 머리가 가벼워지고 이차돈의 설법을 듣고 있노라면 장님이 눈을 뜨는 기분이라오.

알공　아뢰옵기 황공하오나…… 저……

왕　　말하오.

알공　(공목에게 눈짓을 하며) 말하오.

공목　알공이 손위니 말하오.

알공　아뢰옵기 황공하오나…… 저……

왕　　어서 말하오.

알공　자고로 충신된 신하는 상감께 바른 말씀을 아뢰어라 하였사온즉……

왕　　무슨 말이오? 바른말이라면 밤새도록 들어도 후회하지 않겠소. 어서 말하오.

알공　(눈치를 보며) 요즘 궁중 안에서……

왕　　궁중 안에서 어떻다는 말이오?

알공　요, 요사스러운……

왕　　뭐라구? 요사스러운 일이라니?

알공　예, 예. 다름이 아니오라 요사스러운 인물이 출입하와 민심을 자

못 흉흉하게 한다는 소문이 파다하게 퍼져나감으로써 백성들뿐만 아니라 여기 모여 있는 백관들 사이에서도 시비가 분분하온즉……

왕 (빙그레 웃으며) 이차돈을 두고 하는 말인가 보군! 헛허……

공목 예. 열 번 백 번 죽사와도 바른 말씀 아뢰오. 그 이차돈이 상감마마의 옥체를 넘어다본다는 풍문이 퍼졌나 봅니다. 이차돈으로 말할 것 같으면 지난날……

왕 (화를 내며) 그 얘기를 하려고 왔는가?

공목 예? 예.

왕 이차돈의 얘기 같으면 과인이 그 누구보다도 잘 알고 있으니 이상 더 듣고 싶지 않소!

선보진 그렇지만 상감마마의 신변이 위태로운 이 마당에 그대로 묵과할 수 없는 일인 줄로 아뢰오.

왕 이차돈이 공주의 병을 고쳐주기 위해 대궐 안에 들어왔을 뿐이나 이제 남은 일은 이차돈의 공을 치하하는 뜻에서 그가 원하는 바를 들어줄 일만 남았는데 이제 와서 그런……

알공 한마디만 더 아뢰오. 원래 악인이란 겉으로 보기엔 선인처럼 꾸며 보이는 법입니다.

왕 악인은 입으로 더욱 선인 모양을 꾸민다고 들었소. 이차돈에 관한 얘기면 이것으로 끝을 내겠소! 듣거라!

일동 예.

왕 이차돈을 들라 하여라.

일동 예.

잠시 후 검은 옷에 붉은 가사를 걸친 이차돈이 등장한다. 그의 모습은 더욱 위풍이 있어 보인다.

순교자 이차돈

이차돈 이차돈 현신하였습니다.

왕 오…… 수고했다. 그래 공주는……

이차돈 미음을 드시고는 소승의 설법을 들으시다가 지금 막 잠을 청하셨습니다. 숨결이 명주실처럼 가늘기는 하나 어딘지 편하고 차분하신 게 이대로 가면 한 달 안에 거뜬히 일어나실 것 같습니다.

왕 오, 기특한지고!

왕비 마마…… 이차돈이 왜 진작 돌아오지 않았는지…… 새삼스럽게만 여겨집니다.

왕 헛허…… 그건 도리어 과인의 죄를 탓하는 어투 같구려……

왕비 아니옵니다. 이차돈이 고구려 땅에서 불도를 닦아 신라 땅으로 들어온 일이 좀 더 빨랐던들 우리는 조석으로 근심걱정을 되씹지 않을 것을……

왕 지나간 얘기는 할 필요가 없소. 이차돈아 듣거라.

이차돈 예.

왕 내 너의 소망을 들어줄 터이니 서슴지 말고 말하여라.

이차돈은 뜻밖의 일인 듯 왕을 쳐다만 본다.

왕 왜 안 믿어지느냐?

이차돈 그렇지만…… 이 몸은 지난날……

왕 지난 얘기는 안 하기로 했지 않느냐? 공주의 병을 고쳐준 그 공만으로도 족하다. 어서 말하여라.

이차돈 황공하여이다.

왕 뭣인고?

이차돈 두 가지 말씀을 올리겠나이다.

왕 음……

이차돈	하나는 신라 땅에 절을 짓게 허락하시옵고…… (이 말에 좌중이 술렁거린다)
왕	다른 하나는?
이차돈	제가 고구려에서 데리고 온 스님들을 신라 땅에서 살게 하옵소서.
왕	어려울 게 어디 있느냐. 신라 땅에 어디서든 절을 짓고 불도를 퍼뜨리게 하고 스님도 어디서나 자유롭게 왕래하도록 하거라.
이차돈	황공하여이다.
왕	그럼 오늘은 그런 뜻에서 이차돈이 고구려에서 배워왔다는 바라 춤을 모두들 즐기게 하라.
일동	예.

이때 우편에서 흰 가사에 바라를 맞잡은 승려들이 나와 춤을 추기 시작한다. 그 오묘하고 웅장하고 유현한 춤에 모두들 취해 있다. 그러나 선보진, 알공, 공목은 못마땅한 표정이다.

암전

제9장

무대

내전 아란공주의 방.

침상에 걸터앉아 있는 공주의 모습이 초췌하여 병색임을 곧 알아볼 수가 있다. 달빛이 창 너머로 쏟아지고 있다. 촛대에 불이 아물거린다. 공주는 하염없는 생각에 잠기다 말고 길게 한숨만 내쉰다. 밖에서 시녀가 왕비마마가 납심을 알린다. 그러나 공주는 여전히 그대로 앉아 있다. 이윽고 왕비가 방 안에 들어선다.

왕비   아직도 일어나 있었구나.

공주   (말없이 돌아본다)

왕비   일찍 자지 않구서…… 약은 먹었느냐?

공주   예.

왕비   (이마를 짚어보며) 신열은 내린 모양이구나. 그러고 보면 확실히
       이차돈 법사님의 불공이 효험이 나타난 게 분명하지? 훗흐……
       그럴 줄 알았던들 진작 이차돈 법사를……

공주   어마마마……

왕비   왜 그러느냐? 먹고 싶은 게 있으면 말하라. 내일부터는 죽을 먹어
       도 된다니까 이제 몸을 보해야 할 터이니……

공주   그게 아니라 어마마마……

왕비   어서 말하여라.

공주   이차돈 법사님께서 흥윤사 역사를 하신다고 들었사온데 일은 얼
       마나 진척이 되었는지 알고 싶습니다.

왕비   아니 공주가 흥윤사 절 짓는 일에 언제부터 그렇게 깊은 관심을
       가졌지?

공주   예…… 관심이 있습니다. 이제 몸도 웬만하오니 절 짓는 광경도
       직접 돌아보고 싶고…… 또……

왕비   또 뭐지? 어서 말해봐라.

공주   (약간 얼굴을 붉히며) 이차돈 법사님을 뵙고도 싶습니다.

왕비   훗흐…… 공주도 알고 보니! 훗호…… 이차돈 법사님께서도 절
       역사장에 나가신 지가 보름밖에 안 되었는데 벌써……

공주   어마마마! 정말 이상한 일도 다 있나 봅니다.

왕비   이상한 일이라니?

공주	이차돈 법사님이 곁에 계시면 아무 애기를 안 하여도 마음이 차분해집니다. 그리고 이차돈 법사님께서 설법을 하시면 저절로 전신에 힘이 솟는 것 같고 몸이 날을 듯 가벼워지면서……
왕비	그러기에 공주의 그 무거운 병도 이렇게 몰라보게 나았지 않겠느냐.
공주	정말이옵니다. 그런데…… (다시 얼굴에 그늘이 진다) 법사님이 흥윤사 역사 일로 아니 오시니 다시 이 몸이 무거워지고 가슴이 답답해지기만 하니 아무래도……
왕비	(빙그레 웃으며) 알고말고…… 내 아바마마께 말씀 여쭙고 공주 몸이 거동할 수 있다면 절 구경도 할 겸 한 번 가보도록 하여라.
공주	예. 그러하오나 어마마마……
왕비	또 뭐냐?
공주	듣건데…… 이차돈 법사를 시기하고 질시하는 무리들이 많다는데 사실이옵니까?
왕비	아니 누가 그런……
공주	다 들었사옵니다. 선보진 숙부님을 옹립하려는 알공과 공목 일당들이 사사건건 이차돈 법사님의 하시는 일을 반대한다는 얘기며 조정에서도 물의가 분분하다고 들었습니다.
왕비	(가벼운 한숨을 뱉으며) 그건 사실이다.
공주	그런데 왜 아바마마께서는 그런 자들을 방임하시고만 계십니까?
왕비	알고 계시지만 어쩔 수 없는 노릇이 아니냐.
공주	어쩔 수 없다니요?
왕비	우리 신라 조정에서는 불도를 금해온 지가 벌써 150년인데다가 일반 창생들도 아직 불도를 아니 믿으려 하고 있는데 유독 아바마마께서는 이차돈 법사를 신임하시고 마침내는 절까지 짓게 하셨으니 그에 대한 반발이며 불평이 왜 없겠느냐?
공주	그렇지만 불도가 옳고 이차돈 법사님의 설법이 이치에 맞는다면

순교자 이차돈

야 누가 뭐라 하겠습니까?

왕비 나라를 다스리는 일이란 결코 그렇게만은 아니 되는 법이다.

공주 어마마마! 국법으로 정하면 되지 않습니까?

왕비 국법을 고치려면 여섯 마을 늙은이들의 합의를 봐야 마땅한데 이번 일은 아바마마 혼자서 결정한 일이라서 강력하게 내세우지는 못하는 법이란다. 그래서 얼마 전에는 흥윤사 역사장에 방화하는 놈도 있었고 이차돈 법사에게 돌팔매질까지 하는 자도 있었다니, 아…… 그 일도 결코 쉬운 일이 아닌가 보다……

공주 어마마마! 그러나 아바마마께 아뢰어서 하루 속히 국법으로 불도를 허락하시도록 하시와요.

왕비 그, 글쎄다!

공주 그렇지 아니하면 이차돈 법사님에게 또 무슨 일이 일어날지 어찌 알겠습니까?

왕비 (공주의 얼굴을 응시하며) 공주도 참 이상하구나.

공주 예?

왕비 이차돈을 그토록 미워하더니 이제는……

공주 (수줍음을 감추지 못하고) 그, 그야…… 이 몸을 살려주신 은인이 아니옵니까?

왕비 정말 그렇게 여기고 있느냐?

공주 예…… 한때는 그토록 미워하고 저주하였지만 지금은 오직……

이때 밖에서 시종이 이차돈이 왔음을 알린다.

시종 (소리만) 이차돈 법사님께서 드셨습니다.

왕비 뭣이?

공주 어머나…… 어떻게.

142

왕비   (밖을 향해) 어서 드시라 일러라.

시종   (소리만) 이차돈 법사님! 어서 듭시라 하시오.

공주와 왕비는 서성거리며 옷매무새를 고친다. 이때 이차돈이 들어선다. 그의 이마에 붕대가 감기어 있고 붉은 핏자국이 보인다.

왕비   아니 이차돈 법사! 이게 어찌된 일이오?

공주   이마에 피가……

이차돈   (태연하게) 오는 길에 좀 다쳤습니다.

왕비   상처가 깊지 않으오? 어서 전의를 불러다가 치료를 해야지.

이차돈   아니옵니다. 이만한 상처쯤이야…… 그것보다 공주님의 병세는 어떠하신지요?

왕비   보다시피 이렇게 몰라보게 차도가 있소. 그렇지 않아도 지금 애기가 흥윤사 역사를 시작했다니 절 짓는 현장을 보고 싶다고까지……

이차돈   (공주를 새로운 시선으로 바라보며) 공주께서요?

공주   예, 이차돈 법사님…… 꼭 보고 싶습니다.

이차돈   그렇지만 위험한 길입니다.

공주   위험하다니요?

이차돈   (이마를 어루만지며) 이 꼴을 보시면 아실 터인데요.

왕비   아니 그럼 누가……

이차돈   중놈 물러가라면서 돌팔매질을 하였습니다.

공주   그 자를 잡도록 해야지…… 어떻게……

이차돈   내버려 두십시오. 따지고 보면 내게 돌을 던지는 자의 마음속에 느낌이 없어서 그런 걸 탓하면 무슨 소용이 있겠습니까?

왕비   이차돈 법사님! 지금 무슨 말씀을 하시는지요?

이차돈   예, 지난날 백봉국사님께서 가르치시기를 신라를 구하려면 백성
　　　　들의 마음부터 구해야 한다고 말씀하셨습니다. 상감마마께서는
　　　　불도를 깨달으시고 절까지 짓게 허락을 내리셨지만 백성들은 아
　　　　직도 눈을 뜨지 못하고 있습니다. 뿐만 아니라 궁정 내에서도 불
　　　　도를 무슨 사도가 아니면 속임수로 여기는 어른도 많은 모양입니
　　　　다. (이마를 만지며) 오늘 흥윤사 역사터에서 돌아오다가 아이들이
　　　　내게 욕을 퍼붓고 돌팔매질을 하였을 때 문득 백봉국사님의 말씀
　　　　이 생각났지요. 그들의 마음속에서부터 부처님을 섬기고 불도를
　　　　따르려는 마음이 일어나지 않는 한 이 땅에서 불도도 싹트기 어
　　　　렵고 나아가서는 나라도 안전할 수 없다고 말입니다.

왕비　　 그래서 어떻게 하시겠다는 겁니까?

이차돈   내일부터라도 거리로 나가 설법을 할까 합니다.

공주　　 거리에서 설법을?

왕비　　 그러시다가 또 무슨 변을 당하시면 어떻게 하시려고……

공주　　 아니 됩니다! 그건 위태로운 일입니다.

이차돈   마마! 소인도 잘 알고 있습니다. 내가 설법을 하게 되면 처음엔
　　　　누구나 멸시와 조소를 퍼부을 줄 압니다. 그리고 흙을 뿌리고 돌
　　　　을 던질 줄도 아옵니다. 그러나 그럴수록 소승의 믿음과 용기는
　　　　더욱 굳어질 것입니다. 방안에 앉아서 불도를 가르치고 백성이
　　　　나를 찾아오기를 기다리고 있을 때가 아니라고 느꼈습니다. 거리
　　　　로 나가서 중생을 만나고 중생 속에 파고들어서 말을 나눠야 하
　　　　겠습니다. 흥윤사가 서기 이전에 중생들의 마음에 부처님을 아끼
　　　　고 우러러보고 믿는 힘을 길러줘야겠습니다.

공주　　 (감동하며) 이차돈 법사님! 그러다가 만약에……

이차돈   소승의 생명이 위태로운 일이 있을지도 모르지요. 허나 두려울
　　　　건 없습니다.

왕비	아니 어떻게 피하실 길이라도 있으신지?
이차돈	피하긴 왜 피합니까?
왕비	옛?
이차돈	몸소 매를 맞아야 합니다. 내 이마에 돌이 던져지고 내 가슴에 매가 떨어지고 옷이 찢기고 벗겨지는 아픔을 맛보고 싶습니다. 그 아픔을 이겨낼 수 있을 때 소승도 부처님의 가르침을 깨닫는 몸이 되리라고 믿습니다. 중전마마! 그러하오니 소승의 소원을 어여삐 여기시와 상감마마께 이 뜻을 전하여 허락을 받게 하여 주십시오.
왕비	허락을?
이차돈	예. 이 나라에서는 백성을 모아 불도를 전하는 일은 150년 이래로 국금이옵니다. 그러나 이 몸은 그 국금을 범해서라도 거리로 나가 가가호호를 찾아가 불도를 퍼뜨리겠사오니 양찰하시기 바랍니다.
공주	이차돈 법사님! 아니 되옵니다. 목숨을 잃어가면서까지 왜 하시려 하십니까? 그건 위태로운 일입니다. 어마마마! 제발 법사님을 말리세요.
왕비	공주.
이차돈	소승의 마음은 이미 작정이 되어 있습니다. 오늘 이 이마에서 흐르는 붉은 피를 만지면서 문득 마음 한구석에서 솟아나는 깨달음…… 그것은 바로 검은 구름을 헤치고 비춰주는 햇빛과도 같았습니다. 아니 그건 바로 백봉국사님께서 이 몸에게 내리신 가르침이자 인도하시는 길이었습니다. 그러하오니 내일부터 소승이 하고자 하는 일을 관대히 봐주시기 바랍니다. 그럼……

그는 합장을 하고 나서는 유유히 밖으로 나간다. 왕비와 공주는 그의

　　　　　　　　　　　　　순교자 이차돈

의연한 태도에 압도된 듯 한동안 멍하니 서 있다.

암전

제10장

무대

거리. 층계 위에 이차돈이 서서 사람들에게 설법을 하고 있다. 이차돈
뒤에 몇 사람의 스님과 구슬아기도 끼어 있다.

이차돈 여러분이 이제 이 몸을 에워싸고 이렇게 모이신 것도 다 세세생
　　　　생의 인연으로 오늘 이 몸의 입에서 부처님의 가르침을 들으려
　　　　함이오.

군중 A (멸시하며) 까까중의 쌍판 구경하러 나왔지 장광설을 들으려는 건
　　　　아니다. 헛허……

일동 헛허……

이차돈 그러나 이 세상은 모든 게 인연으로 비롯되는 법이라오. 어제 지
　　　　은 업은 오늘에 보가 되어 돌아오고 오늘 지은 업은 내일의 보가
　　　　되어 돌아오려니와 터럭 끝만 한 업이라도 그것이 선이든지 악이
　　　　든지 어느 때고 반드시 돌아오고야 마는 법이오. 이 인과응보의
　　　　이치가 바로 부처님이 깨달으신 진리요.

군중 B 그래서 고구려 땅에서 고작해서 부처인가 감초인가를 배워왔구
　　　　면…… 헛허……

일동 핫하……

이차돈 여러분은 아직도 내 얘기를 안 믿으시겠지만 근자에 와서 우리

신라에 해마다 홍수가 나는가 하면 가뭄이 오고 돌림병이 돌아 인명을 앗아가고 싸움이 자주 일어난 것도 다 우리의 업보요.

군중 C 업보고 족보고 막걸리 값이나 주고 가지 그려. 헛허……

일동 헛허……

이차돈 여러분은 저마다 복을 받고 싶을 게요. 복을 받고 싶거든 지금까지 자기가 저지른 잘못을 뉘우치고 부처님의 가르침을 받아야 하오.

군중 A 부처님을 믿으면 외상값도 저절로 갚게 되오?

일동 헛허……

이차돈 부처님의 가르침이란 다름 아닌 바로 좋지 않은 일은 무엇이건 하지 말 것이며 좋은 일은 무엇이나 하라는 말씀 바로 그거요.

군중 C 그런 개떡 같은 소리는 누구나 다 알고 있어! 이 까까중아. 헛허……

이차돈 (강조하며) 알고 있다고 했지요? 그러나 알고 있다는 건 아무런 소용이 없습니다. 알고 있는 일을 몸소 행해야 합니다. 입으로 골백번 뇌까려도 안 됩니다. 단 한 번의 실천이지요. 여러분, 어려운 일이 아닙니다. 우리 주변에 일어나는 일들을 돌아보십시다. (차츰 연설조로) 우리 신라 사람은 서로가 미워하고 있소. 자기보다 잘난 사람을 보면 시기하고 못한 사람은 멸시하고 있소. 내가 남을 미워하면 그 사람도 또한 나를 미워하는 법이오. 이리하여 지금 백성은 백성끼리 조정의 조신들은 조신들대로 자기 입이나 벼슬이나 출세만을 꿈꾸고 있소. 불쌍한 사람을 도와주기보다는 업신여기고 권력을 가진 사람에겐 아부를 하고 존경을 받아야 할 사람을 깔아뭉개고 있소. 우리 신라에도 예부터 다섯 가지 도가 전해져 내려왔지만 누구 하나 그것을 소중히 여기지도 않거니와 저마다 짝을 짓고 패를 짜서 자기네들끼리만 잘 살려고 하고 있소! 어버이를 우습게 보고 임금을 속이고 해치려 하고…… 이래 가지고서야 어떻게 만백성이 편안하게 살 수가 있단 말이오.

군중 B 임금님을 속이고 해치려는 놈이 누군가 대시오!

군중 C 그런 놈은 당장에 죽여야 해. 그 놈을 대라!

여기저기서 아우성을 친다. 이차돈은 조용해지기를 기다린다.

군중 A 임금을 속이고 해치려는 자는 바로 고구려 임금에게 매수당하여 요사스런 술법을 퍼뜨리려는 이차돈이다!

여기저기서 "옳소"를 연발하며 돌을 주워 던진다. 이차돈은 처음에는 돌멩이를 피하려다가 그대로 서 있다.

행자 A 법사님…… 피하십시오.

구슬아기 이차돈 법사님! 위험합니다. 어서 내려오십시오.

이차돈 내게 상관 말아라. 이 아픔을 우리는 함께 맛봐야만 된다. 잠시 기다려라. 부처님의 가르침을 위하여 목숨을 아끼지 말라고 하셨느니라.

구슬아기 그렇지만 중생들이 저렇게 무질서하고 깨우치지 못해서야 어디……

이차돈 그렇지가 않다니까!

군중 A 어디서 되지도 못하게 중놈이 나타나서 별놈의 소리 다 하는군. 자 여보게들 가세! 툇툇! (하며 침을 뱉자 다른 사람들도 욕을 퍼붓고는 좌우로 흩어진다. 무대에는 이차돈과 구슬아기만이 남는다. 갑자기 쓸쓸해지고 허전해지자 구슬아기는 장삼자락으로 눈물을 씻고 나서 이차돈의 옷을 털어준다. 그러나 이차돈은 꼼짝 않고 앉아 있다)

구슬아기 법사님…… 이제 그만 두십시오.

이차돈 ……

구슬아기 아직도 신라에는 불도가 싹트는 시기가 아닌가 봅니다.

이차돈 시기가 따로 있을 리 없지!

구슬아기 예?

이차돈 선을 향하고 진을 퍼뜨리고 백성의 무지를 깨우치려는데 시기가
어디 있겠는가. 지금 이 시각부터라도 늦지 않아! 아니 빠르면
빠를수록 좋지 않은가. 오늘 안 되면 내일 하는 거지. 내일 안
모이면 모레, 올해 안 되면 내년에…… 불도가 영원하듯 고행의
길도 영겁으로 계속되는 것이오. 성급히 덤빌 것은 없어. 참고
이기고 견디고…… 그래서 모든 생명을 내 생명처럼 아끼는 날
이 계속되면 언제고 부처님의 가르침을 깨달은 중생들이 늘어날
게요.

구슬아기 예…… 깊이 명심하겠습니다.

이차돈 나를 따라 이 길을 가는 게 겁이 난다면 이제라도 돌아가시오.

구슬아기 아니옵니다. 따르겠사옵니다.

이때 멀리서 말발굽 소리가 요란스럽게 들려온다.

이차돈 아니, 웬 말발굽 소리냐?

구슬아기 글쎄올시다. 군사들인가 봅니다.

이차돈 군사들?

이윽고 포졸 두 명이 급히 등장.

포졸 갑 어명이다!

이차돈 어명?

포졸 을 요승 이차돈은 들어라. 지금 상감마마께서 급히 궁중으로 데리고
들어오라는 분부시다! 가자!

이차돈 상감께서 나를? 무슨 일로……

포졸 갑 가보면 알 게 아니냐! 자! (하며 포승으로 오랏줄을 맨다)

구슬아기 아니! 법사님이 무슨 죄가 있으시다고!

포졸 을 죄가 있고 없고는 상감마마께 물어보는 게 빠를 걸…… 자 가자.
(하며 이차돈을 밀어제친다)

구슬아기 이차돈 법사님!

이차돈 걱정할 것 없으니까…… 상감마마께서 긴히 내리실 말씀이 계신
거겠지.

구슬아기 그렇지만……

이차돈 글쎄…… 내 목이 오랏줄에 묶였다 해서 내 마음까지 묶인 건
아니니까! 염려 말고 기다려요. 가지.

이차돈이 포졸들에게 끌려가자 구슬아기는 끓어오르는 분노와 슬픔
을 이기지 못한다.

구슬아기 이차돈 법사님…… 흑…… 흑……

암전

제11장

무대

궁중. 중앙에 왕, 왕비가 앉아 있고 층계 아래로 모든 조신들이 도열을

하고 있다. 알공, 공목 그리고 선보진도 보인다. 이차돈이 포박을 당한 채 땅바닥에 꿇어 앉아 있다.

알공   상감마마! 그러하오니 이차돈의 목을 베는 일이 지당할 줄로 아뢰오.

공목   상감마마의 뜻을 받들어 흥윤사를 짓는 일까지는 소신들도 이해할 수 있사오나 거리에까지 나가 무지몽매한 시정인을 모아놓고 조신들을 중상모략하고 상감을 비방하고 마침내는 우리 신라를 욕되게 하는 망발에 이르러서는 추호도 용서받을 수 없는 대역죄로 아뢰오.

선보진   그러하옵니다. 비록 상감이 불도의 오묘한 진리를 깨달으셨다 할지라도 아직도 국금으로 정해 있는 불도는 국법에 어긋나는 일이옵니다. 그러하오니 당장에 이차돈의 목을 베게 하옵소서. 만약에 상감께서 그 영단을 못 내리시겠다면 이 몸이 상감을 대신하여 모든 일을 집행하겠습니다.

왕   뭣이? 나를 대신한다고?

선보진   그렇습니다. 비록 상감은 소신의 형님이실지라도 공적으로는 일국의 으뜸이신 임금님이실진대 임금으로서의 맡은 바 일을 다하지 못하시는 경우에는 소신이 대신……

왕   무엄하다. 어디서 감히……

선보진   (빙그레 웃으며) 상감이 이 자리에서 영을 내리신다 해도 그 영에 따를 사람은 아무도 없습니다. 그러니 어서 이차돈의 목을 베도록 하시오. 그렇지 않으면 이 땅에서 불도를 몰아내는 길밖에 없습니다.

왕   (생각 끝에) 이차돈! 듣거라. 이제 남은 길은 오직 두 가지 뿐이다. 하나는 불도를 버리는 일이요, 다른 하나는 이차돈이 목숨을 버리는 일이다. 그러나 과인은 이미 이차돈의 사람됨을 알고 그 가르침을 따라왔으며 이제 와서 둘 다 놓치기를 꺼리는 바 어찌하면 좋겠느냐?

이차돈 (태연하게) 상감마마!

왕 어서 말해라. 불도를 버린다고 말하여라.

이차돈 상감마마! 옳은 사람은 거짓이 없다 일렀삽고 우리 신라의 다섯 가지 가르침에도 거짓이 없어야 한다고 하였거늘 죽거나 살거나 괴롭거나 즐겁거나 거짓이 없어야 하겠고 자비심이 곧 부처라 하였사옵니다. 그러하오매 이 몸은 백 번 죽사와도 불법을 버릴 수는 없습니다.

좌중이 일제히 술렁거린다.

왕 이차돈아. 너는 늙은 할아비와 홀어미도 생각 못하겠느냐? 이 몸이 너를 친아들처럼 사랑하거든 지난날에는 하나뿐인 공주의 부마로 정한 바도 있었거니와 차마 너에게 죽음을 내릴 수는 없는 이 심정을 생각하라. 그러니 한 마디만…… 불법을 버리겠노라고 한 마디만 하여라.

이차돈 상감마마! 버러지만도 못한 이 몸을 어여삐 여겨주신 은혜는 결초보은해야 마땅하겠사오나 이 몸이 목숨을 버려서 불법을 지키옵는 것이 또한 상감마마의 은덕에 보답하는 길인가 하와 죽음으로써 불법을 지키겠습니다.

왕 오! 그 고집을 버리지 못할까?

왕비 이차돈! 마음을 돌려 오늘부터 불도를 버린다고 왜 말 못하는고!

왕 네가 죽기로 신라 백성이 너를 비웃을지언정 불법이 옳음을 모를 터이니 네가 더 오래 살아남아 불법의 옳음을 퍼뜨리는 게 어떠하냐?

이차돈 상감마마! 옳은 피는 반드시 큰 소리를 낼 것입니다. 옳은 일을 위해 흘리는 피는 결코 헛됨이 없다 하였습니다. 이것이 바로 불도인가 합니다.

왕 이것이 불도라?

선보진 상감마마! 어서 이차돈을 죽이라 하시오.

공목 영을 내리십시오.

알공 이차돈은 죽어 마땅합니다.

좌중이 다시 술렁거린다.

왕비 이차돈! 다시 한 번만 생각을 돌려라! 모든 사람이 너를 미워하더라도 상감께서는 너를…… 한마디 말로 부마도 되고 태자도 되고 장차는 임금도 될 것을 어찌 마다하고 그렇게 고집만 부리는가 말이다.

이차돈 옳은 일을 위해 피를 흘리게 하소서! 이상 더 기다리지 않게 하소서.

이때 아란공주가 헝클어진 자태로 뛰어나온다.

공주 아니 되옵니다. 이차돈을 죽여서는 아니 되옵니다. 아바마마! (하며 쓰러져 운다)

왕비 공주! 진정해라.

공주 어마마마! 이차돈이 죽게 되면 이 몸도 목숨을 끊겠습니다.

왕비 공주! 왜 이러느냐?

왕 공주! 왜 이리 수선을 떠는고? 어서 내전 안으로 모셔라!

공주 싫습니다! 싫습니다. 저도 함께 죽겠습니다! 같이 죽게 하셔요. 아바마마! (하며 버둥거리다가 사람들이 억지로 끌고 나간다. 깊은 생각에 잠겨있던 왕은 금세 무슨 생각을 했는지 자리에서 일어난다)

왕 들거라. 이차돈에게 죽음을 내리게 해라.

일동 예……

왕 그 대신 이차돈이 죽은 이후로부터 우리나라에서도 불법을 금해 온 국금을 풀게 하리라.

좌중이 무겁게 가라앉는다. 그러나 이차돈은 태연한 자세로 얼굴을 든다. 그는 환상 속에 나타난 백봉국사에게 말을 한다. 무대가 차츰 어두워지고 스포트가 이차돈의 얼굴만을 비춘다.

이차돈 국사님! 이 목숨은 없어질지라도 신라에 불도가 뿌리를 박게 되었습니다. 국사님…… 진정 이것이 부처님의 가르침을 몸소 실천한 증좌입니다. 상감께옵서 법을 고치시와 만백성이 불도를 믿게 하셨으며 이 몸의 온갖 죄도 모두가 부처님을 위해 바치고 깨끗이 하였습니다.

이윽고 망나니가 나와 큰 칼을 두어 번 휘두르다가 마침내 이차돈의 가슴을 찌르자 다음 순간 하얀 젖빛 피가 허공으로 솟아오른다. 일동이 경악과 공포의 비명을 지른다.

소리 피가 솟는다.

소리 붉은 피가 아닌 흰 피다!

소리 젖빛 피다!

소리 흰 피다!

소리 흰 피다!

백봉   (환영이 나타나며) 옳은 일을 위해 흘리는 피다! 모두들 보아라!
흰 피가 흐르는 한 불도는 살아있는 것이다.

이와 함께 장엄하고도 심오한 불경 외우는 소리가 합창으로 드높아진다.

―막

셋이서 왈츠를 (5막 6장)

• **등장인물**

   유근칠(34), 정치학 교수

   임호준(35), 그의 친구, 통민당 대변인

   박상덕(35), 실업가

   임성숙(30), 근칠의 아내, 호준의 누이

   임완수(60), 호준의 아버지, 의사

   이 여사(55), 완수의 아내

   안경임(27), 대포집 '광성옥' 딸

   안순(9), 경임의 딸

   우대중(30), 임호준의 비서

   권 마담(28), Y살롱 주인

   기타 보도기자, 사진기자 다수

• **때**

   1971년(8대 국회의원 선거 당시)

• **곳**

   서울

제1막

무대

이 연극의 주무대는 유근칠의 집 응접실에서 이루어진다. 그러나 경우에 따라서는 임호준의 집, 선거사무실, 그리고 살롱으로도 쓰이게 되므로 연출자는 무대를 편의상 몇 부분으로 구분하여 유동성 있게 사용하되 사실주의적인 무대장치는 되도록이면 피하는 것이 좋겠다. 다만 유근칠의 집이 비교적 간소한데 비해 임호준의 집은 호화스러워야 한다. 그러기 위하여는 무대 전면을 화려한 커튼으로 가리거나 샹들리에 등 세간 도구로 그 분위기를 살피면 좋을 것이다. 유근칠의 집으로 쓰일 경우는 그의 직업상 책이 빽빽하게 꽂힌 서가가 중요한 부분을 차지하면 된다.

때는 초여름 저녁나절. 막이 오르면 유근칠의 집 무대 좌편에서 근칠과 그의 아내 박성숙이 등장한다. 근칠은 밖에서 돌아온 듯 검은 손가방을 들었고 성숙은 산뜻한 홈웨어 차림이다. 근칠은 약간 피로해 보이나 안경 속에서 번득이는 눈초리와 후릿한 체구가 일종의 수재형인 재능과 의지와 그리고 교양까지도 엿보인다. 그는 윗저고리를 벗고 아내에게 넘기며 책상 위에 있는 소파에 푹 파묻히듯 앉는다. 그는 편지를 읽으면서 아내와의 대화를 계속한다.

성숙　난아 담임선생한테서 전화왔었어요. 사생실기대회에서 특선했다나요.

근칠　그리고 다른 전화 연락은 없었소?

성숙　출판사에서 원고 어떻게 되었는가고⋯

근칠　내주 토요일까지 기다리라고 했는데 또 재촉인가?

성숙 그리고 참 동교동 오빠한테서 전화가 또 왔었어요.

근칠 처남이?

성숙 예. 내일 밤 2·8회 모임에는 다른 데 약속하지 말고 꼭 나와야 한대요. 이번엔 부부동반이니 정장을 하고 와야 한다면서… 게다가 지각하면 벌금이 만원이니 그리 알라면서 어찌나 설치는지 원… 호준 오빠는 사람 들볶는 데는 정말 뭐가 있다니까.

근칠 (다른 편지를 뜯으며) 그러니까 별명이 잉어낚시 아니오? 학생시절부터 끈덕지기로는 이름났었지!

성숙 게다가 올케는 한 술 더 뜨지 뭐예요. 우리 여성들도 내일 밤은 화이팅을 하자면서 남자들만 따로 술 마시게 할 게 아니라 함께 어울린다잖아요.

근칠 장단이 척척 맞군.

성숙 글쎄 올케 하는 소리 좀 들어봐요. 으레 파티에 나가면 남자들은 술 마시는데 여자들은 꿔다 놓은 보리자루처럼 우두커니 앉아 있거나 아니면 비 맞은 장닭들처럼 한구석에 몰려 있게 마련인데, 이제는 그럴 수 없다는 거예요.

근칠 그럼 남자들하고 대작을 하겠다는 건가?

성숙 그래서 내일은 일류 밴드와 가수들까지 동원했으니까 멋진 댄스 파티를 가지자는 거예요.

근칠 댄스파티? (하며 어이가 없다는 듯 코웃음 친다)

성숙 그것도 부부끼리 춤을 추는 게 아니라 서로 상대를 맞바꿔서 춤을 추재요, 글쎄… 호호…

근칠 그럼 아예 처음부터 장소를 요정으로 정해서 진탕 놀아보시지?

성숙 그렇지 않아도 그럴 생각이 없는 것 아니지만 때가 때이니만큼… 작년만 해도 북한산장에서 신바람 나게 놀았지만 오빠가 통민당 대변인 자리에 앉게 되니까 처신하는 데도 신경이 쓰인다면서…

근칠   아니지. 차기 선거에 출마하려면 미리서부터 단합대회를 하자는

       거겠지. (하며 여전히 우편물에 시선을 돌린다)

성숙   사실이에요. 오빠가 차기 선거에 출마하는 건 기정사실이니까요.

근칠   그러나 이번에는 좀 애먹게 될 걸… (하며 다른 편지를 뜯는다)

성숙   당의 공천을 받는 일 말인가요?

근칠   내가 알기에도 벌써 3, 4명이 경합이 붙을 거라는데…

성숙   그렇지만 오빠가 단연 우세하다고들 그러던데요. 무엇보담도 그

       동안 당 대변인으로서 기반을 굳혔겠다 소장파들의 절대 지지를

       받고 있는데다가 박 사장님이 뒤에서 돌봐주는 이상은 오빠만큼

       삼박자가 척척 맞는 사람도 없다고… (근칠과 성숙의 시선이 마주치

       자 성숙은 멋쩍게 웃어제낀다)

근칠   당신도 이제 제법이군 그래!

성숙   홋호… 제 의견이 아니라 항간에 떠돌아다니는 풍문이 그렇다니

       까요.

근칠   하긴 풍문에도 근거가 있는 법이니까… (하며 우편물을 놓고 담뱃

       갑에서 담배를 꺼내 문다. 성숙이 잽싸게 라이터를 켜댄다. 근칠은 길게

       담배 연기를 허공에 내뿜는다. 약간 어색한 침묵이 흐른다)

성숙   당신 생각은 어때요?

근칠   무슨 생각…

성숙   오빠 공천 문제.

근칠   달나라에도 생물이 있는가라는 질문 같군.

성숙   무슨 대답이 그래요?

근칠   어떻게 확답을 할 수 있겠소? 그걸…

성숙   할 수 있어요.

근칠   내가?

성숙   그렇죠. 오빠의 모든 것을 가장 많이, 그리고 가장 정확하게 알고

있는 분은 바로 당신이니까요.

근칠 (쓰게 웃으며) 내가 처남의 모든 것을 알고 있다고?

성숙 그렇죠! 누구보다도 잘 알고 있지요. 중학교 동기동창에다 대학
도 동기동창, 사법고시 합격도 동기, 게다가…

근칠 처남 매부 간에다가 2·8회 회원이니까.

성숙 잘 아시면서! 훗호…

근칠 (따라서 웃다 말고) 요즘에 와선 인간이 안다는 게 과연 얼마나 아
는 것을 뜻하는지 자신이 없어졌어…

성숙 예?

근칠 (담배 연기를 허공에 날려 보내며) 인간이 인간을 안다는 건 마치
젖먹이를 진찰하는 소아과 의사 같은 거니까.

성숙 소아과 의사라니요?

근칠 환자 자신의 자각증상을 통해서가 아닌, 의사 자신의 일방적 판
단이라고나 할까? 물론 그건 오랜 임상실험이나 통계에 의한 일
이겠지만 결국은 불안하기 짝이 없는 거야. 환자 자신이 어디가
어떻게 아프다는 걸 말하지 않는 한은 말이지. 그러니까 그건 오
진일 경우가 많지. 어느 의학박사의 회고록을 읽었는데 그 자신
의 오진률이 14%였다나…

성숙 (약간 불쾌해지며) 여보 오늘따라 왜 비비 꽈서 하세요?

근칠 꼬긴… 당신이 나더러 처남에 대해서 잘 알고 있다니까, 난 잘
모르고 있다는 대답을 했을 뿐이지.

성숙 (비꼬아서) 유근칠 박사님! 이건 의학 세미나가 아니올시다.

근칠 (자리에서 벌떡 일어나며) 그렇다면 저녁 반찬은 무엇이라는 것부
터 말했어야 했을걸 그랬지?

성숙 뵈기 싫어! 당신은 오빠의 선거문제보다 저녁 반찬이 더 중하다
는 말투시군요?

근칠   그렇게 말하는 당신은 언제부터 그렇게 정치에 관심이 있었지?

성숙   몰라서 물으세요?

근칠   아는 길도 물어 가라는 교훈이겠지!

성숙   오빠의 신상문제는 곧 우리 가정과 직결되어 있으니까요.

근칠   (의아하게) 우리 가정?

성숙   (자리에서 일어나며 자신 있게) 동기라고는 남매뿐이에요. 아니 오
      빠가 정계에 기반을 굳힘으로서 당신의 장래도 그만큼 튼튼해진
      다는 걸 모르세요? 지금까지 당신이 정치학 교수로선 남보다는
      월등하게 빠른 시일 안에 기반을 쌓게 된 것도, 그리고 사회적으
      로 명성을 떨치게 된 것도 따지고 보면 호준 오빠의 매부였다는
      점을 무시 못 하실 거예요.

근칠   (담담하나 어딘지 빈정대듯) 그것보다 의학박사 임완수 씨의 외동
      딸 임성숙의 가정교사로 있었고, 그 장인 덕택으로 외국유학까지
      할 수 있었다는 점을 강조하고 싶었을 텐데…

성숙   (섬짓해지며) 여보! 당신 지금 무슨 얘길 하시는 거예요?

근칠   과거 얘기.

성숙   (성질을 돋구며) 새삼스럽게 그런 얘긴 왜 하시는 거예요?

근칠   처남의 선거 문제와 우리 가정 문제가 직결되어 있다니까 하는
      얘기지! 그게 잘못된 일인가?

성숙   요즘 점점 이상해지는 것 같아요.

근칠   내가?

성숙   그래요. 매사에 신경과민이신데다가 집에 돌아오시는 시간도 늦
      어지고 약주를 자주 드시고… 게다가…

근칠   그렇게 해서 우리 가정에 무슨 피해라도 있었소?

성숙   예?

근칠   왜 그런 얼굴이오? 마치 놀란 토끼처럼… 헛허…

성숙   (토라지며) 잠재의식이 발작하시는군!

근칠   잠재의식?

성숙   처가살이 신세가 지겹다는 뜻이겠죠? (똑바로 보며) 안 그래요?

근칠   (간신히 자신의 감정을 억제하며) 자립하고 싶어 하는 욕구가 잘못이 아니라면 그런 따위의 잠재의식은 이미 상식이지.

성숙   그래서 이제는 처가에 기대어 살기도 싫거니와 처가 일에 대해서는 무관심하다는 뜻인가요?

근칠   무관심이 나에게 있어서는 여간 어려운 게 아니더군. 아… 피곤해! 여보 나 목욕 좀 해야겠어. (하며 우편으로 퇴장하려는데 전화가 걸려온다) 내가 받지. (수화기를 들며) 여보세요. 예… 제가 유근칠인데요… (반가워서) 아… 박 사장? 헛허… 지금 막 돌아온 길일세. 바쁘기야 매한가지지… 응? 오늘 밤? 글쎄… 출판사에 주기로 한 원고 쓰는 일이 있긴 하지만… 응? 응… 그럼 내가 나가지 응… 일곱시? 그래… 알았어… 응… 몸 좀 씻고 나갈테니까… 응…

근칠은 전화를 끊고 돌아선다. 성숙은 창가로 가서 화병에 꽂힌 꽃을 매만지며 넌지시 말을 건다.

성숙   박 사장이라니… 박상덕 씨 한테서인가요?

근칠   (약간 얼버무리며) 응… 긴히 할 얘기가 있다고 나오라는군.

성숙   내일 2·8회에 나가면 만날 텐데 왜 만나자는 거죠?

근칠   글쎄… 그 친구 원래 사업에 바쁜 몸이라서 내일 친목회에 못나오게 될지도 모르지.

성숙   어머! 지난달에도 안 나왔는데 또 못나오면 어떻게 해요?

근칠   어떻게 하긴… 2·8회야 동창생끼리의 친목계인데 부득이한 사정이면 못나가는 경우도 있지.

성숙 그렇지만 내일은 호준 오빠의 출마를 위한 전초전이기도 한데 박 사장이 안 나오시면 어떻게 해요?

근칠 그거야 내가 알 바가 아니지.

성숙 (뒤따르며) 만나시면 내일 밤에 꼭 나오시도록 권하세요. 박 사장이 안 나오시면 무의미하다구요. 호준 오빠 실망할 거예요.

근칠 알았어!

근칠이가 우편으로 퇴장하자 성숙은 어떤 불안에 싸인 듯 멍하니 서 있다가 말고 문득 생각이 난 듯 전화통 있는 쪽으로 간다. 그녀는 두어 차례 바삐 전화 다이얼을 돌리나 통화중임을 알고는 신경질적으로 수화기를 내려놓는다.

성숙 웬 통화가 이렇게 길담!

이때 성숙의 친정어머니 이 여사가 좌편에서 들어선다. 나이에 비해 젊고 교양이 있어 보이는 중년부인이다.

이여사 대문은 왜 안 걸어놨니?

성숙 어머니 오세요?

이여사 난아는 학교에서 안 돌아왔니?

성숙 예. 피아노 레슨 받으러 갔어요. 어디 다녀오시는 길이세요?

이여사 (소파에 앉으며) 응? 응… 그저… 유 서방 들어왔지?

성숙 예.

이여사 현관에 구두가 있더구나. 안방에 있니?

성숙 목욕 중이에요. 곧 나올 거예요. 친구하고 약속이 있어서 나가야겠다면서…

　　　　　　　　　　　　셋이서 왈츠를

이여사 (가늘게 한숨을 뱉으며) 성숙아… 너 혹시 무슨 낌새라도 눈치 못
        챘니?

성숙   낌새라뇨?

이여사 (담뱃불을 붙이며) 유 서방에 대해서 말이다.

성숙   아뇨.

이여사 (담배 연기를 뱉으며) 나도 그럴 리가 없다고 믿긴 하지만 말이다…

성숙   무슨 얘길 들으셨어요?

이여사 (연거푸 담배 연기만 내뿜는다)

성숙   (불안해지며) 학교에서…

이여사 학교 일이 아니다.

성숙   그럼 무슨 나쁜 소문이라도…

이여사 나쁜 소문? 글쎄… (담배를 빨고서) 하긴 그게 좋은 소문일 수는
        없겠지…

성숙   어머니. 무슨 얘기예요? 예?

이여사 정말 이상한 점 느끼지 못했니?

성숙   이상한 점이라뇨?

이여사 밖에서 전화가 자주 걸려온다든가 아니면 외박을 자주 한다든가
        또는…

성숙   (어이없다는 듯 실소를 하며) 어머니두! 그이는 그런 짓을 할 위인도
        못 되요! 게다가 대학교수라는 사회적 지위가 있는데 어떻게…
        그럴 생각 있었으면 외국에 있었을 때 실컷 바람을 피웠게요? 홋
        호…

이여사 바람을 피워? 성숙아! 너 지금 무슨 얘길 하고 있니?

성숙   어머니가 그러셨잖아요. 아빠가 요즘 이상하지 않더냐고요.

이여사 (혀를 차며) 넌 고작해서 그 정도 밖에 머리가 안 돌아가니? 이 맹추
        같은 것아!

164   차범석 전집 5

성숙	예?
이여사	명색이 정치학 박사의 사모님이라는 주제에 그래 자기 남편을 그 정도로 밖에 관찰 못하느냐구!
성숙	어머니! 전 어머니 말씀을 도무지 이해할 수 없어요!
어머니	이해 못하긴 피차 매일반이다.
성숙	예?
이여사	네가 모르는 일이라면야 할 말도 없지만… (하며 담뱃불을 부벼 끈다)
성숙	어머니! 무슨 얘긴지 구체적으로 말씀해 주세요!
이여사	구체적으로?
성숙	그렇지 않아도 아까 아범하고 승강이를 했어요.
이여사	(긴장하며) 무슨 일이 있었구나?
성숙	그게 아니라 오늘따라 얘기를 비비 꽈서 하기에 신경질 좀 냈지요.
이여사	(정색을 하며) 정말 무슨 기미를 못 차렸어?
성숙	예.
이여사	음… 실은 오늘 계에 나갔다가 이상한 얘기를 들었다.
성숙	이상한 얘기라뇨?
이여사	장충동 안 사장 댁에서… 글쎄 유 서방이 차기 선거에 출마한다는구나!
성숙	출마를 해요?
이여사	그래! 그것도 통민당 소속으로 입후보한다잖아.
성숙	통민당? 아니 그럼 호준 오빠하고 같은 당에서…
이여사	그렇다니까! 그러니 당의 공천을 받을 사람은 한 사람뿐인데, 벌써… 그것도 처남 매부 간에 경합이 붙게 되었다고 수군덕거리니 글쎄 이게 무슨 조화인가 말이다.

셋이서 왈츠를

성숙은 어머니의 얘기보다는 스스로의 생각에 몰입되어 공간의 한 시점을 뚫어지라고 응시하고 있다.

이여사 나도 그 얘긴 전혀 근거 없는 낭설일 게라고 털어버렸지만, 오다가 생각하니까 어쩐지 어금니에 뭐가 낀 것 같아서… 넌 어떻게 생각하니?

성숙 어머니! 그럼 그게 자기의사인가요, 아니면…

이여사 그걸 누가 아니? 자기 입으로 말하지 않는 한…

성숙 그렇지요. 사람의 마음 속을 아는 건 소아과 의사 같은 거라고 했으니까요.

이여사 소아과 의사? 그게 무슨 소리냐?

성숙 어떤 유명한 학자의 학설이지요. 그건 그렇고 그이가 통민당 소속으로 입후보한다면 결국은…

이여사 (단정적으로) 패가망신이지!

성숙 패가망신?

이여사 그렇지! 너도 생각 좀 해봐. 그래 처남 매부지간에, 그것도 같은 당 소속으로 입후보하게 된다면 세상 사람들이 우리 집안을 어떻게 보겠니? 막말로 한 집안에서 서로 으르렁대고 서로 잡아먹으려고 하는데, 그 집안이 제대로 되어가는 집안인가 말이야! 이건 한마디로 창피야 창피…

성숙 어머니… 그걸 가지고 왜 흥분하세요?

이여사 흥분 안하게 되었니? 그것도 다른 집안의 처남 매부 사이라면 또 몰라. 하지만 우리 호준이와 난아 아범은 다르다. 달라요!

성숙 어머니!

이여사 (흥분이 극도에 달하여) 난아 아범이 누구 때문에 오늘의 유근칠 박사가 되었니? 아닌 말로 집안에 호랑이 새끼를 길러온 셈이지 뭐냐? 그 6·25동란 직후 고아나 다름없는 애를 호준이가 불쌍하다고 집에 데리고 왔을 때 일 생각 못하겠니? 겨우 고등학교 2학년이었다. 넌 여중 1학년이었지? 그걸 호준이와 친동기간처럼 키웠고, 대학공부 마치게 되자 외국유학까지 시켜주고 너와 결혼까지 시켜놓으니까, 그래 이제 와서… 물론 유 서방이 어려서부터 바지런하고 머리도 영리했기에 너의 가정교사까지 해냈으니까 실력은 인정받았지만… 그래도 뒤에서 밀어주는 힘이 더 컸다!

성숙은 더 이상 참을 수 없다는 듯 자리에서 일어나 저만치 창가로 가서 등돌아 서버린다.

이여사   (길게 숨을 몰아쉬고는 다소 안정된 상태에서) 그러기에 머리 검은 짐승은 거두지 말랬다! 사실이라면 이건 우리 가문의 수치다. 네 아버지의 체면은 뭐가 되고 네 오래비는 또 어떻게…

성숙   (단호하게) 어머니! 그렇지만 확실한 근거가 있는 얘기는 아니잖아요.

이여사   그 근거가 궁금해서 찾아온 게 아니냐!

성숙   그이한테 직접 물어보시려구요?

이여사   못 물어볼 건 또 뭐냐? 장모가 사위에게 말 못할 게 뭐냐구? 목에 칼이 들어와도 할 말은 해야겠다!

성숙   만약에 낭설이면 어떻게 하시겠어요?

이여사   어떻게라니?

성숙   난아 아빠로선 사람을 그렇게 못미더워 하는가 하고 격분하게 될 텐데 그래도 무방하시겠어요?

이여사   그야, 때에 따라서는…

성숙   이건 낭설일 거예요. 난아 아빠가 국회의원 선거에 입후보하다니… 상상도 못할 일이에요.

이여사　아니 땐 굴뚝에서…

성숙　(바로 받아서) 연기 나는 법도 있는 게 요즘 세상이에요.

이여사　뭐라구?

성숙　상대방을 넘어뜨리기 위해서는 무슨 말인들 못 지어내겠어요? 선거도 하나의 전쟁이고 보면 수단과 방법을 가리지 않은 게 남자들의 사고방식인걸요. 이건 필경 호준 오빠와 맞설 반대당 측에서 꾸며낸 작전일거예요.

이여사　그런데 왜 하필이며 유 서방 얘기를…

성숙　그게 효과적이지요. 어머니 말씀대로 그런 집안 배경을 가진 임호준은 유권자의 지지를 받을 수 없다는 소문을 퍼뜨리기 위해서겠지요. 지난번 선거 때도 그런 일이 있었잖아요? 오빠가 아버지의 셋째 첩의 소생이라는 낭설까지 나돌았지 뭐예요.

이여사　음… 네 얘기를 듣자니까 또 그럴 법도 하다만… 안 사장 댁 사모님 얘기로는 틀림없는…

성숙　게다가 선거자금이 어디 있어요? 그이의 재산이라고는 이 집하고 백만 원짜리 정기적금에 매달 학교에서 나오는 월급하고 원고료뿐인걸요. 그걸로 어떻게 선거를 치른단 말이에요? 그렇다고 아버지께서 선거자금을 대주시겠어요?

이여사　누가 뒤에서 돈줄을 대주겠다고 나섰는지 혹시 아니?

성숙　없어요. 선거자금 대주는 사람은 그 대가를 바라고 대지 무조건이라는 건 없대요. 난아 아빠에게서 뭘 바라겠어요? 그이는 학자예요. 정치학 박사지 정치가는 아니란 말이에요!

이여사　그런데 왜 이런 소문이 나도는가 말이야.

성숙은 그 이상의 답변에 막혀버리자 잠시 어머니와 눈싸움이라도 하듯 응시하다가 주저앉는다.

성숙   그럴 리가 없어요. 그이가 오빠와 맞서다니… 그럴 리가 없어요! 그만한 의리나 윤리쯤은 그이에게도 있어요.

이여사   나도 제발 그렇게 되기를 바라지만 이 세상에 누구를 믿을 수가 있겠니? 게다가 선거자금을 누가 대주는가는 두고 봐야겠지만 유 서방에게 선거자금을 대주겠다는 사람이 없으란 법도 없지. 지금 세상에 유 서방만큼 똑똑한 위인도 드물 테니까 말이야. 서른네 살에 정치학 박사요 철학 박사에다가, 대학가에서는 명교수로 알려져 있으니까, 사람은 똑똑하다는 건 나도 인정한다.

성숙   어머닌 그이를 곱게 보시는 건지 아니면 아니꼽게 보시는 건지 분간을 못하겠어요. 홋흐…

이여사   그래서 사람 마음 뚫어보기가 어렵다는 게지! 성숙아! 그러니 기회를 봐서 유 서방의 거동을 유심히 좀 살펴봐! 그게 사실이라면 사전에 손을 써야지. 네 오래비와도 의논을 해야겠지만 그렇게 되는 날에는 네 신상도 그대로는 있지 못한다.

성숙   어머니!

이여사   네 아버지께서 가만 계실 것 같으냐? 배은망덕한 놈이라고 펄쩍 뛰실 게고 네 오래비는 오래비대로…

성숙   어머니! 제게 맡겨 두세요.

이여사   잘 좀 알아봐. 예삿일이 아니다. 이건…

이때 근칠이가 수건으로 머리의 물기를 털며 나온다. 가운을 걸쳤다. 처음에는 장모가 와 있는 줄을 못 알아본다.

근칠   아, 시원하다? 여보 샤워 꼭지가 제대로 안 되었나 보군… 수리를… (얘기를 하다 말고 이 여사와 시선이 마주치자 어색하게 웃는다) 언제 오셨어요? 어머니!

이여사 (건성으로) 지나가다 들렀네.

근칠 요즘 바빠서 한 번도 가뵙지 못했습니다.

이여사 바쁠 테지, 사람은 바빠야 하고말고!

이 여사와 성숙은 서로 눈짓으로 어색한 분위기를 수습하려 한다. 그 기미를 알아차린 근칠 역시 어딘지 서먹서먹한 표정이다.

근칠 아버님께서도… 안녕하신가요?

이여사 우리 늙은이들이야 젊은이들 덕택으로 잘 있지. 요즘 세상이야 젊은 사람이 주인인데. (하며 자리에서 일어난다) 그만 가볼까…

근칠 저녁이나 드시고 가시지 벌써…

이여사 나도 바쁘다네. 이래 뵈도 오라는 데는 없어도 가야할 곳은 많은 나그네니까! (성숙에게) 나 간다.

근칠 헛허… 어머님도!

이여사 참 자네 아무리 바쁘더라도 장인 영감 문안쯤은 살피며 지내게. 요즘은 아무래도 나이가 나이라 병원 일도 하루 걸러 나가시는 형편인데.

근칠 늘 생각은 있으면서도…

이여사 안 되겠지 바쁘니까! 그렇지만 아무리 바빠도 세 끼니 잊었다는 사람 못 봤어. 자주 찧는 방아에도 손 들어갈 틈은 있는 법이니까! (하며 현관 쪽으로 나가자 성숙, 근칠이 뒤를 따른다)

이여사 (돌아서며 성숙에게) 잘 부탁한다.

성숙 예!

이여사 나오지 마라! 바쁜 사람들 붙잡아 둬서 미안하다 나 간다. (하며 횡 나가 버린다. 성숙이 뒤따르자 근칠은 머리를 얻어맞은 사람마냥 멍하니 제 자리에 서 버린다. 그는 담배를 피우며 허공을 바라본다)

근칠 우리 장모는 찔러도 피 한 방울 안 나올 분이시지. 빈틈이라고는 개미 눈물 구멍만큼도 없는 분이니까!

되돌아온 성숙과 시선이 마주치자 근칠은 멋쩍게 웃는다. 성숙은 대문 간에서 주워온 석간신문을 탁자에 놓는다.

성숙 뭘 혼자서 중얼거리세요?

근칠 장모님 찬양론을 쓸까 하고… 장모님은 예나 지금이나 완전무장한 군인 같아서… 헛허…

성숙 그 장모에 그 사위겠지요.

근칠 그 어머니에 그 딸이겠지! 헛허… (웃다 말고) 무슨 일로 오셨나? 당신한테 부탁 말씀이 있으신 게 아니오? 아까 나가시면서 하시던 말투가…

그러나 성숙은 대꾸도 안하고 자기 생각에만 골몰하고 있다.

근칠 (담배를 피워 물며) 장모님 표정이 약간 굳어 보이던데, 원래 그분의 말투에는 가시가 돋쳐 있다는 건 천하가 다 알고 있지만, 당신은 그걸 못 느꼈소? (하며 신문을 편다)

성숙 (담담하게) 느꼈어요.

근칠 (만족해서) 그것 보라구. 그래 무슨 일이라도 있었대요?

성숙 (가늘게 한숨을 내뱉는다)

근칠 무슨 얘길 하셨어?

성숙 여보!

셋이서 왈츠를

근칠   응?

성숙   당신한테 한 가지만 물어 볼 일이 있어요.

근칠   좋아요. 돈 얘기만 아니라면…

성숙   대답해 주시는 거죠?

근칠   물론. (하며 신문을 펴자 얼굴이 가려진다)

성숙   (망설이다가) 당신 저한테 숨기고 계신 일 없으세요?

근칠   (신문으로 얼굴을 가린 채) 아니!

성숙   제게 알리지 않은 채 계획하고 계시는 일도 없으세요?

근칠   없어.

성숙   (약간 몸이 달아오르며) 정말이죠? 언제나 우린 거울처럼 환히 들여다 볼 수 있는 부부였지요? 우리 부부는 거울과 같은 관계라는 말 그대로 믿어도 되겠죠?

근칠은 손에 들었던 신문을 서서히 내리며 아내의 얼굴을 본다. 지금까지 반 농조로 지껄이던 그의 표정이 약간 경직되어 있어 시선이 날카롭다.

근칠   무슨 뜻이오?

성숙   (그의 시선을 피하며) 우리가 결혼하던 때의 그 맹세를 다짐하고 싶은 거예요. 신혼여행 때 해운대 바닷가를 거닐면서 그렇게 말씀하셨지요. 우리 부부는 거울처럼 서로가 서로의 마음을 속속들이 드러내 보이며 살아가자고요. 어떠한 경우일지라도 비밀이 있을 수 없다고요. 엑스레이 사진을 보듯이 살자고요…

근칠   그런데 그 말을 다짐해야 할 필요성이라도 생겼단 말이오?

성숙   (입술을 깨물며 망설일 뿐이다)

근칠   어머님한테 무슨 얘기를 들었나보군? 그렇지?

성숙	예.
근칠	말해봐요.
성숙	싫어요.
근칠	싫어?
성숙	당신이 먼저 얘기해주세요.
근칠	(어리둥절해서) 뭐라구?
성숙	우리들의 약속을 지켜야죠. 결혼생활 7년 동안, 아니 당신과 알게 되었고 사랑하게 되었던 그날부터 계산하자면 15년이 더 되는 세월이 흘렀어요. 그동안 우리는 한 번도 자기 자신을 속인 적도 없었거니와 속여서는 안 된다고 믿고 왔으니까요. 우리 스스로의 뜻에 의해서 말했고 의논했고 그래서 실천했으니까요. 그러니 당신이 지금 계획하고 있는 일이 있으시다면 말씀해 주세요.
근칠	(자리에서 일어나며) 없어 아직은.
성숙	아직은?
근칠	(창가로 가며) 아직은…
성숙	(따라 일어서며) 그럼 앞으로는 있을 거라는 뜻인가요?
근칠	(등돌아선 채 말이 없다)
성숙	왜 대답을 못하세요? 예? 왜 떳떳하게 말씀 못하시는가 말이에요! 아내에게 말 못할 게 뭐예요? 당신이 음모를 꾸미는 것도 아닌데 왜… (하며 다가간다)
근칠	(홱 돌아서 쏘아보며) 그러니까 아직은 말할 수 없다고 했잖아!
성숙	그럼 언제지요?
근칠	그건 나도 몰라!
성숙	(따지듯) 왜 몰라요? 당신 일을 당신 자신이 모르다니. 그럼 누가 알죠?
근칠	(소리를 지르며) 여보!

셋이서 왈츠를

성숙   (입가에 이즈러진 웃음을 띠우며) 역시 그게 사실이었군요!

근칠   뭐라구?

성숙   당신은 나를 속이려는 거예요. 자기 아내에게도 비밀을 품으면서
       도 겉으로는 신사인 척, 학자인 척, 지성인인 척 하려는 거군요!
       흥!

근칠   말조심해요!

성숙   못하겠어요!

근칠   여보!

성숙   당신이 자신의 거울을 안 꺼내 보여주신다면 저도 못 보여드리겠
       어요!

근칠   무슨 얘기를 들었기에 그런…

성숙   당신 입에서 먼저 얘기가 나오기 전에는 말할 수 없다니까요! (무
       대 전면으로 나오며) 역시 우린 그런 부부였군요. 당신이 가지고
       있는 거울과 제 거울은 두께가 다른 거였어요. 아니 설사 그것이
       같은 거울이었을지라도 거울 속에 비친 내 모습은 정반대였어요.
       나는 분명히 바른손으로 빗질을 하는데도 거울 속의 내 손은 왼
       손이었어요. 내 왼쪽 가슴에 꽃을 꽂았는데도 거울 속의 나는 바
       른쪽 가슴에 꽃을 달고 있었어요. 그것이 바로 우리 부부가 가지
       고 있던 거울이었군요. 아니 어쩌면 모든 부부가 소중하게 간직
       하고 있는 거울이란 그런 것인지도 모르죠! (하며 소파에 쓰러져
       조용히 흐느낀다. 근칠은 안타까움에 지그시 눈을 감은 채 아내 곁에
       서 있다. 처마 밑 풍경소리가 유달리 선명하다)

       암전

제2막

제1장

무대

임호준의 집 화사한 레이스 커튼이 드리워진 응접실. 샹들리에가 휘황하게 밝다. 전막부터 2주일 후. 밤 9시경. 도심에서 약간 떨어진 고지대에 있어서 커튼을 제치면 서울 시가의 야경이 한눈에 내려다보인다. 막이 오르면 임호준과 그의 선거사무장이자 비서인 우대중이 마주하고 있다. 양주병과 술잔 얼음통 등이 놓여 있다. 술 탓도 있겠지만 임호준의 얼굴은 벌겋게 상기되어 있어 작달막한 키에 목이 짧아 다혈질의 성격임을 쉽게 알 수가 있다. 거기에 비하면 우대중은 깡마르고 재사형인 청년이다.

호준   (추궁하듯) 틀림없나? 우 비서!

대중   예!

호준   증거가 확실해?

대중   여기 이렇게 유근칠이가… 아니 실례했습니다. 임 의원님 매부가…

호준   상관없어! 유근칠이가 언제 어디서 누구와 만났다는 물적 증거는 모조리 수집했단 말이지?

대중   예… 사진도 있습니다! (하며 메모와 사진을 내보인다)

호준   개새끼! (그는 얼음이 남은 술잔에다 양주를 따라 한 모금 마신다)

대중   그리고 제가 몇 차례 전화를 걸어서 임 의원님께서 만나시겠다니 시간 약속을 해달라고 해도 번번이 바쁘다고만 핑계 대는 점만으로도 이미…

호준   배신자! (그는 다시 술을 한 모금 마신다. 그리고 담뱃갑을 들자 그것이
       이미 비어 있음을 알자 손아귀에서 구겨버린다) 담배.

대중   예! (그는 주머니에서 담배를 꺼내 주고 잽싸게 라이터도 켜댄다)

호준은 약간 떨리는 자기 손을 의식하는 듯 두 손으로 모아 입에 댄
채 신경질적으로 연거푸 담배를 피운다.

호준   우 비서! 전화 걸어!

대중   어디에…

호준   유근칠이한테지, 어딘 어디야!

대중   매부한테요?

호준   그따위가 무슨 매부니? 오늘 이 시간부터는 내 적수다! 전화 걸어!
       증거가 드러난 이상은 내가 정식으로 선전포고를 하겠어! 아니
       절교다! 그 자식하고는…

대중   임 의원님! 이 문제는 좀 더 두고 신중히 처리하시는 게 어떨까요?

호준   신중히? 아니 그럼 우 비서는 지금 내가 경솔하게 처신하고 있다
       고 보나?

대중   그, 그게 아니라 저…

호준   이 임호준이가 가난뱅이 대학교수 유근칠 따위에게 질 것 같은가
       말이야!

대중   그런 뜻이 아니고 선거라는 건 감정에 흘러서는 안 된다는 뜻입니
       다. 그런 점에서는 전투와 조금도 다를 바가 없다고 봅니다.

호준   그럼 지금 내가 감정에 사로잡혀 있다는 말인가?

대중   (계면쩍게 웃으며) 글쎄요. 전화를 걸어서 유 교수와 통화하시게
       되면 아무래도…

호준   걸라면 걸어! 이 임호준! 그따위 거지새끼와 일대일로 맞설 것

같아. 통민당 대변인 임호준이도 그만한 자부심과 교양은 지니고 있어! 어서 걸어.

대중 예… (대중이 전화를 거는 동안 호준은 계속 중얼거린다)

호준 세상의 모든 사람이 나를 배반한다 해도 유근칠은 못한다. 아니 배반해서도 안 되고 할 수도 없는 놈이야! 그런 자식이 이제 와서…

대중 전화 나왔습니다.

호준 응… (대중이 내미는 수화기를 받아들고) 누구냐? (실망한 듯) 오 난아냐? 응? 나 외삼촌이다. 응… 아빠 있니? 안 들어 왔어. 음… 그럼 엄마는… 어디 갔는지 몰라? 그럼 집에 아무도 없어? 응? 부엌 언니하고 텔레비전 보고 있어? 알았다.

그는 일방적으로 전화를 끊어버리며 술을 마신다.

호준 그 새끼 운 좋았어… 집에 있었다면 박살을 내줬을 텐데!

대중 (빙그레 웃으며) 그것 보십시오. 감정에 떠밀려서는 안 된다니까요.

호준 우 비서는 말끝마다 감정, 감정하지만 인간은 감정의 동물이라는 걸 몰라?

대중 알지요! 하지만 이 경우는 감정적으로 대해서는 안 됩니다. 선거란 끈기와 인내예요. 마지막 뚜껑을 열 때까지는 설사 적수일지라도 미소와 관용으로 대해야 합니다. 지난번 선거 때도 경험하셨지 않았습니까?

호준 (멋쩍어지며) 그걸 누가 몰라서 그러나? 그러나 그따위 배반자를 그대로 받아들일 것인가를 생각하니 전신이 와들와들 떨리지 뭔가!

대중 (근심스럽게) 임 의원님. 그러나 문제는 그게 아닙니다.

호준 그게 아니라니…

셋이서 왈츠를

대중	배후인물을 찾아내는 일이 급합니다.

호준	배후인물?

대중	반드시 배후인물이 있을 겁니다. 유 교수가 입후보하겠다고 결심
한 직접적인 동기는 재정적인 면에서 자신을 얻었기 때문이죠.

호준	그 자식에게 그런 돈이 어디 있냐 말이야. 지금 살고 있는 집도
따지고 보면 아버지께서 사준 거고, 고작해서 학교 월급과 원고
료와 기타 여기저기서 강연 연사료를 받는 게 고작인데!

대중	그러니까 그게 바로 문제의 초점이죠.

호준	문제의 초점?

대중	그런 환경에서는 그 누구도 국회의원 입후보라고는 엄두도 못
낼 일이죠!

호준	그렇지! 역시 우 비서는 보는 눈이 다르다니까! 헛허…

대중	그런데도 유 교수가 출마를 결심했을 때는 반드시 그 배후에서
누군가가 돈줄을 대고 있다는 논리가 성립되지 않습니까?

호준	음…

대중	유근칠 교수가 미국이며 독일 등의 선진국에서 오랫동안 연구생
활을 해왔다지만 선거에 자금이 필요하다는 사실을 부인 못 하겠
죠. 그 점에 있어서는 외국도 예외가 아니죠.

호준	그 돈줄을 대는 자가 누굴까?

대중	그 배후인물을 찾아내어 그 사람과 단판을 짓는 일입니다. 단적
으로 말해서 유근칠이 상대가 아니라 그 배후인물이 바로 임 의
원님의 적수이자 공격목표입니다.

호준	적수이자 동지라…

대중	예. 그 자가 누구인가에 따라서 반대로 우리 편으로 끌어 들일
수도 있지 않겠습니까!

호준	(대중의 어깨를 턱 치며) 자네는 과연 제갈공명의 총명과 조조의 지

혜를 겸비했군! 헛허…

대중 원 별 말씀을… 저는 어디까지나 임 의원님을 위해 목숨을 초개 처럼 버릴 각오가 되어 있습니다!

호준 (사이) 그런데 그 배후인물이 누굴까?

대중 혹시 임 의원님 주변에서 점찍을 만한 사람은 없으신지요?

호준 내 주변에?

대중 혹시 그 2·8회 회원 가운데라도…

호준 2·8회 회원에는 없어. 우 비서도 알다시피 2·8회는 우리 중학 교 28회 동기생으로 구성되어 있지만 따지고 보면 나를 위한 선 거운동회원의 세포나 마찬가지지! 특히 박상덕 사장이 지난번 선 거 때 내 선거자금을 전적으로 댔다는 건 공공연한 비밀이었거 든… 헛허…

대중 그렇게 말씀하시면야 저로서도 할 말이 없습니다만… 아무튼 유 근칠 교수를 추대하는 세력이 어딘가에 있는 것만은 사실입니다. 막말로 돈 없이 선거는 못 치르니까요!

호준 그건 사실이야…

대중 그러니까 상당한 재력을 가진 사람이 유 교수를 뒷받침하고 있는 것만은 사실이죠.

호준 그럴 줄 알았으면 지난번 2·8회 때 염탐을 해보는 건데.

대중 하지만 이 사실이 부상된 건 불과 나흘 전이었습니다!

호준 음… 하긴 그렇지.

이때 노크 소리가 들리자 호준은 자세를 고쳐 앉으며 대답한다.

호준 들어와.

도어가 열리며 성숙이가 고개를 내민다. 전보다는 안색이 좋지 않다.

성숙   오빠!

호준   아니… 네가 어떻게 여길…

성숙   들어가도 괜찮아요?

호준   (대중을 보며) 안 될 것도 없겠지. 들어와…

성숙   얘기 중이시라면 기다리겠어요.

대중   아닙니다. 사모님 들어오십시오. 저도 이제 일어설 시간이니까요.

성숙   그럼 실례하겠어요. (하며 방 안으로 들어선다. 호준과 대중은 난처해
       하면서도 호기심에서 성숙의 태도를 주시한다)

호준   그렇잖아도 전화를 걸었더니 외출 중이더구나.

성숙   오빠가 전화를 거셨어요? (소파에 앉는다)

호준   물론. 대학교수 댁도 별거 아니더군!

성숙   (영문을 모르고) 예?

호준   (빈정대며) 부부는 집을 비우고 어린 딸과 가정부는 텔레비전을
       보고… 흥… 밤손님에게 집 털리기 꼭 알맞는 상황이지 뭐냐!

성숙   (손수건으로 이마의 땀을 찍는 듯 닦는다)

호준   대학교수님께선 학생들에게만 이래라 저래라 가르칠 게 아니라
       자기 자신이 솔선수범 해야지… 입만 살아가지고 민주주의가 어
       떻고 자유가 어떻고 까불어대지 말고 수신제가부터 하는 게 현명
       할 걸! 안 그런가? 우 비서!

우대중은 난처해서 고개를 숙인다. 성숙은 호준의 저의를 알고 있으므
로 묵묵히 고개를 떨구고 있다.

호준   (냉담하게) 용건이 뭐냐?

성숙	……
호준	(담배를 피워 물며) 적정 敵情을 탐지하러 왔니? (사이) 유가가 시키던? 아니면 남편을 위해서 자발적으로 왔니?
성숙	오빠!
호준	분명히 일러두지만 이제 너와 나와는 남매간이 아니라는 걸 전제로 하고 얘기하자.
대중	임 의원님… 그… 그건.
호준	우 비서! 돌아가! 오늘 일은 끝났으니까. 일찍 돌아가서 가족들과 함께 즐기는 편이 좋을 테지. 내 차 타고 가!
대중	그, 그게 아니라, 사모님하고는 일단 얘기가 되어져야 한다고 봅니다.
호준	이를테면 대화를 통해서 협상을 하자는 말인가? 흥!
대중	사모님께서 하실 말씀이 계시기에 오셨을 테니까요. 그렇죠? 사모님.
성숙	오빠! 저 여기 오기 전에 장충동에 들러서 아버지랑 어머니 뵙고 왔어요.
호준	아버지께서 가라고 하시던?
성숙	말리시는 걸 제가 우겨서 왔어요.
호준	이유는?
성숙	사과하려고요.
호준	사과? 핫하…
성숙	난아 아빠를 대신해서 사과하려고 왔어요.
대중	사모님, 그럼 유 교수께서 출마를 단념했다는 말입니까?
호준	유가가 직접 못 나타나고 너를 대신 보냈단 말이지?
성숙	그이가 보낸 게 아니라니까요.
호준	그럼?
성숙	이유는 여러 가지 있어요. 그러나 결론적으로 그이의 행동이 잘

셋이서 왈츠를

못된 발상이며 그릇된 시행이라는 걸 뒤늦게 발견한 저로서는 오빠에게 정식으로 용서를 빌어야겠다고 결심 끝에 찾아왔어요.

호준 (납득이 안 간다는 듯) 그래?

성숙 저 나름대로 그동안 무척 고민도 했어요. 어머니한테서 그 얘기를 듣고 곧장 오빠한테 뛰어오려고 마음도 먹었지만 어쩐지 겁도 나고 또…

호준 난 지금 변명을 듣고 있을 만큼 정신적으로나 시간적으로 여유가 있는 사람은 아니다. 그리고 나라는 인간의 성격이 어떻다는 건 너도 잘 알 테니까 말이지만 내 기분 같아서는 당장에 결투라도 하고 싶은 심정이다. 아까도 우 비서는 나더러 감정에 빠지지 말라고 했고, 내 자신도 그 이성이라는 이름의 냉각제를 되찾으려고 무진 애를 썼으니까! 그러나 내가 분명히 해둘 것은 내 앞에 나와서 용서를 빌 사람은 유근칠 이외는 아무도 없다는 점이다. 유근칠의 아내도 자식도 어떠한 인간도 필요 없어. 난 용서 못한다. 못해! 못해! (하며 술병을 들어 바닥에 내던지자 산산조각이 난다. 성숙은 처형을 기다리는 죄수처럼 눈을 감고 앉아있고 대중은 깨진 유리조각을 조심스럽게 주워서 한구석에 놓인 휴지통에 버린다) 유근칠이가 통민당 소속으로 입후보하는 건 자유다. 하지만 그 개인적인 자유행위가 다른 사람에게 어떤 불행을 가져왔을 때 문제는 달라지지. 네 올케는 나흘 전에 그 사실을 알고는 기절을 했다. 원래 그 여자는 히스테리가 있고 자존심도 센 여자니까 듣기에는 과장이라고 보겠지만, (강조하며) 적어도 우리 집안이나 주위에서는 유근칠의 행위가 그만큼 당돌하고 몰상식하고 그리고 반도덕적이었다는 사실은 부인 못할 것이다!

성숙 (차분하게) 저도 그렇게 생각하고 있어요. 그이가 교직을 버리고 정계로 나가건 노동자가 되건 저로서도 말릴 수는 없지요. 하지만 그이가 통민당 소속으로 입후보하겠다는 점에는 저로서도 납득도 찬성도 할 수가 없었어요. 오빠가 현재 통민당의 대변인이며 또 차기 선거에도 당 공천을 받게 되리라는 사실을 누구보다도 잘 아는 그이가 왜 하필이면 그런 결심을 하게 되었는지 그 이유는 아직도 확실치가 않아요. 그 사실을 알게 된 이후 근 보름 동안 저는 끈질기게 그이에게 애걸도 하고 만류도 하고 그리고 협박까지 했어요.

호준 협박이라니?

성숙 이혼을 제기했어요.

호준 뭣이?

성숙 오빠의 우정, 저와의 애정, 그리고 더 크게는 한 인간을 구해준 우리 집안 전체의 인간애를 버리고 국회의원직을 얻겠다면 차라리 이혼을 해달라고까지 말했어요.

대중 그래도 거부하던가요?

성숙 그이에겐 인간적인 호소나 감정에 의한 설득력은 무의미한 거예요.

호준 미친 놈! 그 자식 갑자기 잡귀신에게 씌운 게 아니냐?

성숙 사나이 대 사나이의 맹세를 저버릴 수는 없다는 거예요.

호준 사나이 대 사나이?

대중 그게 누구죠?

성숙 모르겠어요.

호준 몰라?

성숙 때가 오기 전에는 밝힐 수 없다는 거예요.

대중 그것 보십시오. 분명히 배후에 누군가가 있다고 했잖아요!

호준 그게 바로 선거 자금을 대줄 인물이란 말이지?

성숙 오빠, 그러니 더 이상 저는 견딜 수가 없어요. 어머니는 어머니대로 오빠는 오빠대로 그리고 난아 아빠는 그이대로 저마다 자기

주장만 내세우는 틈바구니에서 저는 어떻게 하면 좋은가 말이에요! 죽고 싶은 생각뿐이에요. 죽고 싶어요! 흑… (이윽고 터져 나오는 오열이 그녀의 가냘픈 어깨를 더 처절하게 들먹이게 한다)

대중 사모님! 그렇지만 그게 어디 사모님의 잘못인가요? 아무튼 유 교수에게 배후인물이 있다는 사실이 드러난 것만으로도 충분합니다. 안 그렇습니까? 임 의원님!

호준 우 비서! 내일부터는 그 배후인물의 정체를 캐내는 일이야. 알겠지?

성숙 오빠! 그렇지만 그것을 캐냈다고 해서 모든 일이 제자리로 돌아가는 건 아니잖아요?

호준 물론이지! 그러나 인물이 누군가에 따라서 대책을 세우는 거지. 그러니 너도 계속 그 사람이 누군가 알아 봐. 그것만이 나와의 혈연을 지속하는 길이니까.

성숙 예…

호준 사나이 대 사나이라? 아니 그럼 나와 저와는 뭐가 되는 거지? 15년 동안 이어져 내려온 나와의 관계는 뭐가 되는가 말이다! 웃기는 자식이야! 유근칠이가 누구 덕택으로 박사가 되었는데, 이제 와서 다른 녀석의 품으로 가? 창녀보다 더 더러운 자식이야! 교양이며 이성이 뭐 말라비틀어진 것이냐 말이야.

그가 마치 성난 맹수처럼 방 안을 거닐자 성숙과 대중은 몸 둘 곳을 모른다. 이때 전화벨이 울리자 대중이 급히 가서 받는다. 호준은 다시 술을 마신다.

대중 예, 그렇습니다… 예? 계십니다만 뉘시라고 예? 아… 박 사장님이시군요? 예, 저 우 비서올시다… 예… 예… 잠깐만 기다리세요…

호준   박 사장이라니?

대중   박상덕 사장님이신데요.

호준   아니 그 왕서방이 웬일이야 이 밤중에…

호준이가 전화를 받는다. 다음 순간 무대 한구석에 전화를 걸고 있는 박상덕의 모습이 나타난다. 호준과는 또 다른 거구의 호걸 타입이다. 그는 한 손에 손수건을 들었고 윗저고리는 벗은 채로 약간 술기가 얼굴에 감돈다. 벌써 머리가 벗어지기 시작한 게 사십대로 보일 정도이다. 이 통화 동안 대중과 성숙은 무대 후면 커튼을 제치고 서울의 야경을 바라보며 손짓과 몸짓으로 대화를 나눈다.

호준   왕서방, 웬일이냐? 전화를 다 걸고… 헛허…

상덕   이놈… 형님한테 무슨 말버릇이 그러냐? 통민당 대변인 자격이 의심스럽군… 핫하…

호준   말조심해… 부정축재 했으니 잘 좀 봐달라는 부탁이면 아예 꿈도 꾸지마라. 헛허…

상덕   헌데 미안하지만, 내 사업은 번창일로인걸! 헛허… 그런데 용케 이 시간에 집에 있었군!

호준   나라고 밤낮 집을 비우라는 법도 없지.

상덕   그건 그렇고 바쁘지 않으면 나오겠나? 한 잔 하자.

호준   지금?

상덕   물론이지… 여기 Y살롱이다. 네가 좋아하는 권 마담도 기다리고 있다.

호준   헛허… 권 마담을 사이에 두고 결투하자는 건 아닐 테지?

상덕   여자 때문에 목숨을 바치기엔 아까운 시간이지… 헛허… 술도 한 잔 하면서 내 할 얘기도 있으니까…

호준	지금 몇 시냐?
상덕	아직 열시 전이면 초저녁이지. 나와!
호준	좋아 나도 할 얘기가 있으니까.
상덕	그거 잘 됐군. 나도 나지만 너한테 꼭 만나게 해주고 싶은 사람도 있으니까 나와…
호준	만나고 싶은 사람?
상덕	만나면 깜짝 놀랄 사람이다! 헛허…
호준	누군데?
상덕	지금 이름을 댈 순 없다. 나오면 알 테니까.
호준	그렇게 감질나게 하지 말고 말해… 누구냐?
상덕	나오면 안다! 그렇다고 너를 암살하겠다는 사람은 아니니까 우리 셋이서 실컷 얘기하고 마시고 춤을 추자.
호준	셋이서 무슨 춤을 추어? 이 녀석아.
상덕	셋이서 왈츠를 추자니까!
호준	셋이서 왈츠를? 헛허… 좋았어. 헛허…

제2장

무대

Y살롱. 전막부터 약 1시간 후 열시 반 경. 진분홍빛 조명 아래 박상덕과 임호준이 술을 마시고 있다. 감미로운 음악이 은은하게 들려옴으로써 방안 분위기가 제법 선정적이면서도 아늑하다. 막이 오르면 두 사람이 술잔을 쨍 소리 나게 부딪치고는 건배를 한다.

상덕	오랜만이다. 진작부터 만나고 싶었는데 사업이 바빠서…

호준 아프리카 지역에 이백만불 또 수출했다지?

상덕 모두가 자네 덕이었지.

호준 천만에 오는 게 있으면 가는 게 있어야지… 그게 우리들이 우정이지. (남은 술을 마시고나서) 그래, 나를 만나게 해달라는 사람이 누구냐?

상덕 누굴까?

호준 여자는 아닐테고?

상덕 여자면 좋겠다 이거냐? 헛허…

호준 말도 말아! 여자는 치가 떨려!

이때 권 마담이 간드러지게 웃으며 들어선다. 어깨가 드러난 이브닝 드레스가 육감적이다.

권마담 아이 뵈기 싫어! 이래서 세상에는 상사병으로 죽나봐! 호호… (하며 호준의 등 뒤에서 목을 껴안는다)

상덕 여자가 싫다는 사람에게 여자가 매달리니 이게 무슨 조화냐? 헛허…

권마담 임 의원님! 어쩜 그렇게 한 번도 안 나오셔요? 정말 너무 하신다. 개업 인사장도 받으셨을 텐데.

상덕 이 친구 통민당에서 감투 하나 쓰더니만 사람이 아주 변했다구!

권마담 지구가 깨진다 해도 우리 임 의원님만은 백두산 천지이실 텐데 너무하셨다. (하며 다시 목을 껴안고 그의 뺨에다 입을 맞춘다)

호준 이것 봐. 권 마담 바쁘다고 신문도 못 읽나?

권마담 에그… 물장사를 하자면 신문 읽을 시간 있으면 외상값 받으려고 다람쥐 쳇바퀴 돌듯 뛰어다녀야 한다는 걸 아셔야죠. 홋호…

상덕 가끔 들러서 임도 보고 뽕도 따고 그래. 바쁜 건 바쁜 거고, 안

셋이서 왈츠를

그래? 권 마담!

권마담 그럼요! 의리 밝기로는 역시 우리 박 사장밖에 없드라. 자 한 잔 올리겠어요.

권 마담이 술잔을 비우고 한 잔 따른다. 호준은 건성으로 따라 웃으면서도 어떤 궁금증에 방안을 휘둘러본다.

권마담 뭘 보세요? 왜 방안 장식이 마음에 안 드세요?

호준 아, 아냐. 그게 아니라…

상덕 염려말아! 이제 곧 올테니까!

호준 도대체 나를 만나게 하자는 게 누구냐?

상덕 친구.

호준 친구?

상덕 아니 라이벌일테지.

호준 라이벌이라니?

상덕 어떻든 기다려봐. 그동안에 술이나 마시자.

권마담 그럼요. 사업은 사업, 술은 술이지요. 모처럼 오셨으니 마음 푹 놓으시고 취하도록 드세요! 그리고 저쪽 홀에선 춤도 출 수 있게 시설이 되어 있으니까요… 홋호.

상덕 그럴 작정이니 염려 말라구!

권마담 아이 좋아라. 그럼 저는 우리 임 의원님하고 출래! 그렇죠?

상덕 벌써 선약이 있다니까!

권마담 예?

상덕 파트너가 있어.

권마담 어머… 그런 법이 어디 있어요?

상덕 법이 따로 있나? 만들면 법이지. 더구나 통민당 대변인이 와 계신데 그까짓 법쯤이야… 안 그래? 헛허…

호준 이 사람! 왕서방처럼 돈만 벌 줄 알았지 법이 무서운 줄 모르는 군…

상덕 법도 사람이 만드는 건데 뭐가 무섭나? 따지고 보면 사람이 무섭지.

권마담 그럼요! 무섭지요. 그러기에 못 믿을 건 사람이요, 사람하고도 남 자!

상덕 맙소사! 남자값이 시골 파장에 열무값이로구나. 헛허…

세 사람이 호탕하게 웃어 제끼는데 노크소리가 들린다. 호준은 긴장의 빛을 나타내나 상덕은 반사적으로 시계를 본다.

상덕 정확하군!

호준 왔어?

권마담 오긴 누가 와요?

상덕 파트너지 누군 누구… 어서 모셔.

권 마담이 자리에서 일어나서 도어 쪽으로 간다. 도어를 연다. 이윽고 유근칠이가 들어선다. 다음 순간 호준과 근칠은 감전된 사람냥 그 자리에서 굳어버린다. 권 마담은 무슨 영문인지 모르고 세 사람을 차 례로 번갈아 본다.

상덕 (유들유들하게) 무슨 인사들이 그런가? 동창생끼리 만났는데! 헛 허… 자 앉아!

권마담 어머… 동창생이세요?

상덕 그렇지. 우린 중학 동기 동창이지. 참 소개할까? 이 친구는 철학 박사이며 정치학 박사이신 유근칠 교수…

셋이서 왈츠를

권마담   어머… 그러세요? 그러고 보니 텔레비전 화면에서 가끔 본 것 같

           은데요. 처음 뵙겠어요. 저 권이에요… 박 사장님이랑 임 의원님

           한테는 오래전부터…

근칠   나 이만 실례하겠네! (하며 돌아선다)

상덕   이 사람… 가긴 어딜 가?

권마담   왜 그러세요? 옳아! 동창생끼리 모인 자리에 제가 끼어들어서 그

           러시는군요? 훗호… 염려마세요, 양보할 테니까요. 그 대신 세

           분이서 오붓하게 드세요, 네? (하며 나가려 한다)

상덕   권 마담! 내가 부르기 전에는 아무도 이방엔 드나들지 못하게 해

           요!

권마담   염려마세요. 그러실 줄 알고 이 조용한 별실로 모셨잖아요? 훗

           호… (하며 나간다)

상덕   자 우선 한 잔씩 들지… (술잔에다 차례로 술을 따르며) 유 교수, 앉

           아. 이제부터 셋이서 얘기를 하자구! 언젠가는 이런 자리를 마련

           해야겠다고 마음먹고 있었는데… 그게 예상 외로 빨리 이루어졌

           을 뿐이지… 자, 건배를 하자구… (하며 호준과 근칠에게 술잔을 권

           한다. 두 사람은 어색한 침묵 속에서 잔을 받아들면서도 서로의 시선을

           피하는 눈치이다. 그러나 박상덕은 이 어색한 분위기를 타개해나갈 아

           량과 대담하면서도 너그러운 제스츄어로서 두 사람을 인도한다) 자네

           들의 그동안의 궁금증과 답답한 마음을 이 술로서 풀게! 그리고

           오늘밤 여기서 사나이 대 사나이끼리 깨끗하게 결판을 내는 거

           야! 어차피 인생이란 주사위를 던지고 난 뒤니까… 자, 건배! (하

           며 먼저 죽 들이킨다)

호준은 형식적으로 입에다 술잔을 대나 근칠은 아직도 손아귀에서 술
잔을 돌리고 있다. 무거운 침묵.

상덕	어서 첫 잔을 비워. 그리고 탁 털어놔! 모든 걸…
호준	뭘 털어놔?
상덕	물어볼 얘기며 대답할 얘기가 피차간에 있을게 아니야? 안 그래? 자네들 사적으로는 처남 매부 간이겠지만 공적으로는 통민당 소속 입후보자로서 일종의 라이벌이라고 볼 수 있으니까!
호준	(경멸하듯) 라이벌이라고? 헛허…
상덕	(근칠에게) 흑은 호준이가 잡았으니 이번엔 백이 둘 차례일세, 한마디 하게.
근칠	(괴로운 듯 술을 단숨에 마셔버린다) 할 말 없어!
상덕	없어?
호준	그럼 내가 묻겠다.
상덕	좋았어. 어느 쪽이건 말문을 열어야겠지.
호준	그동안 여러 차례 만나려고 했지만 번번이 거절을 하더라고 우 비서가 말하던데, 나를 피하는 이유가 뭐지?
근칠	(담담하게) 적당한 시기를 기다렸을 뿐일세.
호준	적당한 시기? 그럼 오늘밤이 바로 그 시기란 말인가?
근칠	글쎄… 실은 나도 처남이 여기 와 있으리라고는 전혀…
호준	몰랐었단 말이지?
상덕	(술을 따르며) 내가 연출한 연극이다.
호준	연극?
상덕	그렇다고 허위나 가식을 뜻하는 말은 아니니까 염려 말어. 솔직히 말해서 우리 세 사람은 학교시절부터 가장 절친한 친구였고 사회에 나와서도 누구보다도 우정과 신의와 그리고 순정으로 맺어왔지. 특히 자네들은 처남 매부 간이라는 인간관계까지 맺었으니 우리 친구들 간에는 부러워할 만큼 의가 좋았다는 사실도 부인 못할 거야. 그런데…

호준 그런데 왜 이렇게 어색해졌지? 마치 물과 기름처럼 각각 따로 떠돌아다니게 되었는가 말이다. 아니 서로 만나기를 꺼려하고 자신의 충정을 솔직히 털어놓지 못하게 되었는가 말이다! 누구 때문이었지? 음? 누구 때문이었는가 말이다! 뭐라고 말해!

그의 시선은 어느덧 근칠에게 날카롭게 못을 박는다.

근칠 (무겁게 한숨을 몰아쉬며) 처남!
호준 난, 네 처남이 아니야.

그의 손에 들렸던 유리잔이 탁자 위에서 박살이 난다.

상덕 이것 봐. 그렇게 감정적으로 나오면 되나? 냉철하게 얘기해.
호준 냉철하게 얘기를 할 상대가 되어야지. 이따위 자식은 인간적으로 벌써 매력을 잃었어.
상덕 글쎄 그렇게 감정적으로 대하는 게 아니라니까. 오늘 이 자리를 사나이 대 사나이의 이를테면 가슴과 가슴으로 대하자는 자리야. 결론적으로 자네들 두 사람이 차기 국회의원 선거에 입후보하기 위해 통민당의 공천을 놓고 경합을 벌이게 되었다는 사실은 어떻게 보면 얄궂기도 하고 착잡한 문제 같지만 따지고 보면 사나이로서 한번쯤 해볼 만한 게임이기도 하지. 난 친구로서 자네 두 사람을 꼭 같이 아끼기 때문에 평소부터 언젠가는 이렇게 만나야 한다는 것을 생각했었지.
호준 (의아한 표정으로) 지금 자네는 무슨 얘길 하려는 건가? 자네가 우리 두 사람을 꼭 같이 아껴준 건 고맙지만 자네가 이런 자리를 주선한 이유는 뭔가?

상덕	(당당하게) 우정과 책임이지.
호준	책임? 우정?
상덕	그렇지. 적어도 나는 책임을 져야 할 문제에 한해서는 비겁해질 순 없다.
호준	그게 왜 자네 책임이지? 물론 나는 자네의 힘을 입어 국회의원에 당선이 되었고 그 이후도 여러 가지로 신세를 졌으니까 어느 정도 책임이 있다고 하겠지만 (턱으로 근칠을 가리키며) 이 친구에 대해서 자네가 책임을 느낀다는 건 납득이 안 가는데.
상덕	납득이 가도록 설명해 주지.
근칠	그만 두게…
상덕	괜찮아. 이젠 사실대로 털어놔야 할 시기야.
근칠	내가 얘기하겠다.
상덕	내가 설명하는 게 자연스럽겠지?
호준	(무슨 영문인지 몰라 어리둥절해지며) 아니 자네들은 지금까지…
상덕	호준이. 실은 근칠이더러 국회의원에 입후보하라고 권한 건 바로 날세.
호준	뭐라고?
상덕	말하자면 내가 근칠이를 통민당 강 총재에게 인사를 시켰고 당 최고위원들에게도 추천을 했던 거야.
호준	자네가?
상덕	물론 이 얘기는 작년 말부터 거론이 되었지만 그동안 철저한 보안조치를 해왔기 때문에 당내에서도 극히 한정된 인사만이 알고 있었을 뿐이었지. 그러나 지난 연초부터 공천문제가 대두되자…
호준	(눈빛에 살기가 차오며) 그 이유가 뭐지?
상덕	이유라니?
호준	자네가 근칠이를 천거한 이유 말이다.

셋이서 왈츠를

상덕 통민당으로서는 유근칠 같은 인재가 필요하거던. 그의 정치적인 수완이 아니라 학술적인 두뇌가 필요했어…

호준 그럼 나는 어떻게 되지?

상덕 (허점을 찔린 듯) 응? 그, 그건…

호준 자네의 논법을 빌리자면 우리 당에서는 이제 나 같은 사람은 필요 없게 되었다는 뜻이 아닌가?

상덕 이 사람이, 그렇게 단적으로 표현하면 되나… 나는 다만…

호준 알았다! 결국 이제 내게서는 더 짜낼 기름이 없다 이거지? 이를 테면 난 콩깨묵이란 말이군, 그래서 새로운 인재를 찾겠다는 말이겠지만 그렇게 말대로는 되지는 않을 걸. 흥…

상덕 이것 봐! 자네는 왜 그렇게 매사를 자기 본위로만 생각하나?

호준 이제 와서 나를 몰아내고 근칠이를 내세우려는 의도가 밝혀진 이상은 나도 정당방위를 취하는 길 밖에 없어.

상덕 정당방위?

호준 그렇지. 내 일신상에 위협을 느꼈을 때 그걸 방어하려는 건 본능이니까. 속수무책으로 당하고만 있을 수는 없어. (하며 벌떡 일어선다)

상덕 내 얘길 들어!

호준 들을 필요 없다! 너 따위 자식을 친구라고 믿어온 내 자신이 가엾을 지경이다. 겉으로는 나를, 안으로는 근칠을 옹립하려는 네 놈의 검은 속셈을 왜 진작 내가 몰랐는지가 부끄럽다.

상덕 (엄하게) 말조심해!

호준 너의 명령에 복종할 임호준이가 아니야… 유근칠이는 네 앞에서 머리를 굽히고 던져준 고기 뼈다귀를 갉아먹을지 모르지만 이 임호준은 그렇게는 안 된다. 4년 전 네가 나를 도와서 국회의원이 되었다는 우정은 이미 휴지가 되었으니까… 그래도 나는 자네 사업을 위해서 할 만큼 했었다. 그런데 나를 통민당 당수에게 천거하던 그 입으로 이제는 유근칠을 천거하다니… 이것이 우정이라는 거냐? 그것이 사나이 대 사나이의 의리야? 이제는 나보다는 유근칠이 더 이용가치가 있다는 뜻이겠지?

상덕 (분노를 간신히 억제하면서) 글쎄, 냉정을 되찾은 다음 얘기를 계속하자. 오늘밤 우리 셋이서 한자리에 모이자는 건 지금까지의 우정을 보다 깊게 이어가자는 뜻이지 결별하기 위해서는 아니니까.

호준 (그 말에는 아랑곳없이) 결국 배후의 인물이란 바로 박상덕이었단 말이군? 지난날 내게 댔던 그 돈줄을 이제 유근칠에게로 돌리겠다는 음모가 바로…

상덕 음모가 아니다!

호준 그럼 충성이냐?

상덕 당을 위해서는 그 길밖에 없었어.

호준 당을 위해서라고?

상덕 그렇지! 지금 통민당이 필요로 하는 건 두뇌니까! 보수적이며 퇴영적인 조개껍데기 같은 파벌이나 당권투쟁이 아니라 멀리 앞을 내다보는 망원경 같은 두뇌다. 더구나 앞으로 우리의 국토통일이라는 대전제를 놓고 볼 때 퇴색한 당 강령이나 파벌 싸움은 아무런 의미가 없다. 그런 뜻에서 작년 말에 있었던 정치학회 주최의 세미나에서 유근칠 교수가 발표한 「분단국가에 있어서의 통일정책과 그 역사적 현실」이라는 주제발표는 우리 당으로서도 절실하게 공감되는 내용으로 강 총재가 굳이 유근칠을 필요로 하는 직접적인 요인이 되었어.

호준 그럼 강 총재가 직접 유근칠을 포섭했었나?

상덕 아니지. 나더러 접촉하라고 부탁해 왔기 때문에 내가 교량 역할을 했었던 걸세…

셋이서 왈츠를

호준 대변인인 내게는 한마디 말도 없이 말인가? 아니 친구라는 자네
가 한마디 의논도 없이 그럴 수가 있어?

상덕 그건 어디까지나 보안조처를 요하는 문제였으니까… 그게 또한
우리들의 현실이 아닌가! 유근칠은 애당초에는 완강히 거절했던
걸 내가 끈질기게 설득시키고 회유를 해서…

호준 승낙을 했단 말이지? 나를 밀어내고 자기가 내 자리에 들어앉기
로 합의를 봤단 말이야? (하며 증오와 분노에 찬 시선으로 유근칠을
쏘아본다)

근칠 (담담하게) 그 일에 대해선 내가 변명을 해야겠네.

호준 변명은 필요 없다!

근칠 그럼 소신이라고 해도 좋지. 솔직한 심정이 내가 상덕이의 권유
에 굴복하게 된 건 결코 타의만도 아니야.

호준 뭐라구?

근칠 내 의사였어!

호준 무슨 뜻이지?

근칠 내게도 하나의 전환기가 필요했다고나 해둘까? 내 뜻에 의해 내
힘으로 내가 앉을 의자를 차지하고 싶었거던! (먼 옛일을 회상하기
라도 하듯) 그렇지. 나라는 인간의 과거는 하나부터 열까지가 유
근칠 자신이 구축한 성곽은 아니었어. 그것은 의학박사 임완수의
보살핌과 그의 딸 임성숙의 사랑과 아들 임호준의 우정이 쌓아
준 성곽이며 그 위에 억지로 앉혀진 의자라 해도 과언이 아니었
지. 내게 밥과 옷을 주었고, 내게 학문과 가정과 그리고 직업까지
안겨 준 평온하고도 안정된 결정이었어. 그것은 세속적인 의미에
서의 모든 행복의 조건을 갖추었다고 볼 수 있겠지… (이지러진
미소를 불쑥 뱉으며) 그런데 나는 그게 불만이었어. 아니, 어쩌면
내 몸에 안 맞는 고급 양복을 걸치고 살아왔다고 할까? 품은 크고

기장은 길고 그래서 활동하기에는 항상 거추장스러웠던 옷. 나는 언젠가 내 몸에 맞는 맞춤옷을 입어보는 게 소망이었어. 오랜 여행길에서 돌아왔을 때 목욕을 하고 나오면 아내가 아랫목에 펼쳐 놓은 비단 옷을 입으면서도 늘 대님을 어떻게 매는가를 고개 갸웃거리며 망설이던 심정… 그것이 나의 과거였다. 비단 옷의 보드라운 감촉과 화사한 광택이 어쩌면 무명보다 부담스럽게 느껴지던 일이 한두 번이 아니었다.

호준 흥… 어설픈 수사나 미사여구로 연막을 칠 필요는 없다. 솔직하게 말해! 그것이 너의 진심이었다고.

근칠 그래, 진심이었어!

호준 말하자면 그동안 우리는 동상이몽격이었단 말이군?

상덕 동상이몽이 아니라 그건 하나의 조화였지.

호준 조화?

상덕 그럼! 우리 세 사람은 각기 음색이 다른 악기를 저 나름대로 연주했다고 생각해. 그렇지만 그 세 가지 악기가 하나의 화음을 이루었을 때를 우리는 기다리고 있다고 보는 게 타당하지…

호준 궤변은 그만 둬! 그따위 어설픈 구실로 나를 회유시키려 들겠지만 나는 절대로 굴복 안 해! 양보 못해…

상덕 호준이…

호준 나도 남자다! 한번 뽑은 칼을 그대로 칼집에 넣을 순 없어!

상덕 어떻게 하겠단 말인가?

호준 공천은 무슨 일이 있더라도 내가 차지하겠다! 강 총재를 비롯하여 최고위원들을 각개격파해서라도 말이야. 나의 모든 것을 바쳐서라도 다음 공천은 내가 받고야 말 테다.

상덕 그게 불가능할 때는?

호준 근칠이도 불가능하게 될 테지. 내 머리에 쓰여질 관을 근칠에게 줄 순 없어! 절대로 그건 못한다!

상덕 장사치의 흥정이 아니라는 것을 기억해.

호준 그렇지! 네가 내 대신 근칠을 내세움으로써 어떠한 이득을 얻으려는 속셈인 줄 나도 다 알고 있으니 그렇게 알게!

상덕 이 사람이 돌았나? 이득을 얻다니?

호준 두고 봐! 임호준이가 그렇게 호락호락 물러설 사람은 아니니까. 흥! (하며 급히 퇴장한다. 상덕과 근칠은 말없는 가운데 자기도 모르게 긴 한숨을 내뿜는다)

암전

제3막

무대

유근칠의 집과 임호준의 집. 약 한 달 후. 초가을 낮. 전에 비해서 방안
이 어질러져 있고 여기 저기 신문이며 서류 등속이 널려 있다. 막이
오르면 유근칠과 임호준이 각각 보도진에 둘러싸여 기자회견을 하고
있다. 여기저기서 플래시가 터지고 휴대용 마이크가 탁상 위에 놓여있
다. 두 사람은 한결같이 수척해 보이며 가벼운 흥분에 들떠 보인다.
두 사람의 기자회견은 연출상 동시에 진행되어지면서도 대화에는 혼
선이 없도록 계산이 있어야 할 것이며 판토마임이 적절하게 삽입되도
록 한다.

기자 갑   이번에 치열한 경합을 물리치고 통민당 소속 입후보자로서 당의
          공천을 받게 된 소감을…
근칠   마치 국민학교에 입학한 기분입니다. 정치학을 전공했고 또 정치
          학을 교단에서 강의만 해오던 이 사람이 직접 정계에 뛰어들게
          되니까 모든 게 어설프고 수줍고 게다가 사람을 대한다는 게 겁
          부터 나더군요…

          그의 얘기가 동작으로만 표현되는 동안 기자 A가 임호준에게 질문을
          한다.

기자 A   (호준에게) 통민당에서 대동당으로 당적을 옮기면서 대동당의 공
          천을 얻기까지 애로가 많으신 걸로 알고 있는데 현재의 심정을
          말씀해 주시겠습니까?

호준 솔직히 말해서 제가 통민당 대변인으로 있다가 대동당으로 옮긴데 대해서는 항간에서는 여러 가지 잡음이 있는 모양인데, 나로서는 일고의 가치가 없다고 단정합니다.

기자 B 좀 더 구체적으로 말씀해 주시죠.

호준 한 마디로 말해서 이건 투쟁이니까요. 전쟁이에요. 내가 살기 위해서는 적을 사살해야 한다는 단순한 상식이죠.

기자 A 그 적이란 바로 유근칠 박사를 뜻하는 말씀입니까?

호준 (단호하게) 물론이죠! (그는 동작으로 열변을 토한다)

기자 을 (근칠에게) 유 박사께서는 통민당의 당 정책위원으로서도 크게 활약하실 거라고 기대를 하고 있는데 박사님의 정치적인 비전은 무엇인지요?

근칠 이 사람이 독일에서 공부하고 있을 때부터 생각한 건 바로 우리의 국토통일이었습니다. 두 동강이 난 조국의 처절한 현실을 역사적, 사회적, 문화적 배경에 투사하면서 분석하고 재구성함으로써 얻어지는 방안이 무엇인가였죠. 따라서 이 사람은 그것을 하나의 염원으로 여겨왔으니만큼 앞으로도 저는 그 문제에 대해서 연구하고 당 정책으로 반영시킬 작정입니다.

기자 갑 제가 알기엔 유 박사와 대동당 공천후보인 임호준 씨와는 처남 매부 간이라고 들었는데…

근칠 (어색한 웃음을 뱉으며) 신상에 관한 질문에는 대답을 사양하겠어요.

기자 병 듣건대 임호준 후보와는 같은 선거구에서 출마하게 될 거라고 들었는데…

근칠 예? 같은 고향이지요.

기자 A (호준에게) 처남과 매부가 한 선거구에서 경합을 한다고 항간에서는 굉장한 관심거리가 되고 있는데… 그 점에 대해서…

호준 일단 칼을 뺀 이상은 이겨야지요. 사적으로는 처남 매부 간이지만 공적으로는 적수니까요! 나는 대동당 후보이고 그는 통민당 후보자로서 정정당당하게 싸워야겠지요!

기자 E 선거전의 전망 같은 건 어떻게 보십니까?

호준 뚜껑을 열어봐야 알 일이겠지만 난 절대 자신이 있습니다.

기자 병 유 박사는 어떻게 생각하십니까?

근칠 유권자의 절대적인 지지만을 빌 뿐입니다.

기자 갑 듣건대, 이번 유 박사와 임 의원 관계로 동창회가 두 동강이로 갈라졌다는데…

근칠 (계면쩍게) 모두들 친구를 아끼다보면 그렇게 될 수도 있겠죠.

기자 을 통일을 희구하는 유 박사가 분열을 초래케 했으니 이건 아이러니요? 헛허…

일동은 따라 웃는다.

호준 그런 뜻에서 나는 금권이 개입 안 되는 공정한 선거를 바랍니다. 돈으로 당선되었다는 오명을 씻고 싶어요!

근칠 친구가 돕는 건 돕는 거고 유권자의 지지도가 문제겠지요.

호준 우리 정치풍토도 이제는 자각을 하고 유권자도 사리판단을 하게 되었지요. 해방직후와는 사정이 다르다고 봅니다. 인물 본위예요!

근칠 인맥이니 금맥이니 하는 저차원적인 사고방식은 하루 속히 불식되어야 합니다. 그런 의미에서도 이 사람은 이번 선거에서 가장 모범적인 선거전을 치를 작정입니다.

호준 절대 자신이 있습니다. 내가 과거에 닦아놓은 정치적 기반은 아직도 건재하니까요.

근칠 나를 지지하는 제자들이 무보수로 선거운동을 자청하고 있습니다.

기자 A (호준에게) 만약에 유근칠 박사가 협상을 청해온다면?

　　　　　　　　　　　　셋이서 왈츠를

호준 천만에! 협상이 있을 수 있습니까? 절대로 없어요!

근칠 이제는 협상이란 있을 수 없지요. 최선을 다한 다음 천명을 기다리겠다는 심정입니다.

기자 갑 선거구에는 언제쯤 내려가실 예정입니까?

근칠 내일이라도 가야죠. 이제 투표 날까지 2개월 남짓 남았으니까요.

근칠과 호준은 동시에 일어나 기자들에게 절을 한다. 다음 순간 호준의 집에 조명이 꺼지고 근칠의 집안이 밝다. 기자들이 나가자 갑작스럽게 밀려오는 피로에 근칠은 소파에 길게 눕는 듯 다리를 쭉 뻗고 두 눈을 감는다. 자동차 떠나가는 소리가 사라진다. 잠시 후 우편에서 성숙이가 나온다. 외출을 하려는지 핸드백을 들었으나 머리는 아무렇게나 빗어 넘겼고 얼굴이 초췌하다.

근칠 (눈을 감은 채) 누구니? 나 마실 것 좀 주겠니?

그러나 성숙은 아무런 대꾸를 안 하자 근칠이가 눈을 뜨고 쳐다본다.

근칠 당신이요? 기자들에게 어찌나 들볶였는지… 갈증이 나는군.

성숙 (담담하게 그러나 거의 무표정하게) 시골에 내려가실 채비는 다 해놨으니까 그렇게 아세요.

근칠 응? (의아하게 쳐다본다)

성숙 그리고… 저도 이만 가보겠어요.

근칠은 반사적으로 몸을 일으킨다.

성숙 이상 더 이 집에 머무를 수도 없고, 당신 곁에 있을 수도 없어요.

제 몸 하나 처신하기가 이렇게 어려운 일인지 정말 몰랐어요. 부디 건강에 유의하시고…

근칠 여보!

성숙 난아는 장충동 어머니께서 맡아주시겠다니까 걱정 없을 거예요.

근칠 지금 무슨 얘길 하는 거요?

성숙 (쓴 웃음을 뱉으며) 작별인사죠.

근칠 작별인사?

성숙 저로서 할 수 있는 방법은 이 길 뿐인 것 같아요. 친정식구와 그리고 당신 사이에서 줄다리기 할 힘이 없는 걸요. 지쳤어요. 솔직히 말해서 남자라는 동물들에게 지쳤단 말이에요. 며칠을 두고 생각 끝에 결심한 일이니까 그렇게 아세요. 이제 당신도 선거구에 내려가시게 되면 이 집은 장충동에서 사람을 보낸다고 했으니까 그 사람에게 맡기면 될 테니까 걱정마세요.

근칠 (벌떡 일어나며) 당신 제정신이오?

성숙 (비로소 남편의 눈을 빤히 들여다보며) 모르겠어요. 적어도 제가 지금 어디쯤 와 있으며 무엇을 어떻게 하고 있는지 모르고 있으니까 어쩌면 미쳤을지도 모르지요.

근칠 못난 소리 작작해요! 당신이 집을 나가야 할 이유가 어디 있소?

성숙 이유야 있지요. 아까도 말했잖아요. 남자의 세계에 혐오를 느꼈다고. 당신과 오빠, 오빠와 박상덕 그리고 박상덕과 당신… 이렇게 셋이서 추는 춤을 이상 더 보고만 있을 수 없어서죠.

근칠 그걸 당신이 참견할 이유가 뭐요? 당신은 처남 편도 아니고 내 편도 아니라고 생각하면 돼요!

성숙 그렇게 살 수도 있나요?

근칠 우리가 하는 일은 우리들만으로 충분해! 아니 그 어느 쪽이 옳은가를 평가할 사람은 대중들이지 당신이 아니니까.

셋이서 왈츠를

성숙   (단호한 태도로) 제게도 그런 능력은 있어요.

근칠   능력이 문제가 아니라 그 행위가 대중에 끼치는 영향이 문제인걸.

성숙   그럼, 당신은 아내인 나는 대중 속의 한 사람이라고 안 보시나요?

근칠   버스 안에 타고 있는 사람이 모두 대중이라고 봐서는 잘못이지.

성숙   뭐라구요?

근칠   대중에게도 하나의 의식이 있고 인식이 있어야 돼. 의식도 인식도 없는 자는 단순한 군중이야. 군중을 상대로 무엇을 하겠다는 거요? 적어도 대중이 하나의 의식이나 인식에서 출발하지 않는 한 우리는 살아갈 수 없어요! 군중심리에 이끌려 우왕좌왕하는 풍토에서는 우리는 잘 살 수 없다니까! (그는 흥분된 자신의 언행에 문득 정신이 들자 멋쩍게 돌아선다) 내가 왜 이렇게 흥분을 하는 것일까? 적어도 나는 대중을 위하고 조국을 위해서 뜻을 세운 것뿐인데 왜 그것이 우리 가정에 어두운 그림자를 던지는지 모르겠구려! (성숙에게 급히 다가오며) 여보! 가면 안 돼! 그건 파탄을 가져올 뿐이오!

성숙   파탄은 이미 왔어요.

근칠   내 곁에 있어줘!

성숙   제 마음은 벌써 당신 곁을 떠난 걸요. 지금 당신 곁에 있는 임성숙은 유령이에요. 허깨비라니까요! 송장이란 말이에요! 흑… (하며 비로소 목을 놓아 울기 시작한다. 터무니없이 크게 번지는 아내의 울음소리에 오히려 놀란 표정을 짓는 근칠은 길게 숨을 몰아쉬고 소파에 앉는다)

근칠   (담담하게) 미안해. 나도 당신 심정을 모르는 건 아니오. 당신 말대로 친정과 나 사이에서 들볶이는 처지를 모르는 바 아니지. 그러나 아내가 남편을 믿어준다면야 그까짓 게… 무슨…

성숙   (고개를 들며) 못 믿게 되었을 땐 곁을 떠나도 되는 거죠?

근칠   그럴만한 이유가 있다면야 별 도리 없지, 하지만…

성숙   여보. 당신이 처가 덕을 안 보고 살고 싶어 하는 심정은 원칙이에요. 그러나 그건 일종의 억지예요. 궤변이라니까요.

근칠   궤변?

성숙   당신만을 사랑했고 당신만을 위해 있었을 저의 사랑의 거짓이 아니었다면 당신의 그런 궤변은 있을 수가 없어요. 그러나 당신이 자신의 정계 진출의 뜻을 그렇게 밝힌 이상은 저는 더 참을 수 없어요. 당신은 나를 속인 거예요. 이용했을 뿐이에요.

근칠   속이다니…

성숙   오빠와 박상덕과 셋이 있는 자리에서 그렇게 밝혔다면서요? 그것도 거짓말인가요?

근칠   아니 그럼 처남이 그런 얘기까지…

성숙   물론 당신은 사나이들끼리의 맹세를 소중하게 여긴 나머지 그런 실토까지 했겠지요. 그러나 저는 남자들의 진실, 남자들의 우정, 남자들의 의리를 믿을 수 없어요. 남자들이 추구하는 건 실리예요. 진실로 자기 몸을 태우는 촛불이 아니라 어디서나 켰다 껐다 할 수 있는 회중전등일 거예요! 그렇게 편리한 전등도 배터리가 닳아 없어지면 언제고 내팽개치는 생태를 지녔어요. 당신이 오빠를 배반하고 박상덕이 당신을 옹호하고 그리고 오빠가 박상덕에게 미련을 느끼는 건 모두가 그것 때문이지 뭐예요. 제아무리 변명을 한다 해도 그건 못 속일 거예요. 거짓말이라니까요!

이때 전화벨이 울린다. 두 사람은 서로가 전화 받기를 꺼려하자 성숙이 수화기를 든다.

성숙   여보세요… 예… 예? 어머니세요? 예… 예… 지금 나가려던 참이에요. 예… 예? 사람을 보냈다구요? 아직 안 왔어요. 예… 3분 전에요? 그럼 곧 오겠네요… 예… 알겠어요… (성숙은 전화를 끊고는 핸드백에서 손수건을 꺼내 눈물자국을 지운다)

성숙 집 볼 사람을 보냈대요. 30분에 출발했다니까 이제 오겠지요.

근칠 정말 떠날 셈이오?

성숙 최소한 선거가 끝날 때까지만이라도 어디 시골에 가 있겠어요. 이젠 오빠 편도 당신 편도 들 수 없다는 게 저의 솔직한 심정이니까요. 냉각기를 두는 게 아니라 망각기가 더 필요한 저예요.

이때 부저 소리가 울린다. 근칠은 어떤 불길한 예감 같은 게 스쳐가는 듯 표정이 경직되나 성숙은 오히려 홀가분한 느낌이다.

성숙 집 볼 사람이 왔나 봐요. 제가 나가보겠어요… (하며 급히 현관 쪽으로 나간다. 혼자 남게 된 근칠은 몸 둘 곳을 모르고 방안을 서성거린다)

근칠 그럴 수는 없지… 무슨 일이 있어도 그건 안 돼! 내가 전화를 걸어야겠군! (하며 전화를 걸려고 하는데 성숙이가 안경임을 데리고 들어선다. 이목구비는 반듯하나 어딘지 천박스럽고 고집스러운 데가 있는 여인이다)

성숙 손님이 오셨어요. (하며 뒤따르는 경임을 가리킨다. 근칠은 무심코 경임을 돌아본다. 다음 순간 근칠과 경임은 서로의 눈을 의심하는 듯 놀란다. 그러나 더 놀랄 사람은 성숙이다)

근칠 아니 이게… 경임이 아냐?

경임 유 선생님! 역시 댁에 계셨군요?

근칠 어떻게 여길…

경임 (집안을 휘둘러보며) 부자시네요? 얘기 많이 들었어요. (소파에 털썩

206   차범석 전집 5

주저앉으며) 아이구 다리야 집 주소와 약도를 가지고도 이 근방을 뺑뺑 돌았지 뭐예요, 글쎄… 홋흐… 사모님이신가 봐요? (하며 성숙을 눈짓으로 가리킨다)

근칠   (당황하며) 응? 응… 그래 어떻게 나를 찾아왔지?

경임   만나 뵙고도 싶고 또 드릴 말씀도 있고 해서요.

근칠   내게?

경임   선생님 말고 이 집안에 제가 찾아 뵐 사람이 어디 또 있는가요? 홋호…

근칠   무, 무슨 얘긴데? 나 지금 좀 바빠서 그래… 그리고 우리 집사람이…

경임   어머! 죄송하네요. 저는 바쁘지 않으니까 어서 보실 일들 보세요. 저는 기다려도 괜찮아요. 지금 아니면 밤, 밤이 안 되면 내일 아침… 언제든 상관없으니까요.

막무가내로 설치는 경임의 태도에 근칠과 성숙은 어안이 벙벙해진다.

성숙   무슨 용건인지 말해봐요.

경임   사모님한테요?

성숙   나라고 말 못 할 건 뭐예요?

경임   (근칠을 힐끗 쳐다보며) 그건 좀 곤란한… 얘기예요.

성숙   곤란하다니?

경임   유 선생님하고 단둘이서 얘길 하겠어요. 그러니 사모님은 자리 좀 피해 주세요.

근칠   경임이! 지금 무슨 소릴 하고 있는 거야? 응?

경임   사정이 그렇게 되었는걸요. 사모님 앞에서 얘기하라면 못할 것도 없지만… 역시 그건 어려울 것 같아요. 같은 여성의 처지로서는

셋이서 왈츠를

곤란해요. 그러니 선생님하고 단 둘이서만…

어느덧 그녀의 태도에는 교태까지 나타나고 있다.

성숙 누구예요? 잘 아는 사이신가요?

근칠 응? 응… 옛날 대학시절에…

성숙 대학시절에?

근칠 우리들이 자주 드나들던 왕대포집의…

성숙 (뜻밖이라는 듯) 예?

경임 (핸드백에서 거울을 꺼내보며) 임호준 선생도 안녕하신가요? 언젠가 명보극장 앞에서 만나뵀어요. 국회의원이 되셨대요!

성숙 오빠를 아세요?

근칠 응… 처남이랑 함께 자주 드나들던 광성옥 딸이야. 말하자면 단골집이었지.

경임 정말 그 시절이 좋았어요. 학생들이 초저녁만 되면 밀어닥치고 학생증 맡겨놓고 외상술 마시기 일쑤고… 홋호… 언젠가 우리 안방에까지 밀려와서… 그날 밤 일 기억하세요? 우리 엄마 몰래 다락방에서… 홋흐…

근칠 경임이… 그런 얘길 하려고 왔어? 난 지금 바쁜 몸이야. 그러니…

경임 알고 있어요. 이번에 통민당 공천을 받으셨다면서요? 텔레비전이랑 신문에 사진도 나오대요… 정말 유 선생님은 학생시절부터 어딘가 다르시다 했더니만… 역시 성공하셨군요. (금시 울먹거리며) 저도 남몰래 선생님의 출세를 하나님께 빌었어요. 진정이에요. 유 선생님은 저를 잊으셨을지 모르지만… 저는… 저는…

그녀는 목이 메어 손수건으로 입을 막고 오열을 삼킨다. 근칠과 성숙은 초조와 의혹과 불안에 떨며 몸 둘 곳을 모른다.

근칠   경임이! 용건부터 말하라니까.

성숙   지나간 얘기를 듣고 있을 시간이 없어요.

경임   그러니까 사모님은 나가서 일을 보세요. 유 선생님과 단 둘이서 얘기하겠어요, 이건 아무데서 할 얘기는 아니니까요.

근칠   경임이!

경임   진작부터 찾아뵙고 싶었어요. 그리고 사정 얘기를 드리려고 몇 번이고 마음을 독하게 먹었지만 그게 어렵더군요. 정이 무엇인지… 흑… 흑…

성숙   여보… 저는 이상 더 참을 수가 없어요. 당신이 저에게 또 하나의 비밀을 품고 있었다는 증거가 여기 있으니까요…

근칠   여보! 그건 오해야. 나와 경임이는 단순한…

성숙   친구였겠죠? 물론 그렇게 얘기하셔야겠죠… 그렇지만 저는 참을 수 없어요.

경임   사모님! 죄송해요. 이렇게 졸지에 찾아와서 이런 말씀을 드린다는 건 정말 저도 남부끄럽게 생각해요. 하지만 사모님. 여자의 마음은 여자가 더 알지요. 여자만의 세계는 여자가 더…

근칠   (화를 내며) 그만 덮어 둬!

경임   예?

근칠   바쁜 사람 붙들고 그런 씨도 안 먹히는 소릴 하려고 왔소? 나가요!

경임   나가요?

근칠   나는 바쁘단 말이요. 옛이야기에 취하고 있을 시간 여유가 없어… 난 선거 때문에 바쁘다니까. 그러니까 선거 끝난 다음에라도 찾아오든지 아니면…

경임   유 선생님! 알고 보니 그동안 출세도 하셨지만 사람도 변하셨구먼요.

근칠 뭣이?

경임 이제 나 같은 술장수 딸하고는 얘기도 안 하겠다는 뜻이겠지요. 그럼 좋아요. 나도 이판사판이니까요. 용건부터 해결합시다.

근칠 용건?

경임 아이를 어떻게 하시겠어요?

성숙 아이라구요?

경임 우리들의 아이에요. 못 믿겠으면 대문 밖에 있으니까 마음대로 하세요. 데려다 키우시든 고아원에 보내시든… 이제 저는 책임 못 지겠어요. 아홉 살인데 국민학교에도 못 보냈어요. 모두가 가난했기 때문이오. 그것 하나를 키우려고 그동안 제가 겪은 고생은… 흑…

이 말이 끝나기도 전에 성숙은 급히 현관 쪽으로 뛰어나간다. 심한 충격을 받은 근칠은 안절부절 못한다.

근칠 경임이! 지 지금 무슨 얘길 하는 거지? 우리들의 아이라니…

경임 그래요. 유 선생님의 딸이에요. 왜 진작 그런 얘기를 안 했는가 하고 꾸짖으신다면 저도 할 말 없지요. 그렇지만 그건 어디까지나 유 선생님을 위하고 존경하고 그리고…

근칠 (발악을 하듯) 그럴 리가 없어! 당치도 않은 소릴!

경임 그럼 그게 유 선생님 딸이 아니란 말인가요?

근칠 그걸 어떻게 믿어?

경임 그럼 그날 밤 있었던 일도 거짓말인가요? 다락방에서 셋이서 술에 취해 가지고서…

근칠 그, 그건 임호준의 장난이었어. 난 몰라. 난… 아니야…

경임 유 선생님도 알고 보니 겁쟁이시군요? 그러지 맙시다. 난 못 먹고 못 배웠지만 그만한 의리는 아는 사람이에요. 목에 칼이 들어와도 흰 것은 희고 검은 것은 검다고 해야지. 그래 자기 자식을 보고도…

이때 성숙이가 안순이를 데리고 들어선다. 성숙은 이미 말할 기력조차 잃은 채 소파에 쓰러지듯 파묻힌다. 안순은 생소한 집안을 휘둘러보고 있다. 날벼락을 맞은 듯 서 있던 근칠이가 한발 두발 안순에게로 다가간다.

암전

셋이서 왈츠를

제4막

무대

임호준의 집, 전막부터 24시간 후 낮. 성숙, 이 여사가 심각한 표정으로 앉아 있다. 성숙의 아버지 임완수가 초조하게 방안을 서성거리고 있다. 모두가 그 무엇을 기다리는 것 같으면서도 불안을 털어버리려는 표정들이다.

완수   알다가도 모를 일이구나. 유 서방에게 숨겨둔 여자가 있었다니…

이여사 그것도 자식까지 딸린 여자이니 할 말 다 했지 뭐예요.

완수   그래도 나는 그 점만은 믿었는데…

이여사 꼴에 사내랍시고 계집질까지 했으니 원…

완수   그러나 저러나 이 사실이 밖에 알려지면 선거는 하나마나지… 유권자들이 유 서방에게 투표를 할 리가 만무하잖아.

이여사 영감은 그럼 우리 호준이보다 난아 아범이 당선되기를 바랬구려?

완수   그, 그거야 사위니까…

이여사 아들보다 사위가 더 중하단 말이에요?

완수   아들이건 사위건 낙선하는 것보다야 당선되는 게 바람직하지 뭐겠어?

이여사 국회의원은 한 사람만 뽑는다는 걸 잊으셨수?

완수   참… 그렇던가? 내 정신 좀 봐… 헛허… 요즘은 이렇게 정신이 깜박하는 게 탈이라니까… 헛허…

이여사 (한숨을 뱉으며) 그런데 이 애는 왜 연락이 없을까요? 어찌 되었건 호준이가 나타나야 그 애가 유 서방의 딸인지 아닌지를 알 수 있을 텐데…

완수 혈액검사를 하는 게 가장 정확하겠는데…

이여사 그러다가 만약에 소문이라도 나면 어떻게 하시려구요… 에그…
말년에 가서 이게 무슨 창피예요. 글쎄… 굼벵이도 뒹구는 재주
는 있다더니… 그래, 제까짓 게 뭘 내놓을 게 있다고 처녀한테
손을 댔을까?

완수 젊었을 땐 있을 법한 일인데 뭘 그래. 친구들과 어울리다 보면
대포집도 가고 시계도 잡히고… 나도 학생시절에는 전당포엘 몇
번 드나들었는지 모른다구… 남자란 그런 고비도 넘겨봐야 뼈가
굵어지고 눈이 트이는 법이지… 헛허…

이여사 어이구… 그렇게 뼈가 굵어지다간 뼈 속에 살이 찌겠구려! 주책
좀 작작 떠세요.

완수 아무튼 문제는 해결을 하고 볼 일이지…

이여사 그러기에 이렇게 머리를 짜고 있는 게 아니에요? 내 참…

완수 (성숙에게) 얘… 성숙아…

성숙 (피곤한 눈을 뜨며) 예? 아버지…

완수 네 생각은 어떠냐?

성숙 뭐가 뭔지 모르겠어요.

완수 이럴 때일수록 똑바로 정신을 차려야지.

성숙 숨겨둔 아이까지 있었다니… 정말 모르겠어요! 죽고만 싶어요!

이여사 네가 왜 죽니? 죽을 사람은 유 서방이거나 그 경임이라는 여자지.

완수 아무도 죽어서는 안 돼!

이여사 예?

완수 셋이서 다 잘 살아야지. 유 서방도 성숙이도 그리고 그 경임이라
는 여성도 저마다 살고 봐야지. 죽으면 무슨 소용인가 말이야.
하나라도 이가 빠지면 짝이 안 맞는 걸.

이여사 짝이 안 맞는다뇨?

완수　인생이란 짝이 맞아야 해.

이여사　짝이야 둘이면 족하지 왜 셋입니까?

완수　셋이라야지.

성숙　예?

완수　셋이라야 돼. 둘만으로는 싱겁거든. 둘만으로는 결말이 안 나는
법이야. 셋이라야 어떤 귀결이 생겨요. 둘이서 백날을 두고 싸워
보라지? 끝장이 나는가… 또 한 사람이 있어야지. 인생이란 모두
가 셋으로 되어지는 법이래두. 매사가 삼세번이지. 승부는 세 번
째라야 해. 사랑도 삼각이라야 하고… 헛허…

성숙　(꿈속에서 말하듯) 그래서 셋이서 춤을 추자고 했군요?

이여사　뭐라고 그랬니?

성숙　아, 아니에요. 아버지 말씀에도 일리가 있을 것 같아요.

이여사　그래 그 여자의 요구조건을 받아들이겠단 말이냐? 양육비조로 5
백만원을 주든지 아니면 그 계집애를 맡아 기르겠어?

성숙　어머니… 제 심정으로는 둘 다 거절하고 싶은 생각뿐이에요. 그
렇지만…

이여사　그렇지만 또 뭐냐?

성숙　이제 오빠의 얘기를 듣고 나서 그게 사실이라면 받아들일 수밖에
없을 것 같아요.

이여사　뭣이? 너 그걸 말이라고 하니?

성숙　난아 아빠를 위해서는 그 길 밖에 없다고 봐요. 선거를 무사히
끝내기 위해서는 그 여자의 요구조건을 받아들이는 길 밖에 없어요.

완수　잘 생각했다. 그 여자가 바로 이 시기에 조건을 끄집어낸 건 바로
선거를 의식하고 하는 수작이니까. 말하자면 그건 일종의 공갈
협박이거던. 요구조건을 안 들어준다면 이 사실을 폭로해서 유근
칠의 지지표를 깎겠다는 속셈일게다…

이여사 (반신반의의 표정으로) 성숙아… 그럼 너는 아범의 출마를 지지하고 있었구나? 모두 털어버리고 시골에 가 있겠다는 건 거짓말이었어?

성숙 (난처해지며) 생각이 달라진 것만은 사실이에요.

이여사 달라졌어?

성숙 그런 추문으로 인해 난아 아빠가 참패를 당한다는 건 억울해요.

이여사 그럼 네 오빠가 참패를 당하는 건 괜찮다는 말이냐?

성숙 (말문이 막혀서) 그건… 저…

이여사 흥! 결국 네 본심이 드러났구나. 오빠와 남편을 두고 어느 쪽을 택하느냐 했을 때 너는 남편을 택한다는 말이 아니겠니! 그럼 진작 그렇게 나올 일이지… 사네 사네 못사네 하고 집을 나가겠다면서 집 볼 사람까지 구해달래기에 가까스로 사람까지 구해놓으니까 한다는 소리가…

성숙 어머니 죄송해요. 하지만 일이 이렇게 뒤틀릴 줄은 정말 저도…

이여사 (흥미 잃었다는 듯) 영감, 이만 가봅시다.

완수 가다니?

이여사 며느리가 혼자 병원에 누워있을 텐데 가봐야지요. 성숙이네 일은 다 끝장이 난 걸요.

완수 그렇지만 호준이 얘기를 들어봐야 흑백이 가려질게 아니야?

이여사 들어보나 마나죠. 팔이 안으로 굽는다는 말 못 들었수?

완수 경우에 따라서는 밖으로도 굽는 법이라니까…

이여사 글쎄 가요. (성숙에게) 그러나 분명히 일러두지만 이 에미는 사위보다는 아들 편을 들겠다.

완수 성숙이가 무슨 죈가?

이여사 그래도 할 말은 해야죠. (빈정대듯) 박상덕이가 유 서방 뒤는 보살핀다니까 잘 되겠지만 나도 무슨 수를 써서라도 네 오래비를 당

셋이서 왈츠를

선시킬테니까 그리 알란 말이다!

이때 자동차 멎는 소리가 나자 임 박사는 먼저 현관 쪽을 바라본다.

완수 호준이가 오는 모양이군.

이여사 이럴 줄 알았던들 괜히 바쁜 사람을 오라가라 하는 게 아니었는
데… 그동안에 선거운동이라도 더 하게 할 걸…

이때 호준이가 들어선다. 그 뒤에 우대중이 서류 가방을 들고 따라 들
어온다. 두 사람은 약간 햇볕에 그을린 듯하다.

호준 기다리셨죠?

이여사 공연히 바쁜 사람보고 오라고 해서…

호준 아무리 바빠도 이런 중대한 일에는 우리가… (다음 순간 성숙을
보자 약간 표정이 흔들린다)

성숙 오빠… 죄송해요.

호준 장거리 전화 받고 비행기로 뛰어왔지.

완수 그래 지방선거 준비는 잘 되어가니?

호준 예. 우 비서가 철저하게 세포조직을 해왔기 때문에… 십중팔은
다 된 거나 다름없어요. 헛허…

이여사 잘 했다. 이번 선거에 당선만 되면야 우 비서도 이제 큼직한 감투
하나 써야지? 홋호…

대중 별 말씀을요.

호준 (성숙에게) 그래 경임이는 지금 어디 있니?

성숙 집에 있을 거예요.

호준 유 서방하고 함께?

이여사   어제 그 길로 집을 뛰쳐나왔단다. 아무려면 그런 것들에게 집과
            남편을 맡겨두고 뛰쳐나오는 사람이 어디 있겠니?

호준   그래. 분명히 딸이라고 하던?

성숙   아홉 살이에요.

호준   닮았던?

성숙   처음엔 잘 모르겠던데 얘기를 듣고 보니까 닮은 것도 같아요. 오
            빠! 그 여자와 아빠와의 관계… 틀림없나요? 자세히 좀 말씀해
            주세요.

호준   글쎄… 일이 이쯤 되었으니 거짓말을 할 수는 없고…

완수   깊은 관계였어?

호준   저도 처음엔 몰랐었는데 교내축제가 있었던 날 밤에 알았어요.
            그러니까 그게 대학 3학년 가을이었지요. 축제가 끝난 뒤 친구들
            과 어울려 서너 곳 대포집을 훑다가 마지막으로 그 광성옥엘 들
            렀었는데 이미 통행금지 시간이 지났죠. 그래 그 집 다락방에서
            술자리를 벌렸었지요. 진탕 마시고 취하다 보니까 그만 쓰러져
            잠이 들어버렸는데…

성숙   경임이두요?

호준   심부름을 하다 보니 꽤 조숙했던 것 같아요. 겉으로는 오빠 오빠
            하고 따르면서 속셈은…

이여사   앙큼한 것 같으니…

완수   그것만으로는 유 서방과의 관계를 속단할 순 없다.

호준   그래서 저도 문득 생각이 나서 옛날 앨범에서 본 사진 생각이
            나서요. (대중에게) 우 비서, 사진.

대중   예! (하며 서류 가방에서 두어 장의 사진을 꺼낸다)

이여사   사진이라니?

호준   언젠가 소요산에 갔을 때 찍었죠. 그때도 경임을 데리고 갈 생각

은 없었는데 야외에서 불고기 파티를 하자면 여자 손이 필요하다면서 경임을 데리고 가자고 우긴 사람이… 바로…

이여사 유 서방이었니?

호준 예! 그때까지만 해도, 우리는 두 사람의 관계가 그렇게까지…

이여사 불결해… 왜 하필이면 그런 대포집의…

완수 심부름시키는 데는 그런 애가 제격이었겠지.

이여사 이렇게 하구서 사진을 찍는데도 대포집 계집애가 제격이에요?
(하며 사진을 임 박사 코앞에다 내민다)

성숙 오빠, 그럼 오빠는 왜 그 사실을 저에게 한마디도 말씀 안 하셨어요?

호준 미쳤니? 아무려면 내가 그런 얘기까지 너한테…

이여사 좌우지간에 얘기는 이제 끝이 났다… 끝났어! 이젠 우리 태도만 결정지으면 되니까! 안 그러니?

호준 그 여자가 아이 양육비를 요구한다면서요?

이여사 적지 않게 5백만원이란다. 그렇지 않으면 떠맡기고 가겠다는데 어떻게 하면 좋으냐?

호준 (우 비서를 돌아보며) 우 비서, 무슨 좋은 지혜는 없을까?

대중 경찰에 고발하는 게 좋을 것 같습니다. 공갈 협박죄가 충분히 성립됩니다.

완수 사실인데도?

대중 잡아 떼는 거죠. 그까짓 거…

성숙 안 돼요!

호준 응?

성숙 그 요구조건을 받아들이겠어요.

이여사 돈이 어디 있니?

성숙 집을 팔아서라도…

호준 집을 팔아?

성숙   그 일 때문에 선거에 지장을 줄 순 없어요. 만약에 경찰에 고발하
      게 되면 이 사실이 세상에 폭로될 게고 그렇게 되면 청렴결백하
      기로 이름난 유근칠의 체면에 먹칠을 하게 되는 거예요. 그건 못
      하겠어요.

호준   (화가 나서) 성숙아 그럼 너는…

성숙   어쩔 수 없어요. 세 사람 중에 누군가 양보를 해야만 돼요. 그이
      와 나와 그리고 경임이가 함께 다 욕심을 충족시킬 수는 없는
      게 현실 아니에요?

이여사 네 아버지 얘기와는 다르구나. 인생의 짝수는 둘이 아니라 셋이
      라고 그러시드라.

성숙   아니에요. 저는 그렇게는 못하겠어요! 모든 것을 버리더라도…
      그이를 희생시킬 순 없어요.

호준   성숙아! 그렇지만…

성숙   오빠의 증언이 진실인 이상 저는 그 여자의 말대로 하겠어요. 오
      빠 말이 진실이듯 그 여자의 말도 진실일테니까요!

이여사 성숙아! 그래 집을 팔아서 5백만원을 준 다음 선거는 어떻게 하고
      장차 생활은 어떻게 하겠다는 거니?

성숙   어떻게 되겠지요.

호준   안 돼! 그건 절대로 안 돼!

성숙   예?

호준   경임이하구 불미스런 관계는 공공연한 비밀이다! 그 여자가 5백
      만원을 받고 입을 열지 않겠다는 약속을 어떻게 믿지? 돌아서서
      그 얘기를 퍼뜨리고 다닐지도 모르잖아? 그것뿐이니? 아닌 말로
      나도 우 비서도 그리고 아버지, 어머니도 그 비밀을 알고 있어!
      두 사람 이상이 알고 있는 비밀은 이미 비밀이 아니다. 비밀은
      오직 한 사람만이 알고 있을 때 그 효용이 있는 법이다.

셋이서 왈츠를

성숙　그럼 저더러 어떻게 하라는 말씀이죠?

호준　내 의견을 듣고 싶다면 말해주지.

성숙　듣겠어요.

호준　(무대 중앙으로 나오며) 도중하차 시켜.

성숙　도중하차?

호준　유근칠이가 출마를 포기하는 길만이 남아있다.

호준의 말에 모든 사람은 저마다 각각 다른 충격에 잠시 말이 없다.

성숙　(호준을 빤히 쳐다보며) 오빠!

호준　한번 떨어진 말은 주워담지는 못한다. 한번 입에 오른 비밀은 만민의 귀에 들어간다. 경임이가 아니라도 그 비밀은 퍼뜨릴 사람은 얼마든지 있으니까! 그럼 그 사람들에게도 5백만 원씩 나눠주며 입을 막겠니? 응?

성숙　(와들와들 떨며) 오빠는… 오빠는… 결국 그런 식으로 해서…

호준　내가 할 일은 선거에 이기는 일 뿐이다. 어떻게 해서든지 유근칠을 물리치는 길만이 내가 갈 길이지!

성숙　비겁해요! 비겁해요!

호준　이긴다는 것이 비겁할까? 살인을 안 하고 전쟁을 할 수 있어?

완수　호준아! 그렇지만…

이여사　영감은 잠자코 계세요. 우리 늙은이들은 젊은이의 전쟁을 구경만 하면 되니까요.

이때, 유근칠이 현관 쪽에 불쑥 나타나며 참견을 한다.

근칠　그렇죠. 그 대신 응원도 안 하시겠다는 조건이라야죠!

모두들 뜻밖의 침입자에 어리둥절 한다.

완수 언제 왔었나?

근칠 아까부터 밖에서 듣고 있었습니다.

이여사 떳떳치 못하게스리 엿듣다니?

근칠 그렇다고 돌아갈 수도 없지 뭡니까? 어머님! (호준에게) 오랜만이
군! 처남.

호준 웬일이지? 내 집엘 다 오고…

근칠 매부가 처남 집에 오는 것이 잘못일까?

호준 우린 서로가 적수라는 걸 잊었어?

근칠 선거장에서는 적수지만 일단 집안에서는 그럴 수 없잖아?

호준 인도주의를 내세우겠나?

근칠 아니지. 소박한 상식이다. 헛허… 솔직히 말해서 나는 사람 데리
러 왔지 자네를 만나러 온 건 아니니까.

호준 뭣이?

근칠 (성숙에게) 갑시다.

이여사 이 사람아. 그걸 말이라고 하나?

근칠 예?

이여사 한 지붕 밑에서 두 계집 거느리고 살 만큼 자네 세도가 당당해졌
는가 말일세!

근칠 어머님! 그건 오해예요.

이여사 오해?

근칠 여보! 얘기는 다 바닥이 드러났소! 그러니 갑시다.

성숙 무슨 뜻이죠?

근칠 경임이가 꾸민 연극은 이미 막을 내렸다니까.

성숙 연극이라뇨?

셋이서 왈츠를

근칠	이거야말로 연극이었지.
이여사	무슨 얘긴지 자상하게 얘기해보게.
완수	거짓말이었단 말인가?
근칠	예!
완수	어쩐지…
호준	그걸 무엇으로 어떻게 증명하지?
근칠	증인이 있으니까. 아니 본인의 자백 이상으로 정확한 증거는 없다고 들었으니까. 안 그렇소? 우 비서…
호준	자백을?
근칠	그렇지. 내 얘기가 안 통할 거라는 걸 알고 내가 경임이를 임의로 대동했지! (현관 쪽으로 가서) 경임 씨 들어오세요. 겁낼 건 없으니까요.

모든 사람이 주시한 가운데 경임이가 풀이 죽어서 들어선다. 호준이가 자못 당황한 빛을 보이며 외면을 한다.

근칠	집안 식구끼리 모였으니까 겁낼 건 없어요. 아까 집에서 내게 얘기한 대로 말하면 되요. 알겠지?
성숙	여보! 그럼… 경임 씨가 자진해서?
근칠	어제 당신이 집을 나간 다음 나는 경임 씨와 마주 앉아 밤을 새웠소. 나의 진실을 경임 씨에게 전하기 위해서 말이오. 처음엔 도무지 입을 열려고 들지 않더니만 새벽녘에야 비로소…
성숙	거짓말이었나요?
근칠	천사의 눈물이 진실이라면…
성숙	당신 아이가 아니었군요?
근칠	우리의 믿음이 진실이듯이…

성숙   그럼 왜 그런 거짓말을…

근칠   그걸 이제부터 얘기하려고 온 거야. (경임에게) 자… 아까 약속했
        잖아? 어서 말해요. 응?

경임   (여러 사람의 눈치를 살피다가 이윽고 호준과 눈이 마주치자 다시 한
        번 초조와 불안에 떤다)

근칠   겁낼 건 없대두… 여기서는 오직 진실만이 필요해. 그렇다고 보
        복이나 벌이 있는 건 아니니까! 어서…

완수   말해 봐. 어떻게 된 일이지?

경임   임 선생이 저보고 그렇게 하라고…

이여사   뭣이?

성숙   오빠가?

경임   돈 이십만 원을 주면서 유 선생 댁을 찾아가서…

성숙   (발작적으로) 그만! 그만! 흑… (하며 의자에 쓰러진다. 모두들 성숙에
        게로 몰려들어 부축을 한다)

이여사   성숙아!

근칠   여보 정신 차려요!

완수   어디 보자. (하며 맥을 짚는다)

경임   전 시키는 대로 했을 뿐이에요. 돈이 필요해…

이 사이에 호준과 우 비서는 잽싸게 눈짓을 하며 밖으로 나간다. 저만
치 밀려난 경임이가 몸 둘 곳을 모르고 훌쩍거리기 시작한다.

경임   난 몰라요. 아무것도…

        암전

제5막

무대

근칠의 집. 전막부터 약 2개월 후. 가을 저녁때. 막이 오르면 성숙이 전화를 받고 있다. 초췌하기는 하나 어딘지 생기가 되살아난 것 같은 표정이다. 방 여기저기에 당선 축하 화분이 비좁을 정도로 놓여 있다. 탁자 위에 트랜지스터라디오가 놓여 있다.

성숙 에그, 모두가 여러분들 덕택이죠. 하지만 아직도 뒤처리가 끝난 건 아니니까 응? 홋호⋯ 우리 아빠는 걱정할 것 없다지만 누가 알우? 응⋯ 응⋯ 그래요. 고마워요⋯ 그럼! 한턱 아니라 두턱이라도 내지! 홋호⋯ (성숙은 전화를 끊고 긴 한숨을 쉰다) 아⋯ 이런 형벌이 어디 또 있을까? 이건 생사람 말라 죽이는 일이지. 선거를 치르겠다는 사람이 있으면 따라다니면서 말리겠어⋯ 아이구 골치야.

이때 부저가 울린다.

성숙 제발 사람 좀 불러내지 말았으면, 또 화분을 가져왔겠지⋯

계속 부저가 울리는 가운데 성숙이가 현관으로 나간다. 이윽고 임 박사가 앞장서서 들어온다.

완수 유 서방은 아직 안 돌아왔어?

성숙 예. 여기 저기 인사도 다녀야 하고 또 당 최고위원들을 만나야 한다면서…

완수   (소파에 앉으며) 얘기 들었지?

성숙   무슨 얘기요?

완수   정식으로 고소를 제기 했단다.

성숙   오빠가요?

완수   처남이 매부를 걸어서 당선무효 소송을 제기했어! 이게 무슨 창
       피냐! 응?

성숙   (맥이 풀리듯) 예측했던 대로군요.

완수   예측을 했다고?

성숙   오빠 성미에 그대로 있을 리가 없을 거라고 저도 그리고 난아
       아범도 각오를 하고 있었어요.

완수   (무거운 한숨) 알 수 없는 일이다. 이쯤 되고 보면 친구니 형제니
       하는 것도 서로가 이해관계가 없을 때의 얘기지 이건 언제고 폭
       발할 폭탄을 안고 사는 세상이니…

성숙   어머님 좀 어떠세요?

완수   산송장이지. 네 올케는 올케대로 친정으로 가버리고 네 어머니는
       미음도 마다하고 자리에 눠버렸으니 이건 상가집보다 더하지 뭐
       냐. 나도 당분간 병원 문을 닫기로 했다.

성숙   아버지 죄송해요.

완수   네가 죄송할 건 없지. 그래 유 서방은 어떻게 하겠다던?

성숙   글쎄요. 아직 확인된 일이 아니니까 뭐라고 말할 순 없지만 일단
       박 사장하고 의논해야겠다면서 나갔어요. 곧 돌아올 거예요. 아
       버지, 시원한 맥주라도 내올까요?

완수   관둬라. 그것보다도 무슨 대책을 세워야 할 게 아니냐?

성숙   대책이 따로 있겠어요? 오빠가 소송을 제기하겠다면 법정에서
       흑백을 가려낼 수밖에요. 오빠 측에서는 우리가 사전에 무더기표

                                      셋이서 왈츠를

를 투표함에다 넣었다지만 그건 근거가 없대요. 다만 개표과정에서 근로당 소속 한명철 후보에게 찍은 표 일곱 장이 아범 표 속에 들어 있어서 그건 곧 시정을 했다나봐요.

완수 그렇지만 내가 알기엔 전혀 흠이 없는 것도 아니더라.

성숙 예?

완수 유권자들에게 봉투와 물품을 돌린 증거가 있다던데.

성숙 그럴 리가 없어요, 아범의 성미가 어디 그런…

완수 그렇지만 증거와 증인이 있는 걸 어떻게 하니? 5백원권 한 장과 고무신 두 켤레씩을 집집마다 돌렸다는데…

성숙 아범은 안 했어요!

완수 그래도 유근칠 후보를 밀어달라면서 돌렸는데 어떻게 부인하겠니?

성숙 누가 그런 짓을 했을까요?

완수 박상덕이겠지.

성숙 박상덕 씨가요?

완수 내가 알기엔 이번 선거에서 재정면에서 전적으로 뒤를 돌봐준 건 박상덕이었잖아.

성숙 친구였으니까요.

완수 그리고 물품을 돌리게 한 것도 모두가 박상덕의 지시에 의해서 한 짓이라더라.

성숙 우리가 시킨 건 아니에요.

완수 그러나 받는 측에서는 유근칠이 보낸 걸로 되어 있어. 이것만은 부인 못한다. 증거가 있다는데… 나도 네 오빠가 내보인 봉투를 봤으니까!

성숙 (심술을 부리듯) 그이는 왜 시키지도 부탁도 안 한 일을 했을까요?

완수 (한숨) 그게 바로 화근이 된 거야. 자기 뜻이 아닌 데서 모든 화근

226   차범석 전집 5

은 일어나는 법이거든! 박상덕이가 무엇 때문에 시키지도 않은 일을 했겠니?

성숙   친구를 당선시키기 위해서였겠죠.

완수   당선시켜서 어떻게 하겠다는 거냐?

성숙   (어리둥절하며) 예?

완수   난 처음부터 그게 께름직했어… 박상덕은 정치가도 학자도 아니지. 그러면서 선거가 있을 때마다 그 불더미 속에 뛰어드는 까닭이 뭐냔 말이다. 빤한 얘기지. 고리대금업을 하자는 게야.

성숙   고리대금업이라구요?

완수   그렇지. 선거비용을 대주고 이다음에 가서 그 본전에다 이자까지 가산해서 받아들이자는 게 고리대금업이지 뭐니?

성숙   그렇지만 그건 박상덕 씨가 자진해서 돕겠다고 했지 결코…

완수   물론 유 서방이 차용증을 쓰고 빌린 돈은 아닐 테지. 그건 나도 잘 알아. 하지만 그런 사람들은 그걸 예사로 해낼 수 있는 사람이다. 막말로 선거 때 헌신적으로 돌봐 준 사람이 후일에 무슨 일거리를 가지고 와서 봐달라고 할 때 그걸 어떻게 거절할 수 있겠니? 인간이면 거절 못한다. 그건 은혜에 보답하고 우정을 지킨다는 상식으로도 충분해. 네 오빠가 박상덕에게 이용을 당한 것도 바로 그 예니까… 그렇지만 그 사소한 친절이 결국은 우리 정치계를 흐리게 한 것만은 사실이지. 나야 늙어버린 의사니까 정치가는 아니다만 진단에는 자신이 있어…

성숙   오진도 하실 수 있지요. 언젠가 아버지께서 그러셨잖아요?

완수   병 진단은 오진이 있을지 모르지만 인생진단에는 오진이란 없어. 적어도 내가 살아온 이 사회에서는 말이다.

성숙   아버지. 그럼 어떻게 하면 좋지요?

완수   호준이가 마음을 돌리기 전에는 처남 매부가 법정에 서는 수밖에

도리가 없지… 아… 이젠 친구도 아니요 형제도 아닌, 남남으로 서 말이다.

성숙　(울상이 되며) 한시름 덜었다 했더니만… 이런 게 선거라면 정말 이지 진작 그만 둘 걸 그랬어요. 차라리 그때 경임이에게 돈을 주는 게 나을 뻔했어요.

완수　모르는 소리. 인생은 항상 그렇게 터져나오는 구멍을 메꾸는 일로 끝이 나는 법이다. 두고 봐라. (하며 자리에서 일어선다) 가봐야지!

성숙　아버지 오랜만에 오셨으니 저녁 드시고 가세요. 아범도 곧 들어 올텐데요.

완수　아니다. 집에 가봐야지. 네 엄마 혼자 뉘있는 집으로 가야지. 그래도 여긴 승자의 고민이 있지만 거긴 패자의 비애가 있으니까… 약한 자에게 눈길을 돌리면서 살아야해.

성숙　(따라나서며) 아버지! 밤에라도 제가 어머님 뵈러 가겠어요.

완수　오지 마… 불난 집에 선풍기 트는 격이지… 그럼 간다.

전화벨 소리가 울린다. 성숙은 급히 전화를 받는다.

성숙　안녕히 가세요. 아버지 전화 좀 받겠어요.

완수　(나가면서) 내 걱정 말아라.

성숙　여보세요.

이와 동시에 임호준 집에 조명이 들어오며 전화를 거는 임호준이 보인다. 저만치 우 비서가 서 있다. 두 사람은 전보다 초라해 보인다. 다만 임호준의 눈빛은 살기가 돌 정도로 충혈되어 있다.

호준　나다.

성숙	오빠!
호준	(불쑥 내뱉듯) 당선 축하한다.
성숙	(당황하며) 오빠…
호준	그렇지만 전쟁이 끝난 건 아니다.
성숙	(힘없이) 알고 있어요.
호준	흑백은 법정에서 가려지겠지. 근칠이는 어디 나갔니?
성숙	예. 아침에 나가서…
호준	여기저기 당선사례 인사 다니느라고 바쁠 테지. 하지만 최후에 웃는 자가 웃는 사람이라는 걸 알아라. 헛허…
성숙	(조급하게) 오빠, 만나고 싶어요.
호준	낙선 위로는 사양하겠다.
성숙	그, 그게 아니라 여러 가지로 의논도 해야겠고.
호준	의논? 설마 나더러 고소 취하하라는 뜻은 아닐 테지? 그건 절대로 안 된다.
성숙	(눈물이 글썽거리며) 오빠… 그렇지만…
호준	뭐가 그렇지만이냐? 근칠이와 박상덕이 나 하나를 매장시키기 위해서 그동안 쏟은 시간과 정력과 돈은 내게도 필요했으니까…
성숙	오빠! 그렇게 생각하시면 싫어요.
호준	싫고 좋고가 어디 있니? 내가 전화를 건 건 정식으로 고소를 제기했다는 걸 통고하기 위해서니까. 근칠이 들어오면 그렇게 전해. 알았지? 그럼… (하며 전화를 끊는다. 이와 동시에 임호준의 집조명이 꺼진다. 어떤 허탈감에 빠진 성숙은 조용히 수화기를 내려놓고는 깊은 생각에 잠긴다. 이때 유근칠이 들어선다. 몸은 수척하지만 활기가 돌고 옷도 정장을 했다)
근칠	여보! 대문이 열려 있던데…
성숙	어머니가 병환이 나셨다나 봐요. 어떡하죠?

셋이서 왈츠를

근칠   (한숨을 몰아쉬며) 병난 게 어디 어머님뿐이겠소?

성숙   참, 오빠한테서 지금 전화 왔었어요…

근칠   (긴장의 빛을 보이며) 뭐라고…

성숙   (가늘게 떨리는 손으로) 여보… 얘기 들으셨어요?

근칠   고소 제기했다는 얘기?

성숙   알고 계셨군요?

근칠   응… 그래서 지금까지 박상덕 사장하고 대책을 세우고 오는 길이
       지…

성숙   어떻게요.

근칠   일단 셋이서 만나기로 했지…

성숙   셋이라뇨?

근칠   나와 박상덕과 그리고 처남.

성숙   그게 가능하다고 생각하세요?

근칠   불가능한 일은 아니지. 박 사장이 무슨 짓을 해서라도 처남을 불
       러내기로 했어… 연락 올 거요.

성숙   그런데 왜 오빠가 전화를 걸었을까요?

근칠   왜라니?

성숙   셋이서 만나기로 해놓구서 무엇 때문에 전화를 걸었느냐구요.

근칠   그게 바로 처남의 인간형일지도 모르지!

성숙   예?

근칠   헛허… 아무튼 걱정 할 건 없어요. 잘 풀릴 테니까… 박 사장이
       자기에게 맡기라니까 맡기면 되는 거지.

성숙   전 반대예요.

근칠   반대?

성숙   당신 일을 왜 자신이 해결을 안 하시고 박 사장에게 맡기세요?

근칠   그, 그거야 친구니까 그렇지.

성숙	친구? 친구는 다 맡길 수 있다고 생각하세요?
근칠	우린 보통 친구가 아니지. 당신도 잘 알잖아. 더구나 이번 선거를 통해서…
성숙	당신은 박 사장의 덕으로 당선되었다고 생각하시나요?
근칠	그걸 말이라고 해?
성숙	모르세요? 돈과 고무신을 돌린 게 박 사장의 지시라는 걸 잊으셨나요?
근칠	아니 누구한테서 그런…
성숙	다 들었어요. 아버지께서 얘기해 주셨거든요. 당신은 선거에서는 이겼을지 모르지만 인생은 그만큼 후퇴한 거예요.
근칠	(화를 내며) 무슨 얘길 하는 거야?
성숙	당신은 모든 책임이 박상덕에게 있고 박상덕이 모든 처리를 해주기 바라는 모양이지만 그건 잘못이에요.
근칠	당신이 뭘 안다고 그래?
성숙	알고 있어요!
근칠	뭘 알아? (하며 화를 터트린다)
성숙	이용당하고 있다는 사실!
근칠	이용을 당해?
성숙	그래요. 당신은 처음부터 박 사장에게 이용당하고 있어요. 아버지 말씀을 빌리자면 당신은 지금 고리대금업자 박상덕의 돈을 빌려 쓰고 있는 거예요.
근칠	아니… 지금 당신은…
성숙	여보! 제 얘길 들어주세요. 저는 흥분도 열중도 아니에요. 가장 냉정한 상태에서 얘기하고 있어요. 나는 당신의 아내예요. 사랑하는 남편에게 얘기하고 있는 거예요! 박상덕에게 빚을 지면 안 돼요. 여보! (어느덧 그녀는 울고 있다)

셋이서 왈츠를

근칠	당신 어디서 무슨 얘길 들었는지 모르지만 우린 그런 사이가 아니란 말이오! 우리들… 남자들 세계는 그게 아니라니까!
성숙	남자들 세계라고요? 그래요. 그 의리와 우정이라는 마법으로 한 인간을 멸망의 나락으로 밀어내버리는 일들! 박상덕처럼 돈을 쥐고서 이 사람에서 저 사람으로 벌 나비처럼 넘나들면서 꿀을 빨고 나면 다른 꽃을 찾아가는 우정행각? 그것을 출세라고 부르고 권력이라고 부르고, 그래서 행복을 차지했다고 생각하는 속물근성들! (광적으로) 여보! 싫어요! 당신은 그 꽃이 되어서는 안 돼요. 우리는 꽃이 아니라도 돼요. 여보!
근칠	그게 무슨 소리지? 당선까지 시켜놓았는데 이제 와서…
성숙	오빠가 고소를 제기했다는 사실을 잊었나요? 언제까지나 그렇게 원수로 지내시겠어요? 남자들은 그 욕망의 포로가 되기를 원하는가요? 여보! 그것이 출세의 꽃이라고 생각하시나요?
근칠	그럼 나더러 어떻게 하라는 거죠?
성숙	……
근칠	당신은 내게서 뭣을 원하는가 말이오?
성숙	……
근칠	온갖 고생 끝에 피우게 한 이 꽃송이를 짓이겨버리란 말이오?
성숙	(침착하게) 우리는 꽃이 아니라 씨앗이에요.
근칠	씨앗?
성숙	그래요. 조그마한 종자지요. 종자만 있다면 어디서나 꽃은 피울 수 있어요. 종자는 많은 게 필요 없어요. 뿌려질 흙만 있으면 되니까요. 약간의 수분과 햇볕만 있으면 그 종자는 잘 자랄 거예요. 그 종자에서 움이 트고 꽃도 피고 열매도 열릴 거예요. 여보! 그런데 왜 당신은 처음부터 꽃이 되기를 바라시나요?
근칠	그 종자를 키워준 사람이 박상덕 사장이야…

성숙   그 사람은 꽃이 피우기가 무섭게 꺾어다가 시장에 팔아버릴 사람이에요. 당신의 꽃은 이미 당신을 위한 것이 아닌 박상덕의 꽃이에요… 여보! 그러니 지금이라도 늦지 않으니 사퇴하세요!

근칠   (충격을 받은 듯) 사퇴를?

성숙   자기 자신을 위한 꽃을 피우기 위해서는 그 길 뿐이에요. 지금까지 우리가 쏟은 정성이 아깝기는 하지만 그건 우리의 전부는 아니니까요. 우리가 종자만 가지고 있다면 꽃은 내년에도 그리고 10년 후에도 피울 수 있으니까! 제발 그렇게 해요! 욕망 때문에 부모 형제와 등지고 살 수는 없어요. 당선이 되었어도 슬퍼지고 고달프기만 해요. 여보! 당신의 아내가 말하고 있어요. 당신의 아내의 목소리를 들어주세요. (하며 근칠의 품에 안겨 흐느낀다. 근칠의 얼굴에도 점점 짙은 안개 같은 것이 뒤덮여 온다. 그는 어떤 충격과 고통을 이겨내려는 듯 말없이 아내를 아스라지게 껴안는다. 꿈꾸듯) 여보! 이대로가 좋아요. 이 둘이서만의 고요… 이대로 살았으면 좋겠어요! 언제까지라도…

이때 전화벨이 울린다. 두 사람은 꿈에서 깨어난 사람마냥 눈을 번쩍 뜬다.

성숙   전화 받지 말아요.

근칠   그렇지만…

성숙   제가 받을게요.

근칠   안 돼! 급한 연락일지도 몰라.

성숙   모든 걸 잊어버리기로 했잖아요.

근칠   그럴 수 없어…

성숙   여보! 당신은 역시…

          셋이서 왈츠를

근칠은 성숙을 떠밀듯 하며 전화 있는 쪽으로 가서 수화기를 든다. 성숙은 멍하니 허공을 쳐다본다.

근칠   여보세요… (금시 표정이 활짝 피며) 박 사장? 응… 지금 막 들어왔지… 응… 헛허… 그래 어떻게 되었어? 응? 오늘 밤에 만나기로 했어? 우리 셋이서? 장소는 Y살롱? 잘 됐어… 셋이서 만나서 얘기하면 잘 될 것 같다고? 헛허… 그야 박 사장이 잘 리드하니까 그렇지… 응… 응… 물론 나는 처남에게 아무 말 안 하겠어… 난 자네만 믿을 테니까… 응… 응… 그래 오늘 밤 셋이서 멋지게 놀아 봐! 우리 세 사람 사이에 못할 얘기가 뭐가 있겠나? 알았어… 8시 Y살롱에서… 헛허…

근칠이가 전화를 받는 동안 성숙은 절망도 낙관도 아닌 상태에서 서서히 오른쪽으로 나간다.

─막

쑥굴레떡 (1막)

- **등장인물**

  아버지(59)

  어머니(55)

  형 갑석(28)

  동생 을석(24)

  달수(27)

- **때**

  현대. 초가을

- **곳**

  농촌

※ 이 작품은 공연하는 지방의 실정에 따라 등장인물은 그 고장의
   방언을 사용해도 무방하다. 특히 소인극임으로 구태여 표준말을
   사용하려고 애쓸 필요가 없음을 밝혀둔다.

※ 쑥굴레떡이란 전라도 남부지방에서 즐겨 먹는 향토식의 일종이
   다. 쑥찰떡을 경단알보다 좀 더 크게 둥글게 썬 것을 녹두, 계피
   고물로 입힌 다음 접시에 올려놓고 먹기 직전에 조청을 후북이*
   쳐서 먹는다. 쑥떡에 꿀을 쳤다 해서 쑥굴레떡이라고 부른다.

---

* '흠뻑'의 전남지역 방언.

무대

농촌이면 어디서나 볼 수 있는 평범한 집이다. 마루를 사이에 두고 안방과 건넌방이 있고 부엌은 안방에 잇달아 있다. 무대에는 세울 필요가 없으나 부엌 안쪽으로 방이 하나 있는 것으로 설정하면 되겠다. 안방은 갑석의 부모가, 건넌방은 을석이가 그리고 부엌방은 말순이가 거처하고 있다.

농가이지만 집 둘레며 마루가 비교적 말끔하게 정돈되어 있고 지붕도 초록빛 슬레이트로 이어 있어서 한눈에 청결함을 느낄 수가 있다. 가능하면 마당 한 귀퉁이에 닭장이며 토끼장 등이 있어 부지런한 이 집 사람들의 생활상을 나타내면 더 좋겠다. 담도 흙담이 아닌 시멘트 블록 담이며 그 아래는 조촐한 화단이라도 있으면 더 좋을 것이다.

때는 초가을.

가을이라지만 내리쪼이는 햇볕은 따가울 정도이며 지붕 위에 널려 있는 햇고추가 피보다 붉다.

(※ 장치를 제작할 때 화초나 고추나 토끼장 같은 것은 실물을 갖다 놓을 게 아니라 담에다가 그리거나 지붕에다가 그리는 게 간편하고 효과적일 것이다)

막이 오르면서 가는 여름을 아쉬워하기라도 하듯 매미가 한바탕 울어 제낀다.

어머니가 마루 끝에 앉아서 쑥을 다듬고 있다. 인자하고 참을성이 있어 보이는 전형적인 어머니형이다.

그녀의 얼굴은 마냥 즐거워 보인다. 잠시 후 매미 울음소리가 멎으며 달수가 자전거를 끌고 한길에서 등장. 새마을 모자에 반소매 점퍼 차림이다. 팔뚝이며 얼굴이 구릿빛으로 그을렸고 건강해 보인다. 그는 모자를 벗고 인사를 하며 들어선다.

달수	안녕하십니까?
어머니	어서 오게, 달수.
달수	갑석이가 내려왔다면서요? (하며 자전거를 세운다)
어머니	응. 어디서 들었나?
달수	협동조합에 갔다 오는 길에 우체국 다니는 성만이를 만났더니 그러더군요.
어머니	(기쁨을 감추지 못하며) 글쎄 우리도 잠자다가 봉창 두들기는 격이 었지. 내려오겠다는 기별도 없이 아침나절에 불쑥 나타났으니 ……
달수	멋쟁이 서울 처녀하고 함께 왔다면서요? 어디 나갔어요? (마루 끝에 걸터앉는다)
어머니	그, 글쎄…… (하며 사뭇 행복한 표정이다) 아마 둑길로 바람 쐬러 나갔나봐.
달수	갑석이가 다녀간 지가 벌써 4년째 되었죠? 그렇죠? (하며 담배를 꺼내 피운다)
어머니	응. 대학 졸업 맞고 취직했을 때였으니까. (한숨) 세월이 어찌나 빠른지……
달수	그렇지만 갑석이는 출세했지 뭡니까. 서울서 대학 마쳤고 군대도 갔다 왔고 취직도 했고 이제 서울 색시한테 장가까지 들게 되었으니……
어머니	(눈이 휘둥그렇게 커지며) 달수! 그, 그걸 누, 누가……
달수	왜 모릅니까? 쩍하면 입맞이지요! 헛허……
어머니	뭐라구?
달수	이래 뵈도 눈치가 빠르긴 손오공 이상입니다. 헛허……
어머니	홋호……
달수	(허공에다 담배 연기를 날려보내며) 그 친구 4 년 동안 고향에는 코

237

빼기도 안 보이더니만 그런 꿍꿍이속이 있었군. 헛허……

어머니 얘기가 나왔으니 말이지만 우리도 까맣게 몰랐지. 그저 성공하기 전에는 내려오지 않겠다던 녀석이 난데없이 색시를 데리고 왔으니 말이야!

달수 아니 그럼 벌써 식을 올렸대요?

어머니 아니야. 이번 가을에 혼례식을 올린다나봐.

달수 옳아. 그러니까 말하자면 약혼자를 부모님께 선뵈러 온 셈이군요? 헛허……

어머니 누가 아니래.

달수 어떻든 갑석 어머니는 복도 많으십니다.

어머니 내가?

달수 그렇지요. 갑석이는 갑석이대로 대학까지 마쳤고 을석이는 을석이대로 착실하게 집안 지키는 농군이고 이제 뭐가 걱정입니까? 우리 마을에서는 모두가 부러워들 하는데요. (다음 순간 어머니의 미간이 흐려지며 길게 한숨을 내뱉는다)

어머니 그렇지도 않아.

달수 예? 아니 뭐가요?

어머니 (일부러 바삐 쑥을 다듬으면서) 사람은 저마다 한 가지 근심 걱정은 있는 법이니까. 그러기에 허해도 빚이 천냥이라지 않던가?

달수 원 별 말씀을…… (자리에서 일어서며) 아들 형제 그만하면 됐지 이상 더 뭘 바라십니까? 욕심도 많으시지. 헛허…… 그럼 있다가 밤에라도 다시 들리겠습니다.

어머니 (따라나서며) 왜 벌써 가게?

달수 예. 면사무소에 비료 배급 관계로 들려야 돼요. 갑석이 오거든 제가 다녀갔다고 전해주세요.

어머니 그럼 밤에 들리게. 꼭 내 갑석이가 좋아하는 쑥굴레떡이랑 해놓을 테니 같이 먹도록 해.

달수 (군침을 삼키며) 쑥굴레떡이요?

어머니 응! 우리 갑석이는 어려서부터 쑥굴레떡을 그렇게 잘 먹었지. 언젠가는 앉은 자리에서 스물다섯 개나 먹고는 한바탕 소란을 피웠지. 홋호……

달수 그러고 보니 저도 쑥굴레떡 먹어본 지가 아득히 옛날 같아요.

어머니 요즘은 하나부터 열까지가 그저 신식만 찾는 세상이라서…… 우리 갑석이가 오랜만에 내려왔는데 뭐 해 먹일 게 있어야지.

달수 자부 되는 규수한테 더 먹이고 싶으시겠지요? 헛허……

어머니 홋호…… 자네 말이 옳아.

달수 그럼 또 들리겠습니다. (하며 자전거를 끌며 나간다)

어머니 조심해 가게. 갑석이 오거든 얘기 전함세.

달수 (소리만) 예!

어머니는 블록 담 너머로 행길을 내다보다가 문득 생각이 난 듯 돌아선다.

어머니 아니 이 애는 여태 뭘 하고 있을까? 녹두 서너 홉 맷돌에 갈아오라고 했더니 아주 지리산 포수가 되어버렸으니…… 쯧쯧…… (담 너머로) 끝순아! 끝순아!

이때 아버지가 한길에서 들어선다.
선량하지만 우직하고 고집스럽다. 밖에서 무슨 언짢은 일이라도 있었는지 표정이 굳어 보인다. 밀짚모자에 베잠방이 차림이다. 구릿빛으로 그을린 살갗이 아직도 장정다운 기력을 나타내고 있다.

쑥굴레떡

아버지 (아내를 흘겨 보며) 한낮부터 웬 소락대기*를 지르고 야단법석이
야! 남부끄럽게…… (하며 마루 끝에 덥석 걸터앉는다. 그리고는 밀
짚모자를 벗어 푸다닥 부채질을 한다)

어머니 (약간 겁먹은 어조로) 끝순이더러 통장댁 맷돌에다 녹두 좀 갈아오
랬더니 글쎄……

아버지 무슨 잔칫날이야? 난데없이 귀한 녹두를 갈아오라게! 녹두 값이
얼마나 비싼지 몰라?

어머니 그, 그게 아니라 갑석이가 좋아하는 쑥굴레떡을 해먹이려고요.

아버지 (무섭게 쏘아보며) 쑥굴레떡?

어머니 예……

아버지 미쳤어? (하며 밀짚모자를 마루에다 내팽개친다. 어머니는 섬찟 놀라
며 말문을 잃은 채 남편의 표정만 지켜본다)
그 녀석이 그런 걸 먹을상 싶어? 어림도 없지! 관둬!

어머니 예?

아버지 헛고생일랑 그만 두란 말이오. 갑석이가 언제 그런 촌음식을 먹
게 되었소? 흥! 이젠 서울 사람 다 되었습네하고 거들떠보지도
않을 테니……

어머니 (조심스럽게) 저…… 갑석이가 무슨 얘기라도 하던가요?

아버지 기가 막혀서 원…… (하며 담배를 꺼내 문다)

어머니 기가 막히다니요? 속 시원하게 말씀 좀 하세요. 아까 갑석이가
아버지 어디 가셨느냐고 묻기에 아마 온상에 비닐 걷으러 나가셨
을 거라고 했더니만…… (다가앉으며) 갑석이 왔습데까?

아버지 (담배 연기만 내뱉는다)

어머니 무슨 얘길 하던가요?

---

*큰 목소리로 떠들어 댄다는 뜻으로 옛날부터 많이 쓰이는 말.

아버지	(불쑥 내뱉듯) 돈을 내놓으래.
어머니	돈이라니요?
아버지	그것도 자그마치 20만 원.
어머니	20만 원?
아버지	미친 녀석!
어머니	그렇게 많은 돈을 어디다……
아버지	난 아침에 그 녀석이 뜰 안에 들어설 때 벌써 마음에 짚이는 게 있었지. 생각 좀 해봐. 4년 동안 엽서 한 장 없던 녀석이 불쑥 대밭에서 도마뱀 기어 나오듯 나타났을 때는 그럴 만한 속셈이 있었을 게 아닌가 말이오.
어머니	그…… 그야 약혼한 색시도 함께 왔으니까 그걸……
아버지	우리한테 선보이겠다는 얘기? 흥! 그러나 갑석이는 돈을 울거내려고 온 거야.
어머니	그 돈을 어디다 쓰겠대요?
아버지	방을 얻는데 필요하다는 거야. 장가들면 셋방이라도 들어서 새살림을 차려야겠으니 20만 원만 해내라니 그래 우리 형편에 그게 쉬운 일인가 말이오? 흥? (하며 마치 어머니에게 잘못이라도 있는 듯 쏘아붙인다)

어머니는 어머니대로 자기 자신이 그 책임을 지기라도 한 듯 풀이 죽어 손끝은 건성으로 쑥을 만지작거리고만 있다.

| 아버지 | 자식이고 뭐고 믿을 거라곤 없어. 말이야 바른 말이지 이제 제놈도 그 나이가 되었으면 늙은 부모 모셔가야 할 처지가 아닌가 말이야. 그런데 이건 되려…… (어이가 없다는 듯 말끝을 못 맺고 허공에다 담배 연기만 내뱉는다) |

241   쑥굴레떡

이때 을석이가 지게에다 꼴풀을 한 짐 지고 들어선다. 그 위에 풋동부며 콩대가 얹혀 있다.

작업복 바지에 낡은 노타이셔츠를 입었다. 새마을 모자가 땀에 절어서 희부옇게 퇴색이 되었다. 구릿빛 얼굴에 젊음과 강한 의지가 역력히 나타나 보인다.

그는 아버지와 어머니의 얘기에는 아랑곳하지 않고 지게에서 내려놓은 풀더미를 안고 집 뒤란으로 간다. 돼지 꿀꿀대는 소리가 요란스럽다. 어느덧 아버지와 어머니는 약속이라도 한 듯 을석의 행위를 지켜보다가 무심코 시선이 마주치자 계면쩍어진다.

아버지   같은 자식인데도 저렇게 다를 수가 있을까 말이야. (다시 울화가 치밀어 오른다) 갑석이 제놈이 정신이 제대로 박혀 있었던들 을석이 얼굴을 봐서도 그런 소린 못하지. 장남인 자기는 엽전 한 닢 못 내주니.

어머니   영감!

아버지   서울 사람만 중하지 농사 짓는 사람은 죽어도 좋단 말인가? 아니 나나 을석이가 죽어라 일궈온 게 제놈 장가 밑천 대기 위해서인가 말이야! 내일 모레면 환갑을 맞을 늙은 부모에게 돈을 보내주지는 못할망정 긁어가지는 말아야지!

어머니   원 그걸 말씀이라고 하세요? 갑석이도 알몸으로 고향을 떠나 갖은 고생 끝에 대학 공부 마쳤고 이제 회사에 다니게 되었지만 그동안 겪은 고생이야 이루 다 말할 수 없지요.

아버지   아니 누가 서울로 가랬어? 그러기에 송충이는 솔잎 먹고 살아가야 하는 법이지. 을석이를 보란 말이야. 갑석이가 그렇게 살아가는 꼴이 뵈기 싫다고 중학교만 마치고는 그대로 주저앉아 농사를 짓고 집안을 지켜왔잖아. 서울 구경이라고는 언젠가 박람회 때도에서 새마을 지도자를 단체로 데려갔을 때 딱 한 번 갔었지. 내 돈이라고는 한 푼도 안 들이고 말이야. 게다가 하루에 6백 원씩 내준 식대를 아껴 쓰고 남은 돈으로 임자 나일론 저고리하고 내 양말 사온 일 생각 안 나?

어머니 (금시 눈물이 글썽해지며) 을석이야 나무랄 데 없지요. 말이 없고 바지런하고 알뜰하고…… 그렇지만 갑석이도 을석이 못지않게 착한 점도 있지요. 따지고 보면 갑석이가 부모에게 폐 안 끼치고 자기 힘으로 대학 공부 마쳤으니 얼마나 대견한 일인가 말이에요.

아버지 대견해?

어머니 그럼요. 우리 마을에서 갑석이 만한 청년도 드물지요. 아까 달수도 다녀갔지만 갑석이를 얼마나 부러워하는지……

이때 뒤란에서 을석이가 수건으로 땀을 씻으며 나온다.

을석 부러워하던가요?

아버지와 어머니는 아들의 말이 무슨 뜻인지 미처 못 알아듣고 서로 얼굴만 쳐다본다.

을석 부럽기도 하겠지요. 우리 마을에서 대학교육을 마친 사람이라고는 군청 산림계에 다니는 이 주사 아들하고 우체국장 아들뿐이니까요.

어머니 을석아!

을석 형은 더구나 고학으로 대학을 마친 데다가 취직시험을 치러서 당당히 합격되어 입사했으니까 자랑할 만도 하지요.

아버지 을석아!

쑥굴레떡

을석 아버지랑 어머니 얘기 다 들었어요. 형이 20만 원만 대달란다는 얘기 말이에요.

어머니 을석아! 그래 네 생각은 어떻니?

아버지 그걸 말이라고 해! 을석이가 그걸 분간 못할 만큼 어리석을 것 같아! 어림도 없지!

어머니 그렇지만……

을석 아버지.

아버지 을석아. 넌 신경 쓸 것 없다. 아까 네 형이 그 얘기를 꺼내길래 들은 척도 않고 생각해보자고만 하고 들어왔으니까. 너도 알다시피 우리 형편에 20만 원이면 무엇부터 해야 할지 모를 대금이지. 가을에는 계사에 기름난로도 하나 놔야겠고 내년 봄에 수확을 보려면 메론 온실도 확장해야겠고…… 그저 돈으로 메꾸어야 할 일이 어디 한두 가지 일이니? 그런데도 갑석이는 마치 제 돈을 맡겨 놓기라도 한 듯이. 흥…… 배웠다는 주제에 고작해서 그런 소리밖에 못하다니 이건 자랑이 아니라 망신이지 망신.

어머니 무슨 말씀을 그렇게 하세요?

아버지 내 말이 어때서?

어머니 갑석이는 우리 아들이에요.

아버지 나는 갑석이 애비야! 애비가 아들에게 그런 말도 못해?

어머니 말이라고 다 하나요? 갑석이 처지도 생각해줘야지요.

아버지 그런 일 생각할 짬이 있거든 돼지 밥이나 걷어와! (하며 일어선다)

어머니 (뽀로통해지며) 나도 바빠요.

아버지 흥! 그따위 쑥굴레떡 만들 시간 있으면 낮잠이나 자지! (하며 휑 밖으로 나가 버린다. 어머니는 갑자기 서글픔과 원망스러운 생각에 입술이 바르르 떨린다)
에그 저 고집.

을석도 저만치 토끼장 가까이 가서 안을 들여다본다. 그러나 토끼를
보는 게 아니라 생각에 잠기고 있는 눈치이다.

어머니 을석아.

을석 예?

어머니 (다가가며) 네 형하고 얘기해 봤니?

을석 아뇨.

어머니 그래서야 쓰니?

을석 뭐가요?

어머니 모처럼 고향에 내려온 형에게 좀 더 다정스럽게 대해야지…… 더
구나 장차 네 형수될 사람까지 같이 왔는데……

을석 일이 바빠서 그랬지 결코 다른 생각이 있어서가 아니에요.

어머니 (길게 한숨을 뱉으며) 나도 네 마음 다 안다.

을석 예?

어머니 네가 형을 어떻게 생각하고 있는지 안다니까.

을석 (싱긋 웃으며) 어머니가 언제부터 점을 치셨어요? 사람의 마음을
다 알게.

어머니 알고말고. 점치는 사람이 따로 있는 게 아니야. 세상을 살아가노
라면 누구나 점을 치게 돼. 고기잡이 하다 보면 날씨도 점치고
농사를 짓다 보면 논 한 마지기에서 벼가 몇 말, 몇 되 나온다는
걸 알게 되듯이 말이다.

을석 (장난기 있는 어조로) 그래 어머니 생각엔 제가 형을 못마땅하게
여기고 있다고 생각하시나요?

어머니 (약간 난처해서) 그, 그야……

을석 아니 제가 형을 시기하고 있다는 뜻이겠죠? 형은 대학 공부 시켜
주고 나는 중학교밖에 안 나왔고 형은 서울서 살고 나는 농사꾼

밖에 못 되고 형은 멋쟁이 색시를 맞이하게 되었는데 나는 아직껏 등에서 지게가 떠날 날이 없고…… 그래서 제가 형에게 언짢게 대하고 있다고 생각하시나요?

어머니 그, 그건……

을석 그렇게 생각할 수도 있겠죠.

어머니 을석아. 네 형에게 따뜻한 말 한 마디라도 건네야 한다. 어찌 되었 건 형은 형이니까.

을석 원, 어머니두. 제가 언제 형한테 냉담하게 대했던가요?

어머니 아침에 네 형이 들어섰을 때 너는 조금도 반가운 눈치가 안 보이 더라.

을석 그럴 리가 있나요. 저는 다만 일이 바빠서 나갔을 뿐이라니까요.

어머니 일부러 피한 게 아니구?

을석 피해요?

어머니 아버지랑 네가 나가버리니까 네 형은 쓸쓸한가 보더라. 내가 부엌 에서 엿들으니까 그 색시하고 몇 마디 소근거리는 게 말이야. 부 모한테 할 얘기가 있어서 내려왔는데 냉담하게 대하니까 네 형인 들 마음속으로 얼마나 서운했겠니? 더구나 색시 될 처녀까지 데 리고 왔는데…… (사정하듯) 을석아. 그러면 못써. 형은 형이고 아우는 아우란다. 설사 형이 너보다 못났다 치더라도 너는 아우 로서의 도리가 있잖겠니? 제발 있다가 형이 들어오거든 지어내 서라도 천연스럽게 대하렴! 알았지?

을석 글쎄 저는 일이 바빠서 나간 것 뿐이라니까요.

어머니 오늘 하루쯤 일을 쉬면 어때서 그러니?

을석 쉬어요?

어머니 네 형하고 마주 앉아서 오손도손 재미나는 얘기나 하렴. 4년 만에 돌아온 형한테 그럴 수가 있니? 응? 내 곧 맛있는 쑥굴레떡을 만

들어 줄 테니까…… 알았지?

을석   알겠어요. 집에 있을게요.

어머니 (을석의 등을 어루만지며) 역시 너는 착한 내 아들이지. 홋흐……

을석   어머니! 그렇게 기쁘세요? 제가 집에 있는 게……

어머니 그럼! 어려서부터 너희 형제가 다정하게 마주앉아 얘기하는 모습
      을 나는 본 적이 없었으니까 말이다! 이제는 다 어른이 되었잖아!

을석   원, 어머니두…… 형하고 같이 지낼 시간이 없었잖아요?

어머니 그러니까 오늘은 그 시간이 있잖아.

을석   염려마세요. (하며 씨익 웃어 보인다)

어머니 그리고 아까 그 얘기도 생각해 봐.

을석   예?

어머니 아버지 말씀 말이다.

을석   (잽싸게 눈치 차리고) 20만 원 말이군요?

어머니 그래. 아버진 네가 해주자고 우기면 승낙하실 게다.

을석   그럴 리가 있나요?

어머니 아니야. 아버진 형보다 동생인 너를 더 믿으시니까 네가 우기면
      돼.

을석   원, 어머니두! 장남이 소중하지 차남이야 식은 밥 신세인 걸요.
      헛허……

어머니 그런데 우리 집에선 차남이 더운 밥 신세인 걸 어떻게 하니? 홋호
      ……

을석   헛허……

어머니 그럼 내 잠깐 나갔다 올게. 반찬도 해야겠고 끝순이에게 녹두 갈
      아오라는 것도 내가 해야지 기다릴 수 없겠다. (하며 한길로 나가려
      는데 갑석이가 들어선다. 산뜻하게 입은 회색 양복에 꽃자주빛 넥타이
      를 맸다. 얼굴이 희고 매끈한 모습이 을석이와는 너무나 대조적이다.

쑥굴레떡

그러나 미간이 흐려 있어 무슨 고민이라도 있는 표정이다)

어머니 갑석아. 어디 갔다 오니?

갑석 예!

어머니 (두리번거리며) 그런데 색시는?

갑석 먼저 가라고 했어요.

어머니 먼저 가다니…… 어디로……

갑석이가 뜰 안으로 들어서자 을석이와 시선이 마주친다. 을석이가
어색하리만큼 반가운 표정을 짓자 갑석의 얼굴이 더 굳어진다.

어머니 서울로 올라갔어?

갑석 모두들 싫어하니까 올라가는 수밖에요.

어머니 싫어하다니…… 누가 말이냐?

갑석 (마루 끝에 주저앉으며) 글쎄요. 누구라고 해야 할지……

을석 형.

갑석 (담배를 꺼내 물고 라이터를 켜 댄다)

을석 미안해요. 제가 일이 바빠서 그만……

갑석 바빠야지…… (빈정대며) 사람은 바빠야 하고말고. 나처럼 빈둥
빈둥 놀고 지내는 인간이야 어디 가나 환영 받기는 힘든 세상이
지!

어머니 갑석아!

을석 형, 그렇게 빈정대시면 저도 가만 안 있겠어요!

어머니 을석아!

갑석 (노려보며) 가만히 안 있는 건 벌써 눈치 차렸다!

을석 뭐라구요?

갑석 단도직입적으로 말하자. 너나 아버지는 내가 집에 내려온 게 싫은

게야. 반갑잖은 손님까지 달고 왔으니 끼니 먹이는 것 아깝다고 눈살이 사나운 거지?

을석 형!

갑석 내 말이 잘못되었니? 따지고 보면 나도 나쁜 사람이다. 그러나 오늘은 벼르고 벼르다가 내려온 거야! 그런데 반겨주기는커녕 왜 왔느냐고 내쫓는 판국이니……

을석 (화가 치밀어서) 누가 내쫓았단 말이에요? 그런 억지소리로 사람을 잡지 마세요!

갑석 (담배를 홱 내던지고 정면으로 대결하듯) 그래 어떻게 하겠니? 이젠 내게 손찌검을 하겠어?

어머니 갑석아! 왜들 이러니?

갑석 말은 터놓고 하자! 결혼 비용으로 20만 원만 돌려달라는 게 잘못된 일이냐? 그것도 이자를 내겠다고 했다. 월 4부로 반년만 쓰겠다고 했어! 그때 가면 회사에서 상여금도 나오고 해서 틀림없이 갚을 수 있어서 한 얘기다. 내 말이 틀렸니? 아니 장남인 내가 결혼비용 좀 융통해 주십사 했는데 뭐가 나빠? 응?

을석 누가 나쁘댔어요?

갑석 네가 반대했잖아?

을석 뭐라구요?

어머니 갑석아! 그게 아니야…… (하며 갑석에게 매달리려 하자 갑석이가 뿌리친다)

갑석 어머닌 모르시는 일이에요. 아버진 을석이 때문에 반대하시는 거예요.

을석 (분노가 터지며) 형! 정 이러시면 가만 안 있겠어요!

갑석 나를 때리겠니? 때려?

어머니 갑석아!

갑석   네 속셈을 내가 모를 줄 아니?

을석   속셈이라니요? 아니 어떻게 하는 말씀이죠?

갑석   나는 어려서부터 서울에서 지내느라고 집안일에는 전혀 관여 안
       했지. 그러나 너는 아버지와 함께 농사를 짓고 가계를 꾸려나왔
       으니까 실질적으로 우리 집 재산 관리는 네가 하고 있다는 것쯤
       은 나도 알아.

을석   그래요! 그게 뭐가 잘못인가 말이에요! (차츰 반항심이 생기며) 형
       이 화려한 도시생활에 취해 있을 때 나는 땀과 굶주림으로 세월
       을 보냈어요. 멋진 얘기와 눈부신 거리와 팽이처럼 돌아가는 세
       상을 살아온 형에 비하면 나는 솔바람과 맹꽁이 소리와 퀴퀴한
       거름 냄새 속에서 소처럼 더디게 살아온 바보였지요. 보람이 있
       다면 그렇게 흘린 땀의 힘으로 우리 집 살림이 조금씩 늘어간다
       는 사실이지요!

갑석   으시대지 말어!

을석   뭐라구요?

갑석   내게도 할 말은 있다. 내가 고학하던 시절의 쓰라린 얘기는 염주
       를 끼워도 다 끼우지 못할 정도야. 아버지나 너는 내가 서울에서
       매일 밤 영화관이나 드나들며 편하게 살아온 줄 알겠지만 나는
       나대로의 고민도 있었다. 시골에 있건 서울에 있건 저마다 괴로
       움은 있게 마련이야!
       신문배달, 우유배달, 가정교사, 프린트사, 필경생,* 서적 외판원
       …… (목이 매이며) 난, 난…… 피나는 아픔과…… 외로움을 ……
       짓이기며 살아왔어. 내가 그동안 나 혼자만의 생활을 위하다 보
       니 부모님이나 동생들을 돌보지 못한 건 내 잘못이겠지! 하지만

---

* 글씨 쓰는 일을 직업으로 하는 사람.

난 결코 허영에 들떠 있던 건 아니었어! 그건 오해다! 아버지의 편견이란 말이다. (하며 그는 돌아서 벽에 이마를 대고 소리 죽여 흐느낀다)

을석은 을석대로 숙연해지고 어머니는 어머니대로 가슴이 미어지는 듯 아픔을 느낀다.

어머니 갑석아, 그걸 왜 모르겠니? 네 아버지는 그렇다 치고라도 을석이는 그게 아니다. 아까도 나하고 얘기를 했어!

갑석 (홱 돌아서며) 무슨 얘길 했어요? 어떻게 하면 나를 빨리 내쫓을 궁리를 했겠지요?

어머니 그게 무슨 소리니?

갑석 흥! 다 알고 있어요! 아버지나 을석이는 나를 미워하고 있단 말이에요! 농촌 사람은 고생하고 도시에서는 호의호식하는 것으로만 생각하고 있지만 지금은 그게 아니에요! 이 좁은 땅덩어리에서 시골 사람, 도시 사람을 갈라놓고 패를 짜고 으르렁댈 때가 아니란 말이에요.

을석 누가 패를 짰단 말이에요?

갑석 너지! 네가 그랬어! 나는 20만 원을 안 돌려준대서 이러는 건 아니다. 아니 애당초에 그런 말을 꺼낸 내 자신이 쑥스러울 정도로 부끄럽다. 지금까지 집안일이라곤 돌아보지도 안 했던 처지에 결혼비용을 운운하는 것부터가 틀렸다는 건 나도 안다. 그렇지만 부모형제간에 그런 얘기는 못할 것도 없지! 거절당해도 좋아! 허지만 내가 분한 건 사람을 이해 안 해주는 그 편견이다.

을석 편견?

갑석 그렇지! 너나 아버지께선 내가 일시적 불장난으로 사랑이니 결혼

             쑥굴레떡

이니 들떠 있는 줄 알겠지만 우린 우리대로의 고민도 있고 계획도 있었다. 돈이 문제가 아니야. 내가 지닌 진실성을 오해받은 게 서글프다! 분하단 말이다! 서울서 살면 모두가 허영심에 가득 차는 건 아니야. 농촌 사람이라고 반드시 순박하지 않듯이 말이다. 우리에게 있어서 중요한 건 서로가 이해하는 일이지. 상대방의 처지에서 이해하려는 선의가 아쉽다! 그런데 아버지와 아들, 형과 동생 사이에도 그 이해가 모자라는 게 슬프단 말이다! 오죽하면 인숙 씨가 울면서 되돌아갔겠니? 우린 동냥하러 온 게 아닌데, 구걸하러 온 게 아닌데 하면서 말이다. 약혼 허락도 받을 겸 내려왔는데……

어머니 아니 그럼 네가 색시를 올라가게 한 게 아니고 색시가……

갑석 (울음을 깨물며) 어머니, 제가 잘못했어요! 어리석었어요. 인숙 씨도 나더러 돈 얘기는 꺼내지 말라고 말하더군요. 지금까지도 숱한 고생을 해왔는데 부모님께 돈 걱정 끼쳐드리면 되는가고요. 그러나 저는 인숙 씨에게 꼭 보여줘야 할 게 있었어요.

어머니 보여주다니……

갑석 우리 부모님은 이렇게 다정하시고 인자하시고 이해심이 깊으시다는 걸 자랑하고 싶었지요.

어머니 갑석아!

갑석 세상이 제아무리 뒤바뀌고 요동을 일으킬지라도 예나 지금이나 변치 않는 게 우리 집 식구에게는 있다는 걸 보여주고 싶어서 내려왔는데…… (맥이 풀리며) 그게 아니었군요. 어머니! 제가 경솔했어요!

어머니 갑석아! 그, 그런 얘긴 왜 또……

갑석 (을석에게 다가가며) 미안하다. 결국은 내가 계산 착오였어! 아버지께서 선뜻 응낙하시는 걸 인숙 씨에게 자랑하고 싶었는데……

을석	형! 걱정 말아요. 내가 아버지께 말씀드리겠어요. 그까짓 20만 원 무리를 하면 만들 순 있어요.
어머니	(희색이 떠오르며) 그럼! 아버진 을석이 얘기면 곧 승낙하실 게다.
갑석	어머니, 그러실 필요 없어요!
을석	형! 오해는 푸셔야지요. 저나 아버지는 결코 그런 뜻으로 말한 건 아니니까요.
갑석	(쓸쓸하게 웃으며) 글쎄 이제 그 얘기는 없었던 걸로 하자. (시계를 보며) 나도 이제 올라가야 할 시간이니까.
어머니	벌써 가?
갑석	예. 내일 아침 출근을 하자면 가야지요.
어머니	그렇지만 이렇게 너를 떠나보내면 이 에미 마음은 견딜 수 없어! 네가 좋아하는 쑥굴레떡도 먹고 가야지.
갑석	쑥굴레떡이요?
어머니	그럼! 서울서야 산해진미가 다 있겠지만 예나 지금이나 변함없는 쑥굴레떡의 맛은 이 에미 솜씨뿐일 게다. 그러니 기다렸다가 먹고 가.
갑석	그렇지만 인숙 씨가 기다리고 있을 텐데……
어머니	가서 데려오렴.
을석	어머니두! 데려온다고 따라 오겠어요?
어머니	뭐라구?
을석	아까 형 얘기 못 들으셨어요? 세상이란 상대방의 처지를 이해해야 한다니까요!
갑석	을석이 말이 맞아요. 인숙 씨도 그런 점에서는 또 고집이 있지요.
어머니	그럼 어떻게 한담. 떡쌀도 빻아서 앉히고 녹두도 갈고 해서 일껏 준비를 했는데……
을석	오늘 아니면 내일이 있잖아요?

쑥굴레떡

어머니 　내일?

을석 　형! 염려말고 올라가세요.

갑석 　뭐라구?

을석 　아버지 일은 제게 맡기시고 어서 가보세요. 어물어물 하다간 형
　　　수까지 놓치고 말겠어요…… 헛허……

갑석 　헛허……

어머니 　아니 벌써부터 형수냐?

을석 　예. 그리고 쑥굴레떡은 제가 가지고 서울로 올라갈 테니까요.

갑석 　을석아.

어머니 　정말이냐?

을석 　예. 오해는 빨리 풀수록 좋지요! 아버지께는 제가 책임지고 말씀
　　　드릴 테니 염려마시고 올라가세요.

갑석 　고맙다! 을석아!

을석 　그 대신 월 4부 이자 날짜는 틀림없이 지켜야 합니다! 헛허……

갑석 　헛허…… 그럼 어머니! 이만 가보겠어요.

어머니 　서운해서 어떡헌담!

갑석 　결혼식 날 받게 되면 다시 모시러 올게요.

어머니 　정말?

갑석 　예.

어머니 　을석아! 그럼 쑥굴레떡은 네가 가지고 갈 게 아니라 그때까지 기
　　　다렸다가 더 맛있게 만들어야겠구나! 홋호……

을석 　헛허……

갑석 　핫하……

세 사람의 구김살 없는 웃음소리와 함께 급히 막이 내린다.

간주곡 間奏曲 (1막)

- **등장인물**

  오 과장

  미스 최

  영숙

- **때**

  현대. 늦가을

- **곳**

  번화가에 있는 어느 회사, 응접실

무대

응접실. 말이 응접실이지 사원과 손님들의 면회실이라는 편이 제격일 게다. 방 한가운데 싸구려 응접세트가 댕그러니 놓여있다. 정면 벽에 있는 큼직한 창이 반쯤 열려 있어 하늘빛 커튼이 바람에 하늘거리고 있다.

좌편 벽에 출입문이 있다. 벽에 걸려 있는 큼직한 달력의 여자 사진이 살벌한 이 방 분위기를 부드럽게 해주고 있다.

따라서 방 전체의 꾸밈새는 천박하다기보다는 삭막하여 싸늘한 늦가을의 밤공기가 그대로 몸에 와 닿을 정도이다.

오후 세 시경.

막이 오르면 미스 최가 소파에 단정히 앉아서 주간지를 건성으로 들여다보고 있다. 긴 머리에 소박한 옷차림이다. 창 밖에서 들려오는 거리의 소음도 소음이려니와 시주를 청하는 스님의 염불 소리와 목탁 소리에 겹쳐 전도사의 찢어질 듯한 호소가 한데 엉키어 기묘하고도 이지러진 불협화음을 빚고 있다. 둔탁한 목탁 소리를 반주로 전도사의 절규가 한동안 높아졌을 때.

여자 사환 영숙이가 찻잔을 쟁반에 받쳐 들고 들어선다. 미스 최가 거의 반사적으로 미소를 던지나 영숙은 극히 사무적인 표정으로 찻잔을 미스 최 앞에 놓는다.

영숙　조금만 기다리시래요. 오 과장님께선 지금 상무님실에서 결재를 맡고 계시니까요.

미스최　예.

영숙　바쁘시면 다음날 오셔도 돼요.

미스최　아뇨. 기다리겠어요. (시계를 들여다보며) 아직 세 시인데.

영숙　보리차 드세요.

미스최 예.

영숙은 돌아서려다가 밖에서 들려오는 소음에 신경질이 나는지 창가
로 가서 창문을 쾅 닫아버린다. 그 서슬에 뜨거운 보리차를 마시려던
미스 최가 섬찟 놀라며 차를 엎지른다. 방 안이 전보다는 조용해진다.

영숙 아유 정말 신경질 나! 목탁을 치려면 법당에서 치고, 설교를 하려
거든 예배당에서 할 일이지 이 복잡한 거리에 나와서까지 떠들어
댈 게 뭐람! 그런다고 누가 믿나? 흥!

다음 순간 미스 최와 영숙의 시선이 마주치자 미스 최는 빙그레 웃어보
인다.

영숙 그렇잖아요?

미스최 글쎄…

영숙 하루 이틀도 아니고 날마다 저 소리를 들으려니 이젠 노이로제에
걸리고 말겠어요. 어서 네 시가 되어야 이 지옥에서 벗어나지.

미스최 퇴근이 네 시예요? 이 회사는…

영숙 아니죠. 저만 특별이에요.

미스최 ?

영숙 학교에 가야 하거든요. 다섯 시에 수업 시작인데 네 시에 나가도
된다고 봐주신 거죠.

미스최 그럼 오 과장님은 몇 시 퇴근이신가?

영숙 대중없어요. 일곱 시, 여덟 시가 보통이구요. 그것도 중역님들이
퇴근해야 나가고 또 오 과장님이 나가셔야 사원들도… 흠… (문
득 무슨 생각이 드는지 킬킬 웃으며) 정말 옆에서 보고 있으면 가관

간주곡

이에요.

미스최   뭐가…

영숙   눈치 보기 작전이죠. 어른도 별 것 아니데요. 그저 윗사람의 동정만 살피느라고 쩔쩔매는 게… 퇴근 시간 때가 되면 마치 혼기 놓친 노처녀 심정이지 홋호…

미스 최도 따라 웃는다.

영숙   (미스 최를 유심히 보며) 오 과장님 하고 잘 아시는 사이신가요?

미스최   응? 그 글쎄…

영숙   지금 그 얘기 하시면 안돼요. 오 과장님은 그래 뵈도 화를 내시면…

이 때 출입문이 열리며 오 과장이 들어선다. 영숙은 당황하면서도 눈치를 살피며 황급히 나가버린다. 미스 최가 자리에서 일어선다. 그녀의 거동이 갑작스레 요염하게 탈바꿈한다.

오과장   (무뚝뚝한 표정으로) 누구시죠? 나를 찾아오셨다구요?

미스최   오 과장님. 절 기억 못 하세요?

오과장   예?

미스최   어머… 너무 하셨다. (하며 눈을 흘긴다)

오과장   누구시드라?

미스최   미스 최예요!

오과장   미스 최?

미스최   7번!

오과장   7번?

미스최	〈정글〉!
오과장	〈정글〉? (눈을 깜박이며 기억을 더듬듯) 〈정글〉? 〈정글〉의 7번… 미스 최…
미스최	예. 관철동 〈정글 홀〉!
오과장	오… 〈정글 홀〉의 7번 아가씨, 미스 최! 헛허…
미스최	이제 생각이 나셨어요? 아이 뵈기 싫어… (하며 오 과장의 팔을 꼬집는다. 오 과장은 그대로 미스 최의 손목을 쥔 채 소파로 쓰러지듯 앉는다)
오과장	정말 놀랬는데, 헛허…
미스최	뭐가요?
오과장	미스 최는 두 개의 얼굴을 가졌군! 야누스야! 헛허…
미스최	야누스요?
오과장	밤에 보는 얼굴과 낮에 보는 얼굴이 이렇게 다를 수가 있어? (마치 미술품이라도 감상하듯) 우선 머리 빛깔부터 다르잖아! 〈정글 홀〉의 7번 아가씨는 빨강 머리에 단발이었는데 이건 길고 검은 머리… 속눈썹은 이렇게 길고 눈꼬리가 초생달처럼 치켜 올라갔는데 이건 촌색시처럼 청순한 눈이고…
미스최	가발에다가 붙인 눈썹이니까 그렇죠.
오과장	핫하… 이래서 남자는 모두가 속는다니까.
미스최	속는 사람이 있어야 사는 사람도 있지요. 홋호.
오과장	헛허…

오 과장은 담배갑을 꺼내 한 개비를 뽑아 문 다음 미스 최에게 담배를 권한다. 미스 최는 고개를 좌우로 도리질한다.

오과장	피웠잖았어?
미스최	밤에만.

오과장   (의아한 표정을 지으며) 그래?

미스 최가 잽싸게 티 테이블에 놓여있는 성냥갑을 들어 불을 켜댄다.
능란한 솜씨에 오 과장은 또 한 번 놀라면서도 기분이 느긋해진다.
오과장은 길게 담배 연기를 내뿜고 나서 미스 최를 바라본다.

오과장   아까 영숙이가 젊은 여대생이 찾아왔다기에 나는 누굴까 하고…
미스최   만나보니 실망이세요?
오과장   아니지, 구면을 대하니 반갑지!
미스최   정말?
오과장   물론!
미스최   말로만.
오과장   그래 왜 왔지?
미스최   글쎄요.
오과장   술값 밀린 건 없을 텐데.
미스최   알고 있어요.
오과장   그날밤 교통비도 줬지?
미스최   분명히 받았어요.
오과장   호텔 숙박료는 내가 치렀어.
미스최   안다니까요.
오과장   그런데 왜…
미스최   부탁 말씀 드리려고요.
오과장   내게?
미스최   예, 도와주셔야겠어요.
오과장   도와주다니…
미스최   오 과장님 도움을 받고 싶어서 왔다니까요.

오과장   (약간 긴장되며) 내가 도움을 줄만한 인물로 보여?

미스최   예.

오과장   나 월급쟁이야, 말이 과장이지 나는 우리 회사에서…

미스최   신상 조사는 이미 끝났어요.

오과장   뭐라고?

미스최   (성냥개비를 만지작거리며) 입사한지 7년 만에 총무과장 자리. 부인과 슬하에 일남 일녀. 게다가 장모님까지 모심. 샐러리맨. 한 달 봉급은 원천과세 공제하고 12만7269원. 취미는 바둑. 술은 맥주, 여자 관계는 지극히 담백하나 외박은 일 년에 네 번 정도. 지방 출장은 두 달에 한 번. 바람을 피우고 싶지만 부인이 가엾어서 못하는 이해있는 남성. 〈정글 홀〉의 미스 최와는 처음이자 마지막으로 딱 한 번의 정사. (힐끗 쳐다보며) 틀림없죠?

오과장   (어이가 없다는 듯) 흥신소에서 왔군?

미스최   (서슴지 않고) 보험회사에서 왔어요.

오과장   (잘못 알아듣고) 보험회사?

미스최   보험회사.

오과장   보험회사라니?

미스최   (강조하며) 보, 험!

오과장   말하자면 생명보험이니, 교육보험이니 하는 (강조하며) 보, 험?

미스 최는 고개를 크게 한 번 끄덕인다.

오과장   옳아, 그러니까 보험회사 외무사원이다 이 말인가?

미스최   (역시 고개만 끄덕인다)

오과장   (유심히 훑어보며) 그래? 〈정글 홀〉의 7번 아가씨가 보험회사 외무사원이라? 홋흐…

미스최 우습죠?

오과장 희한하군!

미스최 예?

오과장 기발한데?

미스최 뭐가요?

오과장 그 발상.

미스최 밥상이라니요?

오과장 밥상이 아니라 발상. 아이디어가 좋다구 했어.

미스최 고맙습니다. 오 과장님!

오과장 천만에 됐어! 됐어… 헛허…

미스 최는 소파 아래에 놔둔 서류 가방에서 보험 가입 신청서와 불입금 일람표 등을 꺼내어 서슴지 않고 오 과장 앞에 내민다.

오과장 이게 뭐지?

미스최 어느 걸로 드시겠어요?

오과장 들라니?

미스최 (볼펜을 뽑아 불입금 일람표를 가리키며) 30만, 50만, 그리고 백만 원. 이렇게 세 가지가 있거든요. 아마 오 과장님의 경우는 자녀들이 아직 어리니까 장기불입으로 매달 불입금이 적은 편이 좋으실 거예요. 백만 원짜리로 하세요. (차츰 선전원의 말투로 변한다) 이 보험은 교육과 생명과 퇴직의 세 가지 경우에 모두 적용되는, 말하자면 저희 회사가 새로 창안해낸 보험제도예요. 종래의 우리나라 보험이 교육, 생명, 재난, 퇴직 등 각각 그 사례별로 분류되어 있는데다가 우리 국민의 실정에 부적당하고, 공신력과 신빙성이 희박한데다가 일반 서민층의 지지를 받지 못했던 점을 참작, 보완

하여 저희 회사 기획 개발실에서 다년간 해외 선진 각국의 보험 제도와 우리나라의 지역적, 인습적, 재정적 특수성을 감안하여 고안해낸 가장 한국적이면서 국제적이고, 가장 서민적이면서 영구적이고, 가장 실리적이면서 생활적인 보험제도라 아니할 수 없습니다. 이 경이적이며 독창적인 보험 제도를 창안하기 위하여 우리 회사가 그 동안 기울인 인간 두뇌 투자 수는 연인원 1,360명이며 소요시간 수는 무려 95,893시간이며, 선진 우방국에 직접 간접으로 출장 파견하여 연구케 한 나라는 유엔 가입국의 숫자와 거의 버금가는 광범위한 나라들입니다. 물론 공산주의 국가는 여기에 해당이 안 되지만요, 그래서… (그녀는 길게 숨을 몰아쉬더니 보리차를 단숨에 마시고는 손수건으로 입술을 꾹꾹 눌러 씻는다. 오 과장은 이 괴상하고도 정력적인 언변에 압도되어 멍하니 그녀의 얼굴을 쳐다본다. 어느덧 밖에서 다시 목탁 소리와 그리고 설교 대신 찬송가 소리가 들려오기 시작한다)

오과장 잠깐만…

미스최 예?

오과장 분명히 당신은 관철동에 있는 〈정글 혼〉의 7번 아가씨죠?

미스최 예.

오과장 짧은 빨강머리에 긴 속눈썹을 단…

미스최 예, 지난 달 월급날이었죠. 오 과장님과 태평양 호텔에서…

오과장 그만!

미스최 왜 그러세요?

오과장 (한 손으로 눈을 가리며 심각하게 생각을 하며) 그럴 리가… 그럴 수가…

미스최 어떻게 하시는 말씀이죠?

오과장 그럴 수가 있을까? 그럴 리가 없는데…

미스최 무슨 말씀을 하시려는 거죠?

오과장 (손을 떼고 미스 최를 뚫어지게 바라보며) 미스 최 이건 착오일거야. 이건 착각을 하고 있어.

미스최 누가요?

오과장 서로가.

미스최 서로가?

오과장 서로가. 내가 아니면…

미스최 제가요?

오과장 그렇지, 우리 두 사람 중에 그 어느 쪽이겠지.

미스최 분명한데요. 저는…

오과장 나도 확실해. 내가 알고 있는 7번 아가씨는 미스 최가 아니었어.

미스최 미스 최는 저예요.

오과장 아니야.

미스최 틀림 없다니까요.

오과장 미스 최는 〈정글 홀〉의 7번이지 보험회사 외무사원은 아니었어. 그것만은 확실하다구. 내가 알고 있는 그 아가씨는 검은 머리가 아니고 빨강 머리였어. 게다가 말도 잘 못하는 쑥맥이었지. 내가 열 마디 물으면 한 번 정도 짧게 대답하는 수줍고 순잔한 처녀였지. 가족 상황을 물어도, 학력을 물어도, 애인이 있느냐고 해도, 그 직업이 마음에 드냐고 물어도 시종 그녀는 웃음으로 대답했거든. 그 집 마담도 가게에 나온지 일주일 밖에 안 되는 순진한 처녀라고 하더군. 그래서 나는 동정이 갔고, 그 순진성이 나를 취하게 했고, 그 날 밤은 호텔에서 녹아떨어지고 말았어! 아침에 일어나 보니까 내 옆자리는 비어 있었고, 책상 위에 쪽지가 있더군. '먼저 갑니다. 또 뵙겠어요.'라고 씌었었지. 내가 알고 있는 7번 아가씨는 이것이 전부야. 아니 그것으로 끝이 났다고 해도 과언이 아니지.

난 그 이후 일도 바빴었지만 〈정글 혼〉까지 찾아갈 생각도 안 했는걸. 그런데 지금 내 앞에 앉아 있는 당신이 바로 그 7번 아가씨라니. 어떻게 믿겠소? 뭘 근거로 믿을 수가 있느냐구, 안 그래?

미스최 그럼 저더러 가짜란 말인가요?

오과장 누가 가짜라고 했나? 그 아가씨가 아니라고 했지. 내가 알고 있는 그 아가씨가 아니라고 했을 뿐이지. 당신 보고 가짜라는 말은 안 했어. 그건 분명히 하고 넘어가야 돼. 안 그래?

미스최 그럼 제가 7번 아가씨라는 사실이 증명된다면 보험에 가입해 주실래요?

오과장 그, 그건 좀 더 생각해봐야지.

미스최 생각하시다뇨?

오과장 낮에는 보험회사 외무사원이고 밤에는 비어 홀의 호스테스라? 흥! 믿을 수가 없는 걸!

미스최 착각 마세요.

오과장 착각?

미스최 그와 반대라니까요.

오과장 반대라니?

미스최 순서가 바뀌었어요. 밤에는 비어 홀의 호스테스고, 낮에는 보험회사 외무사원이에요.

오과장 마찬가지지 뭘 그래!

미스최 아니지요. 굉장한 차이지요.

오과장 굉장한 차이라니?

미스최 어느 쪽이 주고 어느 쪽이 종인가는 분명해야지요. 본업과 부업은 분명해야 돼.

오과장 본업과 부업이라?

미스최 그래요. 그러니 착각하고 있는 건 바로 오 과장이셔요.

오과장 (수수께끼라도 풀 듯) 본업과 부업… 밤에는 비어 홀 낮에는 외무사원… 낮에는 외무사원 밤에는 비어 홀… 그래 당신의 본업은 어느 쪽이란 말이오?

미스최 밤이에요.

오과장 밤?

미스최 정글 홀의 호스테스가 본업이고 보험회사 외무사원은 부업이지요.

오과장 정말?

미스최 예, 왜 불쾌하신가요? 밤이 부업이고 낮이 본업이면 좋겠어요? 흥, 세상에선 그렇게들 보더군요. 밝은 것이 좋고 어두운 것은 싫으니까. 그렇지만 따지고 보면 그런 것만도 아니에요.

오과장 아니라니?

미스최 언젠가 이런 일이 있었어요. 고등학교 3학년 때 대학입학시험준비를 하기 위해 학원에 다녔지요. 영어 학습반에 들어갔어요. 강사 선생님, 아주 열심히 가르쳐 주셨어요. 실력도 대단한 것 같았어요. 게다가 자존심도 이만저만이 아니며 비록 학원 강사로 있지만 대학교수 부럽지 않다고요. 따지고 보면 대학교수라고 다 실력이 있는 것도 아니고, 대학교수로 앉기 위해서 교재비를 쓰느니 눈치를 보느니 하는 것보다 학원 강사로 있는 게 수입도 좋고 마음도 편하다면서 아주 시원시원하게 말씀하셨거든요. 저는 그 선생님의 호탕하고도 소탈한 인품에 감동할 정도였어요. 그런데 입학시험 때 시험장에 나갔더니 그 선생이 교실에 들어오셨지 뭐예요. 알고 보니 그 대학교수였어요. 그런데 이름이 두 가지로 통용 되었으니 알 수가 있어야죠. 학원에서의 이름은 '이주태'이고 대학에서는 '이상태'였지요.

오과장 그러니까 낮에는 대학, 밤에는 학원이란 말이군?

미스최 그리고 누가 물으면 본업은 대학교수요, 부업은 학원 강사라고 말했겠지요. 아니 어쩜 창피해서 쉬쉬했을지도 모르죠. 그러나 제가 보기에 그분의 본업은 학원 강사지 대학교수가 아닌걸요. 그건 분명해요. 그 분명한 사실을 세상 사람들은 거꾸로 알고 있거나 자신도 속이고 있는걸요. 아마 창피하다고 생각하는 모양이죠?

오과장 창피하겠지.

미스최 뭐가 창피하죠?

오과장 뭐가라니…

미스최 대학교수가 학원 강사보다 훌륭하다는 것. 아니 학원 강사 노릇은 창피하고 대학교수는 떳떳하다는 생각인가요? 그래서 자기의 이름도 둘씩이나 지어 붙인단 말이군요? 이름도 속이고 자기의 본업도 속이고…

오과장 교수가 부업을 가는 경우에 법적으로 규제되어 있어.

미스최 그럼 법적으로 규제 안 되어 있으면 이름 석 자를 버젓하게 내놓을 성 싶어요?

오과장 그, 그거야. 경우에 따라서는…

미스최 아니죠. 그런 사람들은 이렇게 말할 거예요. '학원에 나가는 건 노는 겸에 염불하는 격'이라고요. 더구나 말이 교수지 여기저기 시간강사 자리를 메우느라고 뛰어다니다 보면 먹고 살기 위해서라기보다 교통비를 흘리기 위해서 뛰어다는 꼴이지 뭐예요. 그러니 꿩 잡는 게 매라고 보수가 좋다는 학원에라도 나가야 식구들을 안 굶길 텐데요.

오과장 그럼 미스 최는 그 사실을 인정하고 있소?

미스최 물론이죠. 부업인데 어떨라구요. 다만 그걸 합리화시키려는 위선이 싫을 뿐이죠. 창피하다고 생각한다면 하지 말아야죠. 허지만 저는 그게 아니죠. 돈벌이가 왜 나쁜가요? 낮 시간을 헛되게 보낼 순 없잖아요. 그래서 이렇게 나왔어요. 마침 여학교 때 선배가 권유도 하고 해서요. 그렇지만 저의 본업은 어디까지나 밤이고 낮은 부업이에요.

오과장 (감탄하듯) 대단하군.

미스최 뭐가요?

오과장 미스 최가 이렇게 구변이 좋은 줄은 몰랐는데.

미스최 칭찬만 하실 게 아니라 여기 서명해주세요. 백만 원짜리는 5년 기간에 매달 12,700원밖에 안되거든요. 예? 저축도 저축이지만 저 같은 사람 도와주는 셈 치고요. 예? 오 과장님은 꼭 들어주실 거라고 믿고 왔는데요. 예? (하며 오 과장의 팔을 잡아 흔든다)

오과장 이것봐, 나는 말이야 금전 문제는 집사람에게 일임하고 있어요. 그러니 집사람하고 의논을 해봐야지 지금은…

미스최 가입 못하시겠다는 뜻인가요?

오과장 응, 그렇게는 안 되겠는데…

미스최 (의외라는 듯) 그래요? 오 과장님이 부인의 결재가 나야만 금전을 다루시다니…

오과장 요즘은 대개가 그렇지. 월급봉투는 그 날로 마누라에게 맡기고 아침마다 용돈을 타 쓰는 형편인걸. 우리 과원들도 기혼자는 대부분이 그렇더군.

미스최 (갑자기 킬킬거리며 억지로 웃음을 참는다) 훗흐…

오과장 뭐가 우습지? 내 말을 못 믿겠다는 뜻인가?

미스최 믿고 싶지 않아요.

오과장 믿고 싶지 않다니?

미스최 처참한 생각이 들어요.

오과장 처참하다고?

미스최 그렇죠. (정색을 하며) 오 과장님 그럼 그날 밤 쓰신 돈도 모두 부인의 결재하에 지불하셨던가요?

오과장 뭐, 뭐라구?

미스최 술값, 숙박비, 그리고 제게 주신 교통비, 그리고…

오과장 무슨 뚱딴지같은 소릴 하는 거야! (벌떡 일어나며) 그걸 어떻게!

미스최 아까 그러셨잖아요? 금전 문제는 모두 부인에게서…

오과장 (화를 내며) 무슨 참견이야? 누가 미스 최보고 그런 걱정하랬어?

미스최 (능청스럽게) 오 과장님도 참 성질이 나쁘시다. 그걸 가지고 그렇
게 역정을 내시면 제가 민망하잖아요.

오과장 (멋쩍게 담배를 피워물며) 어떻든 난 보험에 들 순 없어요.

미스최 알겠어요. (하면서 천연스럽게 서류를 가방에 넣는다) 거절당했다고
해서 달리 생각하지는 않겠어요. 다만 저는…

오과장 다만이라니?

미스최 오 과장님 같은 분이면 능히 이해해주실 것 같아서 믿고 왔을 뿐
이지요. (멀거니 허공을 바라보며) 그날밤 그토록 저에게 다정하게
대해 주셨고, 또 그토록 많은 팁까지 주셨고, 그리고 그토록 저를
뜨겁게 사랑해 주신 분이라는 걸 고맙게 여기고 있었으니까요.
제가 이런 직업을 가지고 있지만 사람을 보는 눈은 있다고요. 그
리고 착한 사람과 그렇지 못하는 사람쯤은 분간할 수 있어요. 저
는 무턱대고 아무나 붙잡고 이런 청을 하지는 않아요. 저희 가게
에 놀러 오신 손님 가운데서 꼭 믿을만한 분만 골라서 말씀드리
는 거예요.

오과장 그럼 미스 최는 보험에 가입시키니 위해서 손님을 받아왔나?

미스최 그래요. 이것 보세요. 이렇게… (그녀는 가방 안에서 명함을 한줌
꺼낸다) 명함이에요. 저를 찾아주신 어른들이지요. 사장님, 교수
님, 회사원, 양장점 주인, TV 탤런트, 불고기집 주인, 신문기자,
의사, 기사, 박사, 검사, 형사… 흥! 모두 친절하시더군요. 저마다

한마디씩 하실 줄 알대요. 그리고 저에게 고마운 얘기도 해주시대요. 왜 이런데 나왔어? 그래 등록금이 없어서 진학을 포기했다면서? 그래서 쓰나, 무슨 일이 있더라도 배워야지. 사람은 배워야해. 이럴 때일수록 여자도 배워야지. 내가 알아봐줄까? 야간부에 내 친구가 있지, 내가 얘기하면 편히 봐줄 거야. 가족이 많다며? 힘들겠어. 요즘은 술집도 불경기라면서? 세계적인 불황이니까 어쩔 수 없겠지. 이렇게 얌전한 놈이 왜 술집에 나오니, 다른데 취직해. 내가 알아봐줄까? 타이프 칠 줄 아나? 3개월 다니면 웬만큼 칠 수 있다더군. 월급이 얼마냐? 뭐 월급은 없고 손님들이 주는 팁으로 다섯 식구가 살 수 있니? 그거 너무 했다. 그래, 내가 꼭 알아 볼 테니까. 그리고 뭐 어려운 일 있으면 여기로 연락해라, 아래 번호가 사무실 전화번호니까. 윗건 집 전화야. 잘못 걸었다간 우리 집 호랑이한테 머리채 뽑힐라… 헛허… (쓰게 웃어보이는 그녀의 눈에는 어느덧 눈물이 글썽거린다. 밖에서 다시 목탁 소리와 설교 소리가 드높아진다. 오 과장은 양심의 가책 같기도 하고 수치심 같기도 하는 어떤 충격에 외면을 하고 서 있다) 그런 분들 가운데서 그래도 꼭 믿을만한 분을 택해 찾아가지만 대개는 거절이더군요. 열렬하게 애무해주는 사람일수록 거절하는 방식은 더 냉랭하더군요. 내가 벌어들인 돈에 매어달린 식구 걱정까지 해주는 사람일수록 자기 집 살림 투정을 나한테 털어 놓으면서 죽겠다나요. 정말 이상한 세상이지요? 아까 오 과장님은 〈정글 홀〉의 7번과 동일인이 아니라고 하셨지요. 뭐라드라, 옳지 야누스라고 하셨지요. 그건 바로 제가 하고 싶은 얘기인걸요.

오과장 미스 최, 그런 얘기는 할 필요 없어요.

미스최 바쁘실 테죠, 죄송해요. 허지만 저는 구걸하러 온 게 아니라구요.

오과장 뭐라구?

미스최 (자리에서 일어서며 당당하게) 저도 좋은 일을 하고 싶어서 왔어요. 우리 술집에 와서 떠들어대던 그 친절한 어른 양반들의 말씀대로 굳세게 살아보려고 나왔을 뿐이에요. 그런데 굳세게 살아가기에는 너무나 무기력해진 것 같아요. 나 같은 여자는 결국 밤이 살기가 더 좋아요. 밤에 만나면 모두 칭찬해주고 귀여워 해주니까요. 낮에는 틀렸어요. (쓰게 웃으며) 오 과장님 그렇죠? 역시 〈정글홀〉의 7번이라야지 보험회사 외무사원은 역시 안 어울리지요? 예? (하며 가까이 간다. 오 과장은 창가로 가서 밖을 내다본다) 이젠 얼굴을 보기조차 싫어졌다는 뜻인가요? 흠, 염려 마세요. 돌아가겠어요. 그 대신 제가 이런 일로 찾아왔다는 얘기 아무에게도 하지 마세요. 저도 안 왔던 걸로 묻어버리겠어요.

오과장 (돌아서며) 무슨 뜻이지? 아무에게도 얘기하지 말라니?

미스최 그날 밤 함께 오신 손님 말이에요. 가발공장의 윤 선생님, 그리고 신문사 무슨 부장이라든 강 선생…

오과장 그 친구들을 벌써 만났어?

미스최 이제부터 찾아가야겠어요. 오 과장님께서 백만 원짜리 들었다고 하면 들어 주실 테죠? 안 그래요?

오과장 미스 최, 그, 그건…

미스최 어때요. 그 정도의 거짓말… 그러니 제가 다녀갔다는 말은 하지 마세요. 그렇다고 그게 무슨 사기를 하는 것도 아니잖아요. 불행한 저를 도와주는 일이며 적선하는 일이지 뭐예요. (잠시 밖을 보며) 저렇게 목탁 치는 소리며 찬송가 소리 들으시면서 그러세요? 아까 영숙이도 그러대요, 신경질 난다고요. 세상 사람을 몽땅 구하려고 하지 말고 가까운 사람부터 도와주시면 되잖아요. 그러면 저렇게 진종일 거리에 나와서 목탁을 칠 필요도 없고 찬송가를 부를 필요도 없지요.

간주곡

오 과장은 서서히 시선을 미스 최에게 돌린다. 그녀는 장난기가 도는 눈으로 윙크를 한다.

미쓰최 따지고 보면 저 소리는 모두 간주곡인걸요.

오과장 간주곡?

미스최 노래 사이에 끼어든 한 곡조의 간주곡이지요. 24시간을 내리 저런 노래만 부를 수 있나요? 숨을 돌려 쉬기 위해서도 필요하지만 다음 노래를 위한 준비 단계로서의 간주곡이라고 해두지요. 오 과장님, 살기 힘든 세상일수록 간주곡은 길고 작은가 봐요.

오과장 미스 최는 지금 무슨 얘길 하는 거지?

미스최 본업 이외에 부업을 가는 사람들을 두고 하는 말이지요. 저도 다섯 시부터는 또 7번으로서의 생활이 시작되는걸요. 오 과장님은 어때요? 퇴근하시면 과장님 아니시죠? 술집에 가면 손님, 여인을 만나면 남성, 집에 돌아가시면 남편이자 아버지, 그리고 아침이 오면 또 과장님이 되시고… 저도 마찬가지예요. 그러나 인간은 그런 간주곡을 위해서 사는 건 아니니까요. 그러니 나 같은 인간을 동정하고 애무하고 그리고 또 만나자고 약속을 하는 것쯤으로 모든 음악이 끝난 건 아니지요. 오 과장님에게는 한 토막의 간주곡이니까요. 그리고 제가 이렇게 찾아온 것도 그렇고요. (쓸쓸하게 웃으며) 제가 부르고 싶은 노래는 이것이 아니라 밤이 되어야 소리가 제대로 나오죠. 손님들은 저와 반대겠지만… 참 오 과장님께 보여드릴게 있는데… 잠깐만 기다리세요.

오 과장은 여전히 돌아서서 창 밖을 내려다보고만 있다. 미스 최는 아무 일도 없었다는 듯 성큼성큼 나가버린다. 다음 순간 거리에서 악대가 연주하는 북과 트럼펫 소리가 크게 울려 퍼진다. 오 과장 거의 반사적으로 두 귀를 막으며 의자에 와서 주저앉는다. 그리고는 담배를 피워 문다.

오과장   간주곡이라… 간주곡…

영숙이가 조심스럽게 들어선다. 말쑥한 교복 차림에 책가방을 들었다.

영숙   과장님, 저 먼저…
오과장   (힐끔 쳐다보며) 벌써 시간이니?
영숙   (당황하며) 예? 예.
오과장   다섯 시 시작이지? 너도…
영숙   예?
오과장   다녀 와.
영숙   예. (나가려다 말고) 참 아까 사모님한테서 전화가 왔어요?
오과장   뭐라든?
영숙   7시까지 꼭 들어오시래요. 뭐 갈현동 큰집 제사 날이라고요. 약주 드시지 마시고 꼭 오시래요,
오과장   알았어!
영숙   먼저 가겠습니다!

영숙은 인사를 꾸벅하고 나간다. 혼자 남게 된 오 과장은 권태로운 시간에서 벗어나기라도 하려는 듯 길게 기지개를 편다. 다음 순간 그는 창가로 가서 유리창을 활짝 열어 제친다. 커튼이 크게 출렁거리며 북소리와 나팔 소리가 더 크게 쳐들어온다.
오 과장은 두어 번 길게 숨을 들어 마셨다가 내뱉는다. 이 때 노크 소리가 난다. 오 과장은 유리창을 닫고 돌아선다. 출입문이 열리며 미

스 최가 들어선다. 옷은 먼저 번과 같지만 머리는 빨강 머리며 화장이 몰라보게 짙다. 그러나 언행은 소녀처럼 수줍다.

미스최 오 과장님.

오과장 (어리둥절한 눈을 크게 떠보인다)

미스최 한 번 들려주세요. 기다리겠어요. 7번을 꼭 찾아주세요. 그럼…

그녀, 오 과장의 대답을 들으려고도 않은 채 나가버린다. 오 과장은 마치 도깨비에게 홀린 사람모양 멍하니 도어 쪽을 바라본다.
북과 나팔 소리가 뚝 멎자 소리와 염불 소리가 제 세상이라도 만난 양 드높아 간다.

－급히 막

쌍둥이의 모험 (3막)

- **등장인물**

  아버지(58)

  어머니(55)

  천석(27)

  만석(27)

  하노인(60)

  종숙(22)

  박상천(28)

  정규남(26)

  오여사(35)

- **때**

  현대. 초여름

- **곳**

  면소재지

  ※상연 지역에 따라 그 고장 사투리를 사용하여도 무방함.

제1막

무대, 천석의 집

말끔하게 지은 농가. 슬레이트 지붕이며 불록 담이 면목을 일신해 가는 농촌의 모습을 단적으로 나타내 준다. 마루를 가운데 끼고 두 개의 방과 부엌 좌편은 행길로 통하고 우편은 돈사와 비닐하우스로 통한다. 좌편 담 아래 움 퇴비장이 나지막이 자리 잡았고, 그 지붕 위로 호박 넝쿨이 뻗어나가고 있다. 마당에 대 평상이 놓여 있다.

때는 초여름 오후

막이 오르면 대 평상 위에서 어머니와 상천이 얘기를 주고 받는다. 반가운 소식이라도 있는 듯 어머니의 표정이 마냥 밝기만 하다. 담 아래 자전거가 세워져 있다. 상천이가 타고 온 자전거다. 상천은 초록색 새마을 모자를 벗어 부채질을 한다.

어머니 (눈이 휘둥그래지며) 우리 만석이를 만났어?

상천 그렇다니까요? 몇 번 말씀드려야 아시겠어요?

어머니 (바싹 다가앉으며) 상천이 자네 보기에 어떻던가? 헛허…

상천 뭐가요?

어머니 우리 만석이하고 있는 꼴이며 얼굴이 흉하지는 않던가? 삐쭉 말랐겠지? 옷도 땟자국이 눌어서 쉰 냄새는 안 나던가? 응?

상천 (크게 웃는다) 헛허…

어머니 (몸이 닳아서) 상천이 웃지만 말고 속 시원히 얘기 좀 해주게. 우리 만석이가 집을 나간지가 어언 삼 년일세, 삼 년! 객지에서 고생이야 누구나 당하는 일이지만 부모 마음이 어디 그런가? 항상 이 가슴에 응어리 뭉쳐서 마음이 안 놓인걸. (그녀의 눈에 금세 눈물이

고인다. 상천이가 담배를 피워 문다)

상천　글쎄 마음 탁 놓으세요.

어머니　응?

상천　만석이 염려라고는 손 끝 만치도 하실 필요가 없어요.

어머니　아니 그게 무슨 소린가?

상천　옛날 만석이가 아니더라구요. 한마디로 만석이는 출세를 해도 이만저만 출세한 게 아니라구요.

어머니　출세를 해? 우리 만석이가?

상천　(자신 있게) 예. 서울 한복판에서 만석이를 만난 일도 뜻밖에 일이었지만 만석이 모습을 보고는 정말 꿈이 아닌가 했다니까요? 헛허…

어머니　정말인가?

상천　제 얘길 들어보세요. (담배 불을 끈 다음 꽁초를 담배 갑에 넣는다) 새마을 지도자회의를 마치고는 구로동에 있는 공업단지 견학을 가기 위해 버스를 기다리고 있는데 글쎄 어떤 멋쟁이 신사가 내 이름을 부르지 않겠어요?

어머니　그래서?

상천　나는 처음엔 사람을 잘못 보았겠거니 하고 돌아서려니까 재차 내 이름을 부르기에 돌아보았더니 그게 만석이지 뭡니까? 멋진 양복에 얼굴엔 기름이 번질하게 흐르며 말씨하며 손짓하며 이건 완전히 딴 사람이드라니까요? 우리 송곳마을 양만석이가 아니라 서울 멋쟁이 양만석이지 뭡니까? 헛허…

어머니　우리 만석이가 그렇게 변했어?

상천　변한 게 뭡니까? 이건 아주 외국신사 같더라니까요.

어머니　그래 지금 뭘 한다던가?

상천　자세한 얘기는 할 겨를이 없었지만 돈을 많이 번데다가 기반을 잡은 것만을 확실하지요. 글쎄 나더러 담배 값에 쓰라고 천 원짜리를 한 장 씩 뽑아주는데 그 지갑이 또 굉장한 물건이더군요! 헛허…

어머니 천 원이나?

상천 그러면서 그동안 사업이 바쁘다보니까 집에 편지 한 장 못 했는데 일간 한 번 내려오겠다면서…

어머니 만석이가 내려와?

상천 예. 어쩜 내일쯤 내려올지도 모르니 내려가는 길로 집에 전갈을 해달라기에 이렇게 왔어요.

어머니 (어찌할 바를 모르고 안절부절 못하더니 벌떡 일어나며) 이러고 있을 게 아니지… (하며 신을 신고 우편 쪽으로 간다)

상천 왜 그러세요? 어디 가세요? 아직 얘기가 남았는데…

어머니 (뒷문을 향해) 천석아, 천석아…

천석 (소리만 크게) 어머니 왜 그러세요?

어머니 나 좀 보자. 어서 좀 나와!

천석 (소리만) 지금 돈사에 볏단 깔아요. 무슨 일이세요?

어머니 잠깐만 다녀가.

천석 (소리만) 지금 바쁘다니까요. 돼지가 새끼를 낳을 거예요.

어머니 만석이가 온다는구나! 만석이가… 훗호… (하며 상천을 돌아본다. 상천은 흐뭇해서 웃는다)

천석 (소리만) 만석이가요?

어머니 그렇다니까! 아버지한테도 말씀 드려. 상천이가 서울서 만났대. (뒤뜰에서 작업복 차림으로 천석이가 나온다. 믿음직한 청년이다)

상천 천석이 돼지가 새끼를 낳는다고?

천석 응. 어제 밤부터 산기가 있어… 그런데 서울서 만석이를 만났어?

어머니 그렇다니까? 아버지 어디 계시냐?

천석 온실에 계세요.

어머니 일은 나중에 하시잖구. 만석이 소식이 궁금하지도 않으신가, 원!

천석 상천이, 그래 만석이가 언제 내려온다고 하던가?

상천 응… 여기 쪽지가 있으니… (하며 안주머니에서 편지 쪽지를 꺼내며) 버스 정류장에서 몇 자 적어 주더군. 읽어보게.

어머니 만석이가 편지를.

상천 예.

그러나 천석은 약간 시무룩한 표정을 지으며 쪽지를 받으려 하지 않는다.

상천 어서 읽어보게.

어머니 뭐라고 씌었는지 읽어봐.

천석 그걸 왜 제가 읽어야 하나요?

어머니 그게 무슨 소리냐? 네 동생이 삼 년 만에 보낸 소식인데도?

천석 그렇지만…

상천 희소식일걸세. 어서 읽어 봐.

천석은 결심이라도 한 듯 쪽지를 펴본다. 어머니가 궁금하게 넘어다본다.

어머니 뭐라고 씌었니? 언제 내려온다고 했어?

천석 (약간 얼굴이 그늘지며) 내일 오겠대요.

어머니 (입이 떡 벌어지며) 내일?

상천 그것 보세요. 제가 뭐라던가요.

어머니 (몸 둘 바를 모르고) 이 일을 어떻게 한다지? 내일 오다니… 그렇게 빨리 내려오면 어떻게 하니? 애 천석아 어떻게 하면 좋지? 응?

천석 (무표정하게) 어떻게 하긴요. 오면 오는거죠.

어머니 오면 오다니? 천석아 그걸 말이라고 하니? 네 동생이 집을 나간

쌍둥이의 모험

지 삼 년 만에…

천석 (퇴비장 쪽으로 가며) 누가 집을 나가라고 했던가요? 나간 것도 마음대로였으니 내려오는 것도 제 마음대로 아니겠어요? (하며 퇴비장 안에서 볏단을 한 묶음 안고 나온다)

상천 천석이 그런데 내가 보기엔…

천석 상천이 지금 난 일이 바빠서… 이만… (하며 우편 돈사 쪽으로 나간다. 어머니와 상천은 닭 좇던 개처럼 멍청하게 그 뒷모습을 바라본다)

상천 아니 저 친구가… 저럴 수가 있나? 그래도 내 혈육이…

어머니 (몹시 시무룩해지며) 상천이 우리 천석이 마음도 알만하지.

상천 예?

어머니 (긴 한숨을 뱉으며) 동기간이라지만 천석이와 만석이는 모든 게 너무도 다르다는 걸 알지 않아, 만석이 녀석 때문에 고생도 숱하게 했고 애도 먹었지.

상천 그렇지만 내가 만난 만석이는 옛날 만석이가 아니라니까요.

어머니 한 날 한 시에 낳은 쌍둥이지만 어쩌면 그렇게도 성격이 다른지 모르겠어.

상천 하긴 한 손에 달린 손가락도 저마다 길고 짧은걸요. 헛허…

어머니 (일부러 명랑한 척하며) 그래, 그래. 자네 말이 옳아. 홋호…

이때 아버지가 잠방이 차림으로 우편에서 나온다. 나이에 비해서는 건장하며 얼굴이 구릿빛이다.

아버지 (약간 모가 난 어조로) 만석이가 온다고?

어머니 예. 상천이가 서울서 만났다는군요. 그리고 쪽지까지 써서…

아버지 (평상에 걸터앉으며) 흥! 낯짝 한 번 좋겠다! 빌어먹을… (하며 수건으로 거칠게 먼지를 턴다)

어머니 영감 지금 누구 얘길…

아버지 누군 누구야. 만석인지 만석금인지 하는 녀석 얘기지.

어머니 (놀라며) 예?

아버지 냉수나 한 대접 떠와요.

어머니 그렇지만…

아버지 (소리를 버럭 지르며) 시키는 일이나 해! 목이 타 죽겠어!

어머니는 겁을 먹으며 급히 부엌으로 퇴장한다. 상천은 멋쩍어진 듯 눈
치를 살피더니 자전거 있는 쪽으로 가서 자전거를 돌려세운다.

아버지 그래 만석이를 분명히 만났어?

상천 예? 예…

아버지 제 놈이 먼저 고향에 내려오겠다고 하던가?

상천 예…

아버지 미친놈!

상천 예?

아버지 그 자식이 아직도 철이 안 난 모양이구먼.

상천 무슨 말씀을 그렇게 하십니까? 만석이가…

물 대접을 들고 나오던 어머니가 잽싸게 말참견을 한다. 아버지가 물
대접을 받아 꿀꺽꿀꺽 마신다.

어머니 글쎄 몰라보게 되었드래요. 차림도 말쑥하고 얼굴 회색도 환한데
다가 돈도 많이 벌어서…

아버지 (눈을 부릅뜨며) 돈? 흥! 어디서 도둑질이라도 했겠지. (하며 마시다
남은 물을 마당에다 확 뿌리고는 대접을 평상 위에 놓는다)

쌍둥이의 모험

어머니 영감! 그런…

아버지 내가 못할 말이라도 했어? (상천에게) 자네 눈엔 만석이가 기반을 잡은 것처럼 보이던가? 흥! 알고 보니 자네도 그 녀석하고 한 물 안에 고기떼군 그래!

상천 글쎄 노상에서 잠깐 만났을 뿐 자세한 얘기는 못했지만 아무튼 신수가 펴진 것만은 확실해요.

어머니 게다가 상천이한테 담배 값이라면서 천 원이나 주드래요. (상천에게 응원이라도 청하듯) 그렇지?

상천 예.

아버지 천 원? 아니 만 원을 줬다 해도 나는 안 믿겠어. 콩으로 메주를 쓴다 해도 그 녀석 말이라곤 안 믿는다니까.

상천 글쎄, 내일 내려오면 다 아시게 될 텐데요 헛허… 저는 이만 가봐야겠습니다. 농협에 볼 일도 있고 해서요.

어머니 수고했네, 상천이.

상천 (자전거를 끌고 나가며) 수고는요. 그 대신 내일 밤엔 잔치를 벌여야겠습니다.

어머니 암 벌여야지.

상천 그래야 원님 덕분에 나팔 불지요… 헛허.

어머니 그래… 홋호.

상천 일들 보세요. (하며 자전거에 올라타며 행길로 나간다. 어머니가 담 밑까지 따라 나간다)

어머니 조심히 가게. 내일 밤에 놀러와…

어머니가 돌아서는 순간 아버지의 매서운 시선과 마주치자 약간 주춤해진다.

아버지 잔치를 벌여? 누구 마음대로?

어머니 삼 년 만에 내려 온 아들인데 그럼 모른 척 할 수가 있어요? 잔치는 아니드라도 천석이 친구들이랑 이웃들을 모아서 저녁 한 끼니쯤은…

아버지 (단호하게) 안 돼! 못 한다면 못 하는 줄 알아요. (하며 자리에서 벌떡 일어난다)

어머니 영감!

아버지 말이야 바른 말이지만 제 놈이 무슨 낯으로 내려와? 응? 고양이가 이마가 있어야 망건을 쓰지! 농사짓기를 죽어도 싫다고 뛰쳐나간 놈인데 왜 내려와 오긴… 대처에서 돈 벌어 고래등 같은 기와집에서 잘 살아보라지. 백설 같은 이팝에다 고기반찬에 배가 장구통 되도록 쳐 먹고 살겠다던 놈이 왜 여긴 와. 쉬파리 떼가 들끓고 뙤약볕에 손등이 장작처럼 굳어진 농군은 보기조차 싫다던 놈이 왜 오느냐구. 흥!

어머니 영감도 그런 악담일랑 하지 말아요.

아버지 내가 언제 악담했어?

어머니 만석이가 철이 없어서 한 소리를 가지고서…

아버지 철이 없어서라고? 천석이와 만석이는 한 날 한 시에 태어난 쌍둥이란 말이야. 이름만 다를 뿐 꼭 같이 자라서 꼭 같이 나이를 먹고 꼭 같이 학교 다녔고 군대생활까지 했는데 철이 안 들었다고? 천석이가 제대하기가 무섭게 옷을 벗어붙이고 농사를 짓겠다는데 만석이는 뭘 했는가 몰라서 그래? 해가 낮되록 잠이나 자고 읍내 장터에서 투전판이나 벌이고 종마늘 두름까지 훔쳐나가 팔아먹던 놈이라는 걸 잊었어? 응?

어머니 그, 글쎄 그건 지난날의 만석이지 지금의 만석이가 아니라니까요. 상천이 직접 만나보고 얘기 했으니까요. 믿을 만도 하잖아요.

쌍둥이의 모험

젊어서 한 때 실수한 걸 가지고 뭘 그러세요. 그러기에 옛말에도 청년 박대는 하지 말랬지요.

아버지 (어처구니가 없다는 듯) 아니, 이 할망구가 언제부터 이렇게 말이 많았지? 응? 벙어리가 말 문 터졌어? 신들린 무당처럼 줄줄 줏어 삼키게…

어머니 (울먹이며) 너무 그러지 마세요. 따지고 보면 만석이가 그렇게 된 건 부모 책임이지 어디… (하며 눈물을 닦는다)

아버지 그게 왜 부모 책임이요? 응? 아니 같은 배에서 꼭 같이 열 달을 지낸 천석이는 그럼 누구 책임인가 말이요? 다 제 팔자 제가 타고 나고 제 갈 길 자기가 닦게 마련이지. 잘 되면 자기 탓 못되면 조상 탓이라니 이제 와서 만석이가 농촌을 등지고 나간 것도 부모 탓이라고! 흥! 되는 나무는 떡잎부터 알아본다는 말도 몰라? 천석이 하고 만석이가 어려서부터 어떻게 자라났는지 보고도 그래?

어머니 그러니까 부모가 그 애들에게 잘 먹이지도 잘 입히지도 못 한 게 원통하지요. 잘 해줬으면야 그 애가 왜 농촌을 등지고 대처로 나가겠어요.

아버지 아니, 이 할망구. 점점 한다는 소리가… 농군이 농촌에서 살아야지 그럼 대처로 나가야 옳아? 세상이 달라진 것도 몰라? 눈은 어디다 쓰라는 눈인가 말이야! 제길!

이때 하 노인이 행길에서 들어선다. 담배를 피워 물고 있는 폼이 게으름뱅이 같다. 그리고 실눈을 뜨는 버릇이 약삭빠른 편이다.

하노인 마침 집에 있었구먼.

어머니 어서 오세요 종숙 아버지.

아버지 (얼버 물으며) 응… 웬 일인가.

하노인 오면서 들었는데 만석이가 내려온다고?

아버지 응? 응…

하노인 출세를 했다면서요?

어머니 (억지로 웃는 낯을 지으며) 그, 글쎄 그렇다니까요. 종숙이 아버지.

하노인 상천이 얘기로는 이 송곡마을 생긴 이래로 그렇게 출세한 젊은이
　　　　는 없을 거라고 하던데…

어머니 (입이 헤벌어지며) 홋호…

아버지 (혼자 소리치며) 미친놈.

하노인 뭐라고?

어머니 아, 아니에요.

하노인 잘 한 짓이지, 잘 한 짓이야. 그러기에 말은 제주로 보내고 사람은
　　　　서울로 보내랬지. 사내대장부로 태어났으면 큰물에서 놀아야지.
　　　　이런 시골구석에서는 백 년 가야 다람쥐 쳇바퀴 도는 격인걸. 만
　　　　석이는 역시 다른 점이 있었지.

어머니 (눈빛이 빛나며) 정말 그렇게 보셨던가요?

하노인 보다마다요. 남들도 천석이하고 만석이를 볼 때 천석이는 착실하
　　　　고 만석이는 바람개비 같다고들 하지만 나는 그렇게 안 봤어요.
　　　　어 하길담은 다 보는 눈이 있다지. 천석이가 농민으로서는 훌륭
　　　　할지 모르지만 도량이 넓고 크기로는 만석이를 못 따르지. 한때
　　　　사람들 입방아에 오르내리기도 했고 또 애를 먹인 적도 없진 않
　　　　았지만 그래도 장래로 봐서는 만석이가 월등하다고 나는 마음에
　　　　짚힌 바가 있었지요. 예 헷헤…

어머니 고맙습니다 종숙 아버지.

하노인 원 별말씀을… 우리야 송곡마을에서 이웃사촌으로 지내 온 거가
　　　　어디 하루 이틀인가요? 그야말로 된장 항아리에 된장이 얼마쯤 남
　　　　아있을까도 서로 뻔히 알고 있는 사실인걸요! 헷헤…

　　　　　　　　　　　　　　　　　　쌍둥이의 모험

어머니 홋호…

아버지 이 사람아! 그 주책 좀 작작 열게. 사내대장부가 남의 집 된장 항아리 넘어다보는 게 뭐가 자랑인가?

하노인 모르는 소리! 홀아비 손으로 딸자식 하고 키우다보면 된장 항아리 아니라 곡식 가마니에 든 쥐똥도 헤아리게 되는 법일세 헷헤…

어머니 그럼요. 그런데 천석 아버지는 말끝마다…

아버지 잔소리가 심하단 말이겠지만 잔소리 심한 건 바로 당신네들이야. 지금에 어느 세상인데… 한 시도 헷 눈 잘 팔지 말고 온실에 묘목 자라나는 것 좀 보라고. 아침 다르고 낮 다르게 마구 커가는 걸 보고 있음 그 따위 씨도 안 먹히는 얘기는 생각조차 못 하지.

하노인 (입을 삐죽거리며) 보아하니 왼손이 바쁜데 나더러 왜 끼어드는가 하고 핀잔을 주는 모양인데 나도 할 얘기가 있어서 없는 것도 아니지.

아버지 할 얘기라니…

하노인 (새 담배 까치를 꺼내 불을 붙이며) 우리 종숙이 애긴데 말씀이야…

아버지 종숙이?

하노인 그리고 자네 아들 천석이 말씀인데… (하며 슬금슬금 눈치를 본다)

어머니 우리 천석이가 무슨…

하노인 여태 그걸 모르고 계셨소?

어머니 그거라니요?

하노인 낌새를 못 느끼셨냐구요.

아버지 아니 난데없이 무슨 낌새는… 답답한 인생이군! (하며 온실 쪽으로 간다)

하노인 잠깐만 내 얘기마저 들어.

아버지 난 바빠요. 눈 코 뜰 새 없이…

하노인 아무리 바빠도 내 얘길 들어줘야겠어. 자주 찧는 방아에도 손 들어갈 틈은 있는 법인걸. 헷헤…

아버지 뭐라구?

어머니 무슨 얘기신데요? 종숙 아버지.

하노인 우리 종숙이하고 천석이 말씀이야…

어머니 그 애들이 무슨 일이라도…

하노인 자주 만나는 거 아시죠?

아버지 그야 새마을 회관에서 모임이 있거나 작업장에 나가게 되면…

하노인 답답하군. 내가 말하는 건 단 둘이서만 만나는 경우라니까.

아버지 단 둘이서?

어머니 천석이가 종숙이하고요?

하노인 (고개를 끄덕하며) 여러 사람이 보았다고 하고 또… 나도 직접 목
격한 적이 있지요.

어머니 예?

하노인 앞으로 삼가줬으면 좋겠소. (두 사람을 번갈아 보며) 무슨 말인지
아시겠죠? 바꾸어 말하자면 천석이가 우리 종숙이를 가까이 안
해줬으면 하는 게 뜻이니까.

아버지 만나고 안 만나고는 당사자들 뜻이지 우리가 이래라 저래라 할
처지는 못 되는 걸.

하노인 새마을 운동이니 뭐니 하며 불러내지 말라는 거야. 내 말은…

어머니 (새침해지며) 종숙 아버지, 그럼 우리 천석이가 종숙이를 꼬여내
기라도 했단 말인가요?

하노인 글쎄 어떻게 설명을 해야 할지 모르겠는데… 간단히 말해서 그런
셈이지요. 헛허… 옛 세상하고 달라진 게 있다면 여자들이 남 부
끄러운 줄 모른다는 바로 그 점이거던요 헷헤…

아버지 그래서?

하노인 뭐가 그래서야? 앞으로는 불러내지도 말고 만나지도 말라는 애

기지. 종숙이는 내게 있어서 무남독녀라는 걸 잘 알잖은가. 천석
이는 종숙이 신랑감으로서는 미급한 점이 한두 가지가 아니라는
얘기지. 알겠어?

아버지 아니 언제 내가 종숙이를 며느리로 맞는다고 했었나?

하노인 나도 천석이를 내 사위로 맞이할 생각은 없다네.

아버지 별꼴 다 보겠구먼. 떡 줄 사람보고 물어보지도 않고 김칫국부터
마시시는군. 흥!

하노인 내가 할 소리를 자네가 하는군!

아버지 염려말게. 세상에 아무리 색시가 없기로 자네 딸을 며느리로 맞
고 싶을 생각은 없네.

하노인 피장파장이지. 세상에 아무리 총각이 드물기로 천석이를 사위로
삼을 생각은 없네.

아버지 흥! 그런 밉살스러운 기집애를 누가⋯

하노인 흥! 그런 꽁생원 같은 녀석을 누가⋯

아버지 뭣이 어째? 또 한 번 말해봐.

하노인 한 번 아니라 열두 번도 말하지!

두 사람이 금방 주먹이라도 휘두를 듯이 노기가 등등해서 맞서자 어머
니가 사이에 들어서 말린다.

어머니 왜들 이러세요!

아버지 우리 천석이가 어째서⋯

하노인 우리 종숙이가 어째서!

어머니 제발 진정들 하세요. 남부끄럽게 왜들 이러세요. 누가 듣겠어요.

아버지 들을 사람보고는 들으라지.

하노인 길을 막고 물어보라지. 어느 편이 더 똑똑하고 야무진가. 그래뵈도

우리 종숙이는 중학교 마쳤다는 걸 아셔야지.

아버지   흥. 홀아비 그늘에서 배웠으면 뭘 얼마나 배웠을라구…

하노인   두더지처럼 땅만 파먹고 사는 농사꾼에겐 내 딸을 못준다!

아버지   줘도 안 가질테니 염려 놓게!

하노인   뭣이? 안 가져? 아니 우리 종숙이가 고양이 새낀가?

어머니   제발 조용히 좀 하시라니까요! 누가 누구를 주고 받고가 어디 있어요?

하노인   아무튼 앞으로 다시는 우리 종숙이를 불러내지 말라고 전해요. 알았죠? (하며 코를 헹 풀며 행길로 나가려다 섬짓 놀라며 그 자리에 서버린다. 누가 담 뒤에 숨어 있는 모양이다) 너 웬일이냐? 거기서 뭘하고 있어? 응? 종숙아! (종숙이라는 말에 뜰 안에 서 있던 아버지와 어머니가 의아한 표정을 짓는다)

이윽고 종숙이가 고개를 숙인 채 뜰 안에 들어선다. 등 뒤에 뭔가 숨기고 있다. 반소매 블라우스에 스커트를 입은 총명한 처녀.

하노인   왜 왔어?

종숙   아버진 왜 오셨어요?

하노인   나야 일이 있어 왔지.

종숙   저두요.

하노인   뭐라구? 일은 무슨 일?

종숙   천석 씨에게 할 얘기가 있어서 왔다니까요.

하노인   천석이한테?

종숙   예.

하노인   만날 필요 없으니 가자.

종숙   아버지 먼저 가세요.

하노인   할 얘기가 있으면 내게 해. 내가 천석이한테 전할 테니…

종숙   안 돼요. 제가 직접 만나야 해요,

하노인   만날 필요 없다는데두.

종숙   저는 필요가 있어 왔어요.

하노인   (화를 내며) 애비 말을 들어!

종숙   싫어요.

하노인   싫어? 애비 말이 싫어?

종숙   제 일은 제가 알아서 하겠어요. 먼저 가세요.

하노인   글쎄 이 집에 드나들 필요 없다는데두. 잔소리 말고 가자.

종숙   아버지 먼저 가세요.

하노인   (화를 내며) 망할 것! 말 귀 못 알아듣기는 꼭…

종숙   글쎄 제 걱정일랑 마시라니까요. 아버지 곧 갈테니까 마음 확 놓
      으시고 가세요.

하노인   곧 와야 해 알았지?

종숙   예!

하 노인은 평상에 앉아 있는 두 사람을 아니꼽게 쏘아보며 급히 나간다.
종숙은 빙그레 웃으며 아버지를 보고나서 평상 가까이 온다.

종숙   안녕하세요?

아버지와 어머니는 멋쩍은 듯 건성으로 가볍게 대꾸를 한다.

아버지   응… 종숙이니. (하며 일어서 뒤뜰 쪽으로 가버린다. 어머니도 뜰 한구
        석에 있는 광주리에서 푸성귀를 꺼내 손을 본다. 종숙은 어색한 분위기
        를 직감하면서도 일부러 태연한 척 말을 건넨다)

종숙   만석 씨가 내려온다죠?

어머니   (건성으로) 응…

종숙   반가우시겠어요.

어머니   그, 글쎄…

종숙   천석 씨는 어디 계시나요?

어머니   돼지우리에 있나봐. 왜 만나게?

종숙   예!

어머니   (냉담하게) 그냥 돌아가지.

종숙   예?

어머니   천석이는 바쁜 몸이야. 종숙이하고 얘기할 여유도 없겠거니와…

종숙   (약간 불쾌하게) 저도 바쁘긴 매한가지에요.

어머니   (여전히 푸성귀를 다듬으면서) 그렇다면 더더군다나 만날 필요 없지.

종숙   아주머니 혹시 저희 아버지한테서 무슨 얘기라도…

어머니   얘긴 무슨… 과년한 색시가 총각 찾아다니는 건 과히 떳떳한 짓도 못 되니까 그렇지. 게다가…

종숙   게다가 뭐예요!

어머니   (한숨을 푹 몰아쉬며) 우리 천석이도 올 가을엔 장가도 들어야 하고…

종숙   예? 장가를요?

어머니   (즉흥적으로) 응… 전부터 오고 가는 혼담이 있어서… 고개 넘어 과수원집 아저씨가 중매를 하겠대. (힐끔 종숙을 쳐다보며) 종숙이도 이제 시집가야지?

종숙   (묵묵히 서있다)

어머니   남녀 간에 나이가 차면 시집도 가고 장가도 가야지. 종숙이야 우리 송곡마을에서는 중학교까지 마친 처녀로서는 단 하나 뿐이니 여기저기서 혼담이 쏟아질 테지? 서울에다 내놔도 끄떡없을 거

291   쌍둥이의 모험

야. 안 그래?

종숙 왜 그런 말씀 하세요?

어머니 왜라니?

종숙 저는 시집갈 생각은 없어요.

어머니 뭐라구?

종숙 해야 할 일이 한두 가지가 아니에요. 지금 세상에 여자라고 할 일이 없는 건 아니에요. 천석 씨만 바쁘다는 법은 없지요.

어머니 (넌즈시 떠볼 양으로) 그래 무슨 일을 하려고…

종숙 아직은 말할 수 없어요. 그럼 안녕히 계세요. (돌아서려고 한다)

어머니 천석이를 만나겠다더니…

종숙 바쁜 사람 붙잡고 방해하고 싶지 않아요.

어머니 (자리에서 일어서며) 전할 얘기 있으면 내가…

종숙 없어요.

이때 우편에서 천석이가 급히 뛰어든다. 돼지 꿀꿀대는 소리가 들린다.

천석 어머니 돼지가 새끼를 낳아요.

어머니 응? 돼지가?

종숙 천석 씨!

천석 (건성으로) 왔어? 나 지금 바빠서…

종숙 할 얘기가 있는데…

천석 빨리 좀 와보세요. 빨리요.

어머니 오냐, 이런 경사가 어디 또 있어! 만석이가 돌아오고 돼지가 새끼를 낳고… 홋호…

천석은 종숙을 미처 알아보지도 못하고 급히 뛰어간다. 어머니도 허둥지

차범석 전집 5

둥 뛰어간다. 혼자 남게 된 종숙은 뾰로통해진다. 그리고는 손에 들렸
단 보자기에서 남방셔츠를 꺼내본다.

종숙 그럼 역시 천석 씨는… 나 같은 여자에겐 관심이 없었던 거야.
그걸 눈치 못 차린 내가… 내가 어리석었지. 그것도 모르고 손수
밤새가며 옷까지 만들다니… (볼이 메인 소리로 변하며) 바보… 바보.

뒤뜰에서 돼지 새끼를 낳느라고 끌끌대는 소리 커진다.

암전

쌍둥이의 모험

제2막

무 대

전막과 같음. 전막부터 이틀 후, 초저녁. 멀리서 흥겨운 농악소리가 들려온다. 마루에 저녁상이 놓여있다. 아버지는 평상 위에 앉아서 담배를 피우고 있다. 어머니가 부엌에서 반찬을 가지고 나와서 상 위에 놓고는 다시 상보로 덮는다. 사람을 기다리는 듯 행길 쪽으로 가며 담 너머로 먼 곳을 바라본다. 농악 소리가 더 흥겹다.

어머니   이제 그만들하고 올 일이지. 모처럼 돌아온 사람들을 저렇게 끌고 다니니 원 몸살 나겠네. (돌아서며) 영감 천석이더러 만석이를 데리고 오라고 해야겠어요. 어제부터 저렇게 온 마을 사람들이 우리 만석이만 붙잡고 안 놓는다니…

아버지   미친놈들.

어머니   예?

아버지   무슨 경사인가? 이틀을 내리 저 법석을 떨게.

어머니   원 영감두… 경사이고말고요. 만석이가 삼 년 만에 그것도 저렇게 매미가 허물 벗듯이 말쑥하게 차리고 돌아왔는데 왜 경사가 아니겠어요? 홋흐…

아버지   (못마땅하게 흘겨보며) 경사라면 임자도 저 패거리에 한몫 끼어 춤이라도 추지 그래! 흥!

어머니   못 출 것도 없지요. 홋흐…

아버지   뭣이 어째? 그 꼴로 춤추는 꼬락서니 참 가관이겠다. 쯧쯧.

어머니   만석이가 사가지고 온 새 옷 갈아입고 덩실덩실 춤을 춰봤으면 좋겠어요. 홋호…

아버지 얼씨구… 늦게 배운 도둑 날 새는 줄 모른다더니. 이제 우리 집망구가 사랑채로 들어가? 나 원 기가 막혀서…

어머니 영감이 어떻게 생각하시건 나는 좋아요. 그저 우리 쌍둥이가 나란히 내 옆에 있어주는 것만으로도 족하지요. 이제 앉은 채로 눈을 감는다 해도 한이 없겠어요. 만석이가 돌아왔으니 부러울 것 없어요.

아버지 흥… 갈수록 태산이라더니 이제 제정신도 아니구먼!

어머니 (야무지게) 영감 너무 그러지 마세요! 너무 하셨어요.

아버지 뭐가 너무해?

어머니 만석이한테 그럴 수가 없어요. 그야 지난날의 잘못이야 누군들 모릅니까? 허지만 제 놈도 서울 바닥에서 온갖 고생 다 한 끝에 이제 그만큼 성공해서 돌아왔으면 반기셔야지 이건 마치 눈엣가시처럼… (울먹이며) 너무하셨어요. 오랜만에 집이라고 돌아온 자식한테… 그럴 수가 없다구요… 미우나 고우나 내 자식인걸요. 게다가 천석이와 만석이는 꼭 같은 쌍둥이고 보면 왼팔과 바른팔이나 다름없는 애들인데…

아버지 난 한 번 싫은 건 싫은 사람이야.

어머니 그 고집 좀 버리세요.

아버지 못 버려!

어머니 늙으면 자식 말을 들어야 해요.

아버지 (휙 돌아서며) 자식 말 들어? 내가 그 미친 녀석 말을 들어? 흥! 천석이 같으면 또 모르지만 만석이는 안 돼! 못해… (하며 자리에서 일어나 들가로 간다)

어머니 옹고집도 한도가 있지요. 그래도 만석이는 그런 날부터 그 비싼 옷이며 반찬까지 사대며 효도를 하겠다는데 영감은 거들떠보지도 않다니… 그래도 만석이가 성미가 무던한 애니까 참지 다른

쌍둥이의 모험

아이 같으면 오던 길도 되돌아 갔을 거예요.

아버지 갈 놈은 가라지. 누가 붙든다고나 했어?

어머니 (부드럽게) 영감 제발 만석이한테만은 혼연스럽게 대해주세요. 며칠 쉬고 나면 사업 때문에 또 올라간다지 않던가요?

아버지 우리가 언제 제까짓 놈 덕을 보겠다고 했나?

어머니 그래도 만석이는 그게 아닙데다. 앞으로 논도 더 사고 비닐온실도 더 늘리도록 돈을 대겠대요.

아버지 뭐라구?

어머니 제 형한테 그런 얘기 하더래요. 그리고 마을 새마을 금고에도 기부를 해야겠다고 하더래요.

아버지 그걸… 어떻게 믿어…

어머니 천석이 보고 물어보시구려.

아버지 공연히 허풍만 떨고 다니는 놈의 얘기를 곧이 들어?

이때 천석이가 돼지 밥통을 들고 들어선다.

어머니 웬 돼지 밥을 그렇게 많이 걷어왔어? 항아리에 가득차 있던데.

천석 새끼를 낳았으니 더 잘 먹여야 젖도 많이 나지요. 그래서 양조장 정 주사한테 부탁해서 술찌꺼기를 얻어왔지요.

어머니 에그 오늘 같은 날은 쉬지 않고… 만석이가 왔다고 온 마을 청년들이 저렇게 즐기는데…

천석 놀 사람은 놀고 일할 사람은 일을 해야지요. (하며 밥통을 들고 무대 우편으로 간다. 아버지와 어머니는 사라지는 천석을 바라본다. 어느덧 농악도 멎었다)

아버지 천석이가 한 말 들었어?

어머니 한 형제인데도 어쩌면 저렇게 다를까요?

아버지 놀 사람은 놀고 일할 사람은 일을 한다. 암 그렇지… 천석이 말은 하나부터 열까지 어쩌면 그렇게 순리에 맞는지 모르겠어. 헛허…

어머니 허지만 일하는 것도 정도에 알맞아야지요. 모처럼 동생이 왔으니 함께 어울려 주는 것도 좀 좋겠수.

아버지 천석이가 그 놈들하고 어울릴 성 싶소? 성격이 다르다고 성격이…

어머니 그래도 형제간에 우애가 어디 그래요? 모르면 몰라도 만석이도 마음 속으로는 언짢게 여길 거예요.

아버지 만석이 제 놈이 뭘 잘했기에 언짢고 반창고고가 있어?

어머니 어제 만석이가 뜰 안에 들어섰을 때 천석의 낯을 봤어요. 반가워 하기는커녕 도리어 귀찮아하는 얼굴이었어요.

아버지 나도 매한가지였지. 그리고 한다는 소리가 (흥을 내며) 농촌이 많이 변했다더니 별로 달라진 게 없군요. 초가집이 없어지고 길이 넓어졌을 뿐 그저 그렇군! 흥! 망할 녀석! 농촌 사람이 그동안 잘 살아보자고 얼마나 고생을 했는가를 제깟 놈이 어떻게 그걸 알아? 신사 양복에 넥타이 매고 구두 신고 있으니까 뭐 떼부자가 되었다고 여기는 모양이지만 그게 벌써 틀렸어!

어머니 영감은 만석이 일이라면 그저 머리부터 발끝까지 반대구랴!

아버지 싫은 건 싫다니까!

어머니 그래도 이렇게 부모형제 찾아온 게 얼마나 고맙고 대견하우? 게다가 마을 사람들이 닭을 잡는다, 술을 낸다, 농악놀이를 한다하고 반겨주는데 우리 식구는 건너 산불 구경하듯 하니… (한숨) 만석이가 서울로 올라갈 때까지만이라도 따뜻하게 대해주세요. 예? 한 번 실수는 병가상사라 하지 않아요? 아니 어쩌면 그 애가 이번에 내려온 건 무슨 생각이 있어서 왔을지도 모르죠.

아버지 생각이라니…

쌍둥이의 모험

어머니 글쎄 어쩐지 그런 느낌이 들어요. 만석이가 아버지나 형한테 무슨 얘기를 꺼낼지 누가 알아요?

아버지 흥. 이젠 점까지 치는구먼, 젠장.

이때 동리 어구에서 군중들이 만세를 부르고 북을 치며 환호성을 올린다.

청년 A (소리) 만석이 편히 쉬게.

만석 (소리) 고마워!

청년 B (소리) 내일 또 한 바람 어울려 보세.

만석 (소리) 그렇게 하지! 수고들 해.

어머니가 담 너머로 내다보고는 기뻐서 어찌 할 바를 모른다.

어머니 영감… 저것 좀 보세요… 만석이가… 홋호…

이때 만석, 상천, 규남이 들어선다. 양복 위에 약식의 농악패 차림을 하고 머리에 고깔을 쓴 만석과 역시 같은 차림의 소고를 든 상천과 규남이 상기된 채로 들어선다. 만석의 언행은 천석보다 매끄럽고 세련되어 보이나 어딘지 경박스럽다.

만석 어머니…

어머니 어서 오너라.

만석 오랜만에 한바탕 뛰고 놀았더니 팔다리가 뻐근하군요. 헛허…

어머니 너도 춤을 췄니?

상천 말도 마세요. 만석이가 어찌나 멋들어지게 잘 노는지 모두들 혀를 날름날름 휘두르며 탄복했어요. 헛허…

298 차범석 전집 5

어머니 그래? 네가 언제 농악을 해봤니?

만석 꼭 해봐야만 아는 건 아니거던요.

규남 만석의 춤 솜씨는 이 마을의 그 누구도 따르지 못해요. (만석에게) 여기서 우리 한바탕 놀아볼까?

상천 규남이 자네가 소고를 쳐 만석이가 춤을 추게.

만석 어머니 보시겠어요?

어머니 그래. 어디 네 춤 솜씨 좀 구경하자.

상천 쉬이… 쉬이… 우리 양만석이를 위해서 한바탕 놀아보세.

규남 놀아보세.

상천, 규남이가 소고를 마주치며 춤을 춘다. 그에 따라 만석은 제멋대로 (고고) 춤으로 박자만 맞추어 목을 비틀고 기성을 지른다. 어머니는 터져 나오는 웃음을 참느라고 애를 먹는다. 저만치서 보고 있던 아버지가 가까이 다가온다. 상천과 규남은 아버지의 날카로운 시선에 겁을 먹고 소고 치던 걸 멈춘다. 그러나 만석은 신바람이 나서 그걸 눈치 못 차리고 한동안 몸을 비튼다. 다음 순간 아버지와 시선이 마주치자 멋쩍게 웃는다.

아버지 그것도 춤이냐? 응?

만석 헷헤…

아버지 내가 보기엔 간질병 환자가 발작한 것 같구나.

만석 헛허… 이건 신식 농악이에요.

아버지 신식?

어머니 어떻든 흥이 나면 춤이 나오게 마련이지. 엉뎅이 춤이면 어떻고 보릿대 춤이면 어떠냐? 홋호…

만석 그럼요. 춤이 따로 있나요? 음악에 맞추어 흔들면 춤이지.

쌍둥이의 모험

규남   (흥을 내며) 이렇게… 이렇게…

상천   헛허… 조심해 허리 부러지겠어! 헛허…

아버지만 빼놓고 모두들 유쾌하게 웃어 제낀다. 그들은 평상에 앉으며
고깔을 벗고 땀을 씻는다.

만석   어머니 시장한데요.

어머니 오냐, 그렇잖아도 저녁상 봐났다.

상천   우린 이만 가지.

규남   응…

어머니 그러지 말고 만석이랑 함께 저녁 들어. 내 자네들 올 줄 알고 저녁
       지어났으니까…

만석   그래 같이 하세. 그리고 할 얘기도 있으니까.

어머니 얘기?

만석   예… 앞으로 제가 계획하는 일들을 의논도 해야겠고 또…

어머니 (아버지에게) 영감 그것 보세요. 내 말이 어때요.

만석   어머니 무슨 얘기신데요?

어머니 아, 아니다. 아까 네 아버지하고 둘이서 한 얘기가 있었어. 홋호…

만석   어머니 어서 상이나 내오세요.

어머니 여기 봐 났다.

어머니가 마루 끝에 놔둔 밥상을 평상에다 옮긴다.

어머니 영감도 같이 드시죠.

아버지 난 별 생각 없어.

만석   형은 어디 갔나요?

어머니 응? 응… 저… 아마 돼지에게 밥 주나보다. 어서 먼저 들어.

만석 예! (상천, 규남에게) 올라와. 어머니 술 없어요?

어머니 있지! 어제 밤에 마시다 남은 거 있을게다. (하며 부엌으로 들어간다)

만석 (밤하늘을 쳐다보며 길게 한숨을 내뱉으며) 아… 오랜만에 시골의 맑은 공기를 마셔서인지 식욕이 나는데.

상천 우리 시골의 맑은 공기야 어디다 내놔도 남부럽지 않지. 나도 지난번에 사 년 만에 서울구경 했지만 그 탁한 공기며 그리고 그 사람떼들… 나는 죽었으면 죽었지 서울서는 못 살 것 같더군!

규남 그런데 용케들 서울서 살지?

만석 산다는 건 전쟁이거던. 전쟁을 하는 판에 시끄럽다느니 공기가 나쁘다느니 불평하게 되었어?

규남 그런데 왜들 그렇게 복잡한 서울로만 모여드는지 모르겠어…

만석 전쟁이란 요컨대 모험이거던…

규남 모험?

상천 모험?

만석 그렇지. 모험이고 말고.

어머니가 술주전자와 술잔을 들고 나온다.

어머니 어서들 들어. 찬은 없지만.

상천 잘 먹겠습니다.

규남 반찬이 건데요.

이 사이에 만석은 잔에다 술을 채운다.

만석 아버지! 약주 한 잔 드십시오.

301   쌍둥이의 모험

그러나 아버지는 말대꾸도 안하고 뒤 안쪽으로 퇴장해버린다. 어머니의 얼굴이 흐려진다. 만석은 어깨를 으쓱해 보이며 씩 웃는다.

만석 우리 아버지는 예나 지금이나 변함이 없으시지?

상천 송곡마을의 왕고집 하면 족보에 오르실 걸⋯ 헛허⋯

일동 헛허⋯

술을 마신다. 그리고 잔을 서로 권한다.

규남 천석이 형도 같이 들걸 그랬지?

만석 어머니! 형 좀 오라고 하세요. 저도 형한테 할 얘기가 있었는데 마을 사람들에게 끌려 다니느라고 차분히 얘기할 시간도 없었어요.

상천 쌍둥이가 마주 앉아 얘기하는 모습 좀 구경합시다.

어머니 홋호⋯ 얼굴이 꼭 닮아서 어느 쪽이 형이며 동생인가 분간 못할 걸세.

규남 저는 자신 있어요.

어머니 어떻게⋯

규남 천석은 머리가 짧고 만석은 머리가 길거든요! 헛허⋯

일동 핫하⋯

어머니 내가 천석이를 불러오마! (하며 뒤 안쪽으로 간다)

규남 만석이 자네 혹시 천석이한테 무슨 언짢은 짓이라도 한 게 아닌가?

만석 아니야.

규남 그런데 왜 함께 안 어울리는지 모르겠어.

상천 천석이는 이 세상에 태어날 때 일만하기 위해서 태어난 사람이지. 우리 마을에서 천석이처럼 부지런한 친구도 없지.

규남	사실이냐, 그리고 욕심도 없지.
만석	욕심?
규남	마을 청년회에서 회장직을 맡으라고 몇 번 간청해도 고집불통이지. 자기는 앞에 나서서 일하는 게 싫다나.
상천	그저 말없이 일만 하는 게 소망이라니. 알아줘야지.
만석	글쎄… 허지만 인생은 도박이라는 것도 알아야 해.
상천	도박?
만석	그렇지. 주사위를 던질 때의 기분 말일세. 자기가 원하는 대로 끗수가 나오는 사람과 아무리 던져도 뜻대로 안 되는 사람. 그러다가도 단 한 번의 승리로 모든 것을 긁어모을 때의 쾌감! 인생은 그 맛으로 사는 거지!
규남	나는 무슨 말이지 못 알아듣겠는걸!
만석	헛허… 그건 이 세상에서 욕망의 매력을 못 느끼고 산다는 증거지. 인생이란 바로 욕망에서 시작되고 그 욕망을 이루기 위해서도 한 번 쯤 모험을 해야 하는 법이지.
상천	자네는 아까부터 욕망이니 모험이니 하지만 그게 그렇게 쉬운 일인가 말이지.
만석	물론 쉽지는 않지. 허지만 모험을 두려워하는 사람은 발전이 없어요! 사는 보람이 없어! 내가 지난날 시골 구석에서 썩기 싫어 뛰쳐나간 것도 따지고 보면 바로 그 모험심 때문이었지.
규남	그래 지금도 그 모험에 성공했단 말이지?
만석	(빙그레 웃으며) 일단은 성공한 셈이지. 그 대신 또 하나의 모험이 남아 있거던!
상천	그게 뭔데!
만석	아직은 비밀에 속한 길이니까 뭐라고 말할 수 없지만 나… 머지 않아 미국으로 갈까 해.

쌍둥이의 모험

규남   미국?

상천   어떻게?

만석   나하고 거래하고 있는 김 사장이 미국에다 지점을 내기로 되어
있는데 그 책임을 나보고 맡아보라는 거야.

규남과 상천은 눈이 휘둥그래지며 서로 바라본다.

만석   그래서 생각할 기회를 달라하고 시골에 내려온 거야. 머리도 식
힐 겸 사업계획도 짤 겸 겸사겸사지 헛허… 자 어서 술들이나
들어!

상천   정말 자네는 출세했네 그려!

규남   송곡마을에 인물 났군!

만석   헛허…

이때 하 노인이 술병을 들고 조심스럽게 들어선다.

하노인   만석이!

만석   아이구 종숙 아버님이시군요. 어서 오세요.

하노인   응… (집 안쪽을 살펴며) 어른들은 안 계시나?

만석   예, 아마 온실에 계시나 봐요. 앉으세요. 제가 가서 아버지를…

하노인   아, 아닐세. 나 잠깐만 들리려고 왔지. 이것 받게. (하며 술병을 민다)

만석   이게 웬 술입니까?

하노인   집에서 담근 매실주야. 오랜만에 내려온 자네한테 뭐 대접할 게 있
어야지. 헷헤…

만석   무슨… 그리고 내일 저녁엔 우리 집에서 저녁이나 하세. 우리 종
숙이도 자네한테 서울 이야기도 듣고 싶어 하니까… 헷헤…

만석	예 종숙이도 이제 어른 다 되었겠네요.
하노인	그저 키만 어른이지 아직 어린애야 헛허… (이때 어머니가 우편에서 나온다. 하노인을 보자 표정이 굳어진다)
만석	어머니 종숙 아버지께서 귀한 매실주를 가져오셨군요.
어머니	(의아하게) 매실주를?
하노인	그럼 나 가네.
만석	좀 쉬어가실 걸 그랬어요.
한인	아, 아닐세… (나간다)
상천	살펴가세요.
하노인	천천히들 오게. 그리고 자네들도 만석이한테 배워야 돼. 배우는 데는 나이가 문제가 아니라구. 에헴! (하며 행길로 퇴장)
어머니	아니 저 영감이 무슨 바람이 불었기에 찾아왔지?
만석	예?
어머니	다시는 우리 집 출입을 안 할 것처럼 평펑거리더니…
만석	내일 저녁은 자기 집에서 식사를 하자던데요.
어머니	그래? 알 수 없는 일이로군.
규남	아마 그 영감이 만석이를 사윗감으로 생각하는 거 아닐까?
만석	에끼 사람! 헛허…
일동	헛허…
어머니	말도 말게. 만석의 아버지가 그 집하고 사돈을 맺으려고 하실 것 같은가?
상천	당사자의 뜻만 맞으면 되죠.
어머니	허기야 종숙이는 좋은 처녀지. 바지런하고 솜씨 좋고…
규남	그렇지만 머지않아 미국까지 가게 된다면 더 멋쟁이 색시를 맞아들여야지.
어머니	미국이라니? 만석아 그럼…

　　　　　　　　　　쌍둥이의 모험

상천   아직 모르고 계셨군요?

만석   (약간 당황하며) 이 사람아.

어머니 만석아 네가 미국에 간다고?

만석   예? 예… (상천에게) 아직 공표할 단계가 아니라니깐.

상천   좋은 일인데 어때서…

만석   그렇지만 아버지 어머니껜 아직…

어머니 어쩜 너는 부모 형제에겐 아무 말 안 하면서 친구들한테는 얘기를 하니?

만석   차분한 시간에 말씀드리려고 그랬었는데.

어머니 그래 언제쯤 가게 되니?

만석   지금 얘기 중인데 수속을 마치려면 초가을에는…

어머니 저런! 내 아들이 미국엘 가다니… 홋호… 네 아버지께서 아시면 아마도 입이 함박만 해지실게야… 홋호… 진짜 큰 잔치를 치러야 겠다.

이때 아버지가 들어선다.

어머니 영감 글쎄 만석이가…

아버지 뭐라구?

어머니 만석이가 미국엘 간대요, 미국!

아버지 미국? (하며 만석을 내려다본다)

만석   예! 실은 그 일 때문에 의논도 드릴 겸…

아버지 (내뱉듯) 미국은 아무나 가니?

만석   예?

아버지 네가 무슨 재주로 가느냐구. 공부를 제대로 했니 돈을 벌어놨니?
그야 젊은 사람으로서는 욕심 같아서야 미국 아니라 달나라에도

306

가고 싶겠지만 미국도 갈 수 있는 사람과 갈 수 없는 사람이 따로
있는 법이지. 아무나 가?

어머니 영감! 무슨 말씀을 그렇게…

아버지 임자는 잠잖고 있어!

만석 (씽긋 웃으며) 아버지께서는 저를 못 믿으시는 모양이신데 가기로
다 되어 있어요.

아버지 됐어?

상천 미국에 있는 지사 책임자로 간대요.

규남 만석이가 결심만 하면 곧 가게 되어 있다는 군요.

아버지의 표정에 약간 동요가 일어난다.

아버지 사실이냐?

만석 (유들유들하게) 제가 어려서부터 엉뚱하게만 자라나서 아버지는
저를 그 시절로 만석으로만 생각하시겠지만 그게 아니에요. 저도
저 나름대로 꿈이 있어요.

규남 모험을 하는 거래요.

만석 (약간 경직된 표정으로) 제 마음속을 펴 보일 수 없는 게 억울하군
요. 그러나 이걸 보시면… (하며 안주머니에서 두툼한 봉투를 꺼낸다)
보세요. 이게 수속 서류에요. 회사와의 고용계약서도 있고요.

아버지는 말없이 내려다본다. 규남이가 호기심에서 서류를 펴 보인다.

규남 아이구 왼통 영어로 씌었구먼.

상천 까막눈이라 읽을 수가 있어야지.

규남 여기 만석이 사진도 있군.

              쌍둥이의 모험

어머니 정말 언제 찍은 사진인데 이렇게… 잘도 생겼구나! 홋호… 영감 보세요.

아버지 (차츰 마음이 끌리며) 그래 가게 되면 얼마 동안이나 있게 되냐?

만석 그건 계약서지만 일만 잘되면 연장될 수도 있지요.

어머니 그럼 장가부터 들어야겠구나.

만석 원… 어머니두!

어머니 그렇지만 삼 년이면 네 나이가 삼십이 될 텐데… 그렇게 되면 손 자가 늦는다.

만석 헛허… 장가도 들기 전에 손자 걱정부터 하시는군요.

아버지 그래 네가 하는 회사는 뭘 하는 곳이냐?

만석 화공약품 수입상인데 외국 무역 관계는 무엇이든 취급하죠.

아버지 그럼 네가 혼자서 하니?

만석 아, 아니에요. 동업이나 다름없지요. 김 사장이라는 분이 자금을 대기로 하지만…

상천 아무튼 만석이는 출세했지요.

어머니 정말 네가 이렇게 고향을 잊지 않고 돌아와주어 얼마나 고마운지 모르겠다.

만석 저도 객지에 있으면서 하루도 고향 생각을 안 하는 날이라곤 없 었지요. 그래서 이번 일만 되는 날에는 고향에다 양어장을 만들어서 마을에 기부할까 해요.

규남 양어장?

어머니 마을에다 기부를 해?

만석 예, 지금도 그만한 돈은 있지만 더 좀 벌어서 하겠어요. 뱀장어는 일본에 수출하면 큰돈을 벌 수 있거든요.

상천 만석이! 정말 고맙네. 이 소식을 들으면 마을에서는 자네 비석을 세우겠다고 할 걸! 헛허…

규남	비석 뿐이겠수? 동상을 세워도 족하지! 헛허…
어머니	(아버지에게) 들으셨죠. 제가 뭐라고 합데까? 예? 영감은 내 얘기라면 모기 우는 소리만도 못하게 여기시지만 때로는 제 얘기도 믿어보세요.
아버지	젠장! 이제 보니 내 탓으로만 돌리는군.
상천	정말 효자 두셔서 기쁘시겠어요. 천석이도 천석이지만 만석이가 이렇게까지 될 줄이야 누가 알았겠습니까?
규남	사실이야. 쌍둥이가 모두 효자에 얼마나 든든하시겠어요?
어머니	글쎄 나는 왼팔 바른팔 다 쓸 수 있는 장사가 된 기분이라네! 훗호…
상천	자 그런 뜻에서 제가 한잔 올리겠습니다. (하며 술잔을 아버지에게 전한다. 아버지도 과히 싫지 않은 듯 잔을 받는다)
어머니	술은 아까 종숙 아버지가 가져온 걸로 하게.
아버지	그 작자가 웬 술을…
만석	글쎄 저한테 가져오셨지 뭐예요. 내일 저녁에는 저녁밥을 함께 먹자면서…
아버지	변덕스럽긴 꼭…
어머니	어떻수. 우리 만석이를 곱게 보고 가져온 술인데요. 훗호…

만석이가 병을 들어 마개를 뽑고는 술을 따른다. 이때 종숙이가 급히 들어온다.

종숙	어머! 여기 계셨군요.
어머니	종숙이니?
만석	아이구… 이거 종숙이가 이렇게…
상천	이 사람아… 종숙이가 뭔가… 종숙 씨. 그래야지… 헛허…

일동   헛허…

만석   오랜만이군요. 종숙 씨…

종숙   예… 저 만석 씨 잠깐만…

만석   예?

종숙   나 좀… 급히 드릴 말씀이…

아버지   무슨 얘긴데 그러니?

종숙   아, 아니에요 저… (한길 쪽을 돌아보며 불안한 표정이다. 만석이가
       내려와 종숙에게로 간다. 상천과 규남이 두 사람을 놀려주려는 듯 킬킬
       댄다. 종숙이 귓속말로 수근대자 몹시 만석이의 얼굴이 굳어진다)

만석   여자요?

종숙   예. 몸집이 뚱뚱하고 양장을 한 30대 부인이에요.

만석   (무의식적으로) 오 마담이구나…

종숙   예? 아시는 분인가요?

만석   예? 예… 그래 우리 집을 묻던가요?

종숙   예. 젊은 남자와 함께 있었어요. 그리고는 만석 씨더러 이놈 저놈
       하면서 저희들끼리 말하는 게 미심쩍어서 알리러 왔어요.

만석   빌어먹을… (금시 그의 태도가 불안과 초조로 변해 안절부절 못한다)

아버지   무슨 일이니?

어머니   왜 그러고 있어? 응?

만석   아, 아무 일도 아니에요. 서울서 급한 일로 누가 나를 찾아온 모
       양이에요. (그는 급히 윗저고리를 입고 구두를 신는다)

어머니   어디 가니?

만석   예… 회사로 전보 좀 쳐야겠어요.

어머니   이 시간에?

상천   우체국에서 안 받을 텐데…

만석   전화라도 해야지… 그, 그럼 다녀오겠어요.

어머니	아니 난데없이… 무슨 벼락이니?
만석	자, 잠깐 다녀오겠어요.
규남	같이 가세.
만석	그, 그러고 있을 시간 없어… (하며 급히 행길로 뛰어가려다가 무엇을 발견했는지 뒷걸음질 쳐 뒤돌아 온다)
어머니	만석아…
아버지	무슨 일이니?
만석	아버지… 누가 나를 찾거던 모른다고 하세요…
아버지	뭐라고?

만석은 퇴비장으로 숨으려다 말고 다시 나온다. 모두들 귀신에게 홀린 사람들마냥 멍하니 보고만 있다. 이때 행길 쪽에서 오 여사가 들어선 다. 그녀를 보자 만석은 황급히 부엌으로 뛰어들며 안에서 부엌문을 닫는다.

오여사	저놈 잡아라. 저놈… (하며 부엌 쪽으로 가서 마주 부엌문을 흔들고 발길질을 한다) 이놈아… 썩 나오지 못하겠니? 네가 도망을 가면 어디까지 가겠니? 응? 네 뒤에도 사람이 있단 말이야… 나오지 못해… (하며 발길로 문짝을 찬다)
아버지	(화가 나서) 아니 뉘신데 남에 집에 함부로 뛰어들어 행패요? 행패 가?
오여사	남의 집! 이건 사기꾼 집이야! (다시 부엌문을 두들기며) 썩 나오지 못해? 나오란 말이야!
아버지	뭐 사, 사기꾼? 이것 봐요, 어디다 대고 그따위…
오여사	참견 말아요! 당신이 뭐길래 참견이요?
아버지	이건 내 집이니까 그렇지!

오여사 (비로소 돌아보며) 옳아, 영감이 바로 사기꾼의 아버지신가요?

아버지 뭣이? 사기꾼이라니…

오여사 사기꾼 아들을 두셨으니 사기꾼, 사기꾼 아버지요. 뭐가 잘못 되었수?

어머니 이 여편네가 어디서 함부로… 우리 만석이를 어떻게 보고서…

오여사 보아하니 사기꾼 어머니신 모양인데 정말이지 아들 하나는 희안합데다. 천재예요 천재!

상천 저 무슨 일이신지 모르지만 앉아서 차근차근히 얘기합시다.

오여사 안 돼요! 여기서 한 발자국도 안 떠나고 지키겠어요. 이제 미스터 신이 경찰관을 데리고 올 테니까.

규남 경찰관을?

상천 아~ 이게 어떻게 된 일인가?

오여사 글쎄 요즘은 대낮에 코 베어가는 세상이기도 하지만 이렇게 감쪽같이 속이는 천재적 사기꾼은 처음 봤어요. 나도 서울 남대문 일대에서는 이름 석 자 있는 오 마담이지만 세상에 이 사기꾼한테는 꼼짝없이 걸려들었지 뭐예요. 아유 세상에… (그녀는 핸드백에서 담배를 꺼내 물고는 라이터를 켜댄다. 모두들 벼락 맞은 사람처럼 말을 잃고 오 여사의 행동만 지켜본다. 아버지는 비틀거리듯 평상 위에 주저앉는다)

아버지 (혼자소리처럼) 내 그럴 줄 알았다… 그럴 줄…

어머니 영감!

오여사 글쎄 나 남대문 시장에서 10년 이상 장사를 해왔지만 이런 사기꾼은 처음이에요. 글쎄 미국서 들어온 위장약이라면서 무려 이백만 원 어치나 샀더니 그게 밀가루에다 화학조미료를 섞은 가짜 약이었지 뭐예요.

상천 밀가루에다…

312   차범석 전집 5

규남   화학조미료?

오여사   견본으로 가져온 약병과 꼭 같은데다가 포장도 아주 말쑥하게
        해서 믿었더니… 원 세상에…

어머니   영감! 어디 가세요. (하며 뒤좇아간다. 아버지가 괭이를 들고 나온다)
        (매달리며) 안 돼요! 안 돼!

아버지   저리 비켜! 비키란 말이다! 저런 놈은 내 손에 죽어야 해!

어머니   안 돼! 안 돼요!

오여사   (자기를 노리는 줄 알고) 사람 살려요! 살려요! 사람을… (하며 한 귀퉁
        이로 가서 와들와들 떤다. 규남이와 상천이가 아버지를 양쪽에서 말린다)

상천   이러시면 안 돼요!

아버지   놔! 너 죽고 나 죽어야지!

규남   진정하세요!

아버지   세상에 태어나서 도둑놈의 애비 소리는 못 듣겠다! 이놈아!

어머니   (찢어질 듯이) 천석아! 천석아! 빨랑 좀 나와.

아버지   이 원통한 마음을 풀게 나 좀 놔주게.

규남   참으십시오!

상천   이러시면 안 됩니다!

종숙   (오 여사에게) 왜 이러세요? 왜… 평화스러운 집안에다 왜 돌멩이
        질을 하시는 거예요!

오여사   돌멩이질 한 건 바로 저 녀석이야! 저 녀석.

        이때 우편에서 천석이 뛰어든다. 땅바닥에 주저앉아 통곡하는 아버지
        를 보자 깜짝 놀란다.

천석   아버지!

어머니   어서 아버지를… 아버지를 모셔가자… 이러다가 무슨 변이 나겠다.

오 여사가 문득 천석의 얼굴을 보더니 한 걸음 두 걸음 다가간다. 그리고는 뚫어져라고 본다.

천석   당신은 뭐요?

오여사   뭣이 어째? 네 놈의 그 잔꾀에 내가 또 속을 줄 아니? 이번엔 안된다! (천석의 허리띠를 잡아끌며) 이제 잡았다!

천석   이게 무슨 짓이죠?

오여사   여러 말 할 것 없어! 파출소로 가자. 가서 해결해!

천석   이것 보세요. 나를 어떻게 보고 하는 소리요?

오여사   네 놈이 제 아무리 변장을 하고 도망치려 해도 내 눈은 못 속인다. 내가 장님이 아닌 이상 네 놈 얼굴을 잊어버렸겠니? 전국에 지명수배 하느라고 네놈 사진을 백 번 천 번을 봤다. 가자!

종숙   아주머니 이 분은 만석씨가 아니라 천석씨예요! 사람 잘못 봤어요.

오여사   누굴 세워놓은 채로 병신 만들 셈인가? 천석이고 만석이고 이놈은 내 돈 이백만 원 사기한 바로 그 놈이야! 그 놈!

천석   (자기도 모르게 웃음이 터진다) 헛허…

오여사   아니 이 난리 통에 웃어? 정말 네 놈의 간덩이는 쇠 덩어리보다 더 단단하구나. 그러고도 웃음이 나오다니.

천석   (간신히 웃음을 참으며) 그럼 울어야겠소?

오여사   너 같은 놈은 웃지도 울지도 못하게 콩밥을 먹여야 해… 가자! 가! (하며 마주 끌어당긴다)

어머니   이것 보세요. 그 애는 제 큰아들이에요.

오여사   큰아들요. 사기꾼이 아니하는 법이라는 있나요?

어머니   그게 아니라 (부엌 쪽을 가리키며) 저기 있는 게 작은아들이고요.

오여사   (그제야 비로소) 아니 그럼 형제란 말씀이세요?

어머니   예.

오여사 아무리 형제이기로서니 이렇게 얼굴이 닮을 수 있나요? 그런 잔꾀에 안 넘어간다고요.

종숙 쌍둥이 형제에요.

오여사 쌍둥이? 네가?

천석 그렇소. 내 이름은 양천석이고 내 동생은 양만석이고요.

오여사 그걸 어떻게 믿지요?

천석 어떻게라고?

오여사 아무튼 나는 경찰서에 가서 흑백을 가리겠으니 따라와요.

어머니 (부엌 쪽으로 가서) 만석아! 대답 좀 해! 네놈 때문에 네 형이 생벼락 맞는다! 어서!

아버지 그놈을 당장 끌어내라! 내 눈앞에서… (하며 다시 일어서려고 하자 상천이와 규남이가 말린다)

어머니 만석아… 거기 있으면 대답이라도 해! 어서!

오여사 그렇지! 그 안에 사람이 있으면 당신은 누명을 벗을 수도 있지. 그 렇지만 그게 될뻔이나 할 일인가 말이야! 쌍둥이 사기꾼? 흥! 갈수 록 네 놈은 천재적이야!

어머니 만석아! 대답 좀 해!

종숙 만석 씨! 왜 가만있는 거예요! 형님이 누명을 써도 좋은가요? 네? (하며 안타깝게 부엌문을 두들긴다. 다음 순간 부엌 안에서 흐느끼는 소리가 들린다)

어머니 저것 보세요. 들리죠?

오여사 응?

모두들 귀를 기울인다.

만석 (소리만) 오 마담… 미안해요… 으…

쌍둥이의 모험

오여사 아이구 이 사기꾼이 진짜구나! (하며 다시 부엌문을 두들긴다) 썩 나
       오지 못하겠니? 내 돈 내놓든지 아니면 철창신세 지든지 둘 중에
       하나야… 어서 나와!

       이 사이에 천석은 종숙으로부터 경위 설명을 듣는다.

아버지 저런 놈은 내 자식이 아니에요! 집안 망신 보다 우리 송곡마을의
       망신깜이오! 어서 데려가요! 어서!
오여사 (신경질을 내며) 나오지 않은 놈을 어떻게 데려가요. 가긴!
천석   저 좀 보실까요?
오여사 예?
천석   사건의 경위를 대강 알겠습니다. 내 아우 놈이 큰 잘못을 저지른
       모양인데 대신 사과드리겠습니다.
오여사 흥! 사과해서 되는 일이 따로 있지요!
천석   대체 피해액이 얼마나 되죠?
오여사 예?
천석   만석이가 사기 친 돈이 얼마냐구요?
오여사 왜 물으세요?
천석   필요가 있어서요.
오여사 필요가 있다구요?
천석   예, 얼마나 되는지 알아야 어떤 대책을 세울게 아닙니까!
오여사 그럼 대신 갚아주시겠단 말씀인가요?
천석   경우에 따라서는요.
오여사 에그 고맙기도 해라. 정말 당신 형제는 우애라는 걸 아는군요. 홋
       호…
아버지 천석아! 그게 무슨 소리냐? 그 돈을 갚다니! 미쳤니?

천석   저에게 맡겨두세요. (오 여사에게) 얼마죠?

오여사   수첩이며 증빙서류를 미스터 신이 가지고 있어요. 우리 여기서 얘기할 게 아니라 제 숙소로 가서 얘기해요. 세상에 이렇게 고마운 분이 어디 또 있담!

천석   그 돈만 갚으면 문제는 없는 거죠?

오여사   예, 즉각으로 고소를 취하하겠어요.

천석   그럼 갑시다.

오여사   예.

아버지   천석아! 그런 돈이 어디 있어? 너도 돌았니? 안 된다.

천석   글쎄 이 문제는 제게 맡기세요! 만석이를 새 사람으로 만드는 것도 우리에겐 큰 소득인걸요.

오여사   정말 당신들 쌍둥이는 천재셔! 홋호… (하며 나간다)

암전

쌍둥이의 모험

제3막

무대

전막과 같음. 다음날 오전, 평상에 아버지와 만석이가 마주앉아 있다. 만석은 무릎을 꿇고 고개를 숙이고 있다. 어머니가 부엌 앞에 앉아 키질을 하고 있다. 그러면서도 신경은 두 사람의 대화 쪽에 쓰고 있는 듯 가끔 쳐다보곤 한다.

아버지 네가 새 사람이 되겠다고 맹세한다 해도 나는 안 믿겠다. 사람이 사람을 믿는다는 게 그렇게 쉬울 수도 없고 쉬워도 안 되지. 다만 한 가지 분명히 해둘 건 네가 이 세상을 잘못 생각하고 있었다는 점이지. 농촌에서 살기 싫고 도시에서 살아야만 사람답게 산다고 생각하는 그 허황된 생각 말이다. 솔직히 농촌이 어때서 그래? 응? 산이 푸르고 물이 맑고 조용하다는 이유만은 아니지. 여기서도 얼마든지 사람답게 살 수 있는 길이 있었는데도 우리 자신이 그걸 몰랐거나 알면서도 게을렀던 것뿐이다. 아니 너처럼 세상을 힘 안 들이고 살겠다는 공짜 근성이 우리를 가난하게 살게 했던 거지. 너는 모험이라고 생각하는 모양인데 그게 아니라 참된 모험이란 자기 욕망을 채우는 일이 아니라 모든 사람에게 이익되는 일을 해내는 짓이지. 남을 위해 희생하는 게 바로 모험이라구. 남을 속이고 법을 어기면서 사는 게 아니라 남을 위해서 어려움을 이겨내는 게 참다운 모험이지. 네 형이 바로 그 모험을 한 거야. 피땀 흘려 모은 돈을 너 때문에 날리는 건 누구나 할 수 있는 일이 아니야. 나는 어제 밤에 뜬 눈으로 새우면서 울었다. 처음엔 분하고 억울해서 울었고 다음엔 허망해서 울었고 그 다음엔 대견해서 울었다. 무슨 뜻인줄 알겠지? 응?

만석은 소리 없이 흐느낀다. 어깨가 들먹인다.

아버지	그것만 알았으면 돼. 아마 지금쯤 네 형은 예금을 찾아서 그 여자 한테 치렀겠지. 우선 90만원 갚아주고 나머지 70만원은 가을에 갚기로 했다니까 우선은 안심해도 되겠다.
만석	아버지! 제가… 제가… 흑…
어머니	네가 정신 차렸으면 되었지. 네 형이 그렇게 해줬으니까 모든 일이 잘 된 거지.
아버지	그래 넌 어떻게 할 셈이냐?
만석	…
아버지	서울로 가겠어?
만석	…
아버지	서울로 가는 걸 말리지는 않겠다. 다만 어디 가건 참된 모험을 할 수 있으면 되는 거야.
만석	아버지… 저 집에 있겠습니다.
아버지	집에?
어머니	(일어서며) 정말이냐?
만석	네.
아버지	네가 마을에 나가 새마을 운동을 하겠다고 해도 누가 반기리라고 생각해서는 어림도 없어!
만석	알고 있어요.
아버지	그럼 뭘 하겠어?
만석	…
아버지	돼지 기르고 온실에서 일할 자신 있어? 거름통을 지고 괭이질 하

쌍둥이의 모험

겠어?

만석 모험을 하겠어요.

어머니 모험?

만석 예, 아버지 말씀대로 지금까지의 거짓 모험이 아닌 참다운 모험 말이에요.

아버지 (희색이 만면해지며) 정말이지?

만석 예, 어떤 일도 해낼 수 있을 것 같아요.

아버지 (어머니에게) 얘기 들었소?

어머니 예, 듣고말고요.

만석 그리고 제가 형한테 진 빚 90만원을 제 힘으로 갚겠어요.

아버지 잘 생각했다. 잘 생각했어!

이때 하 노인이 들어온다. 눈치를 살피느라 매우 계면쩍은 표정이다.

하노인 만석이 나 좀 보게.

만석 예?

하노인 나 좀 보자구.

어머니 왜 그러세요?

하노인 돌려줘야겠어.

만석 돌려주다뇨?

하노인 어제 밤에 가져온 것 말이야. (병 모양을 손으로 그리며) 그대로 있지?

만석 술 말씀인가요?

하노인 그래! 내가 잘못 줬어!

아버지 잘못 주다니!

하노인 번지수가 틀렸어. 천석이에게 갈 건데 내가 깜박했던 거야.

만석	죄송합니다.
아버지	아니 술 한 병 가지고 이리 저리 돌리는 심보는 또 뭔가?
하노인	이리 저리 돌리는 게 아니고 그 술병이 주인을 찾아 다니는 거지. 안 그래?
어머니	그런데 왜 그걸 천석이에게 주시겠다는 거예요?
하노인	그 그건 차차 알게 될 텐데 뭘 성급하게 그러시오. 나 얘기 다 들었어요. 우리 종숙이가 죄다 얘기 해줬으니까… (엄하게) 만석이.
만석	예?
하노인	그러면 못 써! 사람이 아무리 못 살아도 남을 속여서는 안 되지!
만석	…
하노인	나도 세상 살아오는 동안 내 딴에는 지혜롭게 살아도 보았지만 말짱 헛일이었지. 헛일을 했어.
만석	예?
아버지	(어이가 없다는 듯) 아니 오늘따라 하가 고집이 봄볕에 여름 녹듯하니 웬 일이야?
하노인	이것 봐 나 말일세… 천석의 얘기 듣고 정말 가슴이 뻐근했지! 정말일세.
아버지	뭐라구?
하노인	그리고 내가 얼마나 사람을 볼 줄 모르는 눈 뜬 장님인가도 이제야 알았지.
어머니	아니 종숙 아버지 지금 무슨 얘기를 하시는 거예요?
하노인	(눈물이 글썽해지며) 눈앞에 보이는 이익만 알았지 먼 앞날에 피어날 꽃은 모르는 바보였다구. 하나만 알았지 둘은 모르는 머저리였다구… 용서하게… (하며 아버지의 손목을 덥석 잡는다)
아버지	이 늙은이가 오늘따라… 헛허… 울어? 아니 송곡마을 하길남 노인이 남 앞에서 눈물을 흘리다니. 이거야 말로 머리에 털 난 이래

　　　　　　　　　　　쌍둥이의 모험

처음인 걸. 헛허…

만석 그러고 보면 종숙 아버지도 저도 이제 한 살 먹는 설날인가 봐요. 헛허…

아버지 그렇지, 사람이 나이를 먹는다는 게 좋은 건 아니지. 따지고 보면 자신을 돌아보는 게 중요한 일이지.

만석 아버지, 우선 제 일부터 처리해주세요.

아버지 네 일이라니?

만석 허락해주시는 거죠? 제가 여기 있으면서 농촌운동에 끼어드는 일 말이에요.

아버지 글쎄… 그건 나보다 네 형이 더 잘 알 텐데…

만석 그럼 형이 허락하면 아버지께서도 허락하시는 거죠?

어머니 그거야 여부 있겠니?

하노인 아니 만석이 자네도 농촌에서 일하겠다고?

만석 예. 지난날의 잘못을 씻기 위해서라도 일하겠습니다. 도시에서 살면서 몸에 밴 추하고 간사하고 허세만 좇던 옷을 벗어버리고 오늘부터 저도 일을 하겠습니다!

하노인 응? 그게 정말인가?

만석 이제 우리에겐 도시도 농촌도 없어요. 어디 가나 한 가지 목표를 위해 달리는 고속도로가 있을 뿐이니까요. 힘차게 달리고 싶군요. 부산, 대구, 대전, 서울… 아니 언젠가는 개성, 평양, 신의주까지 고속도로가 뚫릴 날이 올 거예요. 그 때까지 힘껏 일하겠어요!

아버지, 어머니 그리고 하 노인이 감탄의 눈초리로 바라본다. 이때 오 여사와 종숙이 들어선다. 오 여사를 보자 만석은 섬짓 놀라며 피한다. 그러나 오 여사의 표정은 사뭇 밝고 부드럽다.

오여사   이것 봐요, 그렇게 피할 건 없어요.

만석   네?

오여사   나 돈 받았어요.

아버지   90만원 받았지요?

오여사   예, 영감님 정말 훌륭하신 아드님을 두셨더군요. 저도 자식을 키
        우느라고 서울 바닥에 온갖 사람과 대해봤지만 댁의 아드님처럼
        도량이 넓고 믿음직스럽고 그리고 대범한 청년은 처음 봤어요.

아버지   (길게 한숨을 뱉으며) 미안하게 되었소. 여러 가지로…

오여사   아니에요. 미안한 건 저예요. 사실 여기 내려올 때만 하드래도
        사생결단을 내겠다고 벼르고 왔는데 댁의 아드님을 만나고 얘기
        를 하다보니 그만 부끄러운 생각이 들었어요. 농촌에도 이렇게
        듬직한 청년이 있는 동안은 우리도 희망이 있다는 생각이 들었어
        요. 그래서 떠나기 전에 인사나 여쭙고 가려고요.

아버지   인사는요. 정말 부끄럽습니다. 실은 그 돈은 우리 천석이가 5년 동
        안 양돈과 비닐하우스에서 올린 수입금이죠. 그야말로 피맺힌 돈
        이었지만 그래도 사람은 떳떳하게 살려면 빚이 없어야 한다고
        우기는 바람에… 개인도 나라도 잘 살기 위해서는 빚을 안지고
        살아야 해요.

오여사   정말 감동했어요. 저는 제 돈을 받으면 된다고 생각했는데 막상
        받고 나니까 어쩐지 마음이 무겁군요. 그래서…

아버지   예?

오여사   실은 나머지 67만원 말이에요. (사이를 두고 나서) 그건 제가 이
        마을을 위해서 기부하는 셈 치겠으니 그렇게 아시고…

        일동은 자기 귀를 의심하듯 서로 입만 바라본다.

아버지 기부하는 셈 치고?

만석 그럼 안 받으시겠다는 뜻인가요?

오여사 그러나 미스터 양에게 주는 건 아니니 성급하게 굴지 말아요.

만석 (뒷통수를 긁으며) 그, 그야…

오여사 사람의 욕심이란 이를테면 고삐 풀린 망아지지요. 놔두면 한이 없고 졸라매면 그전대로… 제가 하마터면 뗄 뻔한 그 돈도 못 받았다고 생각하면 그만이었지요. 그러나 다행히 일부라도 받았으니 다행으로 생각해야죠. 그러니 나머지는 수고하시는 여러분들이 요긴하게 쓰세요. 아니 그 돈으로 돼지를 사서 새끼를 치세요.

아버지 고맙소.

어머니 어쩌면… 이렇게… 고마운 분이…

오여사 그럼 차 시간이 바빠서 이만 가봐야겠어요.

아버지 예…

어머니 고마워요.

오여사 (나가려다말고 만석에게) 쌍둥이 형한테 결초보은해도 못 다 할 걸! 조심하라구.

만석 죄송합니다. 그러나 제가 오 여사에게 갚을 날이 있으니 기다리세요.

오여사 에그 그 입에 침도 안 바르고 하는 말 안 믿어요. 못 믿어… 훗호… (하며 나간다)

하노인 그 참… 여자 한번 잘 났다.

종숙 아버지 무슨 얘기를 혼자서…

하노인 종숙아… 우리도 가자.

종숙 가다니요? 어디로요?

하노인 어딘 어디… 우리 집으로 가는 거지. 그리고 만석이 그 술 말이야.

어머니 내 가지고 나올게요.

하노인   그만 두시오.

어머니   예?

하노인   나도 그 술병 그대로 두고 갈 테니 천석에게 주든 만석에게 주든
         좋을대로 하시오… 에헴… 가자… (하며 휑 나가버린다. 종숙이도
         웃으며 나간다. 아버지 어머니 그리고 만석의 얼굴에 새로운 기쁨과 안
         도의 빛이 떠오른다. 멀리서 농악 소리가 들려온다)

만석   아버지… 어머니… (울먹인다)

어머니   울긴…

만석   저도… 저도 이를 악 물고 일하겠어요. 내 고을을 지키겠어요.

아버지   (멀리 내다보며) 아… 그 바람 한 번 시원하구나… 헛허…

농악 소리 크게 퍼진다.

-막

화조 火鳥 (8장)

- 등장인물

  이 기자, 신문기자

  나혜석, 화가

  김우영, 그녀의 남편. 변호사

  나경석, 그녀의 오빠

  배숙경, 경석의 처

  최승구, 혜석의 첫사랑. 대학생

  김일엽, 혜석의 친구. 여승

  이윤영, 청운양로원 원장

  차상찬, 잡지사 기사

  고모, 김우영의 누이

  숙모, 김우영의 숙모

  혜석의 딸(10세)

  혜석의 아들(6세)

  순녀, 혜석의 집 가정부

  의사

  신문기자 A, B

  인턴

  간호원

  이승만, 화가

  기타 전람회 손님들

  서채봉, 기생, 김우영의 첩

- **때**

  1920년부터 현재

- **곳**

  수원, 동래, 경성(서울)

무대

원칙적으로 이 연극은 장치를 필요로 하지 않는다. 다만 잿빛 배경막 하나만 있으되 여기에 투사되는 초상화, 그림, 사진 그리고 풍경 등이 환등을 통하여 적절하게 사용될 수만 있으면 된다. 따라서 이 연극의 주인공인 나혜석의 사진이나 그녀의 작품이 필수조건이라야 한다. 그러면서 이 배경막에 투사되는 색조는 연극의 진행에 따라 그 분위기에 알맞은 것을 되도록 회화적으로 처리하여야 한다. 그리고 최소한도의 소도구. 이를테면 의자, 책상, 전화기 등은 사용하도록 한다.

제1장

배경막에 '1994년 12월 청운양로원'이라는 글씨가 환등으로 비춰진다. 무대 한 쪽에 양로원 사무실. 책상 하나 의자 두 개가 댕그라니 놓여 있다. 양로원 원장 이윤영 씨와 나혜석이 마주 앉아 있다. 그러나 나혜석의 몰골은 한마디로 비참하다. 실제 나이보다 20년은 더 들어 보일 정도로 허리는 굽고 머리는 희고 기름기가 없는데다가 심한 수전증과 언어 장애가 흡사 한 마리의 죽어가는 동물을 연상케 한다. 그녀는 지팡이에다 자신의 몸무게를 의지하듯 기대고 시선은 땅을 내려다보고 있다. 배경은 우울한 잿빛으로 변하고 가랑잎이 이따금 떨어진다. 초겨울의 스산한 바람소리.

이윤영 할머니, 어디로 가시겠다는 거예요?
혜석   …
이윤영 우리 양로원에 들어오신지 두 달도 못 되었는데 또 어디로 가시겠는가 말이에요?

혜석 ⋯

이윤영 뭐라고 대답을 하셔야죠.

혜석 나, 난⋯ 가야⋯ 해.

이윤영 글쎄, 가시는 건 좋지만요 어디로 가시겠는가 말씀을 하셔야죠. 가실만한 곳이라도 있으세요.

혜석 ⋯

이윤영 친척도 없으시다면서요? (신상카드를 가리키며) 두 달 전인 10월 22 일 입원하셨을 때 기록이 여기 이렇게 남아 있는데두요. (읽는다) 성명 최재근 생년월일 미상⋯ 주거 부정⋯ 일가친척 없음⋯ (명단을 덮는다) 게다가 이렇게 중풍증이 심하신데다가 보행도 어려우신 처지에 가시기는 어디로 가시겠단 말씀이세요? 예? 그것도 보호 해 줄만한 일가친척이나 친지가 있다면 또 모르지만 사고무친한 노인이 무턱대고 나가시겠다면 어떻게 하세요? 그만 돌아가 계 세요. 이제 곧 저녁식사 시간예요. 오늘은 호박죽이 나올 테니까 뜨끈한 국물 후루룩 잡수시고 푹 쉬세요.

혜석 (긴 한숨)

이윤영 양로원이라는 게 어디 가면 뽀죽하나요? 매한가지지요. 그래도 여긴 문안에서 가까울 뿐만 아니라 이따금 손님이라도 찾아와주 니 사는 낙이라도 있지요. 다른 양로원에서는 어림도 없습니다. 그러니 그렇게 아시고 불편하시드라도 참고 계세요.

혜석 가, 야, 해⋯

이윤영 못가신다니까요.

혜석 (눈빛에 점점 독기가 오르며) 나, 나를 내, 내보내⋯ 줘⋯

이윤영 할머니 고집도 어지간하시구먼. (의자에서 일어나며 단호하게) 안 됩 니다. 그렇게는 못해요⋯

혜석 (비로소 원장을 똑바로 바라본다)

이윤영 동짓달 추위에 할머니가 어디로 어떻게 가신다고 생고집이세요?
      정 여기를 나가고 싶으시걸랑 그 때 함께 오신 아주머니가 데려가
      실 때까지 기다리세요. (다시 명단을 뒤지며) 함자가 누구시드라…
      옳지 여기 있군. 배숙경 아주머니.

혜석   (반사적으로) 배, 숙, 경?

이윤영 그 아주머니와는 어떤 관계죠?

혜석   (외면을 한다)

이윤영 일가 친척인가요?

혜석   …

이윤영 두 달 전에 그 아주머니가 할머니를 이곳으로 데려오셨을 때도 전
      혀 모르는 남이라고는 했지만… (추궁하듯) 어떤 관계지요?

혜석   …

이윤영 대문 앞에 쓰러져 있어서 데리고 왔다던데… 요즘 세상에 그렇게
      친절한 사람이 어디 있을라구. 차림새로 보나 언행으로 보나 양
      가집 아주머니 같던데… 할머니와 어떤 관계신가요?

혜석   모, 몰라요… 나, 난… 모, 몰라.

이윤영 (쓴웃음을 뱉으며) 하긴 아신다고 해도 이제 와서 어떻게 하시겠어
      요? 세상인심이라는 게 다 그런 거지요. 피를 나눈 부모형제간에
      도 서로 돌보지 않은 노인네가 어디 한두 사람이던가요? 양로원
      들어온 사람들도 가지각색이지요. 그러니 할머니는 그런 점에서
      는 오히려 마음이 홀가분하실 지도 모르죠. 기다릴 사람도 원망할
      사람도 없으니 말이에요. 안 그래요?

      나혜석은 서서히 고개를 숙이더니 지팡이를 쥐고 있는 두 손등에 이마
      를 대고 소리 없이 흐느낀다. 바람소리. 오동잎이 두 잎 진다.

이윤영 (콧등이 시큰해지며) 최 할머니, 다 잊으세요. 그리고 극락세계에 가게 해달라고 염불이나 외우세요. 염주는 가지고 계시죠?

혜석 (힘도 없으나 쥐어짜듯) 가, 가야 해… 보, 보내 줘… 나, 나 좀 풀어… 풀어 줘… 나, 나 좀… 가게 해, 줘, 요…

이윤영 (화가 치밀어) 글쎄 어디고 갈 곳이 있으면 가시라니까요… 어디로 가시겠어요?

혜석 빠, 빠리… 빠리… 빠리… (하며 떨리는 손을 허우적거린다)

이윤영 빠리?

혜석 나, 나, 나는… 가야… 해. 가야 해… 가야… (하며 의자에서 일어서 몇 걸음 옮기려다 마룻바닥에 쓰러진다)

이윤영 (불안에 휩싸이며) 실성을 했나…

혜석 (두 손으로 허공을 더듬으며) 나 좀… 풀어… 풀어… 줘. 나, 나가게… 해… 줘… 애들…아. 애들아… 나 좀 데려…다 다오…

이때 곱상하게 단장한 배숙경이 보자기에 찬합을 싸들고 등장한다. 마룻바닥에 쓰러져 절규하는 나혜석을 보자 우루루 뛰어가 안아 일으킨다.

숙경 웬 일이요? 고모.

혜석 빠리, 빠, 빠리… 나, 나 좀… 보내… 보내 줘.

숙경 정신 차리셔요. 고모. 나예요. 나 좀 보세요.

혜석 (천천히 고개를 돌리며 한동안 숙경을 쳐다보더니 빙그레 웃어 보인다) 오셨수? 형님…

숙경 예… 어떻게 된 일이에요. 자, 일어나세요. 제 어깨를 붙들고서…

숙경이 간신히 혜석을 부축해 일으킨 다음 지팡이를 집어 들려준다.

그리고 먼지를 털어준다. 두 사람의 거동을 지켜보고 있던 이윤영이
다가선다.

이윤영 마침 잘 오셨습니다.

숙경 죄송합니다. 자주 찾아뵙지 못해서…

이윤영 그렇지 않아도 아주머니가 오시기를 기다리던 참이었지요.

숙경 무슨 일이 있었나요?

이윤영 최 할머니 일 때문에…

숙경이 혜석을 의자에 앉힌다. 혜석은 다시 말을 잃은 듯 멍청스럽게
시선을 땅에 떨어트린 채 앉아 있다. 이윤영과 숙경이 저만치 따로
마주 앉는다. 바람이 또 한 번 세차게 불어가자 오동잎이 서너 잎 허공
에서 두어 번 재주를 넘으면서 떨어진다. 긴 침묵.

이윤영 며칠 전부터 최 할머니께서 이 양로원을 나가게 해달라지 않습니
까? 그래 목적지가 있느냐고 물으니까 잘 만한 곳은 없는 모양인
데 무턱대고 내보내 달라고만 하니 어떻게 하면 좋지요?

숙경 (긴 한숨만 뱉는다)

이윤영 확실한 보호자가 있다면 또 모르겠지만 사고무친한 노인이라
서… (문득 말문을 닫고 숙경을 바라본다. 숙경은 무심코 그의 추궁하
는 듯한 시선을 피하듯 옷소매에서 손수건을 꺼내어 눈시울을 누른다.
혜석은 어느덧 잠이 들었는지 의자 등받이에 고개를 떨구어 비스듬히
앉아 있다) 아주머니 뭔가 감추고 계시죠?

숙경 감추다니요?

이윤영 최 할머니에 관해서 말입니다. 아주머니께서는 알고 계시는 일을
우리에게 다 말씀 안 해주셨죠? 두 달 전에 입원 수속을 하실 때

말씀입니다. 그렇죠?

숙경　　그, 그럴 리가 있나요?

이윤영　아까 이 방에 들어오실 때 하신 말씀 다 들었습니다.

숙경　　예?

이윤영　분명 고모라고 부르셨죠?

숙경　　(당황한다)

이윤영　그리고 최 할머니는 형님이라고 하고… 틀림없지요?

숙경　　…

이윤영　아주머니께서는 대문 앞에 쓰러져 있던 행려병자라고 하셨습니다. 그런데 왜 고모라고 불렀죠? 아니, 최 할머니가 아주머니보고 형님이라고 부르다니 납득이 안 가는데요? 누가 보드라도 최 할머니는 아주머니보다는 나이가 들어 보이는데 되려 형님이라니… 안 그래요? 제가 억측을 하고 있을까요?

숙경　　…

이윤영　아주머니 사실대로 말씀해주시죠. 그래야만이 나로서도 도와드릴 수 있는 일이 있다면 도울 테고 또 최 할머니를 위해서도…

숙경　　그, 그런 게 아니라…

이윤영　두 달 전에 이 양로원을 찾아오실 때부터 아주머니의 언행에는 미심쩍은 점이 한두 가지가 아니었지요. 왜 하필이면 이 청운양로원을 찾아오셨지요? 그리고 전혀 지연관계도 없는 할머니를 양로원에까지 데려다 주기란 누구나 할 수 있는 일은 아닐 텐데요. 단순한 동정이나 측은한 생각을 넘어선 아주머니의 행위는 짐작하기도 어렵군요. 게다가 최 할머니의 거동도 그동안 눈여겨 보아왔지만 심상치가 않았어요. 빠리라는 말을 자주 내뱉는 것부터가 예사 일이 아니지요. 저런 할머니 입에서 어떻게 빠리라는 말이 나올 수 있을까요? 안 그래요? 예? 아주머니 사실대로 얘기

해주시오. 누구죠? 최 할머니와는 어떤 관계죠? 뭔가 숨기고 계시죠? 예?

배숙경은 손수건으로 얼굴을 가리고 있다가 서서히 손을 떼더니 잠시 허공을 바라본다. 그리고는 가늘게 코를 골고 있는 혜석을 돌아보고는 길게 한숨을 뱉는다.

숙경　원장 선생님.

이윤영　말씀하십시오.

숙경　(자리에서 일어나 공손히 인사를 하며) 다시 인사드리겠어요.

이윤영　(어리둥절해지며) 예?

숙경　저… 나경석의 아내 된 사람입니다.

이윤영　나경석 형의?

숙경　예.

이윤영　그럼… (혜석을 가리키며) 저 할머니는 부인의?

숙경　(담담하게) 시누이에요.

이윤영　시누이라니… 그럼 나경석 형의 매씨란 말입니까?

숙경　예.

이윤영　아니 그럼 그림을 잘 그린다는 나혜석 여사가?

숙경　(손수건으로 얼굴을 가린다)

이윤영은 새삼 혜석의 얼굴을 살핀다. 이때 배경막에 젊은 날의 나혜석의 사진이 초점이 흐린 상태에서 점점 윤곽이 뚜렷하게 나타난다.

이윤영　여류화가 나혜석 여사가… 이, 이렇게…

숙경　(여전히 손수건으로 얼굴을 가리고 있다)

이윤영 그럼 최고근이라는 이름은?

숙경 불명입니다.

이윤영 불명?

숙경 시누이는 한동안 수덕사에 있는 옛 친구 김일엽 여승을 찾아간 적이 있었지요. 그 때 만공 스님께서 지어주신 불명이…

이윤영 최고근?

숙경 원장 선생님. 저는 시누이를 이곳으로 데려올 수밖에 없었어요. 시집에서도 친정에서도 그리고 세상에서도 이미 나혜석은 까맣게 잊어버리고 말았어요. 개성에서 여학교 선생으로 있는 큰 딸도, 오빠도 시누이를 안 받아들이겠다는데 누가 달갑게 맞아주겠어요. 그래서 생각 끝에 이 선생님이 청운양로원에 계시다는 말을 듣고… 원장 선생님 죄송해요. 모두 제가 꾸민 것이었지요. 허지만 가엾은 우리 아가씨의 여생을 위해서는 이 길밖에 없었어요. 거짓말을 할 수밖에 없었어요. 남편과 자식이 있으면서도 양로원에 들 수밖에 없었던 거예요. 원장 선생님 그러니 불쌍한 우리 아가씨를 살려주세요. 저와 원장 선생님이 돌아보지 않으면 우리 아가씨는 죽을 몸이에요! 지난날의 여류 화가 나혜석을 위해서가 아니에요! 불쌍한 한 여인을 위해서지요. 원장 선생님!

그녀는 마룻바닥에 무릎을 꿇는다.

이윤영 부인, 연구해봅시다.

이때 나혜석이 잠에서 깨어난다. 단잠에서 깨어난 것도 아닌 금시 눈을 감고 있던 자가 일어나듯 부자유스럽게 걸음을 옮긴다. 손이 심히 떨린다.

숙경　고모, 어딜 가요.

혜석　가, 가야 해… 난… 난 가야해…

이윤영과 배숙경은 말없이 혜석을 좌우에서 부축하며 나간다.

혜석　빠리로… 가야 해… 빠리로…

암전

제2장

이승만의 화실, 한복차림이다. 마룻바닥에 화선지를 펴고 그림을 그리다가 이기자가 들어서자 미소짓는다. 이기자는 무릎을 꿇고 공손히 인사를 한다.

이기자 바쁘실 텐데 이렇게 귀중한 시간을 빼앗게 되어서 죄송스럽습니다.

승만 바쁘긴요. 신문사에 보낼 삽화를 그리는 중이었지요. (담배를 피우며) 그래 무슨 용건이죠?

이기자 다름이 아니라 선생님께선 나혜석 여사와 막역한 사이였다고 들었습니다만…

승만 나혜석? 예 잘 알지요. 그런데 그건 왜…

이기자 실은 나혜석의 생애를 우리 신문에 연재하기로 해서 자료 수집차 왔습니다.

승만 옳지, 매주일 목요일 석간 문화란에 실리고 있는 기획물 말이군. 나도 가끔 읽었지.

이기자 그렇습니다. 지난 겨울부터 개화기의 여인 군상을 차례로 엮어 나오고 있는데 독자들의 호응도 좋고 편집국의 방침도 있고 해서 이번에 그 일곱 번째로 〈우리나라 최초의 여류 서양화가 나혜석〉을 기획하고 있죠.

승만 나혜석의 일대기라……

이기자 약 3개월 동안 자료 수집을 하고 있는데 막상 나서니까 애로가 많은데요.

승만 그럴테지, 벌써 30년 가까운 세월이 흘렀는걸…

이기자 게다가 어디서 어떻게 세상을 떠났는지 아는 사람이라고는 없군

337   화조

요. 지금도 어느 장서가를 찾아가 나 여사의 마지막 기행문인 〈해인사 풍광〉이라는 글을 가까스로 얻어 복사하고 오는 길인걸요!

하며 손에 든 봉투를 쳐들어 보인다. 승만은 붓을 놓고 허공을 쳐다본다. 회고라기보다는 인생의 허무를 반추하기라도 하듯 담배 연기를 길게 내뱉는다.

승만   그 여자는 너무 똑똑해서 불행했을 거야.

이기자   그럴까요?

승만   아마 모르면 몰라도 그렇게 모든 조건을 고루 갖춘 여성은 만에 하나를 찾기가 힘들걸. 예쁘고 야무지고 그림 잘 그리고 글 잘 쓰고 게다가 부잣집으로 출가해서 우리나라 여류 화가로서 처음으로 빠리 유학을 했고 4남매를 낳았고…… 한 마디로 재원이었지.

이기자   그런데도 그녀의 유해가 어느 산골짜구니에 묻혀있는지 아는 사람이라곤 없으니 기막힌 일이죠?
우리나라 미술사상 그토록 확고한 발자취를 남긴 예술가가 무덤도 기일도 남기지 않고 사라져버렸다니 이거야말로 한마디로 '허무' 그것이더군요.

승만   그래 허무야. 나도 이렇게 화선지에다가 뭔가를 메꾸고 있지만 어떤 순간은 이 먹물이 스며들지 않은 여백이 왠지 두려워질 때가 있거던.

이기자   왜 그럴까요?

승만   내 인생이 비어 있는 것만 같은 그런 허무감일테지. 인간은 누구나 한번쯤은 그 허무를 느낄 때가 있지. 다만 그 정도의 깊고 낮음이 그 사람의 인생의 빛깔이 되겠지만 말이야. (문득 기자의 얼굴을 쳐다보다가 계면쩍게 웃으며) 내가 어울리지도 않게 인생철학

을 강의하다니 (다시 붓을 들며) 그래 나더러 무슨 얘기를 하라는
거지?

이기자 제가 알기엔 나혜석 여사가 선생님댁을 찾아온 적이 있다고 들었
는데 그게 언제쯤인지 기억나십니까? 마지막으로 만나신 게 언
제쯤 이었나요?

승만 글쎄⋯ (아득한 추억을 더듬는 눈빛으로) 그게 아마 1942년 초여름
이었을게요. 해질 무렵 웬 여자 손님이 찾아 왔다기에 그림을 그
리다 말고 사랑에 나갔더니 글쎄 나혜석 여사가 댕그라니 앉아 있
질 않겠어요. 행색도 말이 아닌데다가 도무지 말문을 열지를 않
기에 처음엔 수줍고 부끄러워서 그렇거니 했는데 차츰 얘기를
하다보니 그게 아니더군요.

이기자 그게 아니라뇨?

승만 뭐랄까⋯ 일종의 정신분열증이지요.

이기자 정신분열증?

승만 초여름인데도 겨울옷 차림인데다가 눈동자가 흐리고 안면근육
이 이따금씩 실룩거리더니 왼쪽 손이 계속 떨리질 않겠어요. 나를
찾아온 용건이 있을 텐데도 좀체로 얘기를 꺼내려 하지 않더군
요. 나혜석은 이틀을 우리 집에서 묵은 다음⋯

두 사람을 비추던 조명이 꺼지고 무대 한 쪽에 등의자와 응접탁자가 보
인다. 통치마 저고리 차림의 나혜석이 을씨년스럽게 앉아 있다. 전보
다 머리는 검지만 흐린 동공이며 기름기가 없는 머리카락에 때에 쩔은
저고리 동정이 이미 몰락해버린 인상을 짙게 풍긴다. 이승만이 들어선
다. 배경으로 아담한 정원이 환등으로 비춘다.

승만 잘 잤소?

혜석   (빙그레 웃는다)

승만   불편한 점이 있으면 말해요. 몸이 안 좋으면 약이라도 지어 오게 하고…

혜석   (심히 떠는 왼손을 오른손으로 꼭 잡는다)

승만   손은 왜 그렇소?

혜석   보고 싶어서.

승만   보고 싶어서?

혜석   자식들이 보고 싶으면 더 떨리는 군요. 몹쓸 것들.

승만   (어떤 충동을 받으며) 때가 오면 만나게 되겠지요.

혜석   안 만납니다.

승만   보고 싶다면서…

혜석   (이즈러진 미소를 뱉는다) 거짓말로 한 번 그래 본 걸요.

승만   나 여사.

혜석   승만 씨, 나… 그걸 찾으러 왔어요.

승만   그거라뇨?

혜석   판화.

승만   판화?

혜석   구라파 여행에서 돌아올 때 가지고 온 프랑스 판화.

승만   옳아, 내가 나 여사한테 빌려간 판화가 있었지요. 헛허…

혜석   (서슴지 않고) 벌써 십 년 전인걸.

승만   (뜻밖의 말이라는 듯) 예?

혜석   여섯 점일 거예요. 1620년대의 에꼴 드 빠리의 유명한 화가 듀피와 동겡의 작품도 포함되어 있었을 거예요.

승만   그걸 다 기억하고 있었오?

혜석   인생은 패배했지만 예술엔 아직도 자신이 있어요.

승만   (탄복하며) 나 여사.

혜석	내 행색이 이렇게 초라해졌다고 그림에 대한 정열까지 식었을까. 나혜석이는 아직 살아 있다오.
승만	암 그렇고말고요.
혜석	그래서 판화를 팔아 화구를 사서 그림을 그리기로 했어요.
승만	잘 생각하셨소. 지난날의 나혜석이 부활하였노라고 떳떳하게 나오시오. 나로서도 힘 닿는데까지 도와드리겠오.
혜석	한 때는 자살을 생각했고 입산수도하기 위해 수덕사에 있는 김일엽 씨를 찾아 가기도 했지만 역시 내가 살 곳은 그림뿐인 것 같아요.
승만	나 여사의 결심이 그렇게 서있다면야 뭐가 두렵겠오. 내 화실 가서 판화를 가지고 나오리다. 잠깐만 기다리시오.

이승만이 의자에서 일어나 퇴장하자 나혜석은 길게 한숨을 몰아쉰다. 왼손이 유난히 떨리기 시작하자 그녀는 오른손으로 짓누르듯 왼손을 잡는다.

혜석	제발… 제발… 이러지 말아다오. 나 좀 살려다오. 나 좀… 나 좀… 왜 너마저 나를 괴롭히니? 남 앞에서만은…

그녀는 떨리는 손등을 물어뜯는다. 다음 순간 아픔에 못 이겨 동물적인 비명을 지르며 응접대 위에 엎드린다. 승만이 종이에 싼 판화를 가지고 나오다가 이 광경을 보자 충격을 받은 듯 제자리에 서버린다. 오열을 삼키느라고 안간힘을 쓰는 나혜석의 여윈 어깨가 들먹인다. 무대가 어두워진다.
무대가 다시 밝아지며 이승만의 화실.
승만과 이 기자가 처음과 같은 자세로 마주 앉아 있다.

이기자 (메모를 하며) 그러니까 선생님 댁에서 이틀 동안 묵은 다음 여섯 장의 판화를 들고 떠났단 말씀인군요.

승만 그렇지.

이기자 어디로 간다는 얘기는 안 했었나요?

승만 전혀. 그저 그림을 그리고 싶다는 얘기뿐, 일체 자신의 계획은 말을 않더군.

이기자 수중엔 가진 것도 없었을 텐데요.

승만 그랬을는지도 모르지. 옷차림하며 얼굴이 말이 아니었으니까.

이기자 돈을 빌려 달라는 얘기도 없었나요?

승만 돈? 그 여자가 얼마나 자존심이 강한 여자였는데…… 나도 얼마간의 돈을 줄까 하는 생각도 있었지만 나혜석이가 어떻게 받아들일까 몰라서 그만뒀지.

이기자 그런데 그 판화를 찾아간 것은 정말 그것을 돈으로 바꾸어 생활비에 쓰려는 목적이었을까요?

승만 글쎄…… 그러나 아무튼 내가 아는 나혜석은 자존심이 강한 여자였으니까. 자신이 패배를 당했으면서도 패배자임을 자인하려고 하지 않았겠지. 그래서 그 판화를 찾으러 온 걸 게야, 아마……

이기자 이를테면 허세란 말씀이군요.

승만 그렇지. 왜냐면 그 이후 그림을 그렸다는 소문은 듣지 못했거던.

이기자 어디로 갔을까요?

승만 훨씬 후에 들은 얘기지만 수덕사로 김일엽 씨를 찾아갔다는 말도 있었지만, 난 자세히는 모르겠어.

이기자 김일엽 씨 하고는 어떤 관계였나요.

승만 친구였지, 아니 친구라기보다는 그 당시의 신여성으로서 쌍벽을 이룬 양대산맥의 봉우리였다고나 할까?

이기자 여기저기 잡지며 신문에서 논쟁도 했다는 기사가 남아 있더군요.

승만 문장도 잘 썼지. 패기가 있고 논리적이고…… 아무튼 나는 나혜석이라는 여자를 다른 말로 표현한다면…… 이건 새야.

이기자 새?

승만 전생에 한 마리의 새였을 거야. 그리고 저승에 가서도 역시 새가 되었을지도 모르지. 그렇기 때문에 그 일생은 잠시도 한자리에 오래 머물러 있질 못했고 가는 곳이 어딘지도 모르는 채 그저 공중을 헤매었을지도 모르지. 쉴 새 없이 지저귀고 두리번거리고 그러다가 후두둑 날개를 펴고 날아가 버린 한 마리 새였을 거야……

이기자 (감동되어) 정말 그럴 법한 표현이군요. 그러고보니까 그녀가 지은 시에 그런 내용의 시가 있었던 것 같아요. 1934년 남편 김우영에게 이혼을 당한 직후에 쓴……

승만 나도 잡지에서 읽은 기억이 나는군.

이기자 여기 있을 거예요. (봉투 속에서 원고를 꺼낸다. 잠깐 훑어보더니 읽는다)

  펄펄 날던 저 제비
  참혹한 사람의 손에
  두 죽지 두 다리
  모두 상하였네.
  다시 살아날려고
  발버둥치고 허덕이다
  끝끝내 못이기고
  그만 축 늘어졌네.
  그러나 모른다.
  제비에게는

아직 따뜻한 기운이 있고

숨쉬는 소리가 들린다.

다시 중천에 떠오를

활력과 용기와 인내와 노력이

다시 있을지

뉘 능히 알 이가 있으랴.

승만 자기 자신을 제비에다 비유한 시군.

이기자 나혜석 여사의 그 〈이혼 고백서〉 사건 말입니다.

승만 이혼 고백서? 그거 대단한 사건이었지. 1934년이라면 아직도 우리 국민의 지식수준이나 윤리세계가 딱딱한 껍데기 속에 갇혀 있었던 시기였는데 남편과의 이혼을 잡지에다 공개적으로 발표했으니 말이야. 그야말로 획기적인 사건이었지.

이기자 월간잡지 「삼천리」에다가 두 번에 걸쳐 실렸더군요?

승만 그 당시 사람들을 깜짝 놀라게 하다 못해 나혜석에 대한 비난과 욕소리가 물끓듯 했지. 아마 그 사건 때문에 몰락했을지도 몰라.

이기자 저도 그 글을 읽었는데 공감이 가던데요.

승만 그럼 이 기자는 나혜석의 편이군. 헛허……

이기자 일방적으로 이혼을 당하고 보면 무슨 일인들 못하겠어요? 더구나 나혜석의 처지로는 그 〈이혼 고백서〉에도 씌어 있듯이 4남매에게 "에미를 원망하지 말고 사회제도와 도덕과 법률과 인습을 원망하라"고 소리친 걸 보면 나혜석 여사는 화가라기보다 사회비평가였다고 봐야 옳았어요.

승만 하긴 변호사인 남편 김우영에게도 할 말은 있겠지만 나혜석이 잡지에다가 장문의 이혼 고백서를 쓰지 않으면 안될만큼 그 당시의 우리 사회가 봉건적이었던 건 사실이었지. 그 점은 나도 인정하지만 (고개를 갸웃거리며) 글쎄…… 한 어머니요, 아내로서는 어떨는

지······

이기자 비판적이시군요?

승만 인생을 살아가노라면 하고 싶은 얘기를 못하고 깨물어버렸어야 했을 때가 있는 법이지. 나혜석이 그 사건으로 인해 자신도 멸망하고 그 예술도 그 이상 자라지 못했다는 결과를 놓고 볼 때 나는 그저 아까운 생각뿐인 걸. 나혜석은 아까운 천재였지.

이기자 그 점에 대해선 나혜석 자신도 각오했겠죠. 제가 보기엔 이건 분신자살이나 다름없었어요. 그러나 자신은 죽어도 자신이 지닌 진실은 소중히 간직하려는 건 역시 나혜석이 예술가였다는 증거가 아닐까요? 그녀는 새는 새로되 불새였을 거예요.

승만 그러나 아내요 어머니로서의 진실과 예술가로서의 진실이 각기 따로 있어야 했던 우리 사회가 나혜석을 죽였다고나 할까? 헛허···

이기자 그럼 결국 나혜석은 자살이 아니라 타살이었군요. 헛허···

암전

제3장

전시회 회장.

무대 배경에 여러 점의 그림. 그녀의 대표작인 〈화가촌〉, 〈아기 업은
소녀〉, 〈관부〉, 〈스페인 국경〉 등이 돋보인다. 십여 명의 관람객들이
그림을 감상하고 있다.

출입구에 축하 화분이 즐비하게 놓여 있고 '나혜석여사 구미여행 귀국
전'이라는 안내판이 큼직하게 나붙어있다. 잠시 후 단발머리에 양장을
한 나혜석이 신문기자 차상찬과 함께 들어선다. 그의 어깨에는 카메라
를 걸머졌다. 나혜석의 눈과 피부에는 생기가 돌고 세련된 지성미가
넘쳐흐른다.

차기자 우선 사진부터 한 장 찍게 해주십시오.

혜석 좋으실대로… 어디가 좋을까요? 차 기자님.

차기자 이왕이면 나 여사가 가장 아끼는 작품을 배경으로 하시죠.

혜석 모든 작품은 모두 내 아들 딸이나 다름 없는걸요. 홋호…

차기자 욕심도 많으시군요. 그 중에서도 특히 애정이 가는 그림이 있으실
텐데요…

혜석 그럼 이거로 하죠. (하며 〈빠리의 화가촌〉 앞에 선다)

차기자 (화제를 읽으며) 〈빠리의 화가촌〉이라.

혜석 내가 빠리 생활에서 얻은 대표작이라고 자부할 수 있어요.

차기자 좋습니다. (그는 카메라를 들고 이리저리 앵글을 잡는다. 그동안 나혜
석은 태연하게 그림 앞에 서서 포즈를 취한다. 학생들이 호기심에 찬
얼굴로 모여든다. 사진을 찍는다) 감사합니다. 그럼 몇 가지 말씀
좀 여쭤어 봐도…

혜석   좋아요. 자, 저쪽으로 가서 앉으실까요.

무대 중앙에 임시로 차려 놓은 응접대와 수기가 있는 곳으로 와서 앉는다. 관람객이 끊일 사이 없이 들고 날고 한다.

차기자   대성황이군요.

혜석   덕택이죠…

차기자   그러니까 나 여사의 처녀 개인전이 192…

혜석   1921년 3월 19, 20일 이틀간이었죠. 매일신보사 정미각에서 열린 게…

차기자   그럼 약 10년 만에 가지는 개인전이 되겠군요.

혜석   예 '조선미술전람회'라든가 '제국미술전람회' 등의 공모전을 제외하고는요.

차기자   (메모를 하며) 이번 구미 여행은 어떻게 해서 이루어진거죠?

혜석   전적으로 우리 그이 덕인걸요. 홋호…

차기자   김우영 부영사 말씀이군요?

혜석   예. 일본 외무성에서 그이에게 구미사찰이라는 명목으로 위로 출장을 보내게 되어서 저도 따라 나섰어요. 그림을 공부하던 학생시절부터 구라파 여행은 저의 꿈이었으니까요. 특히 빠리는 나의 마음의 고향이라고나 할까요. 홋호…

차기자   그렇지만 김우영 부영사께선 외교관이었지만도 나 여사는 여성의 몸으로 그런 용단을 잘도 내리셨군요.

혜석   무슨 말씀을… 남편과 아내는 한 덩어리이자 대등한 인격이죠. 남편이 가는 곳엔 반드시 아내가 있다는 게 구미 각국의 습관인걸요.

차기자   그렇지만 아직도 우리나라는…

혜석　　바로 그 점이 문제지요. 제가 지난 1년 6개월 동안 구미 각국을 여행하면서 보고 듣고 느낀 것은 우리도 언젠가는 그 장벽이 무너지고 대등해야 하겠다는 점이지요.

차기자　장벽이라뇨?

혜석　　사람은 어떻게 사는 게 바람직하나 남녀 간은 어떻게 살아야 평화스러우냐. 여자의 지위는 어떤 것인가. 그림의 요점은 무엇인가. 이 네 가지 숙제를 풀기 위해서 나는 열심히 보고 열심히 듣고 그리고 열심히 그렸어요.

차기자　(감탄하며) 말하자면 조선 여성으로서 처음으로 빠리 유학을 하신다는 선구자로서의 자부심과 긍지란 말씀이죠?

혜석　　밖을 봐야 내 자신을 알 수 있지요.

차기자　참 돌아오시자 아기를 해산하셨다고 들었는데…

혜석　　(거침없이) 2주일 되었어요. 그 애가 빠리에서 얻은 우리들의 기념작품이에요. 홋호…

차기자　작품 치고는 최대 걸작이겠습니다. 예술의 도시 빠리에서 배어 낳으셨으니 예술작품이겠지요. 헛허… 그래 이름은 뭐라고 지으셨나요?

혜석　　세울 건建 김건이에요.

차기자　무슨 연유라도…

혜석　　프랑스 혁명 이후 모든 면에서 건설을 하고 있어 그게 마음에 들었기에 김건이라고 지었어요.

차기자　그럼 자녀는 모두…

혜석　　3남 1녀.

차기자　아기 농사도 풍작이시군요.

혜석　　예술 농사가 더 걱정이에요.

차기자　여행 중엔 그림을 얼마나 그리셨나요.

혜석   스케치까지 합쳐서 약 7, 80점?

차기자 그만하면 풍작이죠. (그림을 둘러보며) 그래서인지 옛날 그림에 비해 여유가 있어 보이군요. 그 밖에 뭐 기념으로 가지고 오신 것은 없나요?

혜석   있지요. 그림 이외에도 유명 화가의 판화, 그리고 각 나라의 우표, 돈, 그리고 레코드도 모아왔어요. 기회가 있으면 레코드 감상회도 하고 싶군요. 신문사에서 도와주세요.

차기자 그 밖에 여행 중 크게 느끼신 점이 있으시면…

혜석   뭐니뭐니 해도 여자지요.

차기자 여자라뇨?

혜석   여자는 결코 약자가 아니라는 점이에요. 우리나라에서는 여자는 약자로 무능력자로 주는 밥이나 먹고 애기나 키우는 것으로 알지만 그 나라는 그게 아니에요. 정치, 경제, 사회, 예술 모든 방면에서 여자의 세력이 뿌리 깊게 박혀 있었어요. 특히 외교상에 있어서는 그 이면 활동이 굉장했어요.

차기자 빠리 여성은 유행을 좋아하고 현재를 즐기는 생활을 한다던데…

혜석   그건 사실이에요. 보수적이 아니라 혁명적입데다. 의, 식, 주는 물론 모든 면에서 새로운 것을 찾아내려고 애를 쓰니까요. 그러니 모든 게 창조적이며 예술적이라고 볼 수 있지요.

차기자 빠리에선 우리 조선 사람을 더러 만나셨던가요?

혜석   여러 분 만났지요. 우리 그이와 한 교회에 계신 최린 선생도 그곳에서 만났어요.

차기자 최린 선생을 만나셨군요?

혜석   그분은 배경도 좋으시고 평소부터 국내에서도 여러 사람들의 선망을 받고 있어서 가는 곳마다 환영을 받으셨지요. 아마 우리나라 사람으로서 외국 사람들로부터 큰 대우를 받는 분을 내세우라면

최 선생이 으뜸이실 거예요. 그런 점에서 저는 그 분을 존경하고 있어요.

차기자 최 선생께서 이 얘기를 들으시면 얼굴이 붉어지실겝니다. 헛허…

혜석 만나실 기회가 있으시면 안부 전해주세요.

차기자 그렇게 하죠. 참 끝으로 한 가지만… 올해 연세가 어떻게 되시죠? 아이들을 키우고 나시면 할머니가 되시겠어요.

혜석 올해 서른넷이에요.

차기자 (눈이 휘둥그레지며) 그런데도 20대 밖에로 안 보이는데요.

혜석 천만에요. 마음은 아직껏 청춘시대랍니다. 예술가에게 나이가 문제인가요… 홋호…

차기자 헛허… (문득 생각이 난 듯, 장내를 두리번거리며) 그런데 김 변호사 님께서는 어디 가셨나요? 부인의 전람회 회장을 지키셔야지……

혜석 (입가에 이지러진 미소를 띠며) 아내의 예술보다 더 중한 곳이 있나 보죠.

차기자 예? 무슨 뜻이죠?

혜석 조선의 남자란 그런 게 아니에요? 아내의 이름이 세상에 나도는 걸 싫어하는 버릇 말이에요.

차기자 다른 사람은 몰라도, 김 변호사님께서야 어디…

혜석 신학문을 배웠고 선진국의 풍물제도를 몸에 익힌 사람도 바탕은 매한가지예요.

차기자 그럴까요?

혜석 (단호하게) 그럼요. 이번 구라파 여행을 하고 나서 그걸 더 실감했 으니까요. 조선 남성의 이중성, 가식성, 봉건성 같은 거 말이에요.

차기자 (흥미를 느낀 듯) 신랄하시군요. 좀 더 구체적으로 말씀해 주시겠 어요?

혜석 기사화 하시려고요?

차기자 '여류화가 나혜석 여사가 조선 남성을 비판하다' 좋은 기사가 되겠는데요? 헛허…

혜석 (쓰게 웃으며) 아무튼 실망했어요. 여행에서 돌아와서는 그 실망과 환멸이 가속도로 더해 가는 것 같아요. (한숨) 마치 훨훨 타오르던 모닥불이 식어버린 재로 변한 흔적을 보는 느낌이라고나 할까요? 모든 어둠을 살라먹을 듯 사나운 짐승의 혓바닥처럼 날름거리던 그 불꽃 앞에서는 오직 자신의 희망이 있었는데 허옇게 식어버린 재를 보는 순간의 그 허무감은 정말 견딜 수가 없는 거예요. 차라리 애당초부터 어둠 속에서 살아왔다면 낫지요. 마치 장님이 어둠 속에서 체념이라도 하면서 살 듯이 말이에요. 그러나 일단 환히 트인 바깥세상을 보고나니까 자신이 들어앉은 방이 더 처참할이만큼 어둡고 답답해요.

차기자 구라파 여행을 후회하신다는 뜻인가요?

혜석 그렇지는 않지만…

차기자 지금 말씀이 그렇지 않습니까? 환희 트인 바깥세상을 보고 나니까 자신이 들어앉은 방이 더 처참하시다고…

혜석 그건 사실이에요. 새삼스럽게 내 자신을 돌아보게 되더군요. 아니 내 자신의 내부세계와 나를 둘러싼 가정이나 인간관계가…

차기자 나혜석 여사가 이 조선에서는 가장 행복한 여성의 전형으로 꼽히고 있는데두요?

혜석 그렇게 보이나요? 제가 이 나라에서 가장 행복하다? (의미 있는 미소를 품으며) 행복이 무엇인지 알고 계시다는 말투군요?

차기자 (어리둥절하며) 그, 그거야 나혜석 여사 같은 경우가 아니겠어요? 미모, 재능, 재물, 명성, 그리고 사랑을 듬뿍 받을 수 있는 남편에다 자녀가…

혜석 (냉담하게) 그만 둡시다. 이런 얘기 모처럼의 내 그림에 서리가

화조

내릴 것만 같아요.

차기자 (아직은 석연치 않은 듯) 나 여사께서는 고민이라도 있으신가요?

혜석 세상에 고민 없는 사람이 있을라구요? 진시황도 클레오파트라도 나름대로의 고민은 있었지요. 인간의 행복이란 눈으로 볼 수 있는 외형이나 주변에 있는 건 아니에요. 바로 (가슴을 가리키며) 이 속에 있으니까요. 밖에서는 누구도 볼 수 없고 만질 수 없지요. 다만 상상과 추리만이 있을 뿐이지요. '저 사람은 행복할 거라'는…

차기자 그럼 결론은, 나혜석 여사께서는 행복하지 않으시다는 뜻인가요?

혜석 (빙그레 웃으며) 구태여 말하자면요.

차기자 그 이유가 뭘까요?

혜석 내 머리겠죠.

차기자 머리?

혜석 머리 안에 들어있는 생각, 남들은 비범한 재능이라고도 하고 탁월한 천재라지만 그게 바로 행복과는 거리가 먼 거겠죠, 흠…

이때 가정부가 황급히 등장한다.

순녀 사모님.

혜석 순녀야, 네가 웬 일로… 여기까지 왔니?

순녀 (겁에 질린 어조로) 전, 전보 왔어요.

혜석 전보라니…

순녀가 떨리는 손으로 전보를 내민다. 혜석은 받아 읽는다.

차기자 그럼 이만 실례합니다.

혜석   예. 수고하셨어요. 언제고 제가 점심을 살게요.

차기자 고맙습니다.

차기자가 퇴장하자 나혜석은 다시 전문을 읽는다.

순녀   배달부한테 어디서 왔는가고 물으니까 동래에서 온 전보래요. 할
           머니께서 편찮으신가요?

혜석   (얼굴이 굳어지며) 이상하구나, 왜 내려오라고 했을까? 개인전이
           열리고 있다는 걸 잘 아실텐데…

순녀   누가요?

혜석   영감님한테서 온 전보다.

순녀   어제 동래로 내려 가셨는데…

혜석   그러게 말이다. 하룻 사이에 무슨 긴급한 일이라도…

이와 동시에 배경막의 그림은 없어지고 비를 몰고 오는 구름이 화면
가득히 찬다.
무대는 어둡고 나혜석의 불안한 얼굴만이 남는다.

혜석   (중얼거리며) 긴급요담, 즉시 귀가… 김우영 즉시 귀가, 김우영… 즉
           시 귀가.

제4장

동래에 있는 김우영의 집.

응접실을 배경으로 손질이 잘 간 일본식 정원이 달빛 아래 아련히 보인다.

벌레 우는 소리…

침울한 표정을 한 김우영이 화석처럼 앉아 있다. 그 앞에 나혜석이 마주앉아 있다. 무거운 침묵.

혜석 여보, 그 이유가 뭐예요. 이혼을 강요하는…

우영 강요라고?

혜석 적어도 저 자신이 납득할 수 없는 이상은…

우영 납득을 못하겠노라고 가장하는 경우도 말인가?

혜석 가장이라뇨?

우영 솔직히 말해. 허심탄회하게 탁 털어놓고 얘기하라고. 이 순간만은 가면을 벗는 게 좋을 걸. 이유는 간단하지. 우리의 모든 유대를 끊어야 한다는 전제를 두고 하는 얘기니까.

혜석 (무슨 영문인 줄 모르겠다는 듯) 무슨 뜻이죠? 가면이니 우리의 유대를 끊어야 한다느니…

우영 당대의 천재화가이자 지식 여성의 첨단을 가고 있다는 당신이 그 정도의 뜻도 풀이 못하다니 정말 납득이 안 가는군! 흥!

혜석 (부드럽게) 여보, 뭔가 오해를 하고 계시는 모양인데 저는……

우영 오해?

혜석 누구한테서 무슨 얘기를 들으셨는지 모르지만 이 나혜석은 김우영의 아내예요. 네 자식의 어미예요.

우영 그러니까 그 관계를 끊자는 게지. (단호하게) 우린 남남이라구…

얼음보다 더 차가운 남편의 태도에 혜석은 잠시 말을 잇지 못한 채 입을 떡 벌리고 있다. 풀벌레 소리가 소낙비처럼 울어제낀다.

혜석 (격정을 억제하려고 애쓰며) 여보, 설명을 해 주세요. 제게 잘못이 있으면 말씀해 주세요. 제가 예술가로서 그리고 아내로서의 양심에 어긋나는 일이 아니라면 무슨 짓이든 하겠어요. 그러니…

우영 거기에도 단서가 붙나?

혜석 예?

우영 양심이라는 게 뭐지? 양심에 어긋남이 없다는 건 누가 판단하는 건가 말이야.

혜석 예?

우영 자신인가? 아니면 세상사람인가? 누가 판단하는가 말해봐!

혜석 신의 뜻이겠지요.

우영 신? (이지러진 웃음을 짧게 뱉으며) 유식하군. 구라파 여행에서 배워온 게 한두 가지가 아니군. 그것도 남편 몰래 말이야 흥.

혜석 (불길한 예감에서) 남편 몰래라고요?

우영 암, 나 몰래 했지. 아니 그걸 모르고 있으리라고 생각했겠지만 예상외로 빨리 내 귀에 들어온 걸 어떡허지?

혜석 여보.

우영 이혼하는 거야. 우리가 서로 사는 길은.

혜석 이혼을 하더라도 그 이유는 알고 있어야잖겠어요?

우영 내 입으로 설명하라 이 말인가?

혜석 (약간 반항적으로) 해 주셔야죠.

우영 (잠시 바라보더니) 좋아 말하지. (사이) 최린이와 편지 내왕이 있었지?

혜석 최린 씨? 예 했어요.

우영 서로 만났지?

혜석 언제 말인가요?

우영 언제는 언제. (자리에서 일어나며) 구라파에 있을 때지.

혜석 예.

우영 (창가로 가며) 몇 번 만났지?

혜석 며, 몇 번이라니요?

우영 내가 독일에 출장가 있었고 당신은 빠리에서 '펠씨앙 쏼테'씨 집에 기숙하면서 뭘 했지?

혜석 '아카데미 랑송'에서 그림 공부했었죠. 당신이 입학 수속까지 해주셔 놓고서…

우영 그리고 최린이 하고 자주 만나고.

혜석 예?

우영 불란서 말을 배운다는 구실로…

혜석 여보, 그건 당신도 나도 불란서 말엔 어두웠잖아요. 그래서 그분에게 통역을 부탁했던 것 바로 당신이었지요.

우영 그건 공무상의 일이었지. 누가 개인교수 하라고 했나? (날카롭게) 내가 독일 가고 없는 사이에 극장이다, 시내 관광이다 하며 최린이 하고 함께 안 다녔어?

혜석 사실이에요.

우영 몇 번 만났는가?

혜석 그걸 어떻게 다 외웁니까?

우영 그럴테지. 꿀맛 같은 생활이어서 일일이 못 외울테지. 그 후 쾰른에서 다시 우리가 만났을 때도 최가와 둘이서 선유를 다녔지? 나 몰래 말이야. 그리고 최가가 한발 먼저 구라파 떠난 후에 서로 편지를 주고 받았고 (차츰 격해지며) 사랑을 속삭이고 서로 못잊겠

노라 했고 서로의 인생을 의지하자는 편지를 안 썼나 말이야! 말
해 봐! 그 잘난 입으로 속시원히 말하란 말이야!

그는 탁자 위에 놓인 물컵을 들어 한숨에 마신 다음 다시 돌아선다.
나혜석은 한동안 고개를 숙이고 있다가 서서히 고개를 쳐든다. 소낙비
가 지나간 뒤의 정원수처럼 평온해 보인다.

혜석   (담담하게) 여보, 죄다 얘기하겠어요. 물론 당신은 믿으려 하지 않
        겠지요. 허지만 저는 말해야겠어요.

우영은 의연히 서 있을 뿐 움직이지 않는다. 혜석의 입술이 바르르 떨
린다. 말을 꺼내기가 퍽이나 괴로운 눈치이다.

혜석   저… 최린 씨 하고 한때… 친했던 건 사실이에요.
우영   (말없이 돌아본다)
혜석   그러나 사랑했던 건 아니에요.
우영   좋아했지만 사랑은 안 했다?
혜석   예. 그이는 나를 사랑했을지 몰라요. 그러나 저는 그건 아니었어요.
우영   최가가 결혼하자고 했다면서? 하지 왜 안했었어?
혜석   여보 저는 그때…
우영   묻는 말에나 대답해. 사랑했지? 최가를 사랑했지?
혜석   (체념한 사람처럼) 존경했어요.
우영   (안면에 심한 경련이 인다)
혜석   최린 씨는 훌륭한 분이었지만 그 사람을 알고 난 후부터 나는
        오히려 당신에 대한 정이 두터워졌어요. 그리고 내 자식을 더 사
        랑해야겠다고 느꼈어요.

우영   헛허…

혜석   믿어 주세요. 제가 최린 씨와 사귄 건, 불결한 건 아니었어요. 당
신을 속이려는 생각은 없었어요. 포도주에 취했을지 몰라도 남편
을 속이며 외간 남자와 정을 통하려는 생각은 없었다니까요! 믿
어 주세요, 믿어 주세요.

우영   (무섭게 노려보며) 이 김우영의 명예와 우리 가문의 체면을 뭘로 알
고 하는 소리야? 네 자식 놈들의 장래를 뭘로 알고 하는 소리야?
신식 여성은 윤리 도덕도 없다던가? 여편네가 간통하는 공부하
려고 구라파 여행했는가 말이야. 입이 있으면 말해 봐! 천하의
천재화가 나혜석의 명성이 쩡쩡 울리게 말하란 말이다!

혜석은 묵묵히 돌처럼 앉아 있다.

우영   난 처음에 그 소문을 들었을 때 설마했지만 한 사람, 두 사람,
내게 귀띔을 해 주는 사람이 늘어나자 밤잠도 못이루었다. 당신
은 그림에만 미쳐서 건넌방에 틀어박혀 있었지만 나는 피가 마르
고 애가 녹아나는 시간을 참고 기다리느라고 이래 목이 가느러졌
다. 눈이 있으면 봐! 이 와이셔츠 단추가 이렇게 헐렁해진 것도
모르겠나? 니 서방이 어떻게 변해 가는 것도 모르고 그림만 그리
면 대수인가 말이다. 당장 이혼장에 도장을 찍어, 아니면 간통죄
로 고소를 하겠다.

폭풍처럼 휘몰아치는 남편의 살기찬 말을 듣고 난 나혜석은 오히려
차분하게 남편의 흐트러진 모습을 바라본다. 오랜 침묵, 풀벌레도 울
음을 잊었나보다.

혜석 (조용히) 죄송해요. 제가 잘못했어요. 그렇지만…

우영 (소리를 버럭 지르며) 또 그렇지만이야? 그래도 변명을 하겠어?

혜석 (지지 않겠다는 듯) 고집이 아니에요!

우영 (질려서) 뻔뻔스럽긴…

혜석 (다시 침착하려고 애쓰며) 진실을 말하려는 것 뿐이에요. 당신이 이혼을 한사코 고집하신다면 별도리가 없겠지요. 허지만 제 얘기도 끝까지 들어 주셔야 해요! 한 인간의 진실은 아무리 밉더라도 들어주는 법이에요. (차츰 흥분하며) 사형수에게도 최후의 말은 하도록 허용하는 세상이에요. 마지막이란 거짓이 없다는 증거예요. 당신이 저와의 모든 인연을 끊으시겠다는 건, 우리들의 마지막을 뜻하는 것이겠지요. 당신은 내게 사형을 선고하겠다는 뜻 아니겠어요? 그래요, 이 나혜석이가 죽이고 싶도록 밉겠지요. 당신에게 교양이라든가 이성이 없었던들 당신은 식칼로 내 배를 찔렀거나 목을 졸라 죽였을 테죠. 그렇지만 그 방법을 택하지 않고 이혼을 하자고 하실 때는 아직도 당신에게 그 교양이나 이성이 살아있다는 증거겠죠. 얘기를 들어 주세요.

나혜석의 뺨에 눈물이 주르르 흘러 내린다. 그러나 그녀의 목소리는 조금도 흐리지도 흔들리지도 않는다. 우영은 그녀의 말을 재촉이라도 하듯 다시 물어댄다.

혜석 당신은 저와 최린 씨와의 관계를 의심하고 계시지만 그건 오해예요. 진실로 존경했다는 감정뿐이었어요.

우영 존경?

혜석 그래요. 제가 미치지 못하는 세계에 대한 동경이자 존경이었어요. 완숙한 예술품을 대했을 때 그 속에 빨리어가듯 아름다운 자연 속에 흠뻑 젖듯 저는 그분의 모든 것을 존경했을 뿐이에요.

우영　모든 것이라니?

혜석　그래요. 모든 것. 그분이 지니고 있는 인격, 교양, 취미, 재능…

우영　(야비하게) 그리고 수컷의 힘까지도.

혜석　(놀라며) 뭐라구요?

우영　나약한 나보다 그자의 억센 품안이 좋았을테지? 안그래?

혜석　(분개하며) 여보!

우영　이 간부! 요부!

혜석　나는 결백해요!

우영　결백? 좋아! 그럼 증거를 제시하지.

우영은 품에서 사진을 한 장 꺼내자 탁자에다 내던지듯 놓는다.

우영　그 사진에 찍힌 두 사람이 누구지? 세느강 배 위에서 어깨에 손을
　　　얹고 찍은 사진이야. 한 남성과 여성이 그런 모습으로 사진을 찍을
　　　수 있는 사이라면 다 알 수 있지. 조선 사람으로서는 상상도 못할
　　　행동이야. 존경을 넘어선 사이가 아니고서는 그렇게 할 순 없지.
　　　아무리 남녀가 평등하다는 선진국에서였다 치더라도…

혜석　존경했을 뿐이에요! 우정이었을 뿐이에요. 믿어주세요! 여보!

우영　믿어? 나더러 귀와 눈과 그리고 입을 막고 살라는 뜻이군, 흥!
　　　미안하지만 나는 그렇게는 못해! 그동안 나는 우리들 귀에 이보
　　　다 더 추악한 소문이 전해지기 전에 이혼을 하는 게 최상책이라
　　　고 생각했기 때문에 나는 결심을 했을 뿐이지! 이건 내 개인의
　　　의견인 동시에 우리 집안 전체의 의견이기도 하니까.

혜석　(당황하며) 다, 당신은 나를…

우영　이미 집안 어른들하고는 합의를 봤으니까 이 자리에서 얘기를

끝내는 거야. 증거가 있는 이상은 자백을 한 거나 마찬가지지. (안을 향해) 고모! 작은 어머님도 나오세요. 얘기는 다 끝났으니까요!

이때 우영의 누이(고모), 숙모가 나온다. 두 눈에는 경멸과 적개심이 타오르고 있다.

고모   집안 망신도 유분수지 창피해서 우째 살겠노?

숙모   에그… 그러기에 계집은 너무 똑똑해도 흉하다 카지 않더노. 보래이 우찌할라꼬 그런 일을 저질렀노? 잉? 신문에라도 나면 우째 하겠노?

고모   작은 어무이요, 신식 여성이 신문 두렵다 합데까? 저래 뵈도 마음속으로는 구더기 무서워서 장 못 담구겠노 하겠지예… 에그 창피스럽고 더러버서 원…

숙모   그래 이혼장에 도장 찍었나?

우영   아뇨.

고모   오빠, 뭘 우물쭈물하십니까, 퍼뜩 찍으라 하이소, 마.

우영이 서류 봉투를 꺼내어 탁자 위에 내던진다. 모두들 혜석의 거동을 직시한다.

혜석   (천천히) 모든 걸… 제가 잘못했습니다. 용서해주세요.

고모   용서를 우째 하노? 서방질 해놓고 그런 말이 나오는가 말이다!

혜석   잘못했습니다. 그러나 사실과는 다릅니다. 형님…

고모   무슨 잠꼬대 하노… 어서 도장이나 찍으라.

숙모   늬가 그럴 줄은 정말 몰랐제… 설마했더니만도… 쯧쯧… 우째 사람 가죽을 쓰고서 그런 짓을… 에그 남부끄러버서 원!

혜석   여보 용서해 주세요. 우리 애기들을 위해서도.

우영   아이들 걱정은 안 해도 돼. 에미 없다고 굶어 죽지는 않을 테니까.

고모   내가 보란 듯이 키울기라.

혜석   고모!

고모   퍼뜩 도장이나 찍고 나가거라. 어린 아들 볼까 두렵다.

그모가 자리에서 일어나 나가려다 마루 앞에서 멈칫 선다. 저편에 누가 서 있는 기미다.

고모   너희들 거기서 뭘 하고 있노, 잉? 어서 안으로 들어가거라, 퍼뜩 들어가거라.

그러나 여덟 살 난 딸과 다섯 살짜리 아들이 나란히 방으로 들어선다. 아이들의 표정은 두려움도 슬픔도 없는 도리어 어떤 호기심에서 눈망울이 더욱 초롱초롱하다 혜석이가 반가와서 손을 내민다.

혜석   잘 있었니? 아버지하고 얘기 끝나면 너희들을 부르려고 했는데… 이리 오너라, 어디 보자. (그러나 두 남매는 입에 손가락을 문 채 뒷걸음질 치며 피한다) 왜 그러니? 공부 잘 했지? (하며 자리에서 일어서자 아이들은 더 멀리 피한다) 엄마가 안 보고 싶던?

우영   (고모에게) 아이들 데리고 들어 가거라.

고모   예! (두 아이의 손목을 쥐며) 가자! (그러나 두 아이는 혜석에게 시선을 꽂은 채 서 있다) 들어가자. (하며 사정없이 나꾸어채듯 끌고 간다)

혜석은 갑작스럽게 치밀어 오른 울음을 깨물며 의자에 주저앉는다. 우영이 숙모에게 어서 들어가라고 눈짓을 하자, 숙모는 들어간다. 풀벌레가 다시 요란스럽게 운다.

우영　이런 일은 간단하게 처리하는 게 좋아. 생각이란 때로는 행동을 무디게 하는 법이거든. 어서 도장 찍어.

혜석　(서서히 고개를 들으며) 알겠어요. 그 대신 며칠만 여유를 주세요.

우영　여유?

혜석　생각 좀 해야겠어요. 그리고 저도 친정 어른들 하고 의논 좀 하겠 어요. 다른 분은 몰라도 경석 오빠한테는…

우영　처남의 의견이 내 결심을 좌우하리라고 생각하면 오산이지. 가장 친한 친구였고 우리의 결혼을 성사시킨 경석이지만, 지금은 사정 이 다르니까 아무튼 보름 여유를 줄테니까 생각해 봐.

혜석　여보, 결혼하는 것도 이혼하는 것도 하늘의 뜻이라고는 하지만 한번만 더 생각해 주세요. 우리는 서로 헤어질 수 없을 것 같아 요. 첫째는 팔순 노모가 계시고, 둘째는 학교에 들어간 4남매가 있고, 셋째는 가정은 부부의 공동생활인데 함께 책임이 있어요. 그리고 넷째로는 당신도 나도 40을 바라보는 나이에요. 젊어서는 사랑으로 살아가지만 나이들면 부부는 의리와 이해로 산다고 했 어요. 그러니 저를 한번만 용서해 주세요. 예?

우영　나는 과거나 미래를 위해 사는 사람은 아니야. 내겐 현재가 중요 해. 김우영의 명예와 자존심 말이야. 세상 사람들의 색안경 쓴 시선은 싫어… 유명한 아내의 남편은 싫어…

혜석　그렇지만 우리들의 아이들을…

우영　그건 장차 의논할 일이고, 정말로 아이들을 못 잊겠다면 이혼 후 일지라도 서로 내왕하도록 해 줄테니 그것만은 약속하지. 그리 알고 15일 여유가 있으니까 잘 생각해 봐.

우영은 서류를 집어들고 돌아보지도 않은 채 안으로 퇴장한다. 혼자 남은 혜석은 갑자기 엄습해 오는 고독과 불안과 공허에 몸을 부르르 떤다. 그녀는 신경질적으로 방안을 서성거린다. 배경막에 착잡하고도, 흥미로운 분위기의 색채가 뒤엉킨다. 무대는 어둡다.

혜석 그럴 수가 있을까? 내가 쫓겨나야 하다니… 왜 그게 무슨 의미를 지녔단 말인가? 그 남자를 존경하고 사랑은 안했다는 게 왜 안 믿어질까? 무엇으로 결백을 증명하란 말이지? 그럼 남자가 아내 이외의 여자를 품에 품는 것은 뭐지? 첩살이를 시키고 공공연하게 창녀를 찾는 짓은 뭐냐 말이야. 그것도 사랑일까? 여자에게만 정조가 필요하고, 남자에게는 필요 없단 말인가? 여자에게만 순결을 요구하고 남자에게는 순결이 해당 안 되는 법도 있을까? 경석 오빠 나 좀 도와 주셔요. 오빠!

이때 무대 한편에서 경석의 모습이 나타난다. 그것은 혜석의 의식의 세계일 수도 있다. 의젓한 40대의 신사다.

혜석 오빠 어떻게 하면 좋죠?
경석 얘기 다 들었다. 그러나 방법은 하나뿐이다.
혜석 어떻게?
경석 도장찍어 줘라.
혜석 예?
경석 아마도 하나님께서 너더러 지금까지 고생다운 고생을 안 해봤으니까, 좀 더 고생을 하라는 뜻일 게다.
혜석 그렇지만 아이들을 생각하면 도저히 이혼을 못하겠어요.
경석 걱정 없어. 누가 이런 말을 했었지? 불행한 부부 사이에서 키우는 자식보다는 이혼하고 새 가정에서 기르는 자식이 훨씬 행복해질 수 있다고 말이야.

혜석 그건 관념적인 이혼이에요. 모성애를 잃은 에미도 불행하지만 그 자식은 더 비참한 거예요. 그것이 내 마음에 걸려서 견딜 수가 없어요. 오빠 나 좀 도와주세요!

경석 어떻게 하겠니?

혜석 그이에게 한 마디 해주세요. 저는 현모양처가 되겠어요. 지금까지도 물론 그랬었지만 앞으로 그이가 요구하는 일이라면 무엇이든지 하겠어요.

경석 정말이지?

혜석 약속하겠어요, 오빠! 다른 사람이면 몰라도 오빠 얘기면 들어줄지도 몰라요. 지난날 일본 유학시절의 우정으로 보나 저와 그이의 결혼을 성사시킨 분이 바로 오빠였으니까요.

경석 나보다 이광수 군에게 부탁해 볼까?

혜석 이광수 씨에게요?

경석 광수군은 문단의 선배이기도 하지만 너와 지난 동경 유학 시절에는 동인지 「학지광學之光」의 동인이 아니니?

혜석 오빠― 싫어요. 남에게 어떻게 이런 얘기를… 오빠가 마지막으로 만나봐 주세요. 그래도 안된다면 저도 단념하겠어요. 미련없이 물러서겠어요.

경석 (긴 한숨을 뱉는다) 불쌍한 것. 그러나 그는 이미 생각이 글러져 있을거야. 누가 뭐래도 움직이지 않을 게다.

혜석 오빠! 무슨 뜻이에요?

경석 너 소문도 못 들었니? 네 남편한테서 눈치 차릴 만한 점도 발견 못했어?

혜석 저는 그림 그리는 일과 아이들 일에만…

경석 그게 틀렸어. 아내가 남편에게 관심이 안 쏠리니 그 남편은 누구를 찾아가겠니? 빤한 일이지.

혜석 빤하다뇨? 누굴 찾아갔어요?

경석 작은집 살림을 차렸다드라.

혜석 예?

경석 기생이라더군. 다동골목에 있는… 채봉이라는…

혜석 채봉? 오빠 그럼 그게 언제부터…

경석 벌써 오래전부터였어. 네가 구라파 여행에서 돌아왔을 때부터였다. 나도 일시적인 바람이려나 했는데, 일이 이렇게 되고 보니… 그러나 책임은 네게도 있는 거야. 남편보다 그림을 사랑한 너에게도 그 책임이 있다는 걸 알아야 해. 남자란 여자를 독점하고 싶은데 그 여자가 다른 면에 관심을 가지면 누구나 반발하겠지. 술, 도박, 여자…

혜석 오빠! 그 여자를 만나겠어요. 사실을 알아야겠어요.

암전

제5장

배경엔 산수화 병풍 채봉의 집. 술상을 앞에 놓고 김우영이 술을 마시고 있다. 이미 취해 있다.
채봉이가 안주를 집어 접시에 옮겨준다. 거문고 타는 소리가 은은히 들린다.

채봉 드세요, 식기 전에. 갈비찜이에요. (우영은 말없이 술잔을 기울인다) 영감님 밖에서 무슨 일이라도 있으셨어요? 전람회 평이 아주 좋았다면서요? 신문에 대문짝만하게 났더군요. 영감님은 좋으시겠어요. 유식하고 유명한 신식 여성을 마나님으로…

우영 채봉아, 누가 그런 얘기하자던?

채봉 영감님께서 아까부터 아무 말씀 안하시니 저라도 무슨 얘기를 해야죠. 밖에서 찬모가 이상하게 여기잖아요.

우영 술!

우영이 잔을 내밀자 채봉이가 술 주전자를 들어 따른다. 우영은 자기도 모르게 긴 한숨을 뱉는다.

채봉 정말 왜 이러세요? 예? 사무실에서 무슨 일이라도 있으셨어요?

우영 (빤히 그녀의 눈을 들여다 보며) 여자는 다 그런가?

채봉 뭐가요?

우영 까보일 수도 볼 수도 없는 게 여자의 마음이니 어떻게 한다지?

채봉 에그 영감님도 능청스럽긴… 저도 한잔 주셔요.

화조

우영이가 술을 따른다. 취해서 잔이 넘치도록 붓는다.

채봉 됐어요. (그녀는 잽싸게 술잔에다 입을 대고 술을 한 모금 마신다)

우영 이렇게 넘치는지 덜 차있는지 한눈에 알아볼 수 있으면 얼마나 좋겠냐?

채봉 홋호… 아까부터 무엇을 그렇게 알고 싶어하셔요?

우영 여자 마음.

채봉 이 채봉이의 마음?

우영 네 마음이자 훤히 알고도 남지.

채봉 어떻게요?

우영 김우영이가 살림 차려 주기만 기다리겠지. 변호사 김우영의 첩이 되었으면 하고.

채봉 아시기는 아시는군요. (술을 훌쩍 마셔 버린다)

우영 알고 말고.

채봉 그럼 무슨 말씀이라도 해주셔야죠. 정말이지 이젠 권번이며 연회석에 나가기가 지긋해요. 들어앉았으면 해요. 밥도 짓고 빨래도 하고 김치도 담그고 다리미질도 하면서 알뜰하게 살림하고 싶어요.

우영의 눈에 이상한 광채가 든다.

채봉 정말이에요. 얼굴에 분바르는 것도, 철마다 비단옷 감고 인력거에 흔들리며 이 요릿집 저 요릿집 나다니기도 이젠 신물이나요. 한자리에 눌러 앉아 메주 쑤고 장 담그고 남편 기다리며 사는 여자가 되고 싶어요. (응석을 부리고 찰싹 붙어 앉으며) 뭐라고 한 말씀하셔요 네? 그렇게 뚫어지라 보시지만 말고요, 얼굴에 구멍이 뚫어지겠어요 훗호…

우영 채봉아 정말이냐?

채봉 뭐가요?

우영 메주 쑤고 장 담그고 남편 기다리며 산다는 말.

채봉 그럼요, 화류계 여자는 밤낮 고무풍선처럼 둥둥 떠서 사는 줄 아시겠지만 그게 아니라구요. 아니, 밤낮 떠있으니까 어디고 차분하게 자리잡고 사는지도 모르죠? 우리 친구들 얘기 들으면 열이면 열이 다 같아요.

우영 이 남자, 저 남자 건너가며 품에 안기면 더 재미날 텐데?

채봉 영감님두! 누굴 화냥년일 줄 아시나 봐. 미워죽겠네! (하며 토라져 돌아앉는다)

우영 재미없는 남편 놈에게 매달려 사는 것 보다야 오늘은 정 참봉 내일은 김 판사하고 나비처럼 날아다니며 살면 좋지않아?

채봉 허긴 신식 여성들은 그런다면서요?

우영 뭐라고?

채봉 연애도 하다가도 싫어지면 그만 하고 부부생활도 정이 없어지면 등 돌아선다면서요? 미국이나 불란서 여자들은… 정말 그런가요? 영감님은 여러 나라 가보셨으니까 아실 거 아니에요?

우영 그, 그렇단다.

채봉 어머 절 어째. 그러다가 다른 곳에서 서로 만나면 어떻게 하나요? 쑥스러워서…

우영 그쪽 사람들은 그게 습관이 되어서인지 그런대로 잘들 어울려 산다나 봐.

채봉 우린 그렇게는 못하지요. 비록 몸은 화류계에 있을지언정 한번 마음을 허락한 남자에겐 죽을 때까지 모든 것을 바쳐야지요.

우영 싫어져도?

채봉	참아야죠.
우영	언제까지?
채봉	마음이 돌아설 때까지요. 남자의 마음은 작달비 같은 거래요.
우영	작달비?
채봉	예, 억수로 쏟아졌다가도 비가 갠 뒤엔 햇볕이 나는걸요. 그러니 그 작달비를 맞는 동안은 괴롭지만 지나가 버리면 맑은 날이지요. 그래서 여자는 참고 기다리는 재미로 살아간답니다.
우영	너도 그럴 작정이냐?
채봉	예.
우영	누구한테나.
채봉	마음에 든 사람이라야지 아무한테나 될 만인가요? (그의 품에 고개를 묻으며) 영감님 같은 분이라면 내일 죽는다 해도 한이 없겠어요.
우영	변호사라서 탐나겠지?
채봉	(말없이 쳐다본다. 눈에 욕정이 타오르고 있다)
우영	내가 빈털터리가 되면 다른 부잣놈 물어다 앉히고서 나를 몰아낼 테지?
채봉	영감님 속의 말 하시는군요?
우영	속의 말?
채봉	저 같은 거 몇 달 데리고 살다가 싫증나면 다른 여자 들여앉히겠다는 속셈 아니셔요?
우영	헛허… 핫하…
채봉	영감님 웬 웃음이 그리도…
우영	(갑자기 웃음을 멈추고) 술.
채봉	예?
우영	술 마시자, 날이 새도록 마시자. 너하고 나하고 아니 다른 애들도 오라고 해. 농선이도 정월이도 오랜만에 한바탕 벌이고 놀아보

자. (크게) 애 북 가져와, 가야금도…

채봉   (의아해 하며) 영감님 정말 괜찮으시겠어요?

우영   뭐가?

채봉   댁에 안 들어가셔도 되시겠어요? 마나님께서 기다리실텐데…

우영   기다려? 흥, 신식 여성이 기다리는 남자는 내가 아니야 따로 있어. 헛허…

채봉   예?

우영   한바탕 놀아보자니까! 술상 다시 차려오고 소리 잘하는 애들도 부르라니까!

채봉   예, 예. (자리에서 일어나며 밖을 향해 큰 소리로) 안성댁! 안성댁! (하며 밖으로 나온다)

다음 순간 놀라움을 금치 못한다. 그 자리에 서 버린다. 양장을 한 혜석이가 뜰에 서 있다. 방 안의 조명은 꺼지고 뜰만 비친다.

채봉   누, 누구를…

혜석   서채봉 씬가요?

채봉   예, 그런데…

혜석   나 나혜석이라고 해요.

채봉   (다시 놀라며 반사적으로 방 쪽을 바라본다)

혜석   주인을 만나러 온 건 아니니까 염려 마세요. (사이) 같은 여성으로서 일단은 확인을 해야겠다는 마음으로… 됐어요, 이제…

채봉   예?

혜석   (쓰게 웃으며) 꼭 입학시험 발표장 오는 기분이었어요. 여기 오는 게 합격일까, 불합격일까 하고 몇 번이고 마음속에서 점을 치다시피 했는데… 결국 발표는 났으니까요. 내가 합격인지 불합격인

지 그건 모르겠지만 아무튼 됐어요. (숨을 길게 몰아쉬며) 좋은 집이군요 그럼. (하며 돌아선다)

채봉 왜 그냥 가세요?

혜석 예? 그냥이라뇨?

채봉 김 변호사님 데리러 오셨죠?

혜석 아뇨, 여기 계실거라는 얘기를 듣고 그게 사실인지 아닌지 확인하러 왔다니까요.

채봉 그렇지만 여기까지 오셨는데…

혜석 같이 술이나 한잔씩 하자는 말인가요? 그래요, 나는 그럴 용의가 있지만 주인이 허락 안 하실거예요. 그래뵈도 생각이 구식이에요. 이해를 못하실 분이에요. (쓰게 웃으며) 염려 마세요. 당신 같으면 주인을 행복하게 해드릴 수 있을거예요. 실례했어요.

채봉 저 잠깐만!… 저… (혜석이는 그대로 급히 퇴장. 이와 동시에 우영이가 나온다)

우영 붙잡을 필요 없어.

채봉 예?

우영 갈 사람은 가는 거고 남을 사람은 남는 거지. 어서 방으로 들어가자.

채봉 영감님!

우영 우린 이미 얘기가 끝이 났다. 나와 아내는 이혼하기로 되어 있어!

채봉 그럼 저는요?

우영 그것도 다 되어 있어. (하며 두 팔을 펴 보인다. 채봉은 기쁨을 이기지 못해 그의 품에 안긴다)

채봉 영감님, 고마워요, 고마워요!

암전

혜석 이혼장에 도장을 찍은 건 1934년 봄이었고 세상을 놀라게 했던 이혼 고백서는 3년 후인 1937년 8월에 발표했습니다. 이혼장에는 3년 동안의 시간 유예를 두고 경우에 따라 재결합의 여지도 있다고 했지만 이미 그이는 다른 여자와 살림을 차렸고, 이혼한 사실을 여기저기 사발돌림으로 알리는 지경에 이르렀으니 저로서는 그 이상 참을 수가 없었던 것입니다. 나는 텅 비어 버린 가슴을 메꾸기 위해서는 우선 그림을 그릴 수밖에 없었고 그래서 미술전람회에 출품도 계속하였습니다. 1931년 제10회 '조선미술전람회'에 출품한 세 작품 중 〈정원〉은 오랜만에 특선의 영예를 차지하였습니다.

배경막에 작품 〈정원〉, 〈나부〉, 〈작약꽃〉이 투영된다.

혜석 이 사실은 폐허 위에 집을 지으려는 나의 의지이자 집념이요, 항거이자 발악이었을지도 모릅니다. 그러나 그것도 물거품 같은 기쁨이었습니다. 전람회가 끝나자 다시 밀물처럼 밀려오는 고독과 패배감은 이겨낼 길이 없었습니다. 어디론지 떠나가고 싶었어요. 훨훨 날아가고 싶었어요. 가슴에 불씨를 안은 한 마리 불새가 되어 아무도 모르게 산과 들을 찾아 방황하기 시작하였으니 금강산 여행은 저에게 가장 큰 기쁨이자 휴식이었고 새 출발의 기점이 되기도 했지요. 작품 〈금강산 삼선암〉이 동경서 열린 '제국미술전'에 입선되었음은 나에게는 재생에 한줄기 불기둥이 되었습니다.

〈금강산 삼선암〉이 배경막에 투영된다.

혜석 그러나 인간이 진심으로 기뻐하고 진심으로 울 수 있는 힘을 가
진다는 게 얼마나 어려운 일인가를 새삼스럽게 느끼곤 했습니다.
지나간 나날의 영화와 행복이 크면 클수록 현재의 패배의식은
더 깊어가고 분노와 자기 학대는 매섭게 목을 조이는 것 같았습
니다.

이때 배경막엔 보랏빛을 기조로 하는 환상적인 무늬가 화려하게 퍼져
나간다. '샤갈'풍의 그림이면 제격이다. 외교관 시절의 김우영과 화사
한 차림의 나혜석이 안락의자에 앉아있다. 김우영은 신문을 읽고 나혜
석은 스케치를 하고 있다. 마냥 행복한 표정들이다. 배경에 '1924년
가을 안동'이라는 글씨가 환등으로 비친다.

우영 그만 자요, 여보.
혜석 기쁠 때는 잠이 안 와요, 여보. 신문에 난 제 작품 평 읽으셨수?
우영 읽다 뿐이오. 오늘도 연회석상에서 '선전鮮展'에 특선한 당신 그
림 이야기로 꽃피었었지. 공사께서는 나더러 한턱 쓰지 않으면
습격을 하겠다지 뭐요, 헛허…
혜석 그래 뭐라고 대답하셨어요?
우영 그냥 웃었지 뭐.
혜석 싱겁게끔, 당신이 한턱 하세요.
우영 어째서…
혜석 공은 내가 들이고 칭찬은 당신이 받았으니까요. 제 덕분에 당신이
재미 보시는 걸.
우영 그러기에 여자는 남자의 부속품이지.

혜석	(비로소 눈길을 쳐들고) 어머… 또 저런 소리… 그럼 나 나가겠어요.
우영	어디로?
혜석	사생 여행을 떠나겠어요. 일주일이고 이 주일이고… 그러면 세상 사람들이 당신을 칭찬하는지 어디 두고 봅시다.
우영	그럼 나도 뒤따라가지.
혜석	숨어 버릴걸.
우영	찾아내고야 말걸.
혜석	꼭 숨어 버린다.
우영	머리카락은 보인다.
혜석	헛허…

혜석이 스케치북을 내던지고 우영의 무릎에 덥석 앉으며 품에 안긴다.
그리고 두 팔로 남편의 목을 얼싸안으며 입을 맞춘다.
오랜 사이.
이윽고 우영이 그녀의 팔을 풀고는 길게 숨을 몰아쉰다. 그녀는 우영
의 턱을 손끝으로 어루만진다.

혜석	여보.
우영	응?
혜석	고마워요.
우영	뭐가…
혜석	제 작품이 이번 '선전'에서 입선한 건 그림도 그림이지만 당신의 후광이 더 컸을 거예요.
우영	무슨 소리, 난 외교관이지 예술 하고는 거리가 멀어요.
혜석	허지만 제 애기가 나오는 곳마다 당신 이름이 뒤따르는 걸.
우영	그게 불만인가?

혜석 그 반대.

우영 정말?

혜석 「동아일보」 기사에도 이렇게 쓰였지요. (몸을 일으키며) 여류 화가
로는 조선에서 엄지손을 꼽는 나혜석 여사의 양화 〈초하의 오전〉
〈추秋의 정庭〉 등 두 종류인데 그의 제조 있는 필법은 마침내
여러 남자 화가를 압도하고 입상의 영광을 얻었는데 여사는 세상
이 다 아는 동경미술학교 출신으로 문장에도 능통하고 현재 안동
현 부영사 김우영 씨의 부인이다! 훗호…

우영 아니 그 기사를 다 외웠었소?

혜석 너무 기뻐서요. 제가 입선한 것보다 당신의 아내라는 게 그렇게
자랑스러울 수가 없어요. 행복해요.

우영 꼭 어린애 같군, 그런 표정을 지을 때의 당신은…

혜석 여보 요즘 이상한 생각이 들어요.

우영 무슨 생각?

혜석 당신이 저의 생활을 진심으로 이해하고 계실까 하는…

우영 무슨 소릴… 부부가 피차에 이해를 해야지, 그래야만이 가정의
의미가 있는 게 아닐까?

혜석 그러니까 만약에 이해를 못한다면 어떻게 할까 하는 두려움이
문득 들곤 해요.

우영 자유와 평등을 내세우는 당신 입에서 그런 얘기가 나오다니… 그
렇게 된다면 당신은 어떻게 하겠소?

혜석 제도를 뜯어고치든지 마음을 뜯어고치든지 둘 중의 하나를 택해
야겠지요.

우영 말과 같이 쉽지는 않지.

혜석 말 대로만 한다면 어려울 건 없을테니까 누구든지 여자가 먼저
뜻을 세워놓고 항상 충실하게 대한다면야 어느 남자 치고 감복

안하겠어요?

우영 장하군.

혜석 여자들의 자각이 문제겠지요. 하나만 알고 둘은 모르는 남자들을 믿을 수가 있어야죠.

우영 여자가 자각하는데 남자는 낮잠만 자고 있으란 법도 없지.

혜석 서양 남자 같으면 몰라도 낡은 굴레를 벗어나지 못한 조선의 남자들에게 진보가 있으면 몇 푼어치나 있겠어요? 되지 못한 남자일수록 자신의 구린 짓은 덮어 놓고 여자만 붙들고 어쩌고 저쩌고 하니 한심스럽지 뭐예요. 안 그래요?

우영 …

혜석 왜 대답이 없으시죠? 말 같지 않으신가요?

우영 지당하신 얘기고 말고.

혜석 농담 아니예요.

우영 천만에, 당신 말대로 남자는 여자를, 여자는 남자를 믿으면 되겠지 그까짓 머리 아픈 얘기는 그만둡시다. 나는 당신을 믿어요.

혜석 그렇게 당신이 너무 관대하시니까, 남들은 아내인 제가 제멋대로 다닌다고들 말한다면서요?

우영 그건 사실이지.

혜석 그것 보세요. 그러니 당신은 얼마나 팔자가 좋으세요? 집에서 편히 지내시면서 고생하고 다니는 저의 덕으로 지위와 명성이 점점 높아지셨지 뭐예요. 홋호… 제 덕인 줄 아세요.

우영 그러니 나더러 어떻게 하란 말이오?

혜석 더 명성이 높아지고 싶으시거던 저를 일 년에 두 번씩 아니 한 번씩이라도 좋으니 외국 여행을 보내 주세요.

우영 외국 여행? 당신 가고 싶으면 가구려. 누가 말린다고 했소?

혜석 당신 힘이 필요해요.

우영	자유를 주장하는 당신 말 치고는 모순이군. 헛허… 좀 더 늙거던 세계일주 여행이나 떠납시다.
혜석	늙어서 가면 어떻게 해요. 여행도 청춘이 한창일 때 가야지. 희로애락이 칼날 같은 때라야 보고 듣는 게 시요, 음악이요, 미술이죠. 여보 젊었을 땐, 여행하고 늙으면 뒷방 구석에서 젊은 날 보아 두었던 것을 되풀이함으로써 낙을 삼는 것이 남에게 신세도 안 끼치고 편안하지요.
우영	당신의 공상은 언제 들어도 시원하군… 헛허…
혜석	공상은 늙어 죽을 때까지 잃지 않을래요. 그곳엔 저의 자유가 꽃 피고 저의 눈물이 진주가 되고 저의 한숨이 음악으로 변하거든요.
우영	여보, 그만 잡시다.
혜석	예.
우영	(자리에서 일어나며) 불을 끄지.
혜석	당신이 먼저 자자고 했으니까 당신이 끄세요.
우영	그건 여자가 할 일이지.
혜석	남자가 하면 어째서요?
우영	그럼 가위, 바위, 보로 정하지.
혜석	좋아요 합시다, 가위바위보…
우영	가위, 바위, 보…

두 사람은 행복하게 웃으며 같은 동작을 되풀이 한다.

제7장

영사막에 '1921년 3월 19일과 20일 매일신보사 주최 여류화가 나혜석 제1회 개인전'이라고 크게 투영된다.

무대가 밝아지면 —

성장(양장)을 한 나혜석이 여러 사람들에게 둘러싸이어 축하를 받고 있다. 축하 화분이 즐비하다.

배경막에는 그녀의 작품들이 투영되고 있다.

신문기자들이 서너명 그녀에게 몰려든다.

기자 A 소감을 한 말씀 해 주십시오.

혜석 막상 개인전을 열고 보니까 너무 성급했다는 느낌이 없는 것도 아니에요. 허지만 저의 솔직한 심정은 저의 천재를 위해서라기보다는 여러분들의 평가를 묻고 싶은 것뿐이에요. 동경에서 돌아온 지가 벌써 4년이나 흘렀고 그동안 정신여학교에서 교편을 잡으면서 그림을 제작하자니 애로 사항이 한 두가지가 아니었지요. 그래 진작부터 그런 생각은 가지고 있어서 이번에 여러분 앞에 보여 드리고 많은 비평과 편달을 받고 싶을 뿐입니다.

기자 C 보아하니 작품 경향이 인물보다는 풍경에 더 관심을 가지고 계신 것 같은데요.

혜석 이렇다 할 이유가 있는 건 아니에요. 그저 아름다운 풍경을 대하고 있으면 마음이 그렇게 편할 수가 없어요.

기자 C 모두 몇 점이나 출품하셨죠?

혜석 70점쯤 될 거예요.

기자 A 저기 〈신춘 新春〉이라는 작품은 원매자가 많아서 경쟁이 붙었다고 들었는데 실례지만 가격은 얼마나?

혜석   350원에 팔렸어요.

기자 B   그림값이 비쌉니까?

혜석   저는 3,500원쯤 받을까 했는걸요.

기자 C   그 많은 돈을 어디에 쓰시려고요?

혜석   빠리로 가겠어요!

기자 B   무엇하시게요?

혜석   공부하러 가지요.

기자 B   동경서 미술학교를 마치셨으면 되었지 이제 와서 무슨 공부입니까?

혜석   천만에요, 사람은 넓은 세상으로 나가야 해요.

기자 A   가족은 어떻게 하시고요.

혜석   각기 자기 살아가는 길이 따로 있지요.

기자 A   늙으면 어떻게 하시죠?

혜석   사는 건 몸으로 사는 게 아니라 마음으로 산다오.

기자 C   몸이 늙으면 마음도 늙지요.

혜석   천만에요. 몸이 늙어갈수록 마음은 젊어가는 법이래요. 오스카 와일드의 시에 이런 구절이 있잖아요? '몸이 늙어 가는 게 슬픈 게 아니라 마음이 젊어가는 게 슬프구나' 하고요 훗호… 그래서 서양 사람들은 나이 관념이 없이 언제까지나 젊은 기분으로 살 수 있고 동양 사람은 늘 나이에 구애되어 살아가기 때문에 쉬 늙는대요.

기자 A   그럼 김 변호사님은 어떠신가요?

혜석   우리 그이는… 글쎄요…?

기자 B   신혼 생활이 엊그제이신데 아직 그런 걱정은 필요 없겠지요, 헛 허…

일동이 웃는다.

이때 김우영이 들어선다. 나경석과 그 부인 배숙경이 꽃을 들고 온다.

모두가 전보다 훨씬 젊어보인다.

혜석 경석 오빠.

경석 축하한다, 혜석아.

숙경 축하해요 아가씨, 자, 이 꽃. (하며 붉은 장미 다발을 내민다)

혜석 (꽃다발 속에 얼굴을 파묻고) 오… 이 향기 (우영에게) 여보, 당신도
     향기 좀 맡아 보세요.

우영 남들이 보는데 창피하게…

혜석 어머… 뭐가 창피합니까? 언니 안 그러우? 훗호…

모두들 웃는다.

숙경 축하 화분이 많이도 들어왔군요.

혜석 예「동아일보」김성수 사장, 춘원 이광수 씨한테서도 화분이 왔
     어요.

경석 정말 역사적인 날이구나. 대성공이야.

혜석 모두가 오빠 덕이지요.

경석 남편 덕은 왜 빼니?

혜석 물론 그것도 뺄 수야 없지만 오빠가 아니었던들 제가 어떻게 동
     경미술학교에 입학을 했겠으며 또 그 많은 선배님들을 알게 되었
     겠어요. (아득한 옛일을 회상하듯) 정말 꿈만 같아요. 진명여학교
     를 나온 후 오빠 손에 끌리다시피 하며 현해탄을 건너던 일, 미술
     학교 시절 동인지「학지광學之光」발행… 그리고… (말하려다
     말고 김우영을 쳐다본다)

화조

우영	무슨 애기를 하려는 거요?
혜석	여보, 나 무슨 애기해도 화 안 내시죠?
우영	무슨 말이오?
혜석	글쎄…
경석	하려므나. 오늘같이 기쁜 날에 못할 애기가 뭐 있겠니?
혜석	이 역사적인 순간을 꼭 보여줬으면 하는 사람이 생각나서요.
우영	누구 말인가요?
혜석	최승구 씨.
경석	최승구.
혜석	예… (약간 우울해진다)
경석	(우영의 눈치를 살피며) 자네 정신 차려야지 어물어물하다가는 혜석이 마음을 놓치고 말걸세. 헛허…
우영	그 사람은 벌써 저승에 가 있는데 무슨 걱정이겠소. (혜석에게) 안 그런가요?
혜석	허지만 그분의 영혼은 이 전람회장에 와 있을지도 모르죠.
숙경	원 아가씨도 농담 잘 하긴…
혜석	아니예요 언니. 저는 지금 진심으로 말하는 거예요. (우영을 돌아보며) 당신 앞에서 이런 애기한다고 화 안 내시겠지요?
경석	질투심이 강한 사람 치고 자신이 질투하고 있다는 말은 안 하는 법이다. 헛허…
우영	처남, 나는 예외이네.
경석	벌써부터 우리 혜석에게 꼭 쥐어 사는구나. 헛허…
우영	애당초부터 나는 혜석 씨에게 저자세였지 않나. 한번 결혼에 실패한 내가 처녀에게 장가 들었으니 그럴 수밖에 없었제… 헛허…
혜석	여보, 누가 그런 애기 하시랬어요?

우영	아니지, 난 그만큼 당신을 사랑했고 그렇기 때문에 당신이 결혼을 전제로 하고 내건 요구 조건을 다 들어줬지 않았소?
혜석	고마워요.
경석	최승구의 무덤에 묘비를 세워준 얘기 말이니?
혜석	예. (허공으로 눈을 돌리며) 최승구 씨도 아마 저의 개인전을 축복해 주실 거예요. 그리고 당신이 신혼여행을 그이의 무덤이 있는 산촌까지 찾아간 데 대해서도 고맙게 여기고 있을거예요.
우영	당신이 하자는대로 한 것뿐이오. 나는 그 최승구라는 청년 얼굴도 모르는 사람 아니오?
경석	좋은 친구였지. 그 당시 일본 경응대학 영문과에서도 조선 학생 최승구 하면 일본 사람도 감탄할 정도의 천재였으니까.
숙경	폐가 약했었다지요?
경석	응, 그러나 결과적으로는 잘된 일이지.
숙경	잘 되다니요?
경석	만약에 혜석이가 최승구와 결혼했다고 가정을 해보란 말이야. 천재와 천재의 결합이란 여러 가지 문젯점이 있거던.
우영	아니 그럼 나는 둔재랄 말인가? 이 사람 김우영을 우째 보고 하는 소리제? 잉?
경석	김우영이야 경도제대 법학부 출신의 전형적인 관료주의자지. 결점이 있었다면 상처를 했었다는 점이라고나 할까?
우영	이 사람아, 남들이 듣겠다.
경석	그렇지만 내가 자네의 인간성과 실력을 인정했기 때문에 내 매부로 작정했고 내 누이를 설득시킨 게 아닌가 말이다. 알고 보면 내 앞에다 큰상 차려놓고 큰 절을 아홉 번은 해야지, 헛허…
우영	이 친구 생색은 또 되게 낸다… 헛허…

화조

모두들 박장대소한다. 그러나 혜석의 얼굴엔 한가닥 우수가 장막처럼 드리운다.

무대가 차츰 어두워지며 배경막에는 연분홍빛 솜구름이 피어 오른다. 멀리서 종달새 소리가 들려온다.

최승구의 목소리가 환청처럼 들려온다.

혜석은 차츰 환상의 세계로 빨려 들어간다.

승구　(소리만) 혜석 씨.

혜석　누가 나를 부를까?

승구　혜석 씨.

혜석　어머… 승구 씨가… 여 여기예요.

승구　혜석 씨.

무대 한쪽에서 경응대학 제모와 제복을 차려입은 최승구가 책을 옆구리에 끼고 뛰어온다. 후릿한 키에 선병질의 날카로운 눈빛과 새하얀 피부가 천재형이다. 그러나 몹시 피곤해 보인다.

승구　늦어서 미안해요, 혜석 씨.

혜석　괜찮아요.

승구　아… 숨차.

혜석　어머! 웬 땀을 그렇게 흘리세요. 자, 손수건.

그녀는 주머니에서 손수건을 꺼내 준다.

승구　괜찮아요. (하며 손등으로 이마의 땀을 닦는다)

혜석　싫어요. 내가 땀을 씻어 드릴게요. 자 이쪽을 봐요. (혜석은 승구의

어깨를 잡자 돌리며 손수건으로 승구의 이마며 코 밑을 씻는다. 다음
순간 두 사람의 시선이 허공에 맞부딪친다)

혜석   뭘 그렇게 보세요? 승구 씨.

승구   ······

혜석   싫어요, 그런 눈으로 보시면······

승구   혜석 씨!

승구는 왈칵 혜석을 끌어안는다.
하늘 높이 우는 종달새 소리.
오랜 침묵, 그대로 안은 채로 있다.

승구   어떻게 하지요?

혜석   뭐가요?

승구   만약에 내가 죽으면······

혜석   또 죽는다는 소리. (하며 몸을 일으킨다)

승구   (뚫어지게 바라보다가 다시 끌어 안으며) 이렇게 아름다운 사람을
       남긴 채 죽는다면 어떻게 하지? 나는 어떻게 하는가 말이오?

혜석   (빙그레 웃으며) 그건 제가 듣고 싶은 말이에요.

승구   예?

혜석   혼자 남게 되면 나는 어떻게 살아 갈 것인가, 자신이 없어져요.

승구   그럼 같이 죽을까요?

혜석   싫어요.

승구   싫어.

혜석   같이 살아야지 왜 죽습니까? 안 그래요? 이렇게 자신있게 살 수
       있는 젊음을 왜…

승구   나는 오래 못 살 거예요.

385   화조

혜석   걱정 마세요. 폐가 약한 사람은 맑은 공기를 마시며 요양하고 영
      양 섭취만 잘 하면 나을 수 있어요.

승구   나는 그게 아니라니까요.

혜석   승구 씨, 이번 여름방학엔 우리 고향에서 지내요. 수원은 경성서
      가깝고 자연이 아름답고 음식 맛도 좋아요. 신선한 야채와 과일,
      그리고 닭도.

승구   (안타깝게) 그게 아니라니까! 그게. (그는 어리광을 부리듯 그녀의 무
      릎에 얼굴을 파묻는다)

혜석   말씀해 주세요. 승구 씨, 우리 사이에 못할 말이 뭐가 있나요?
      내년 봄 졸업만 하면 우리 결혼식을 올려요. 부모님께서도 그렇
      게 알고 계시는데 뭐가 두려운가 말이예요?

승구   혜석 씨… 그렇지만.

혜석   아버지한테 말씀드려서 호숫가에다 집을 지어 달래야겠어요. 하
      얀 벽에 붉은 기와를 이은 북구라파풍의 집을 지어요. 남쪽으로
      창을 널따랗게 뚫은 집이면 좋겠어요. 달이 뜨는 밤이면 창가에
      앉아서 호수에 비친 달을 보면서 예술을 얘기합시다. 당신은 키
      이츠의 시를 읽고 나는 화상을 생각하고…… 그러다가 졸음이
      오면 목침대 위에 양피를 깔고 거위 솜털로 푹신하게 만든 원앙
      침을 베고 두 손을 마주 잡고 잠을 잡시다. 창 너머로 들여다보는
      달님도 무안해서 구름 속으로 숨어버릴 거예요. 당신의 코고는
      소리는 부드러운 바리톤, 나의 코고는 소리는 알토, 당신과 나의
      화음에 밤부엉이도 질려서 굴속으로 숨어버릴테죠? 아, 얼마나
      행복해질까요? 우리의 결혼은 조선에서 가장 행복한 한 쌍으로
      뽑힐 거예요.

승구   꿈이 아니었으면 좋겠소.

혜석   실현시키고야 말겠어요.

승구	피할 수 없는 막다른 골목인데……
혜석	피터팬처럼 날아 갈 수 있어요.
승구	날개가 있어야 날지요?
혜석	승구 씨, 용기를 내세요.
승구	나도 몇 번이고 용기를 내봤지만… (갑자기 기침을 한다. 혜석이가 측은한 표정으로 내려다 본다. 기침이 점점 고통스러워지자 그녀는 손수건을 준다. 승구가 거침없이 손수건을 받아 입을 틀어 막는다. 혜석이가 그의 등을 슬슬 문지르자 기침이 멎는다. 승구가 물었던 손수건을 펴본다. 선혈이 흑장미처럼 번져있다) 혜석 씨. 이것 봐요. 벌써 세 번째야.
혜석	(잽싸게 손수건을 뺏는다) 걱정말라니까요! 겁낼 것 없어요.
승구	아니야! 안돼! 틀렸어요!
혜석	승구 씨!
승구	안돼! 안돼!

승구가 벌떡 일어나 급히 뛰어나간다.

| 혜석 | 승구 씨… 가지 말아요! 승구 씨! |

암전

화조

제8장

이 기자 1917년 나혜석은 결혼까지 약속했던 최승구가 폐결핵으로 세상
을 떠나자 한동안 심한 신경쇠약증으로 고생을 했습니다. 첫사랑
에 대한 미련이라기보다 이 세상에 태어나서 처음으로 보고 당한
죽음의 충격이 그녀의 가슴을 사정없이 휘저었다고 해도 과언이
아닐 것입니다. 그러나 오빠의 친구인 김우영과 결혼을 하게 되
었을 때 죽은 애인의 무덤 앞에 비석을 세워줄 것을 요구했던
나혜석의 행위는 극에서 극을 뛰어넘는 곡예사와도 같았습니다.
그러나 그것이 여자의 마음이자 사랑의 진심임을 깨달았는지 김
우영은 서슴지 않고 그녀의 청을 들어주었으니 그 누구도 이 부
부의 맹세와 믿음을 미워하지는 못했습니다. 지금도 남쪽 땅 고
흥읍 남계리 오리정 공동묘지에 쓸쓸히 서있는 묘비는 나혜석의
당돌하리만큼 붉었던 사랑이 잿빛 돌로 남아 있다는 것입니다.
그토록 남을 사랑했고 자신을 불살랐던 나혜석. 사리를 판단하는
데 공사가 분명했고 이성과 감정을 대쪽처럼 쪼개어 행동했던
나혜석. 그만한 여성이요 선각자였다면 자신의 마지막 인생의 종
지부도 분명히 찍을 법도 하련만. 누구 한 사람 보지도 듣지도
못했다하니 새삼 인생이 무상하고 삶이 처절함을 실감케 합니다.
다만, 꼭 한번 자존심을 꺾고 수덕사를 찾았다는 사실은…

배경막에 수덕사 견성암이 투사된다. 스님 차림의 김일엽과 초라한
모습의 나혜석이 마주 앉았다. 이름 모를 산새들의 지저귀는 소리가
한동안 공허를 메꾼다. 혜석의 손은 떨리지 않으나 표정엔 피곤과 초

췌의 빛이 역력하다.

일엽 혜석이가 이렇게 변할 줄이야 그 누가 감히 상상조차 했겠어요.

혜석 …

일엽 그래 앞으로 어떻게 하실 계획이오?

혜석 막연해요.

일엽 김우영 씨와 만났던가요?

혜석 (고개만 끄덕인다)

일엽 심경의 변화 같은 건 안 보이던가요?

혜석 상청에서 쫓겨났다오.

일엽 상청에서라뇨?

혜석 시모님께서 돌아가셨다기에 동래에 내려갔었다오. 이혼은 했었
다지만 지난날의 시모님이었다는 인연도 있는 부음을 듣고도 모
르는 척 할 수가 있어야지요. 그런데 그이가…

일엽 혜석 씨 보고 나가라고 하던가요?

혜석 내가 착각을 했던 거예요.

일엽 어떻게…

혜석 인간적이라는 걸.

일엽 인간적이라는 것?

혜석 미움은 가시고 동정은 남아 있겠지 하는…

일엽 김우영 씨의 동정을 기대했었죠오? 생활비라도 타낼까 싶어서?

혜석 그리고 아이들도 만나보고 싶었고요.

일엽 어리석군요.

혜석 예?

일엽 그렇게도 똑똑하고 야무진 나혜석 씨의 머리에서 고작 그런 생각
밖에 안 떠오르다니… 그때 일 생각 안나요? 그게 1921년 가을이

389   화조

었지? 우리 두 사람이 「동아일보」에 지상토론을 했던 일. 조선
여자의 의복 개량을 두고 우리는 상반된 의견을 주장했었지. 그
때 혜석 씨의 당당하고도 이론 정연한 지식에 나는 지고 말았지.
그 패기와 정열. 그런데 지금 내 앞에 있는 혜석은… 아… 나무아
미타불… 관세음보살…

다시 새가 지저귄다. 혜석은 새 우는 소리를 들으며 길게 한숨을 몰아
쉰다.

일엽	그래, 나를 찾아온 이유는?
혜석	…
일엽	설마 나처럼 머리를 깎고 불가에 들겠다는 건 아닐 테죠?
혜석	그렇게 보이나요?
일엽	예?
혜석	이 땅에 유명한 여승이 두 사람씩이나 필요하지 않을 걸요.
일엽	(약간 비위에 거슬리나 참으며) 셋이면 어떻고 넷이면 어떻겠소?
혜석	분명히 말하지만 난 일엽 스님처럼 중이 되고 싶은 생각은 없어요.
일엽	그럼 왜 찾아왔지요?
혜석	내가 살아가는 데 힘이 되어주십사 하고요.
일엽	세상을 등진 중에게 그런 힘이 있겠소?
혜석	가까운 친척이나 친구들 가운데 나를 도와줄 만한 사람이 있으면 소개 좀 해줘요. 그 은혜는 잊지 않을 테니까.
일엽	생활비가 필요하다는 뜻인가요?
혜석	그리고 그림을 그릴 수 있는 환경이 필요해요. 돈이 필요해요! 지금의 나를 구해줄 수 있는 건 바로 그 돈이에요. 일엽 스님 물에 빠진 사람에게 닻줄을 던져주는 셈 치고 나 좀 도와줘요. 예?

자비를 베풀어 줘요!

어느덧 혜석의 눈에는 눈물이 흘러내린다. 그러나 일엽은 묵묵히 앉아 염주를 헤아리고 있다. 평온하다기보다 얼음처럼 차고 바위처럼 무거워 보인다.

혜석 대답을 해주세요.

일엽 내가 베풀 수 있는 자비란 꼭 한 가지뿐이지요.

혜석 뭔가요?

일엽 신앙.

혜석 신앙?

일엽 부처님을 믿건 그리스도를 믿건 아무래도 좋아요. 내가 보기엔 혜석 씨를 현재의 진흙 구렁이에서 구해낼 수 있는 건 돈이 아니라 신앙이에요. 정신이에요. 세속에서 빠져나오는 길만이 남아 있다고 봐요. 과거의 온갖 한스러운 생각에서 헤어 나오는 길은 불제자가 되는 길 밖에 없어요.

혜석 (담담하나 고집스럽게) 싫습니다.

일엽 싫어요? 불교가 싫은가요?

혜석 현재 나의 심경은 어떤 관념적인 세계에 안주하여 현실에서 도피할 수 있을 만큼 평온하지는 못합니다. 밤이나 낮이나 나를 괴롭히는 잡다한 환영을 뿌리칠 수가 없어요. 자식들의 얼굴, 그 웃음소리, 우는 소리… (다시 목이 메이며) 이 번민…이 고독은 아무도 모릅니다. 나만이 알고 있는 이 무거운 짐… 알 리가 없지요.

일엽 그것을 이겨 내기 위해서 불문에 귀의하는 거예요. 고독을 이기고 번민을 이기고 인생을… 이기기 위해!

혜석 안 돼요… 내게는 그게 안 되는 걸 어떻게 해요! 제발 나 좀 구해

주세요. 내게 힘이 되어줘요. 내 자식들을 만날 수 있게 해주세요. 아… 내 귀여운 4남매! 내 피와 살을 나누어간 생명을 내게 돌려주게 해줘요!

이와 동시에 배경막에는 지난 날 4남매와 함께 찍은 단란한 가족사진이 점차 확대되어 투사된다.

혜석 (허공을 향해 부르짖는다) 얘들아, 이 에미는 죄인이 아니다. 이 꼴이 된 건 내 잘못이 아니다. 에미를 원망치 말고 사회제도와 도덕과 법률과 인습을 원망하라. 네 에미는 과도기에 선각자로 그 운명의 줄에 희생된 몸이란다. 이 형벌을 왜 나만이 받아야 하는가 말이다. 지난 날 모든 사람에게 호감을 주던 내가 지금은 사람이 두렵고 사람 만나기가 겁이 나니 웬 일이냐? 내가 지녔던 그 청순하고 총명하고 다정했던 성품을 어디서 구할 수 있단 말이냐! 어디 가서 되찾을 수 있는가 말이다! 내 아들들아! 내 딸아… 내가 날던 날개가 꺾이었구나. 되살아나려고 바둥거리는 내 숨통을 왜 이렇게 짓누르는지 모르겠다. 아직도 내 몸엔 따뜻한 체온이 있는데 아직도 숨을 쉬고 있는데 아직도 걸을 수가 있는데… 흑…

나혜석이 마룻바닥에 쓰러진다. 그리고는 간신히 일어서려고 안간힘을 쓰나 자신의 몸무게를 이겨내지 못한 채 그만 쓰러지며 흐느낀다.

암전

이 기자 여러분 나는 지금까지 나혜석이 지나온 발자취를 가까운 시대에서 시작하여 옛날로 거슬러 올라가며 더듬어 보았습니다. 그러나

이 기사가 신문에 실리게 될 때에는 그녀의 출생부터 차례로 기술이 될 것은 말할 나위도 없습니다. 다만 나로서는 그녀가 어떻게 세상을 마쳤는지를 쓰기가 매우 암담합니다. 양로원에서 안양 농장으로 옮겼다는 것만으로는 어쩐지 짝이 안 맞는 버선 꼴입니다. 나는 이제부터 다시 그녀의 마지막 장면을 찾기 위해 나가봐야 하겠습니다. 아니 혹시 여러분 가운데 나혜석의 임종에 관해서 알고 계시다면 가르쳐 주십시오, 후사하겠습니다.

이때 전화벨이 울린다. 이 기자가 무대 구석에 있는 전화 쪽으로 다가가서 수화기를 든다.

이 기자 여보세요. 문화부입니다… (사이) 예, 제가 이 기자인데요… 예? 나혜석 여사에 관한… 예 알겠습니다. 곧 가겠습니다. 그러니까 나혜석이 어떻게 해서 떠났다는 임종을 아시고 계신다는 말씀이죠? 감사합니다. 실례지만 성함과 주소를… 예 잠깐만. 메모 좀 하겠습니다. (품에서 수첩을 꺼내 필기할 차비를 하고서) 예 말씀하십시오… (적으며) 예… 예… 예… 감사합니다. 아니오. 지금 곧 찾아가겠습니다. 감사합니다. (그는 수화기를 놓은 다음 활짝 웃는 얼굴로 관객에게) 여러분 들으셨죠? 어떤 시민이 정보를 제공해주셨습니다. 이제 곧 그분을 만나서 자세한 얘기를 들어야겠습니다.

이와 동시에 무대는 어둡고 배경막에 '1946년 12월 어느 날 원효로 자혜병원'이라는 자막이 투영된다.
무대가 밝아지자 무연고자 병동의 살풍경한 분위기 여러 개의 침대가 놓여 있다. 흰 홑이불에 덮힌 환자가 더러 앓기도 한다. 의사, 간호부, 인턴이 들어온다.

의사	몇 시 쯤이죠?
인턴	어제 밤 통행금지 시간이 임박해서 남대문 경찰서에서 연락이 와서…
의사	이 환자인가?

의사가 덮은 홑이불을 제친다. 흰 머리카락만이 보일 뿐이다. 눈을 까
보고 가슴을 건성으로 만져본다.

의사	할머니… 어디가 아프시오?
혜석	……
인턴	말을 전혀 안 합니다. 못하는지도 모르겠습니다.
의사	음… 청진기.

간호원이 청진기를 주자 귀에 대고 진단을 한다.

의사	할머니, 집이 어디세요?
혜석	……
의사	이름이 뭐지요?
혜석	……
인턴	전혀 반응이 없으니 답답합니다. 한 두 시간 가까이 승강이를 벌 였는데… 신상에 대해서는 일체 함구전입니다.
의사	음… 이상한 노인이군.

이때 갑자기 혜석이 손을 내밀며 허우적거린다. 그리고 동물적인 신음
을 발산한다.

혜석	으… 으… 음…
의사	할머니! 왜 그러세요? 예…
혜석	으… 으…
인턴	똑똑히 말씀하십시오! 뭐라구요?

혜석의 여윈 손이 두어 번 허우적거리다가 기진맥진하여 그대로 힘 없이 툭 떨어진다. 의사가 잽싸게 눈을 까본다. 이윽고 그는 가망이 없다는 듯 한숨을 뱉은 다음 고개를 젓는다. 간호원이 홑이불로 얼굴 을 덮는다.

인턴	어떻게 쓰죠? 카드엔…
의사	이렇게 써. 추정 년령 65, 6세. 신원미상, 무연고자, 영양실조, 실 어증, 중풍……

인턴이 기록을 한다. 한동안 조명이 침대만 비춘다. 배경막에 화사한 양장을 한 나혜석 사진.

-조용히 막

오판 (9장)

- **등장인물**

  오상석(31), 자선약국 주인, 약제사

  이 씨(61), 그의 어머니

  유민정(24), 그의 약혼녀

  유민수(31), 민정의 오빠, 상석의 친구

  김순성(55), 약사회 분회장

  황준대(47), 약대 동창회 회장

  남노인(65), 용국 아버지, 미장이

  윤씨(55), 동수 어머니

  이기자(32), X 신문기자

  안기자(29), Y 신문기자

  성기자(28), K 방송국

  변호사(40)

  검사(38)

  판사(40)

  친구 A, B, C

- **때**

  현대. 1973년 가을부터 1976년 봄까지의 약 3년 동안

- **곳**

  서울 변두리에 있는 '자선약국'이 주 무대로 쓰이되 검사실, 여관,
  법정 등이 적절하게 구분되어 사용된다.

무대

원칙적으로 장치는 필요 없다. 소도구나 소품으로 그 분위기를 살리면
된다. 다만 무대의 양편에 일정한 공간을 이용하여 환등기의 영상이
투영될 수 있는 영사막은 필수 조건이다. 따라서 무대는 높이가 다른
층계와 공간을 적절히 이용하되 조명의 협조를 얻어 가변적으로 이동
되거나 변형될 수 있으면 좋겠다.

제1장

무대가 밝기 전 우편 영사막에 '소시민의 행복'이라는 자막이 투영된
다. 잠시 후 무대가 밝아지면 자선약국의 내부가 보인다. 서너 평 남짓
한 변두리 어디에서나 볼 수 있는 평범한 약국 구조이다. 좌편으로
가게 출입문이 있고 우편에 안집으로 통하는 문이 있다고 가정하면
된다. 무대 정면에 약품 진열장과 조그마한 유리문. 그러나 그 유리문
하고는 어울리지 않게 '조제실'이라는 세 글자가 큼직하게 박혀있다.
약품 진열장 옆에 싸구려 응접세트가 깔끔하게 놓여 있고 꽃병에는
다리아며 코스모스 등 가을꽃이 한 묶음 꽂혀 있어 산뜻한 느낌을 안
겨준다. 그밖에 전화, 라디오 등이 적절히 배치되어 있다. 윤 씨가 의
자에 앉아 있다. 허름한 차림이다. 진열장 위에 놓인 라디오에서 구성
진 유행가가 흘러나오고 있다. 잠시 후 이 씨가 우측 안집에서 나온다.
손에 뚜껑이 덮인 약그릇이 들려있다.

이씨   오셨어요? 동수 어머니. (하며 의자에 앉는다)

윤씨   (빙그레 웃어 보인다)

이씨   아직도 차도가 없던가요?

윤씨   그 약으로는 안 들어요. 열이 더 끓고 손발이 저리다면서…… 몸
        살인가 봐요. 그래 조제를 해달라고……

이씨   올 감기는 유난스럽데요. 감기약 찾는 손님이 하루에도 수십 명
        인걸요.

윤씨   좋으시겠수. 아드님 장사가 잘 되니……

이씨   좋긴요. 제때 밥 먹을 새도 없는걸요.

윤씨   손이 바빠야 입도 바쁘죠. 그런데 우리 동수는 모처럼의 휴가를
        몸살 감기만 앓다가 되돌아가게 되었으니 원……

이씨   제대가 내년이라죠?

윤씨   잘 하면 올 해 안으로 될지도 모른대요.

이씨   좋으시겠수.

윤씨   한 고개 넘으면 또 한 고개죠. 제대하면 남은 공부마저 마쳐야지.
        장가 들어야지요…… 에그 그저 온통 돈으로 메꿀 구멍들만 남
        았는걸요. 누더기 신세지요. 누더기……

이씨   그러기에 자식이란 복단지가 아니라 화단지라잖아요.

윤씨   (문득 생각난 듯) 국수는 언제 먹여주시려우?

이씨   우리 상석이?

윤씨   날 받았다면서요?

이씨   예, 새달 열아흐레 날이에요.

윤씨   한 달도 채 안 남았구려.

이씨   걱정이에요.

윤씨   색시 쪽이 걱정이지. 신랑 쪽이야 (소리를 죽이며) 그것만 차고 가
        면 되지 뭘 그러우? 홋호……

두 사람이 호들갑스럽게 웃음을 터뜨린다. 흰 가운 차림의 상석이 조
제실에서 나온다. 약봉지를 내민다. 라디오를 끈다.

상석　기다리셨죠?

윤씨　(자리에서 일어나며) 아니에요. (다가간다)

상석　(또박또박 친절하게) 식후 삼십분마다 한 봉지씩 하루 세 번 잡수라고 하세요.

윤씨　세 번이요?

상석　예. 그리고 물은 좀 넉넉히 마시구요.

이씨　잘 지어드리지. 군대에서 모처럼 휴가를 나왔다는데……

상석　그 약 먹고 한잠 푹 자고 일어나면 한결 거뜬해질 겁니다.

윤씨　잘 듣는 주사 한 방 놓아줄 순 없수?

상석　(쓰게 웃으며) 감기엔 별 약 없어요. 그저 안정하셔야 하니까요.

윤씨　하긴 텔레비전에서도 그렇게 말하더군. 얼마요? (하며 손에 쥐고 있던 손수건을 편다. 꼬깃꼬깃 접은 백 원짜리 몇 장이다)

상석　삼백 원만 주세요. 단골 손님이니까……

윤씨　지난 봄에는 이백 원 하더니…… (하며 백 원짜리 석 장을 내놓는다)

상석　약 원료 값이 올랐어요. 우리도 도매상에서 그렇게 사들이는 걸요. (그는 약장 문을 열고 쌍화탕 병을 하나 꺼낸다) 그 대신 이 쌍화탕 한 병 드리죠.

이씨　그저 모든 게 오르기만 하고 내릴 줄은 모르니 어떡하죠?

윤씨　흔한 비도 내릴 줄 모르니 지난여름 가뭄이야 오죽했수?

이씨　그러게 말이에요.

윤씨　나 가우.

이씨　예.

상석　안녕히 가세요.

윤 씨가 무대 좌편으로 퇴장한다. 상석은 장부에다 매상고를 기록한다. 그리고 돈을 손금고에 넣는다.

이씨	(약그릇 뚜껑을 열고서) 옜다. 식기 전에 마셔라.
상석	뭐예요?
이씨	미삼 좀 다렸다.
상석	미삼을요?
이씨	너도 몸 좀 보해야지. 되겠니?
상석	제가 무슨 환자예요? 삼을 다려마시게……
이씨	넘어지기 전에 지팡이 짚으랬다. 장가들기 전에 몸도 보해둬야지. 종일 가게에 틀어박혀 있으니 몰골이 안 되었어. 어서 마셔.
상석	어머니나 드세요.
이씨	마시래두.
상석	전 비타민제를 먹고 있어요.
이씨	보약은 뭐니뭐니해도 한방이라야 해. 양약은 소용없어.
상석	새파란 놈이 무슨 보약입니까?
이씨	샛노랗게 늙으면 약기운도 안 받는 법이란다. 자……

이 씨가 코 밑에다 바싹 약그릇을 들이대자 상석은 어처구니가 없다는 듯 웃음을 뱉으며 약을 단숨에 마셔내린다.

이씨	결혼식 전에 용을 한 재 지어 먹여야 할 텐데……
상석	(쓰게 웃으며) 저를 아주 중고품 취급하시기에요?
이씨	그래두…… 참 오늘 민정이하고 결혼 반지 사러 간다며?
상석	저녁 때 가기로 했어요. 다른 것은 못해도 반지 하나는 있어야겠다고 해서……
이씨	비싼 건 사지 마라.
상석	이십만 원이면 되겠죠.
이씨	(입을 떡 벌리며) 이십만 원이나?

상석	주머닛돈이 쌈지 돈이죠. 결혼식 끝나면 우리 식구가 될 텐데요. 그 돈이 어디로 가나요?
이씨	그렇지만 그게 어떤 돈인데…… 네가 이 고생해가면서 번 돈을 …… 그 다이아반지 없으면 시집 장가 못 간다던? 옛날에는 은가락지 한 쌍만 함에 넣어줘도 감지덕지였었는데……
상석	헛허…… 남들이 다 하는 일인데요. 나 혼자만 모나게 살아갈 수도 없잖아요. 더구나 민정이 부모님들이 더 밝히는 모양이에요.
이씨	민정이가 그러던?
상석	아뇨. 민수가 나한테 귀띔 해주더군요. 눈 딱 감고 다이아반지 하나만 사주라고요. 장모가 동리 사람한테 자랑하고 싶으시대요. 그래도 그 반지가 다른 곳으로 흘러가는 것도 아니고 결국은 우리 재산 품목이니 빌려 주는 거나 다름없다면서. 헛허……
이씨	그 처남에 그 매부구나.
상석	따지고 보면 민수가 고맙지 뭡니까. 학교에서 동기 동창이라지만 이번 혼담을 성사 시킨 건 바로 그 친구 덕분인걸요.
이씨	세상에 규수가 한 사람 뿐이라던?
상석	어머니두.
이씨	내가 낳은 자식이래서가 아니다. 너 만한 신랑이면 어디 내놔도 꿀릴 것 없다. 홀어머니에 외아들이라고 더러는 숙덕거리는 사람도 있는 모양이더라만 내가 뭐 시샘을 하겠니 이간질을 하겠니? 나는 그저 네가 장가들어서……
상석	그만 해두세요. 민정이도 그런 것쯤 다 아는 여자니까요.
이씨	대학 나왔다는 게 도리어 겁난다. 솔직히 나는……
상석	예?
이씨	무식한 시어미 얕잡아보거나 가난한 시집이라고 업신여기면……
상석	헛허…… 염려마세요.

오판

이씨   자신 있어?

상석   있으니까 결혼 하는 거 아니에요? 그동안 겪어보시고도 그러세요?

이씨   물론 색시 하나는 그만하면 되겠더라만 사돈될 사람이……

상석   누가 처가살이 한댔어요? 민정이가 내 집사람이 되겠다는데 무슨 걱정이세요. 어머니는 아무 소리 마시고 계세요. 설사 장모될 사람이 좀 설친다 치더라도 그건 민수가 알아서 척척 처리해 나갈 테니까요.

이씨   누가 어떻게 하겠다고 했니? 혼인이야 당사자 마음에 들면 그것으로 끝이지. (하며 약그릇을 들고 자리에서 일어선다. 표정이 약간 뾰로통해 보인다)

상석   언짢게 여기지 마세요. 제 얘기……

이씨   언짢긴…… 누가 되었건 내 아들 감싸주고 다독거려주고 아껴주는 색시면 되었지.

상석   꼭 그렇게 될 거예요. 민정이는 착하고 참한 여자니까요. (어머니의 손목을 쥐며) 어머니 착한 며느리한테 효성을 듬뿍 받게 될 테니 염려 마세요.

이씨   효성 독에 빠져서 헤어나지 못할까봐 겁부터 난다.

상석   원 어머니두.

두 사람은 활짝 웃음꽃을 피운다. 전화벨이 울린다.

상석   (수화기를 들며) 예 자선약국입니다. 예. 용국이 아버지세요? 예? (표정이 굳어진다) 언제부터요? ……예 ……예 ……헛소리를 하고 ……이상하군요. 그럴 리가 (사이) 알겠습니다. 제가 곧 그쪽으로 가겠습니다. 일광병원이라고 했죠? 예…… 예. (상석 급히 수화기

를 내려놓고 돌아선다)

이씨 무슨 일이냐?

상석 (가운을 벗고 윗저고리를 입으며) 산동네 용국이 아버지한테선데……

이씨 그 미장이 하는?

상석 예. 아침에 지어간 감기약을 먹은 게 탈이 났다나 봐요.

이씨 네가 지어준 약인데도?

상석 그러게 말이에요. 일광병원에서 응급치료를 받고 있다니까 잠깐 가보고 오겠어요.

이씨 혹시 급체한 게 아니냐? 토하고 쥐가 난다면……

상석 죽을 반 사발 먹은 것 밖에 없다는데요. (손금고에서 돈을 몇 장 꺼내 아랫주머니에 쑤셔 넣으며) 어머니 가게 좀 보셔야겠어요. 급히 다녀올 테니까요.

이씨 그래. 혹시 조제약 달라면 기다리라고 할까?

상석 급하지 않으면 기다리게 하고 그렇지 않으면 다른 약국으로 가보라고 하세요. 시간이 걸릴지도 모르니까요.

이씨 이 근처 약국에서는 너 밖에 믿을 사람이 없다는데…… 어서 다녀와.

상석 예. (나가려다 말고) 참 민정에게서 연락이 올지도 모르겠어요. 어머니 다른 얘기 하시면 안 됩니다.

이씨 (눈을 흘기며) 벌써부터 에미 기죽이기냐?

상석 어머니를 위해서지요. 헛허…… 다녀올게요.

이씨 오냐.

상석이가 문지방을 넘어설 때 전화벨이 울린다. 어머니가 급히 수화기를 든다. 상석 어떤 불길한 예감에 멈칫 자리에 선다.

오판

이씨   예. 그런데요. 예? 아니. 이 양반이 어디다 대고 함부로 고함질이야?

상석이가 다시 들어선다.

상석   왜 그러세요?

이씨   글쎄 다짜고짜로 악을 지르며…… 옛다 네가 받아라. 용국이 아버지 같아.

상석이가 급히 수화기를 받는다.

상석   여보세요…… 그렇습니다. (사이) 예?

우편 영사막에 '?' 표가 처음엔 작은 것으로 투사되었다가 다음 대사의 진행에 따라 차츰 확대되어가 화면 가득히 차버린다. 상석의 표정이 굳어지고 수화기를 든 손이 부들부들 떨린다.

상석   그, 그럴 리가 없을 텐데요. 나, 나는…… 분명히 (사이) 그럴 리가 없어요. (사이) 그럴 리가 있겠습니까. (사이) 그럴 리가 없습니다! (사이) 그럴 리가 없다니까! (사이) 그럴 리가 없어! 없단 말이야! 없다면 없어! 없어!

상석이가 수화기를 깨져라고 내려친다. 영사막에 투사된 의문표가 없어진다. 긴 침묵. 두 사람은 바위처럼 움직이지 않는다. 이윽고 전화벨 소리가 협박이라도 하려는 듯 요란스럽게 울린다. 그러나 두 사람은 그대로 서 있다. 무대가 차츰 어두워지면서 목탁소리, 범패소리, 찬송가, 교회 종소리 등이 엇갈리고 겹치며 이상한 불협화음으로 변해간다.

           차범석 전집 5

상석　그럴 리가 없어. 그럴 리가……

암전

제2장

무대

약국 내부. 출입문 쪽에 덧문이 닫혀있다. 민정은 을씨년스럽게 앉아있고 민수는 신경질적으로 담배를 피우고 있다. 1장으로부터 약 다섯 시간 후. 석양이 비켜가는 시각. 영사막엔 '소시민의 불안'이라는 자막이 투사된다.

민수　(벌떡 일어나며) 답답해서 사람이 살 수가 있나. 어떻게 되어가고 있다는 중간 연락이라도 해줘야지 원……

민정　오빠 제가 가보고 오겠어요.

민수　어딜 가, 가긴……

민정　일광병원.

민수　일광병원이 문제가 아니라 사인이 문제지. 사람이 죽었다는데 왜 죽었는지 그걸 알아야 할 게 아니야.

민정　상석 씨가 조제한 감기약 때문이라지만 저는 믿을 수 없어요.

민수　믿고 안 믿고를 따질 때가 아니래도 그러는 군. 민정아! 이건 잘못 했다간 큰 변 날일이다. 나도 상석이의 약제사로서의 자격이나 경력을 누구보다도 믿는 축이지만 세상이란 결코 그 상식만으로는 해결이 안 나는 경우가 허다하거든. 천의 일 아니 만의 일이라도 실수라는 게 있는 법이니까.

민정　실수라뇨?

민수　약을 잘못 다루었다든가 함량이 틀렸다든가 하는……

민정　오빠는 약사 경력이 칠 년이나 되는 상석 씨를 그 정도밖에 평가 못 하시는군요?

민수	평가가 아니라……
민정	약물 중독이라는 경우도 있대요. 환자의 신체 조건이나 생리 상태가 약과 맞지 않는데서 오는…… 페니실린 주사를 맞고 쇼크를 일으킨다는 얘기 못 들으셨수?
민수	물론 그런 경우가 없는 것도 아니지만 이번 일은 아무래도……
민정	상석 씨 잘못이라는 뜻인가요?
민수	(난처해지며) 나도 그렇게 안 되기를 바랄 뿐이다만……

이 씨가 허둥지둥 밖에서 돌아온다. 그녀는 쓰러지듯 의자에 주저앉는다.

민수	만나셨습니까?
이씨	……
민정	상석 씨는 어떻게 되셨나요?
이씨	……

민정과 민수가 불안한 시선을 마주친다.

민수	무슨 일이 있었는지 말씀해주세요.
이씨	(거의 무표정하게) 우리 상석이가 사람을 죽이다니……

민수와 민정의 얼굴에도 절망과 놀라움이 범벅된다.

| 이씨 | 용국이 아버지랑 친척들이 상석을 한구석에 몰아 놓고서 죽은 자식을 되살려내라고 윽박지르니 상석이는 말 한 마디도 못하고서…… (갑자기 울음이 복받치며) 내 아들이 사람을 죽이다니…… 사람을 해칠 사람이 따로 있지, 그런 애가 따로 있지, 우리 상석이 |

오판

는 그런 애가 아니야! 삼십일 년 동안 이 에미 손 하나로 키워냈지만 우리 상석이는 날벌레 한 마리 죽이지 못할 위인이었는데 어떻게 사람을…… (민수의 팔을 잡아 흔들며) 민수! 자네는 잘 알지 않아? 응? 상석이가 어떤 성품인지 손금 들여다보기보다 더 자상히 알잖아? 이 일을 어떻게 하면 좋은가 민수! 말 좀 해줘!

이 씨가 몸부림치며 통곡을 하자 민정이가 조심스럽게 안아 일으킨다.

민정　어머님 고정하세요. 무슨 착오일 거예요.

민수　그렇습니다. 착오가 있을 수도 있으니까요.

민정　더구나 감기약이 체질에 안 맞는 경우도 있다나 봐요. 이제 곧 상석 씨가 돌아오면 자세한 얘기는 밝혀질 거예요. 안에 들어가 뉘 계세요. 어머님.

이씨　그렇지만 한 번 죽은 사람은 어떻게 하고……

민정　그걸 꼭 상석 씨의 탓으로만 돌릴 수도 없잖아요?

민수　그럼요. 이제 경찰서에서도 조사가 있을테니 그때까지 기다려 봅시다.

민정　자 들어가세요.

민정이 이 씨를 부축하여 우편으로 퇴장하려는데 상석과 김순성이 좌편에서 등장한다. 상석은 아까와는 달리 풀이 죽어 보인다. 순성은 문지방에 서 있다.

민수　어떻게 되었나?

이씨　상석아! (하며 아들을 부둥켜안고 흐느껴 운다)

상석　어머니 이러시면 안돼요. 손님이 오셨으니 안에 들어가 계세요.

이씨   손님?

상석   약사회 부회장님이세요.

순성   자당님이시군요? 처음 뵙겠습니다. 김순성이라고 합니다.

이 씨는 어정쩡한 상태에서 허리만 굽힌다.

상석   민수 인사 드리게. 내가 평소에 여러 가지로 사랑을 받고 있는
약사회 부회장님일세. (순성에게) 학교 동기생입니다. 머지않아
처남이 될 사람이지요.

순성   그러세요? 반갑습니다.

민수   유민수라고 합니다. (순성과 악수를 하고나서)

상석   글쎄…… 일이 좀 까다롭게 되어서…… 오는 길에 김회장님께
들리어 의논 좀 드리려고…… (이 씨에게) 어머니 마실 것 좀 내오
세요.

이씨   오냐.

이 씨와 민정이가 우편으로 퇴장하자 세 사람은 의자에 앉는다. 자리의
전선주에 전등불이 켜진다. 김순성이가 담배에 불을 붙인다.

순성   내 생각 같아서는 그 방법밖에 없겠는데…… 미스터 오의 의견
은 어때?

상석이가 길게 숨을 몰아쉴 뿐 말이 없다. 그는 성냥개비를 차례로
토막을 내고 있다.

순성   나도 십여 년 전에 시골서 개업을 하고 있었을 때 이와 비슷한

오판

체험을 했었죠.

민수 그래요?

순성 그 당시는 자유당 시절이었으니까 사정이 다르기도 했지만 결론적으로 사람이 죽었다는 사실이 문제였거던. 환자가 주사약을 사가지고 와서 사정하기에 들볶이다 주사를 놔준 게 그만……

민수 죽었나요?

순성 예.

민수 어떻게 처리하셨던가요.

순성 유족하고 합의를 했지요.

민수 합의라뇨?

순성 (쓰게 웃으며) 돈으로 막았죠.

민수 말하자면 위자료를 치루기로 하고 무마시켰단 말씀인가요?

순성 별 도리가 없더군요. 처음엔 법정에 나가 결백을 주장해야겠다는 생각도 없지 않았지만 만약의 경우 유죄가 선고되고 호적등본에 붉은 줄이 그어지는 날에는 내 인생은 어떻게 되겠는가 싶으니 이건 미치겠더군. 무슨 정의니 진리니 하는 논리적인 주장보다는 현실 속에서 홀가분하게 사는 길이 무엇인가를 더 찾게 되더군요. 그래서 넉넉하지도 못한 처지였지만 무리를 해서 위자료를 주고 합의를 봤거든요. 어떻게 생각하면 돈으로 처리했다는 게 불결하게 들릴지도 모르지만 인생이 어디 그런가요? 현실 속에서야 당장에 가로막고 있는 장애물을 제거하는 게 현명한 방법이거든요. 안 그렇소?

민수 (선뜻 대답이 안 나오며) 그 그렇게도 생각되는군요. (상석에게) 자네 의견은 어떤가?

상석 김 회장님께서 그런 방법이 있다고 종용을 하시는데 나도 일단은 긍정을 하면서도 다른 한편으로는……

순성   당연한 생각이지. 더구나 미스터 오처럼 세속적인 때도 안 묻고 오직 성실과 근면으로 살아나온 젊은이로서는 원칙이 아니라 현실이거든. 이론이 아니라 실제라니까. 나는 자네가 감기약 조제 하나도 변변히 못하는 위인이라고 생각지 않아. 그리고 이 일대에서는 자선약국에 대한 신뢰도가 높다는 것도 누구보다도 잘 알지. 그러나 (힘을 주며) 문제는 결과거든. 환자가 죽었다는 이 엄연한 결과를 어떻게 무엇으로 부인하겠나? 응?

어느덧 냉혹하게 변해가는 김순성의 어조에 상석과 민수는 말문이 막혀버린다.

순성   (약간 사이를 두었다가) 게다가 또 하나의 장애물을 잊어서는 안 되오.
상석   또 하나의 장애물이라뇨?
순성   매스컴.
민수   매스컴?
순성   이 사실이 신문에 보도 되기라도 해봐. 일단 기사화가 되어버린 후는 다시 주워 담을 수도 씻을 수도 없는 게 신문이라구. 설령 기사가 잘못되어 정정기사가 나온다 해도 그건 현미경으로나 찾아낼 수 있을까. 좀체 신문에 한 번 오르내리면 약사로서는 치명상이라구. 더구나 요즈음은 그 텔레비전까지 덩달아 북치고 피리 불며 맞장단질이니 사람 하나 영웅으로 만들기도 쉽지만 병신으로 만들기는 식은 죽 마시기지. 약국 문 닫기 전에는.
민수   옳은 말씀이에요. 이 신문 저 방송에 이름이 오르내리는 날엔······ 문 닫아야죠.
상석   (단호하게) 그렇지만 죄 없는 사람을 죄인이라고 쓰겠어요? 신문 기자도 지식인인데······

순성 글쎄…… 아무튼 내 생각을 토로했으니까 미스터 오가 잘 생각해봐. 더구나 유가족 측에서 먼저 합의 문제를 들고 나왔다니까 이 일은 확대되기 전에 처리해버리는 게 현명하다고 보는데……

민수 (상석에게) 위자료를 청구했다구?

상석 70만원을 내라는 거야. 용국이 삼촌뻘 되는 사람이 그러더군.

민수 그래서?

상석 거절했어.

민수 이 사람아 왜 거절을 해? 70만원으로 마무리 지을 수 있는 일이라면 도둑 맞은 셈 치고 응락할 일이지.

순성 동감이오.

민수 그래 무슨 구체적인 대책이라도 있나?

상석 대책 이전에 내 양심을 속일 수 없다는 한 가지 원칙은 있어.

민수 지금 원칙론을 따질 때인가?

상석 (신경질을 내며) 그럼 내가 살인을 했단 말인가?

민수 뭐라구?

상석 내가 유족 측의 제의를 받아들인다는 건 내가 살인을 시인하는 결과가 아닌가!

민수 그게 왜 시인이야. 타협이지.

상석 내가 왜 타협을 한단 말인가?

민수 뭐라구?

상석 난 타협은 못해. 타협할 일이 따로 있지. 그래 살인을 한 사실이 없는데 있다고 타협을 해? 못해! 못해!

순성 그럼 법정 투쟁 할 용기가 있단 말이지?

상석 수사기관에서 사건의 전말을 심의하면 알게 되겠죠. 아까도 말씀 들었지만…… (주머니에서 쪽지를 내보이며) 내가 처방한 약은 이것 뿐이에요. 진통해열제로 아스피린, 항히스타민제로 베나드릴,

카페인과 항생제와 그리고 소화제인 탄산칼슘을 썼을 뿐이에요,
김 부회장님. 이 약이 살인을 할 약입니까? 이게 독약인가 말입니다.

민수 그래도 죽었는데 어떻게 하나?

상석 시체 해부를 해보면 판명되겠지. 환자가 고열로 시달렸으니 약물
중독을 일으켰을 가능성도 있지 않을까요?

순성 물론 매스컴에서 보도하고 난 다음엔 복잡해진다는 것도 알아
야지.

민수 김 선생님 말씀이 옳아. 검시 결과는 낙관도 비관도 그 확률이 반
반이니까.

상석 나는 백프로 자신 있네.

민수 고집을 부릴 때가 아닐세. 세상살이가 원칙대로 된다면야 누가
고생을 하겠나? 이 세상에 왜 전쟁이 그치지 않으며 가난한 사람
은 여전히 많으며 범죄는 늘어나기만 하는가 말일세. 과학이 발
달되고 지혜가 밝아질수록 인간은 죽어가고 있다는 걸 모르나?
윤리나 논리가 죽어 없어진 게 아니라 인간 자신이 닳아 없어져
가고 있는 걸세.

상석 그렇지만 난 아무리 생각해도 잘못이 없는데 어떻게 해? 돈이 아
까워서가 아닙니다. 70만원으로 내 양심을 팔 수가 없다는 것 그
것뿐입니다. 아니, 내 양심이 바로 인정받게 되는 일이라면 이
가게를 다 팔아서라도 댓가를 지불할 용의도 있지요. 하지만……

민수 합의만은 할 수 없단 말이지?

상석 그건 오상석이로서는 자살이지. 내가 뭣 때문에 자살을 해?

순성 고집 하나는 고래 힘줄보다 더 질기군. 헛허…… 좋아! 미스터
오가 그런 신념이라면 그 길로 가는 수밖에. 나도 최대한으로 협
력할 테니까! (하며 어깨를 툭 친다)

상석 감사합니다. 저도 신념으로 살아가고 싶습니다. 환자가 죽었다

는 사실에 대해서는 저도 미안하게 여기지만 내가 안 죽였다는
자신도 나로서는 소중하다고 봅니다.

얼마 전부터 차를 끓여가지고 나와 있던 민정이가 눈치를 보며 다가온다.

민정 차 드세요.
상석 미안해 민정이.

민정이가 수줍음을 감추며 차례로 찻잔을 놓는다.

민수 부회장님 내 누이를 위해서도 이 사건은 바로 밝혀져야겠습니다.
순성 무슨 뜻이죠.
상석 새 달에 우린 결혼식을 올립니다.
순성 그래? (민정에게) 축하해요.
민정 감사합니다. 그런데 아까 잠깐 들은 이야기인데…… 유족 측에서
       합의를 제의했을 경우 그걸 받아들이게 된다면 경찰에서는 아무
       런 말이 없을까요?
순성 그건 당사자끼리의 양해가 성립된 일이니 일단 조서는 작성하게
       되겠지만 형법상의 처벌은 면하게 되겠지요. 또 그런 방향으로
       처치를 해야겠구요.
민정 그렇지만 상석 씨가 아무런 잘못이 없다면……
민수 그게 판명될 때는 이미 세상에 알려지고 재판정에 나가야 하고
       돈은 돈대로 들고 사람은 곤죽이 되고 난 다음이라니까.
순성 그렇고 말고요. 그 시달림이란 돈으로 메꿀 일이 아니죠.
상석 아무튼 나는 타협은 싫습니다. 위자료를 치루고 무마하는 짓은
       비겁하다고 봐요. (하며 자리에서 일어나 조제실로 들어간다)

남은 세 사람은 저마다 어떤 궁색한 생각에 몰입되어 말이 없다. 이때 윤 씨가 헐레벌떡 뛰어든다. 그녀의 눈엔 살기가 돈다.

윤씨   (막무가내로) 어디 갔소?

민정   누굴 찾아오셨나요?

윤씨   누군 누구, 약사놈 어디 갔느냐니까!

민정   (어리둥절해서) 왜 그러시죠?

윤씨   (악을 버럭 지르며) 나오라면 나와야지 웬 잔소리야!

이때 상석이가 조제실에서 나오다가 윤 씨를 보자 억지로 반색을 한다. 그러나 윤 씨는 우루루 달려가더니 그의 팔목을 두 손으로 끌어당기듯 하며 나온다.

윤씨   이 놈! 가자! 나와 같이 가!

상석   동수 어머니 왜 이러세요?

윤씨   우리 동수를 살려 놔라 이놈아! 동수가 지금 죽어간다니까!

상석   뭐라구요?

모든 사람은 벼락이라도 맞은 듯 멍하니 제 자리에 서 버린다.

상석   동수 어머니 무슨 말씀을 그렇게 하세요? 죽어가다니……

윤씨   네가 지어준 감기약을 먹고는 혀가 꼬부라지고 손발에 쥐가 내려서 오무라드는데 어떻험 좋으냐! 응! 내 아들을 죽이려고 독약을 섞었지? 어서 내 아들을 살려내라니까! 이놈아! 내 아들을…… (윤씨는 격정에 못 이겨 상석의 가슴을 두 팔로 방망이질 한다) 아이고 이 일을 어째…… 아이고……

오판

민수	상석이. 어떻게 된 일인가?
상석	나도 모르겠어! (넋이 나간 사람 같다)
순성	정말 귀신 곡할 노릇이군!
윤씨	(발악을 하며) 우리 동수를 살려줘라! 대쪽 같은 내 아들을 살려줘! 이놈아! 이놈아!

이와 동시에 무대는 갑작스리 어두워지며 영사막에는 선혈이 낭자하게 투영된다. 상석의 얼굴만 남는다.

상석	뭔가 잘못 되었지. 그럴 리가 없어. 잘못된 거야 잘못되었을 거야. (상석이 마룻바닥에 무릎을 꿇으며 절규한다. 안에서 어머니가 부르짖는 소리가 더욱 처절함을 자아낸다)
이씨	(소리) 상석아! 상석아!
윤씨	(소리) 내 아들! 내 아들 살려줘!

암전

제3장

무대

전장과 같음. 무대는 어둡다.

카메라의 플래시가 어둠 속에서 서너 번 심광을 발산한다. 이윽고 영사막에는 〈살인 감기약〉 〈사람 잡는 엉터리 약제사〉 〈조제약 먹고 연쇄변사〉 〈서민층 위협하는 악질 약사〉…… 등의 신문 표제가 현기증을 일으킬 정도의 빠른 템포로 투영된다. 이윽고 무대가 밝아지면 약국 안은 흰 포장으로 진열장을 가렸고 꽃도 시들은 채로 방치되어 있다. 전장부터 24시간 후 낮. 이 기자와 안 기자가 이 씨를 가운데 놓고 취재하고 있다. 기자들은 의자에 앉아있고 이 씨는 어깨도 못 펴고 서 있는 게 주객이 전도된 광경 같다. 이 기자가 담배를 꺼내 물고 라이터를 켜댄다. 안 기자가 수첩에 메모를 하면서 한 손을 내민다.

안 기자 이 형 담배 있어?

이 기자 (농조로) 대신문사 민완 기자면 담배 쯤 가지고 다니지 그래. (하며 한 개비를 꺼내준다)

안 기자 담배 한 개피 주면서 생색내기는. 파장터의 과부 술장수 같구면. 헛허……

자신의 호주머니에서 라이터를 꺼내 불을 붙인다. 그는 허공으로 담배 연기를 날리면서 이 씨를 쳐다본다.

안 기자 할머니 정말 모르세요?

이 기자 아시면서 감추시는 거 아니에요?

이씨   정말 몰라요. 어젯밤에 나간 뒤로는 전화도 없었어요.

이 기자 이 친구 겁이 나서 삼십육계 놓은 게 아닐까, 안 형?

안 기자 하긴 사람을 셋이나 죽이고 보면 겁도 날만 하겠지. 그렇다고 비
        겁하게 숨어버리면 되나? 떳떳하게 나서서 법의 심판을 받아야지.

이씨   법의 심판을 받아요?

안 기자 받아야죠. 어젯밤 또 한 사람 희생자가 있었다고 신고가 들어 왔
        다는데요……

이씨   그렇지만 우리 상석이는 그럴 애가 아니에요.

이 기자 하긴 약을 잘못 썼을 테니까 약의 탓이기도 하지만 그 약을 조제
        한 건 약제사의 책임 아니겠어요? 어찌 되었건 세 사람의 목숨을
        앗아가게 한 책임은 면치 못할 거예요. 이건 사회 문제지요.

안 기자 어제 경찰에서 약품을 수거해 갔으니까 국립과학연구소의 감정
        결과가 2, 3일 후면 발표되겠지만 이건 너무했다구. 글쎄 약제사
        가 이렇게 무책임하게 조제약을 마구 팔아넘긴다니 누가 마음
        놓고 약을 사먹겠어. 유행성 독감이 나돈다니까 메뚜기도 한철이
        라는 생각에서였겠지. 헛허…… 하루에 몇 사람이나 찾아 옵데
        까?

이 씨   잘은 모르겠지만 4, 50명은 될 거예요.

안 기자 그럼 한 봉에 300원 치고 그것만도 만오천 원이라…… 수지맞겠
        는데. 젠장 이럴 줄 알았으면 신문기자 그만두고 약제사나 될 걸!

이 기자 일제시대부터 떠도는 말이 있잖아.

안 기자 무슨 말?

이 기자 약장수는 아홉곱. 사진사는 네곱장사라나! 헛허……

안 기자 하긴 약국 하다가 빌딩 세운 재벌이 한두 사람인가? 요즘 방송이
        며 신문에 약품 광고 빼면 뭐가 있겠어?

이 기자 한심하지 한심해. 그저 광고마다 (흉내 내며) "먹어요. 마셔요. 그

리고 탈나면 약을 쓰세요." 이거 되겠어? 안 된다구요!

안 기자 그런 뜻에서요 이번 사건은 심판대에 올라 마땅하지. 이 기회에 악덕 매약상에게 철추를 내려야지.

이 기자 우리 사에서도 이번 사건에는 집중적으로 취재 보도할 방침이라고 국장이 말하더군.

안 기자 우리 신문도 마찬가지야. (손목시계를 보며) 그건 그렇고 범인을 만나야 취재고 뭐고 하겠는데……

이 기자 (이 씨에게) 어디 숨어있는 게 아니에요? 친척 집이라든가 또는……

이씨 없어요. 일가친척이라고는…… 우리 상석이는 삼대독자에요. 세 살 때 6·25를 만나자 그 애 아버진 의용군으로 끌려갔지요. 그때부터 난 아들 하나 키우느라고 고생이란 고생 다 했지요. 그래도 그 애가 착해서 장학금도 타고 가정교사도 하면서 약학대학을 나왔기에 난 아무 걱정도 모르고 살아왔는데 글쎄 이런 날벼락이 또 어디에…… (북받치는 울음을 삼키며) 선생님들! 우리 상석이는 절대로 사람을 죽일 애가 아니에요. 믿어주세요!

이 기자 글쎄 무죄냐 유죄냐는 사직 당국에서 가려낼 일이고 우리는 사실을 사실대로 기사화 하는 것뿐이니까요.

이씨 그러니까 신문에다 잘 좀 써주세요.

안 기자 (자리에서 일어나며) 글쎄 본인이 있어야 잘 쓰고 자시고도 있지 이렇게 피해 다니면 도리어 해로울 텐데요.

이때 유민정이 급히 들어서다가 두 기자를 보자 멈칫 선다. 그녀의 손에 신문이 들렸다.

민정 어머니!

오판

이씨 (일어나며) 무슨 소식 좀 들었어?

민정 아홉 시 반에 헤어진 것까지는 알지만 그 이후는 모르겠데요.

이씨 그럼 그 부회장인가 하는 분도 함께 간 건 아니구나.

민정 예…… (눈짓으로 두 기자가 누구냐고 묻는다)

이씨 신문사에서 나오셨단다.

안 기자 따님이신가요?

민정 아, 아니에요. 저……

이씨 우리 며느리 될 규수예요.

안 기자 그러세요?

이 기자 (수사관처럼) 연극 꾸미는 건 아니겠죠?

민정 연극이라뇨?

이 기자 범인이 숨어있는 곳을 다녀 온 게 아니요?

민정 (새침해지며) 말씀 삼가하세요!

이 기자 예?

민정 범인이라니. 누가 범인이란 말씀이세요?

이 기자, 안 기자는 당황하면서도 그녀의 당돌한 태도에 불쾌감을 나타낸다.

이 기자 누군 누구겠소? 오상석 씨지.

민정 무슨 증거로 그렇게 단정하시죠?

이 기자 예?

민정 오상석을 범인으로 단정하는 근거를 대세요.

안 기자 세 사람이 사망했다는 사실 이상의 근거가 또 필요할까요?

민정 그건 당신네들의 억측이지 아직도 사건은 미해결이에요.

안 기자 뭐라구요?

민정   백 보를 양보해서 오상석은 이 사건의 피의자일지는 몰라도 범인은 아니란 말이에요!

이 기자   피의자.

민정   물적 증거가 나왔습니까? 자백을 했습니까? 예? 무엇을 근거로 범인이다 단정하시죠?

이 기자와 안 기자는 어리둥절해서 서로 얼굴을 쳐다본다.

민정   (숨을 몰아쉬며) 너무 그러지 마세요. 이런 끔찍한 사건이 일어난 건 죄송해요. 그렇지만 범인으로 몰아대는 건 옳지 않다고 봐요. 기자님들은 특종 기사를 빨리 알리고 싶어서 그러시겠지만 그로 인해 피해를 입는 선량한 시민의 처지도 생각해주세요. 보세요!

민정 손에 들고 있던 서너 가지 신문을 탁자 위에 내던진다.

민정   석간이에요. 신문마다 사회면에 특종기사로 취급했군요. 오상석 이라는 인물을 희대의 살인마, 악덕 약제사, 돈에 눈이 먼 장사치로 쓰셨군요. 차라리 그게 사실이라면 얼마나 좋겠어요. 그렇지만 사실이 아니에요. 사실이 아닌데 왜들 이렇게 떠들어대죠? 자세히 알아보지도 않고 왜 떠들죠? 일방적인 말만 듣고 왜 떠드는가 말이에요. 한 신문이 떠들면 나도 뒤질세라 마구 떠드는군요. 꼭 논두렁의 개구리 같군요. 한 마리가 울기 시작하면 여기저기서 합창으로 변하는 개구리의 울음. 신문도 방송도 온통 개구리 울음 바다로 만드는 게 소망이신가 말이어요. (울음이 복받치자 지그시 입술을 깨물며) 너무 하셔요. 한 번쯤 피의자 측에서도 취재해주세요. 왜 우리만 당해야 하나요?

안 기자 그러니까 이렇게 찾아온 게 아니오?

이 기자 피신하고 없는 사람을 우리보고 찾아다니란 말이오?

민정 무슨 곡절이 있었을 거예요. 그이는 절대로 피할 사람이 아니에요.

이씨 그래요. 우리 상석이는 절대로 숨어 다닐 애가 아니지!

이 기자 그렇지만 어젯밤에 나간 사람이 아직도 안 나타나다니 의심 받을
수밖에 없잖아요? 본인을 만나 봐야 옹호도 하고 진상도 알 수
있을 텐데 그걸 마치 우리가 조작해서 보도한 양으로 말하다니
이거야말로 적반하장이지 뭐요?

안 기자 개구리 울음소리? (화를 내며) 여보시오. 신문기자를 뭘로 보고 그
러시오? 우린 이성도 지성도 없는 왈가닥인 줄 아시오? 이렇게
나오시면 정말 재미없어요! 우리 어디까지나 공정한 입장에서 이
사건을 취재하고 싶고 그러기 때문에 찾아온 거라구요! 그런데
뭐 논두렁의 개구리라? 흥!

이 기자 알고보니 개구리 잡아먹은 뱀이시군!

민정 (꺼질듯한 어조로) 죄송해요. 제가 너무 흥분해서 그만……

이씨 우린 꼬박 이틀 동안 잠을 설친데다가 세상 사람들이 우리 약국
앞을 지나갈 때마다 '살인약국'이라고 수근덕거리니……

이 기자 그건 댁의 사정이지. 우리 책임은 아니잖아요? 그리고 원인이야
어디에 있건 이 약국에서 조제한 약을 먹고 사람이 셋이나 죽었
다는 사실은 부인 못하겠죠? 그런데 우리가 마치 허위기사나 쓴
듯이 험담을 하는 당신들은 뭘 잘한 게 있소?

민정 잘못 되었습니다. 전 다만……

이씨 용서하세요. 우린 아무도 없어요. 우리 상석이 하나뿐인걸요. 그
애가 없으면 나도 죽는 거예요. 그러니 이 늙은일 불쌍히 여기시고
잘 좀 봐주세요. 예?

안 기자 아무튼 신문기자를 그런 눈으로 봐주신다니 고맙군요. 이 형! 갑

시다. 여기 더 머물러 있다간 뱀의 먹이 되기 십상이오!

이 기자 갑시다!

두 사람이 일어서는데 전화벨이 울린다. 민정이가 전화를 받는다. 이와 동시에 무대 좌편 한 구석에 여관방이 보인다. 상석과 약대 동창회장 황준대가 마주 앉아 있다. 재떨이엔 담배꽁초가 수북이 쌓여있고 소주병이며 안주 그릇이 흐트러져 있다. 황준대는 담배 연기를 내뿜으며 통화를 듣고 있다.

이씨 또 누가 놀리는 장난 전화일거야. 받지 말아.

민정 그렇지만 (사이) 제가 받겠어요. (하며 수화기를 든다) 자선약국입니다.

상석 민정이? 나야.

민정 어머 상석 씨!

이씨 상석이? 지금 어디 있다고? (급히 다가간다)

상석 걱정들 했지?

민정 어떻게 된 일이에요?

상석 그럴 사정이 있었어!

이씨 애 나 좀 바꿔라

민정 어머님하고 바꾸겠어요.

민정이가 수화기를 이 씨에게 건넨다.

이 기자 통화 끝나면 우리도 바꿔주세요.

이씨 (떨리는 소리로) 상석이냐?

상석 어머님 걱정 끼쳐드려 죄송합니다.

오판

이씨	그동안 어디에 있었니? 거기 어디야?
상석	여기 여관이에요.
이씨	여관?
안 기자	(이 기자에게) 그것 봐. 숨어 있었다구.
상석	예. 학교 선배님들이랑 친구들과 여러 가지 의논을 하느라고 부러 연락을 안 드렸어요. 복잡해지기만 해서……
이씨	그렇지만 이 에미한테는 알려줘야지.
상석	죄송해요. 어머니 이제 곧 뵙게 될 거예요.
이씨	집으로 오겠어?
상석	아, 아니요…… 저 잠깐 들릴 곳이 있어요. 그래 우선은 제가 안전하다는 걸 알려드릴려고 전화 걸었어요. 이제 걱정 마세요.
이씨	어떻게 되어가는 일인지 알아야 걱정을 안 하지.
상석	잘 될 거예요. 어머니.
이씨	밥은 제 때 먹었니? 와이셔츠도 더러울 텐데…… 미삼 다려놓은 게 그대로 남아 있다. 네가 있는 곳으로 갔다 주련?
상석	걱정 없어요. 어머니 민정이 좀 바꿔주시겠어요?
이씨	응? (민정에게) 전화 받아봐.

민정이가 전화 바꾼다.

민정	전화 바꾸었어요.
상석	미안해요. 소란을 피워서……
민정	빨리 돌아오세요. 집에 안 계시니까 경찰서다 신문이다 방송이다 하고 마치 진범인 양 떠들어 대잖아요. 억울해요.
상석	나도 신문도 읽고 방송도 들었지만 나는 범인이 아니라는 것만 믿어요!

민정	그렇지만 피해 다닌다고 더 의심을 해요.
상석	민정이 그럴 이유가 있었어! 결코 피한 게 아니야. 이제 결심을 했어!
민정	결심이라니…… 무슨 뜻이죠?
상석	민정이만 알고 있어요. (사이) 나 지금 이 길로 경찰서로 자수하러 가겠어!
민정	(놀라며) 예? 아니 그럼……
상석	그렇다고 내가 범인이라는 뜻은 아니지. 경찰에 자진출두해서 자초지종을 다 털어 놓겠어. 그리고 나서 집으로 갈 테니까 그때까지 어머니께는 비밀로 해줘요. 걱정하시니까.
민정	예.
상석	그리고 나를 믿어요. 나는 깨끗해.
민정	(울먹이며) 믿어요.
상석	(낮게) 사랑해!
민정	흑……
상석	기다려요, 그럼……
안 기자	전화 좀 바꾸라니까 왜 끊어요. 끊긴……

그녀가 목이 메이며 전화를 끊고 돌아서자 세 사람이 의아한 표정이다. 이와 동시에 약국은 어두워지고 여관만 밝다.

준대	미스터 오! 잘했어! 정말 결심하길 잘했군.
상석	예. 황 회장님. 이하 여러 친구들 덕입니다.
준대	잘했어! 결심한다는 게 중요한 거야. 경찰에 자진 출두한다고 해서 자신이 죄를 자인하는 건 아니니까.
상석	예.

오판

준대	사건이 사건이니만큼 사실대로 진술해요. 더구나 한 사람도 아니고 세 사람이나 사망했다는 건 반드시 그 약물에 무슨 원인이 있는 게 분명하거든.
상석	동감입니다. 그 약은 후생약국이라는 도매상에서 사다 쓰고 있으니까요. 저도 그 점이 납득이 안갑니다. 그 약품에 무슨 까닭이 있을 것 같다는 심증이 잡혔어요.
준대	자네 일은 우리 모교 동창회에서도 비상한 관심을 기울이고 있고 전국의 2만 명의 약사가 협력하여 처리하기로 되어 있으니까 조금도 염려말게.
상석	감사합니다.
준대	이런 기회에 우리 미력한 약제사의 권익을 찾고 인간의 진실이 무엇인가 보여줘야지.
상석	예.
준대	그럼 내 차로 경찰서까지 함께 가세. (하며 일어난다)
상석	감사합니다!
준대	이 사람 울긴! 헛허……

준대와 상석이 뜨거운 악수를 한다. 상석은 울먹인다. 영사막엔 '사나이 눈물'이 투사된다.

암전

제4장

무대

무대 우편에 마련된 검사실.

초췌한 모습의 오상석이 검사 앞에서 취조를 받고 있다. 전막부터 약 일주일 후 낮. 조서가 어지럽게 널려있다.

검사 지난 10월 7일 사건 발생날 밤 도망한 이유는?

상석 도망한 게 아니라 잠시 생각할 여유를 가지기 위해서였습니다.

검사 생각하다니? 사건이 너무 엄청나서 머리를 식히기 위해서란 말인 가?

상석 물론 그런 점도 있었지만 저 혼자의 힘으로는 감당하기 어려워서 약학대학 동창회 회장님을 찾아갔더니 그 선배님께서 어디 조용한 곳에 가서 얘기나 하자고 하시기에 종로 5가에 있는 무등여관에 들었습니다.

검사 동창회장 황준대 씨하고 단 둘이 뿐이었나?

상석 아닙니다. 친구인 박일섭과 추성용도 함께 있었습니다.

검사 역시 약국을 경영하는 사람들인가?

상석 예. 평소에 어려운 일이 있을 땐 자주 의논을 하는 친구들입니다.

검사 10월 7일 첫 사망자가 발생했을 때 유족들이 합의하자고 했다는 데?

상석 거절했습니다.

검사 이유는?

상석 신념이 있었습니다.

검사 신념이?

오판

상석 절대로 내 잘못이 아니라는……

검사 (날카롭게) 그런데 왜 여관에 숨어있었지? 왜 회피했느냐구?

상석 숨은 게 아니라 생각하기 위해서였다니까요.

검사 무슨 생각.

상석 연거푸 세 사람의 사망자가 발생했다는 소식을 들었을 때 이건 보통 문제가 아니라는 생각이 들었습니다. 그러나 다음 순간 한 사람도 아닌 세 사람이라는 점은 어떤 심증을 굳게 했습니다.

검사 심증이라니?

상석 감기약 조제의 실수였다면 한 번으로 끝났을터인데 세 사람이었을 때는 내 자신이 아닌 어디엔가 근원적인 잘못이 있으리라고 말입니다. 그래서 동창회 회장님과 친구들과 함께 여관 방에서 그 사후 대책을 세웠고 자진 출두를 결심했습니다.

검사 그럼 아직도 자신의 실수가 아니라고 믿고 있나?

상석 예.

검사 그럼 왜 죽었을까? 그것도 세 사람이나 같은 약을 먹고 말이오. 이상하다고 안 여기나?

상석 (한숨을 몰아쉬며) 정말 모를 일입니다.

검사는 서랍에서 너덧 개의 약병을 꺼내 놓는다.

검사 기억나지요? 이 약병.

상석 제가 쓰고 있는 약들입니다.

검사 차례로 약병을 말해 봐요.

상석 약병에 라벨이 붙어있지 않습니까?

검사 시키는 대로 해. 왼쪽부터……

상석 (머뭇거리다가) 아스피린, 베나르린, 에페드린, 카페인, 마이신, 그리고 탄산칼슘.

검사   마지막 약명이 뭐라고요?

상석   침강 탄산칼슘입니다. 소화제로 쓰이죠.

검사 빙그레 웃으며 약병을 들어 보인다.

검사   분명히 탄산칼슘이지요?

상석   그럼요.

검사   (서랍에서 다른 약병을 꺼내며) 이게 뭐죠?

상석   (라벨을 보고) 탄산바륨입니다.

검사   (두 개의 병을 양손에 들어 보이며) 이쪽은 탄산칼슘이고 이쪽은 탄산바륨이지요?

상석   예.

검사   두 약의 차이점이 뭐죠?

상석   완전히 다르죠. 첫째 분자식도 탄산칼륨은 $CaCO_3$이고 탄산바륨은 $BaCO_3$이지요. 그리고 탄산칼슘은 소화제 원료로 쓰이지만 탄산바륨은 극약으로 쥐약의 원료로 쓰입니다. 약사라면 그것쯤은 누구나 알고 있는 상식인걸요.

검사   그 상식도 제대로 모르는 사람이 약제사로 자처하고 있으니 한심스럽군.

상석   예?

검사   그럼 탄산칼슘과 탄산바륨을 식별할 수 있겠죠?

상석   물론이죠. 이래 뵈도 약사 경력이 7년입니다.

검사   좋아요. 그럼 어디 한 번 실력을 테스트 해보실까요.

검사는 돌아서서 두 장의 백지에다가 각각 약 가루를 털어놓은 다음

          오판

상석 앞에 내놓는다. 검사의 눈이 어떤 직업적인 경계와 감시의 눈빛으로 날카롭게 빛난다. 상석은 잠시 가루를 들여다 본 다음 손끝으로 만지작거린다. 입자를 촉감으로 판단하기 위해서다.

상석 식별하기가 힘든데요.

검사 ?

상석 나는 이렇게 빛깔과 입자가 고운 탄산바륨은 사용한 적이 없어요. 도매상에서 늘 대주는 약품은 거칠고 더 진한 회색빛이었으니까요.

검사 도매상은 어느 약국이죠?

상석 종로 5가에 있는 후생약국입니다. 3년 가까이 거래하고 있으니까요.

검사 그럼 후생약국에서 구입한 탄산칼슘은 분명히 식별할 수 있소?

상석 물론이죠.

검사 (뚫어지게 상석을 노려본다)

상석 왜 그러시죠?

검사 (조용하나 냉혹하게) 거짓말 말아요.

상석 예?

검사 당신은 탄산칼슘과 탄산바륨도 식별 못한 엉터리 약제사군 그래.

상석 무슨 말씀을……

검사 (약병을 쳐들며) 당신 약국에서 사용한 이 약은 탄산칼슘이 아닌 탄산바륨이란 말이오!

상석 예?

이와 동시에 영사막에 탄산칼슘과 탄산바륨의 분자식이 엇갈려 투영되고 요란스런 콘크리트 음악과 고고 음악이 굉음에 가깝도록 크게 울려 퍼진다.

상석 (미칠 듯이 외치며) 탄산칼슘이오!

검사 탄산바륨!

상석 그럴 리 없소!

검사 국립과학연구소의 감정결과가 나왔어.

상석 거짓말이오!

검사 탄산바륨.

상석 나는 모르는 일이오!

검사 약사가 약명을 모르면 누가 알지?

상석 내가 사용한 약은 내가 알아요. 그러나 그건 내가 사용한 약이
아니오!

검사 사용하면서도 그게 탄산바륨인지 식별 못한 책임을 져야 해!

상석 조제할 때마다 약의 성분을 분석 사용하란 말씀인가요?

검사 약 성분의 감정은 약사의 의무지! 그러기에 약사를 믿고 약을 사
먹은 게 아닌가!

상석 그렇지만 약국에 실험기구며 검사시설이 없는데 어떻게 일일이
검사를 합니까?

검사 약국에 검사 시설을 갖추어야 한다는 건 약사법 제2조 6항에 명
시되어 있어! (약전을 펴 보이며) 조제시험, 검사시설 및 대한약전과
시험검사에 필요한 기구를 비치하도록 되어 있는 걸 모르는가?

검사의 날카로운 심문에 상석은 잠시 말문이 막혀버린다. 긴 침묵.

상석 (흥분을 가라앉히고 나서) 검사님 분명히 그 조항은 있지만 거기에
대한 시행세칙은 없는 걸로 알고 있습니다. 그러므로 어느 약국에

오판

도 그러한 시설을 제대로 갖추지 않고 있는 게 우리의 현실이자 약사계의 실정입니다. 법조문에 명기되어 있다고 해서 그게 반드시 현실과 부합된다고는 볼 수 없지요. 그렇다면 검사님 한 가지만 묻겠습니다.

검사 좋아.

상석 제가 경영하고 있는 약국은 가난한 사람들이 살고 있는 산동네에 있습니다. 대부분의 부녀자는 보세품 가공을 위한 가내공업을 하고 있는데다가 버스종점이라 하루에도 수십 명의 여직공이며 버스 운전기사가 드링크제를 사러옵니다. 그렇다면 원칙대로 말하자면 저는 그 드링크를 팔기 전에 성분 검사를 해야 옳았습니다. 좁은 실내에서 노동을 하고 있는 대부분의 부녀자들은 두통이며 소화 장애를 일으키고 있어 하루에도 몇 십 명이 소화제며 생명수를 사러옵니다. 그럴 때 나는 그 약의 성분 검사를 한 다음 팔아야 옳았을 것입니다. 드링크제 한 병 생명수 한 병을 팔기 위해 낱낱이 검사를 해야만 될까요? 약사의 책임을 다하고 약사의 신뢰를 찾고 약사의 권리를 주장하기 위해서 나는 한 번도 거짓말을 해본 적은 없습니다. 다만 이번 사건은 도매상에서 사들인 약품을 사전에 검사 안 한 잘못은 있지만 그 약봉지에는 분명히 탄산 칼슘이라 쓰여 있고 그것은 소분업소에서 분석과정을 거쳐 나온 검사필 약품이기에 나는 믿고 사용했을 뿐입니다. 검사님 믿는 게 죄라면 벌을 주십시오!

검사 법조문에 명시되어 있는 이상 당신은 범법을 한 게 분명해.

상석 그렇다면 전국 2만 명 약사가 모두 범법자입니다.

검사 비겁하게 남을 걸고 넘어질 배짱인가?

상석 걸고 넘어진 게 아니라 우리 약사계의 현실을 감안해 주십사 하는 것입니다. 법조문에 저촉되었다면 이미 이 사건이 발생하기 전에 법으로 다스려야 옳았을 일입니다. 법조문만 그것도 불투명하고 애매모호한 조문만 만들어 놓고 실제로 시행하고 있는지조차 검토 못한 건 당국 실수입니다. 직무유기라고 생각합니다.

검사 (빈정대며) 행정소송을 제기할 셈인가보죠?

상석 검사님. 제가 날마다 조제하기 전에 약의 성분을 검사하지 않았다는 실수를 은폐하려는 생각은 없습니다. 그러나 그러한 시설이 없는데 어떻게 할 수 있는가라는 실정을 보살펴 주십사하는 것뿐입니다.

검사 그렇다면 직무유기죄가 또 하나 첨부되어야겠군. 안 그래?

상석 직무유기요? (사이, 쓰게 웃으며) 그렇죠. 어느 의미로 봐서는 전국의 2만여 명 약사 전부가 말이죠. 생명수나 드링크제를 사전에 성분검사 안하고 판매하는 약국은 모두가 직무유기죄에 해당 될 겁니다. 검사님, 그렇지만 현대 사회에서 직무유기죄에 해당 안되는 사람이 몇 사람이나 있을까요?

검사 (낯빛이 변하며) 누굴 희롱하는 거야?

상석 법조문을 만들어 놓고 그대로 시행하지 않은 게 직무유기라면 우린 모두가 범법자 아닙니까?

검사 원칙적으로는 범법자지.

상석 법이 왜 있습니까? 우리를 옭아매기 위해서가 아니라 잘 살리기 위해서 있어야 할 것입니다. 그런데……

검사 당신이 나한테 법 이론을 강의할 셈인가? 알고보니 당돌하기가 …… (흥분을 간신히 누르며) 나는 법관이야. 법은 원칙이다. 원칙대로 사유하고 판단하고 집행하는 게 내게 주어진 의무이자 권리야. 사사로운 변명이나 국부적인 현실론으로 법을 흔들리게 할 순 없단 말이야. 과정이야 어찌되었건 탄산바륨을 탄산칼슘으로 오인하고 조제함으로써 그 귀한 인명을 셋이나 희생시킨 죄의 대가는 마땅히 있어야지. (서류를 챙기며 옆방을 향해) 양 군!

양군   (소리만) 예!

검사   영장 신청해!

이와 동시에 무대는 암흑으로 변한다. 상석의 얼굴만 남는다. 영사막 위에는 '나는 죄인이 아니다'라는 자막이 영사된다.

암전

제5장

무대

자선 약국 내부. 이미 영업을 안 한 지가 오래 전 일이라 어딘지 음산한 분위기가 감돈다. 덧문 위에는 '당분간 휴업'이라는 방이 반쯤 떨어진 채 바람에 펄럭인다.

전막부터 약 2개월 후, 겨울. 응접대 옆에 조그막한 석유난로가 놓여 있다. 난로 위에 얹혀 있는 주전자에서 김이 피어오르고 있다. 이 씨가 뜨개질을 하다 말고 허공을 쳐다보곤 한다. 잠시 후 민정이 물건을 싼 보자기를 들고 들어선다. 어딘지 맥이 풀려 보인다. 어머니는 무심코 그녀를 보자 반가워하다 말고 금시 냉랭한 태도로 변한다.

이씨 왔어?

민정은 대답도 않고 저만치 서 있다.

이씨 앉지 그래.

민정 오빠 안 왔었던가요?

이씨 아니.

민정 무슨 얘기 못 들으셨어요?

이씨 아무도 안 온 걸. (한숨) 그 난리를 치른 후로부터는 동리 아이들까지도 우리 집 앞을 지나치기조차 꺼린대요. 귀신이 난다나? 사람을 셋씩이나 죽였으니 그럴 법도 하겠지만…… 오늘이 며칠인가?

민정 내일이에요, 어머님.

오판

이씨   내일? (눈빛이 빛난다)

민정   공판날이에요.

이씨   (일손을 멈추며) 잘 될까?

민정   오빠 얘기로는 약사회며 동창회에서 진정서도 내고 탄원서도 냈으니까 잘 될 거래요.

이씨   신문에서는 잠잠하데?

민정   글쎄요. 벌써 두 달이 지났을 걸요. 하긴 겨울이 되어서 개구리들도 겨울을 나느라고 땅 속에 들어갔겠죠. (사이) 어머님.

이씨   (말없이 돌아본다)

민정   죄송한 말씀 드려야겠어요.

이씨   ?

민정   서울을 떠나기로 했어요.

이씨   왜?

민정   무서워요. (한숨) 내일 공판에서 어떻게 판정이 날른지 모르지만……

이씨   징역을 살까봐서?

민정   ……

이씨   상석이는 죄가 없어. 그 쥐약을 잘못 사들인 도매상이 잘못이지.

민정   도매상 잘못도 아니래요.

이씨   그럼……

민정   소분업소인 평화화공약품이 그 쥐약 원료로 쓰이는 약에다 소화제 딱지를 잘못 붙였으니까요.

이씨   그럼 그 사람이 징역을 가야지.

민정   글쎄요.

이씨   우리 상석이에게는 잘못이 없는 게지? 안 그래?

민정   글쎄요.

이씨 그 약품은 원래가 일본에서 수입해 온 거라며?

민정 그렇다나 봐요.

이씨 그럼 그 수입해 온 회사부터 잡아 족칠 일이지 왜 우리 상석이만 붙들고 법석이람.

민정 그럴 사정이 있다나봐요.

이씨 사정? 처녀가 애를 배도 사정이 있다잖아! 그럼 애당초부터 그걸 밝혀냈어야 했을 것을 공연히 상석이만 당한 셈이 아니야?

민정 그렇게 된 셈이죠. 말을 해도 들리는 말과 안 들리는 말이 있는가 봐요. 지금 세상엔…… 저는 그게 싫어서 서울을 뜰까 해요.

이씨 상석이도 안 만나보고? (민정은 어떤 커다란 고민을 안은 듯 얼굴을 감싼다) 무슨 일이 있었구? 집에서……

민정 ……

이씨 말해봐. 갑자기 시골로 내려간다는 게 아무래도…… 혹시 어른 들께서 무슨……

민정 그 이상 묻지 마세요. 아무 말도 하고 싶지 않아요. 다만 지금 심정 으로는 상석 씨가 무사히 풀려나온다 해도 저로서는…… 저로서 는……

그녀는 말끝을 맺지 못한 채 흐느껴 운다. 이 씨는 어떤 불길한 예감이 번개처럼 머리를 스쳐가는 것을 느끼자 일감을 챙긴 다음 가까이 다가 간다.

이씨 부모님께서 시골에 내려가 있으라고 했어?

민정 ……

이씨 우리 상석이가 그 꼴이 되었으니 이젠 만나지도 말라고 하셨겠 지? 그렇지?

오판

민정	……
이씨	(고개를 끄덕거리며) 알만도 하지. 민정이가 얘길 안 해도 알아. 말하자면 옥살이 하는 남자에게 딸을 맡길 순 없다 이 말일테지?
민정	(울먹거리며) 어머니!
이씨	야속하지만 민정이 부모로서는 그렇게도 말할 수 있겠지. 내라도 그 처지가 되고 보면 그렇게 말 하겠어…… 하고 많은 남자 가운데 하필이면 전과자에게 귀한 딸을 줄까! 택도 없는 말이지.
민정	어머님!
이씨	괜찮아. 그거야 모든 허물이 상석이에게서 나온 일이니까. 허지만 한 가지만은 분명히 해둬야겠어.
민정	예?
이씨	우리 상석이가 죄인인가 아닌가 이것만은 분명히 해야지. 재판으로 해서 죄가 없다고 해야지 죄가 있다고 판결이 나면 나올 땐 내가 가만 안 있을 테야. 이 집을 팔고 살림을 죄다 팔아서라도 나는 변호사를 대서 또 재판을 하라고 할 테니까. 세상 사람이 아무리 떠들고 신문이나 방송이 제 아무리 나팔을 분다고 해도 내가 가만히 안 있을 테야. 그렇게 되었을 때 민정이는 어느 편에 서 있을 것인가를 생각해 두라고.
민정	어머님 저는 상석 씨를 누구보다도 믿고 있어요. 그러기에 결혼을 약속했어요. 허지만 이 두 달 가까운 시간이 흐르는 동안 저 역시 감옥살이를 한 거나 진배가 없었어요.
이씨	어째서?
민정	창피하다는 거예요. 상석 씨처럼 세상을 떠들썩하게 한 남자를 사위로 삼을 수가 없다는 거예요.
이씨	재판이 끝나기도 전인데?
민정	설령 무죄 판결이 난다해도 안 된다는거 어떻게 해요.

이씨   (발악하듯) 내 아들은 무죄야!

민정   저도 믿어요!

이씨   누가 뭐래도 그 애는 착한 내 아들이야!

민정   그래요!

이씨   내일이면 알게 되겠지만 상석이가 결백하다는 건 뻔한 사실이지. 진짜 감옥살이 할 사람은 따로 있을 터인데 왜 그 사람들은 조용한가 말이야. 애당초 약을 일본에서 들일 때부터 잘못된 사람이 분명히 있을 텐데 왜 그 사람들은 잠잠하지?

민정   세 사람을 입건했다나 봐요.

이씨   그런데도 우리 상석이만큼 유명해지지 않은 게 이상하잖아? 쥐약을 소화제로 사들인 그 사람은 잠잠하고 그것을 곧이 믿고 사다 쓴 사람만 호되게 매를 맞다니…… 우리 상석이가 동네북인가? 북이야?

어느덧 이성을 잃을 정도로 흥분한 이 씨는 의자에 불쑥 주저앉으며 숨을 가쁘게 몰아쉰다.

민정   어머님 진정하세요.

이씨   생각하면 분통이 터질 일이지. 가만히 서 있는 사람에게 날벼락도 유분수지. 게다가 이젠 죄인이라 혼인도 안 시킨다니…… 너무 했지. 너무 했어. 인심이 그렇게 야박해져서야 누가 믿고 살겠어? 안 그래?

민정   죄송해요. 어머님.

이씨   그렇다고 난 민정이를 원망하는 건 아니야. 다만 내일이라도 상석이가 풀려나왔을 때 그 얘기를 들으면 얼마나 그 애 마음이……

439   오판

이 씨는 말끝을 맺지 못하고 손수건으로 입을 틀어막는다. 민정이도 새로운 슬픔에 흐느낀다. 이때 민수가 들어온다. 이 씨와 민정은 재빨리 눈물을 씻으며 돌아앉는다.

민수   여기 와 있었니? (하며 의자에 앉는다)

이씨   어서 와요.

민수   (이 씨에게) 내일 공판 날인데 가보시겠어요?

이씨   난 집에 있겠네. 내가 나간다고 해서 안 될 일이 될 것도 아니고 될 일이 안 될 것도 아닌데.

민수   가시겠다면 제가 모시러 올까 해서요. 아침 열 시니까 좀 일러요.

이씨   자네만 믿네. 그래 무슨 낌새라도 보이든가?

민수   법원 안에서는 퍽 동정적인가 봐요. 변호사도 걱정 말라더군요. 체형을 언도 받을 염려는 없을거라면서……

이씨   그렇다고 무죄는 아닐 테지?

민수   글쎄요. 아무튼 원흉은 소분업소인 평화약품이니까요. 만약의 경우는 전국의 약제사들이 들고 일어나서 구명 운동을 벌이기로 되어있다니까 걱정 없을 거예요. (문득 민정을 보며) 너는 어떻게 하겠니? 내일 공판정에 나가겠어?

이씨   시골에 가겠다는군.

민수   예? (민정에게) 정말이니?

민정   당분간 그렇게 할래요.

민수   그렇게라니?

민정   (체념한 듯) 아버지 어머니가 어떤 성격인지 잘 아시잖아요. 오빠도……

민수   그럴 필요 없다.

민정   예?

이씨	무슨 소린가? 부모님이 시키는 대로 해야지.
민수	사람이란 결정적일 때는 거역할 줄도 알아야 해. 뭘 하면 여기와 있어. 괜찮겠죠? (하며 이 씨의 얼굴을 빤히 들여다본다)
이씨	안되지.
민수	상석이가 원하는데도요?
이씨	상석이가?
민정	오빠.
민수	걱정 말라니까. 내게 맡겨. 문제는 내일 공판 결과가 남았을 뿐이다. 집행 유예는 무난할 거라는 말도 있더라만……
민정	오빠! (그녀는 민수의 어깨에 얼굴을 파묻고 운다)
민수	시골에 내려간 척 하고 여기와 있거라. 남은 일은 내가 처리할 테니까. 알겠지?
민정	예……
민수	그럼 됐어! (이 씨에게) 오늘 밤에 꿈 잘 꾸십시오.
이씨	꿈? 두 달 동안 꿈만 꾸다보니까 이제 꿈이 될 종자마저 말라버렸어. 훗호……
민수	상석이는 꼭 무죄가 될 테니까 두고 보세요.
이씨	고맙네.

세 사람이 흐뭇하게 웃어 보인다. 영사막에 '희망에 산다'가 투영된다.

암전

제6장

무대

법정 무대 중앙 높은 자리에 판사가 앉아있다. 그 아래 오상석이 죄수복 차림으로 서 있다. 가슴에 '550'이라는 번호가 붙어 있다. 판사는 판토마임으로 선고를 한다. 이윽고 영사막에 큼직한 자막이 투영된다. '금고 8개월' '집행유예 2년' 한동안 침묵이 흐른다. 상석은 화석처럼 굳어지더니 가벼운 현기증을 일으킨 듯 휘청거린다.

이씨   (소리만) 상석아! 상석아!

상석   (겨우 정신이 든 듯 눈을 뜨며 담담하게) 억울합니다. 억울합니다.

이와 함께 논두렁이의 개구리 울음소리가 크게 울려퍼지며 윤전기 돌아가는 소리가 여기에 겹친다.

암전

제7장

무대

자선약국 내부. 상석의 출옥을 위로하는 술판이 벌어지고 있다. 중앙에 상석이가 앉아있고 그 양쪽에 황준대, 김순성, 민수 그리고 친구 A, B, C가 둘러 앉아 술을 마시고 있다. 상석의 얼굴엔 핏기가 없으나 눈에는 흥분된 기운이 짙게 서려있다. 어지간히들 주기가 돌았는지 말소리가 드높다.

민수 도대체가 말도 안된다구요! 금고 8개월에 집행유예 2년? 이 세상엔 법도 없는가 말이야!

친구 A 상석이가 그 탄산발림인가 뭔가를……

친구 B 탄산발륨! 발림이 아니라 발륨!

친구 C 발륨이고 발광이고 이름이야 아무래도 좋아! 요컨대 그것을 잘못 알고 조제한 것은 실수라고 하잔 말이야. 그러나 문제는 그 극약에다 탄산까스라고.

친구 B 탄산까스가 아니라 탄산칼슘!

친구 A 가스나 칼슘이나 마찬가지 아니야!

친구 B 이 사람아! 그게 왜 마찬가지야. 탄산까스는 분자식이……

친구 A 이 친구는 아까부터 남의 말꼬투리만 잡고 시비지? 술맛 떨어지게!

친구 B 그게 시비야? 정확한 용어를 쓰자는거지. 이 사람아!

친구 A 정확한 용어? 흥! 도학자 같은 소리만 하시는군.

친구 C 이 사람들 이러다가 학술토론에서 결투로 변하겠어. 헛허…… 자 술잔 비우고 상석에게 권해.

　　　　　　　　　　　　　　　오판

상석 어서들 들어요. 황 회장님이랑 김 부회장님! 정말 면목이 없습니다. 공연한 일로 이렇게까지 여러분께 심려를……

순성 무슨 소리! 미스터 오! 분명히 일러두지만 전쟁은 이제부터라구!

상석 예?

순성 아까도 황 회장님 하고 얘기했지만 1심에서 비록 유죄 판결이 내렸다지만 우리는 여기서 물러설 순 없다 이거야!

상석 아니 그럼 항소를 하란 말씀인가요?

준대 물론이지! 2심에서 지면 3심까지 상고 해야지. 대법까지 가야 해.

민수 해야 하고말고요. 이렇게 억울하게 눌러앉을 수는 없죠. 상석이 그리 알고 자네도 이제부터 마음 단단히 먹어야 해.

상석 그렇지만 나는……

민수 뭐가 그렇지만인가? 막말로 진짜 죄인은 따로 있는데 어째서 자네가 형을 받아야 하느냐고.

상석 (고개를 저으며) 아니야. 난 견해가 달라.

민수 뭐라구?

순성 그럼 미스터 오는 항소할 의사가 없단 말인가?

준대 이대로 전과자라는 낙인이 찍혀도 좋은가?

민수 (화를 내며) 병신 같은 자식! 지렁이도 밟으면 꿈틀거린다고 했다. 그래 네가 뭣 때문에 전과자라는 명예를 일생 지고 살아야 하니? 아니 자손대대로 전과자라는 유산을 물려주겠어? 사내자식이 고작해서 그거야? 네 놈은 쓸개도 없니? 억울한 꼴 당하고도 병신처럼 웅크리고 있어야 해? 이 자식아 그러고도 사내새끼라고 사타구니에다 쌈지를 달고 다녀? 응?

그는 제 격정을 억제하지 못하고 손에 든 술을 상석의 얼굴에다 끼얹는다.

준대   무슨 짓인가?

민수   회장님 그렇지 않습니까. 나는 그래도 친구로서 이 자식을 누구보다도 믿었고 또 그러기에 모든 일을 제쳐놓고 법정 투쟁을 밀고 나왔는데 이렇게 시든 호박잎 같은 소리만 하니 울화통이 안 터지겠습니까? (옆 사람에게) 나 술 한 잔만 주게.

친구 A가 냉큼 술을 따라주자 단숨에 마셔버린다.

준대   미스터 오의 심정도 이해가 가지. 허지만 이런 때일수록 흥분해서는 안 되지. 자제를 해야 돼. 차근차근 덤비지 말아야지. (상석에게) 미스터 오도 아마 무슨 생각이 있어 그런 모양인데 우선 그 얘기부터 들어보세. 응?

모두들 상석에게 시선을 집중한다. 상석은 쓰게 웃은 다음 입술을 두어 번 짓이긴다.

상석   말씀 드리죠. 솔직히 말씀드리자면 저도 끝까지 무죄를 주장하고 싶습니다. 3심까지 상고해서라도 누명을 벗고 싶어요.

민수   그럼 되었지 뭐가……

순성   끝까지 얘길 들어요.

상석   (길게 한숨을 뱉고 나서) 민수 난 지난 3개월 동안 감방 안에 있으면서 뭣을 생각한 줄 아나? 벽돌담 하나를 사이에 두고 인간의 삶이 어떻게 다르며 내가 왜 살고 있는가를 생각했었지. 그러는 가운데 나보다도 나를 둘러싼 남을 생각했었다네. 이를테면 우리 어머니 말일세. 나는 감방 안에서 묵묵히 벽을 바라보며 후회도 하고 상상도 하다 지쳐버리면 자버리면 그만이지. 그러나 우리 어머니는 뭔가. 나 때문에 기다려야 하고 걱정해야 하고 울어야 하고…… 나는 기왕에 죄인이라고 단념해버릴 수도 있지만 우리 어머니는 그게 아니었을 거야. 죄인이건 문둥이건 당신 곁에 있어야 할 자식이 없다는 그 조그마한 사실. 그 평범한 현실, 그 소박한 소망 때문에 아마 잠도 못 주무시고 잡수시지도 못하셨을 거야. 더구나 약국 문은 닫아 버렸겠다. 저축했던 돈은 나 때문에 다 써버렸겠다. 이게 뭐냐구. 아니, 앞으로 내가 항소를 한다고 하세, 변호사 비용은 어떻게 하며 그 판결이 날 때까지 막연히 기다려야 하는 공허와 초조함은 어떻게 이겨내지? 이 세상에 태어나서 사람답게 살아 보지도 못하고 안간힘만 쓰다가 끝나버릴 인생이 무슨 소용인가? 그까짓 전과자라는 붉은 줄이 내 호적에 그어진다고 해도 나는 그 어머니와 둘이서 어디 조용한 마을에서 살아야겠다고 마음 먹었네. 나는 어쩌면 정신적으로 지쳐버렸는지도 모르지. 아니 솔직히 말해서 이 현실에 환멸을 느낀 나머지 포기했는지도 몰라. (차츰 울음이 복받치며) 나 같은 벌레만도 못한 인간을 누가 알아주지도 않을 테고 나 같은 놈이 제 아무리 정의를 외치고 진리를 내세워 봤댔자 누구 하나 호응도 안 해주는 세상이라면…… 나도 그 세상을 버리는 수밖에 없잖아. 현실이 나를 상대 안하겠다면 나도 상대 안 할 테야! 그까짓 법이 뭐야? 있으나마나 한 것이라면 없는 것이 나을 거야. 민수. 난, 난 그렇게 되어먹은 놈이야, 난…… (그는 상 위에다 이마를 쿵쿵 부딪치며 통곡을 한다)

숙연해진 분위기 속에서 친구들은 훌쩍거린다. 얼마 전부터 이 씨가 찌개 냄비를 들고 나오다가 이 광경을 엿보고 있다.

준대 (손수건으로 눈물과 안경을 닦고 나서) 알겠네. 허지만 이걸 생각해 보았나? 지금 미스터 오는 오상석 개인만을 생각하고 있지만 그게 아니거든. 오상석 개인이란 없어요. 인간은 누구나 크고 작든 간에 어떤 조직과 연관을 가지고 있어. 아니 이를 테면 그물의 한 매듭과도 같은 거야. 그 매듭이 하나 풀렸다고 했을 때 그건 매듭 하나 만으로 끝이 나는 건 아니지. 그 매듭 때문에 그물 전체에 구멍이 가게 되고 그 구멍 때문에 그 그물은 쓸모가 없게 된다는 이론과 통하는 거지. 미스터 오의 이번 사건은 오상석 개인의 문제에 국한된 건 아니라는 걸 알아야지.

상석 (고개를 쳐들며) 예?

준대 전국에 흩어져 있는 2만여 약사 전체의 운명과 연결되어 있다 이 말일세.

좌중이 새로운 충격으로 술렁인다.

준대 바꾸어 말해서 대한민국에 살고 있는 2만여 명의 약사의 권익을 위해서는 오상석이가 무죄라야 하고 그러기 위해서는 항소를 해야 한다 이걸세.

순성 바로 그 점일세. 우리 전체 약사의 사활 문제가 걸려있는 이 소송사건은 결코 미스터 오 개인이나 가정 문제가 아닐세.

준대 현재 약국에서는 실험기구도 분업시설도 없는데도 법은 우리에게 의약품의 성분을 검출해 내라고 한다면 제약회사에서 잘못을 저질렀을 때도 그 책임을 개국 약사가 져야 하는 모순을 안고 있단 말일세. 그걸 시인하겠나? 그걸 감수하는 게 옳겠어? 앞으로도 제 2, 제 3의 오상석이가 나왔다고 가정했을 때 그 모순의 올가미에 끼어들어도 무방하겠어? 응? 대답을 해보라니까!

준대의 날카로운 어조에 질려 상석은 말없이 고개를 숙인다.

순성 (부드럽게) 지금 황 회장님의 말씀대로야. 오상석의 명예 회복을 위해서가 아닌 전국의 약사의 권익을 위해서일세. 삼천오백만 인구 가운데 불과 2만 명에 섞인 솔방울인지도 모르네. 그러나 그 수가 문제가 아니라 한 인간의 존재 가치와 권리와 자유의 획득이 문제일세. 많은 사람은 가치가 있고 희소한 사람은 아무렇게 되어도 좋다는 법은 없어!

민수 상석이! 결심을 하게. 황 회장님이랑 김 부회장님의 뜻을 새겨들어야 해. 물론 자네의 가정문제며 소송 비용도 걱정이 되겠지만 그건 또 무슨 방법이 있을 테지.

준대 변호사 변론비는 우리 약학대학 동창회에서 밀기로 했으니까 염려 말게! 박정규 변호사가 쾌히 승낙을 했어요.

상석 예?

순성 우리 약사회에서도 미스터 오의 법정 투쟁 기간 동안의 생활비를 모금하기로 합의를 봤어!

민수 (상석의 어깨를 끼어 안아 흔들며) 상석이! 자네는 운이 좋은 놈이야! 이렇게 여러분들께서 적극적으로 도와주시겠다는데도 항소를 안 한다면 너는 또 하나의 낙인을 찍히게 될 걸세!

상석 뭐라구?

민수 비겁자가 되고 말아! 비겁자!

이씨 상석아! 어른들 말씀을 따라야 한다.

상석 어머니! 그렇지만……

이씨 내 걱정일랑 마라. 네가 재판에 이길 때까지는 죽을 마시드라도 좋아. 사람으로 태어나서 비겁하다는 말을 들어서야 되겠니? 여러 어른들 말씀을 따르도록 해!

민수   어머님 감사합니다! (하며 절을 크게 한다)

상석   (사이) 정말 여러분께 뭐라고 말씀드려야 할지 모르겠습니다. 이
처럼 저를 아껴 주시고 밀어주신 은혜…… 그저…… 그저……
(주먹으로 입을 막는다)

준대   됐어! 그만하면 됐어! 자 우리들 그런 뜻에서 축배를 올립시다!

모두들 술잔을 채워 잔을 높이 쳐든다.

준대   오상석 군의 건강과 승리를 위하여……

순성   전체 약사의 권익을 위하여……

민수   한 인간의 빼앗긴 자유와 명예회복을 위하여……

일동   건배!

이때 한길에 민정이가 등장. 그녀는 약국 안에서 들려오는 말소리를
듣자 들어가기를 망설인다. 손님들은 저마다 자리에서 일어나 작별인
사를 한다.

손님 A   잘 먹고 갑니다.

손님 B   푹 좀 쉬게.

상석   고마워이.

손님 C   감방에서 이라도 안 묻혀 왔나? 헛허……

모두 밖으로 나오자 민정이는 몸을 감춘다. 어머니는 술상을 치우기
시작한다. 상석이가 손님들과 골목을 빠져 나간다. 전신주 뒤에 숨어
있던 민정이가 재빨리 약국 안으로 들어선다.

오판

이씨	민정이 아니냐?
민정	(우물우물 한다)
이씨	(계속 그릇을 챙기며) 그래 시골에 내려간다더니 아직 안 갔어?
민정	(고개를 숙인다)
이씨	무슨 일이라도 있었어?
민정	여기 있어도 괜찮을까요?
이씨	(눈을 치켜뜨며 돌아본다)
민정	어머니랑 상석 씨를 돕고 싶어요.
이씨	부모님의 허락을 맡았어?
민정	제 결심만으로 족하지요.
이씨	그렇지 않지. 더구나 여자는 그래서는 안 돼요.
민정	그렇지만……
이씨	감옥살이 하고 나온 사내에게 딸을 줄 수 없다는 부모의 마음은 나도 동감이라구.
민정	예?
이씨	그게 부모 마음이지. 딸 자식 가진.
민정	진심으로 말씀하시는 거예요?
이씨	더구나 앞으로 항소를 하게 되면 그 재판이 언제 끝장이 날지도 모르거니와 그 고생이 이만저만 아닐 텐데…… 마음을 돌려 먹어요.
민정	싫어요.
이씨	싫고 좋고도 정할 일이 따로 있다니까.
민정	오빠 말대로 따르겠어요.
이씨	아마 상석이가 안 받아 들일거야.
민정	말씀하셨나요?
이씨	그럴 겨를이 없었지. 들이닥치는 대로 술판을 벌렸는걸.

450

이때 상석이가 문지방에서 두 사람의 말을 엿듣는다.

민정   상석 씨가 반대할 이유가 뭣일까요?

이씨   그 앤 그래 봬도 소심해요. 더구나 부모님이 반대하는 결혼을 우
       길 만큼 다부지지도 못 해요. 아까도 항소 안 하겠다는 걸 여러
       어른들이 우겨서야 겨우……

민정   저도 우기겠어요.

이씨   우길 일이 따로 있지.

민정   여기 있겠어요.

이씨   돌아가는 게 좋을 거야. 상석이도 이제 와서 결혼 따위를 생각할
       여유도 없겠지만 민정이 부모님이 반대하는 결혼이라면……

민정   당사자가 좋으면 하는 거예요.

이씨   세상일은 그렇게 안 되는 법이라구.

민정   예?

이씨   난 구식 여자라서 그런지 몰라도 어른들이 말리는 일은 안하는
       게 상책이라고 여기고 있으니까.

민정   그럼 지금까지는 왜?

이씨   그때는 그때고 지금은 지금 아니야? (한숨) 나도 하고 싶은 얘기
       가 산더미 같지만 그저 깨물고 짓이기고 삼키고 하면서…… 그
       렇게 세상을 살아왔어…… (치마자락으로 눈물을 닦고 나서) 그러
       니 어서 가 봐. 우리 상석이 하고는 아무 일 없었던 걸로 알고……
       다 잊고 사는 거예요. (하며 그릇을 한아름 안고 우편으로 퇴장. 민정
       은 복받치는 울음을 깨밀며 돌아서는 순간 상석을 보자 그 자리에 못
       박히듯 서버린다)

상석   민정이!

민정   ……

상석	얘기 다 들었어. 어머니 말씀대로 우리들의 일은 없었던 걸로 해 줘.
민정	상석 씨.
상석	내 애길 끝까지 들어요.
민정	싫어요.
상석	난 민정일 행복하게 할 자신도 자격도 없는 사람이야. 최소한 내 문제가 해결되기 전에는……
민정	해결될 때까지 기다리겠어요.
상석	안 돼!
민정	상석 씨!
상석	나는 지금 딴 사람으로 변신해 버렸어! 적어도 오늘 밤부터 나는 지난날의 오상석이가 아니래두. 눈에 쌍심지를 켜고 싸움터로 나가는 그런 악착스런 인간으로 변용해 버렸어. 사랑이니 결혼이니 행복이니 하는 달콤한 꿀맛같은 얘기하고는 연이 멀어진 거야. 내가 3개월 동안 철문을 사이에 두고 살아오면서 얻은 것들 그것을 나는 이제부터 다시 시작하는 거야. 아니 2심, 3심 내 뜻이 관철될 때까지 나는 모든 것을 희생해야만 돼. 개인적인 행복이니 안락은 엄두도 못 내. 아니 어쩌면 더 비참한 수렁으로 빠져들어갈지도 몰라. 그렇게 되었을 때 민정이를 나는 어떻게 하겠는가 말이야. 전과자의 아내? 스스로 불 속으로 뛰어든 불나비를 나는 감당 못하게 될 거야. 그러니 민정이 제발 돌아가 줘. 부탁이야. 응?
민정	싫어! 싫어! 싫다니까! (하며 상석의 품안으로 뛰어들어 안긴다. 그리고 그의 가슴과 어깨 허리를 두 팔로 마구 후비듯 끼어 안는다. 상석의 표정은 착잡해지며 잠시 말을 잊는다) 같이 있겠어요. 함께 살겠어요! 추위도 굶주림도 함께 견디겠어요. 상석 씨가 빼앗긴 명예와

자유를 나도 함께 되찾겠다니까! 정말이에요! 믿어줘요! 누가 뭐라 해도 나는 믿고 싶어요! 한 번 믿은 건 끝까지! 제발! (긴 사이)

상석 그래 믿어! 믿어보자! 세상 사람들이 다 거짓말 하면서 살지라도 우리는 믿어보자! (하며 포옹을 한다. 저만치서 이 씨가 내다본다)

암전

오판

제8장

무대

전막과 같음. 다만 자선약국이라는 간판이 재생약국으로 바뀌었고 진열장에 둘렀던 흰 포장이 말끔히 걷혀 있다. 전막부터 약 3주일 후 안정된 분위기이다. 상석이 흰 가운을 입고 단정하게 앉아서 책을 읽고 있다.

잠시 후 녹음기를 둘러맨 성 기자가 두리번거리며 등장. 손에 약도를 그린 쪽지를 들고 있다. 간판이 달라졌음이 마음에 걸리는지 고개를 갸웃거리더니 약국 안으로 들어선다.

성 기자 실례합니다.

상석 어서 오십시오. (일어서며) 무슨 약을 드릴까요?

성 기자 말씀 좀 묻겠는데요. 여기가 자선약국 맞죠?

상석 그렇습니다만……

성 기자 (혼잣소리처럼) 그랬음 그랬지. 간판이 달라져서 공연히 두어 바퀴 헛돌았구먼……

상석 무슨 일로……

성 기자 주인 되십니까?

상석 예……

성 기자 그럼 오상석 씨가 바로……

상석 예? 예…… 왜 그러시죠?

성 기자 나 HBC 방송국에서 나온 성 기자인데요. 인터뷰 좀 하려고 나왔어요.

상석 (표정이 굳어지며) 인터뷰라니…… 방송에 내시겠다는 뜻인가요?

성 기자 그렇죠. 이 주일에 있었던 중요한 사건들을 추적하는 기획프로지요…… (마이크 줄을 뽑으며) 이번에 항소하셨다죠?

상석 (흥미 없다는 듯) 예.

성 기자 지난 1월 30일자로 항소하신 걸로 알고 있는데 그 일에 대해서 말씀 좀 해주시겠어요? (하며 마이크를 들이댄다)

상석 무슨 얘기를 하란 말입니까?

성 기자 1심에서 패소한 심정과 항소심을 제소한 동기라든가 그 이면에 숨은 얘기. 그리고 앞으로의 전망이라든가…… 그런 거죠.

상석 (냉담하게) 필요할까요? 그런 얘기가……

성 기자 필요할까라뇨?

상석 나같은 인간의 얘기가 뭐 대견하다고 방송에까지…… 그만 두시죠.

성 기자 무슨 말씀을 그렇게 하십니까? 우리는 오상석 씨를 위해서 이렇게……

상석 나를 위해서라고요?

성 기자 그렇죠. 1심에서 억울하게 유죄판결을 받은 댁의 처지에 대해서 지금 전 매스컴은 매우 동정적이며 이를 계기로 2심에서는 승소하기를 바라고 있거던요.

상석 (실소를 하며) 별난 일도 다 있군요.

성 기자 뭐라구요?

상석 이거야말로 병주고 약주고지 뭡니까? 미안하지만 인터뷰는 거절하겠습니다.

성 기자 거절해요?

상석 돌아가 주십시오. 현재의 나로서는 할 얘기라곤 아무것도 없어요. 아니 너무 많아서 무슨 얘기부터 해야 할지 모르겠다는 게 더 솔직한 심정이겠죠.

오판

성 기자 그러니까 그 얘기를 하면 되지 않소?

상석 사양하겠습니다. 사람을 셋씩이나 죽인 살인범이 이제 와서 무슨 염치로 인터뷰를 하고 방송을 합니까? (하며 다시 앉아서 책을 펼친다. 성 기자는 몹시 불쾌한 표정으로 노려보더니 담배를 꺼내 피운다. 서먹한 침묵이 흐른다)

성 기자 무슨 오해를 하고 있군요? 내게 대해서…… 나 신분증 있어요 …… (하며 기자증을 내보인다)

상석 알고 있어요. HBC 방송국 보도기자라는 것.

성 기자 그런데 이렇게 나오기요?

상석 (침착하게) 제게 잘못이라도 있나요? 나는 과거에 너무나 무서운 죄를 지었기 때문에 이제 와서 얘기할 자격이 없다는 것뿐이지요.

성 기자 아까는 할 얘기가 너무 많아서 무슨 얘기부터 해야 좋을지 모르겠다고 했잖소?

상석 그건 사실이오.

성 기자 (불쑥 일어서며) 그런데 왜 인터뷰를 거절하는 거요?

상석 (담담하게) 하고 싶지 않으니까요.

성 기자 하고 싶지 않아서라고요?

상석 (책을 덮으며) 예. 신문기자다 방송국 PD다 하는 양반들하고는 아무 얘기도 하고 싶지 않아요.

성 기자 누굴 어떻게 보고서……

상석 (태연하게) 그렇다고 지난날 매스컴에서 받은 상처가 너무 컸기 때문에 아직도 그 후유증이 남아 있다고나 할까요? (하며 응접대 앞으로 나온다)

성 기자 매스컴을 불신한다는 뜻이군요?

상석 불신이 아니라 공포겠죠.

성 기자 공포?

상석　그래요. (사이) 지난가을 그 사건이 터졌을 때 각 신문이나 방송이 나에게 붙여준 그 어마어마한 훈장들. (냉소하며) 엉터리 약제사, 돈에 눈이 먼 장사치, 살인약사…… 한 마디로 이건 지성도 양심도 없는 찌꺼기 인간으로 때려잡으려는 뭇매질이었지요. 내게 있어선…… (눈을 지그시 감으며) 그러나 나는 이유야 어찌 되었건 사람을 죽인 것만은 사실이었으니 입이 열 개 있어도 말을 못 했죠. 항의 한 번 못한 채 3개월 동안 징역을 살고 나왔지요…… (눈을 뜨며) 그런데 이제 무슨 말을 또 하죠? (차츰 흥분하며) 이제 와서 나더러 무슨 얘기를 하라는 겁니까? 아니 한 가지는 말할 수 있어요. 내가 감방 안에서 이 가슴 속에서 타오르던 그 불덩어리를 끄기 위해서 몇 번이나 벽에다가 이 이마를 내리친 지 아시오? 이 가슴을 몇 번이나 후벼뜯고 쥐어뜯은지 아세요? 예? 자 보세요! (하며 가운과 웃저고리를 벗어 가슴을 헤쳐 보인다. 지렁이 같은 상처가 역력하다. 성 기자는 약간 어리둥절해 하며 연기만 연거푸 내뱉는다. 잠시 후 상석은 옷을 고쳐 입으며 빙그레 웃어 보인다. 이지러진 웃음을 지으며) 당신네들 원망해서가 아니었어요. 내가 나쁜 놈이고 내가 죄인이라는 생각 때문이죠. 그래서 몇 번이고 자신을 매질하고 신문이나 방송이 좀 더 정확하게 그리고 공정하게 보도해줬던들 내가 감옥살이를 했을지라도 유감이 없었으리라고 말이에요.

성 기자　했지요. 그 소문업체인 평화약국에서 탄산칼슘 40봉지를 소분업했을 당시 부산 중구보건소 직원이 엉터리로 검사필증을 떼어줬다는 얘기며 세 사람의 해당 공무원과 소분업소 사장도 입건되었다는……

상석　그것으로 끝나는 얘기인가요?

성 기자　뭐라구요?

상석   보다 근본적인데까지 파헤쳐갔던들 나는 누명을 안 썼을 거예요.
아니 내가 본의 아니게 사람을 죽였다는 죄책감이 남아 있을지언
정 억울하다는 생각은 없었을 거예요. 물론 고귀한 생명을 짓밟
은 주제에 무슨 변명이며 유감이 있겠습니까만 그래도 사형이
된다 해도 누명이나 억울함을 안고 갈 수는 없잖을까요? 그런데
그 누명과 억울함을 내게 안겨준 건 바로 당신네들이었어요. 내
가 마치 떼돈을 벌기에 눈이 뒤집혀 극약을 섞어가면서까지 조제
한 양 보도한 건 당신네들이었지요. 그렇게 마구 벌떼처럼 일어
나니까 나는 꼼짝없는 죄인이요 희대의 살인마가 되어버린 셈이
죠!

성 기자   그, 그런 억지일랑 마시오. 우리 매스컴 종사자들이 그렇게 몰상
식하고 몰지각한 사람들인 줄 아시오? 그래서 우리는 그 당시 전
국에 20군데나 되는 약품 소분업자의 실태를 조사 방송도 했죠.
그 문제된 약품은 타일업자인 마인산업이 일본 나고야의 도오까
이 요업에서 수입한 963킬로의 것으로 세관 감정원이 탄산칼슘
으로 잘못 알고 라벨을 잘못 붙이게 했다는 것도 다 보도했죠.

상석   그러나 내게 있어서는 사후처방격이었지요. 처음부터 그 근원을
캤어야 했어요. 그런데 나를 살인범으로 만들어 놓은 다음에 그
런 소리한들 무슨 소용입니까? 안 그래요?

성 기자   그, 그건 우리도 시인합니다. 그러나 그 당시로서는 상황이……

상석   기자님도 변명할 때가 있으시군요?

성 기자   기자는 사람 아닌가요?

상석   그럼 살인범도 사람일 수 있지요.

성 기자   어떻든 인터뷰나 해주시오. (하며 다시 마이크를 내민다)

상석   사양하겠소.

성 기자   항소심에 유리한 결과를 가져올지 누가 압니까?

상석   제가 하고 싶은 얘기는 법정에 나가서 하겠습니다.

성 기자 그러지 마시고 한 마디만⋯⋯

상석   못합니다. 나를 죄인으로 만들더니 이젠 영웅으로 만들 셈인가
      요? 그만 둡시다.

성 기사 정말 당신은 괴짜군요. 항소에 유리하게 될텐데 사양하다니⋯⋯

상석   내가 상소한 건 내 개인의 형량이 가벼워진다거나 무죄가 되기를
      위해서가 아니에요.

성 기자 그럼 뭐죠.

상석   전체 약사를 위해서입니다.

성 기자 전체 약사?

상석   지금 전국에는 약 2만 명의 개인 약사가 있습니다. 그런데 애당초
      약사법 법조문에는 약국에서도 약품을 소분 검출하는 시설을 둬
      야 한다고 했지만 4년 전부터는 약국에서는 소분업을 할 수 없게
      규정이 바뀌었어요. 그러니까 실제로는 소분행위 자체는 빠지고
      약사법 조문만은 남게 되었죠. 따라서 약품의 분석 검출은 전국
      20개소의 소분업체가 전담하고 그 시설 기준은 제약회사에 해당
      되는 것이지 매약을 하는 약국에서는 해당이 안 된다는 점이에요.

성 기자 (고개를 끄덕이며) 음⋯⋯

상석   그런데 내게 내려진 죄명은 다른 약사에게도 큰 관심이자 사활문
      제가 아닙니까? 그러기에 이번 항소가 약사회와 나의 모교 동창
      회의 적극적인 뒷받침에 의한 까닭도 바로 여기 있으며 내가 항
      소에 지고 이기는 것은 바로 2만 약사의 운명과 직결되기 때문이
      에요.

성 기자 알겠습니다. 그러한 약사계의 근본적인 모순은 하루 속히 시정되
      어야겠지만 어떻든 이번 항소가 뜻대로 되기를 바라겠소.

상석   진심으로 하시는 말씀인가요?

성 기자 아니 내 말은 말답지 않게 들립니까? 헛허……

상석 그렇지만……

성 기자 인터뷰를 안 해도 좋소. 나로서는 오늘 좋은 기사꺼리를 찾은 셈
        이니까 그 한 가지만으로도 충분한 프로가 될 거요.

상석 (일어나며) 죄송합니다. 내가 아까는 너무 기자를……

성 기자 기자도 매를 맞을 때는 맞아야죠.

상석 아닙니다. 제가 또 한 대 얻어 맞을 짓을 했나보죠? (하며 쓰게
        웃는다. 얼마 전부터 골목에서 나온 남 노인이 약국 안을 기웃거린다)

남 노인 (계면쩍게) 오 선생 계셔?

상석 (놀라움을 이기지 못하며) 용국 아버지 웬일이세요?

남 노인 응…… (들어서다가) 손님 오셨나?

상석 아니에요, 방송국에서 오셨대요.

남 노인 방송국?

상석 저더러 이번 항소에 대해서 무슨 얘기를 해달라지 않겠어요?

남 노인 잘 되었구만 그래!

상석 예?

남 노인 (성 기자에게) 잘 좀 봐주시오. 우리 오 선생은 아무 죄 없어요. 그
        점만은 내가 보장합니다. 예……

성 기자 할아버진 누구시죠?

남 노인 나? 나 남삼수요. 저 산 동네에 사는 미장이에요. 예…… (하며
        허리를 꾸벅 굽힌다)

성 기자 그런데 오상석 씨 일에 대해서 왜 그렇게까지……

남 노인 헷헤…… 내가 잘못을 저질러도 이만저만이 아니었죠, 예…… 오
        선생한테 진 빚이 너무나 커서…… 헷헤…… (하며 머리를 긁는다.
        성 기자는 영문을 모르겠다는 듯 두 사람을 번갈아본다)

상석 지난가을 할아버지 아들이 희생되었지요. 남용국이라는 트럭 운

전기사 조수로 일하던……

성 기자 (기억을 되살리며) 첫 번째 사망자 말이군요?

남 노인 예. 처음엔 나도 물불을 가릴 겨를이 없었죠. 안 그렇겠소? 참대
쪽 같은 아들이 감기약을 먹은 지 두어 시간도 못 되어 혀가 꼬부
라지고 온 몸이 뒤틀리니…… 정말 눈앞이 캄캄해지는 게 그 때
기분 같아서는 그저 내 아들 죽인 놈이면 꼬갱이로 대갈통을 그
냥. (하며 내리치는 시늉을 하다말고 두 사람의 시선을 의식하자 멋쩍
게 웃는다. 성 기자는 넌즈시 마이크를 남 노인에게 내밀고 녹음기 스위
치를 누른다)

상석 나는 죄송하다는 말밖에 안 나왔지요. 사람 병을 고쳐야 할 인간
이 남의 목숨을 빼앗아버렸으니……

남 노인 그게 어디 오 선생 잘못이었소? 알고 보니까 그 약품을 수입한
놈들의 부주의로 쥐약을 감기약으로 팔았다니. 세상에 그런 날강
도 같은 놈이 또 어디 있겠소? 응? 아니 입은 삐뚤어졌어도 피리
는 바로 불겠다고 그 약품을 검사한답시고 제대로 검사도 안 하
고 업자로부터 돈 2만원인가 3만원인가 받아먹고 검사증을 떼어
준 관리는 또 뭐요? 이래 가지고 어떻게 백성이 믿고 삽니까? 난
열네 살에 시골집을 뛰쳐나와 50년 가까이 이 미장이로 먹고 살
아왔습니다만 그만큼 품삯을 받아서 살아왔지 더 받지도 덜 받지
도 않았으니까요. 사람이란 다른 게 없어요. 욕심이 없어야 해요.
분에 넘치게 욕심을 부리니까 이런 일도 생기는 거예요. 나야 낫
놓고 기역자도 모르지만 요즘 배웠다는 사람 부럽지 않아요. 배
운다는 게 뭐요. 염치를 배우고 분수를 배워야지. 이건 말짱 손
안 대고 코 풀고 배워가지고설랑…… 안됩니다. 이래서는 안 돼
요…… 그래서 나는 이번 일에는 발 벗고 나서기로 했습니다.

성 기자 이번 일이라뇨?

오판

남 노인 우리 오 선생 구하는 일이죠.

성 기자 어떻게요?

남 노인 내 아들이 그렇게 된 것은 결코 오 선생의 잘못이 아니니 재판장께서 관대하게 봐주십사 하는 탄원서를 내기로 말입니다. 보시겠소? (하며 품에서 탄원서 서류를 꺼내 보인다. 이와 동시에 영사막에 탄원서 문면이 차례로 투영된다)

남 노인 우리 산동네 백서른여섯 가호가 자선약국의 덕을 보고 살아왔는데 이러고 있을 수가 없지요. 내 아들 놈이 죽은 건 그 놈 팔자 소관이지 오 선생의 잘못이 아니라는 건 천하가 다……

상석 (감격하며) 용국 아버지…… 정말 이 고마운 말씀을 어떻게……

남 노인 아니오. 이번에는 내가 빚을 갚아야 해. 오 선생이 무엇 때문에 누명을 씁니까? 쓰긴! 우리 동네에서는 모두 그렇게 작정을 했고 약도 자선약국에서만 사기로 약속했습니다. 헛허……

상석 (고개를 숙이며) 감사합니다.

남 노인 사과할 사람은 바로 나지요. 지난해 가을 일광병원에서 오 선생한테 한 일을 생각하면 꼭 쥐구멍에라도 들어가고 싶어서…… 헛허……

성 기자 (녹음기 스위치를 누르며) 좋습니다. 됐어요. 헛허……

남 노인 (섬찟 놀라며) 뭐가 됐어요?

성 기자 영감님께서 아주 좋은 말씀을 해주셨습니다. 오늘 밤 아홉 시에 다이알을 천삼백이십 싸이클 HBC 방송에 맞춰 주십시오.

남 노인 (녹음기를 보며) 방송을 하나요?

성 기자 영감님 목소리가 나갈 거예요.

남 노인 이게 어떻게 된 일이요?

상석 (성기자에게) 일방적으로 그러는 법이 어디 있습니까?

성 기자 서민들의 소박한 온정과 단결심은 청취자들을 감동시키기에 충분할겝니다. 아마 이 방송이 나가면 다른 방송국에서는 "앗차" 할 거예요. 이건 특종감이에요⋯⋯ 특종⋯⋯ 헛허⋯⋯ 그럼 안녕히 계세요! 성공을 빕니다!

성 기자는 뒤도 안 돌아보고 급히 뛰어나간다. 상석과 남 노인은 한동안 멍하니 그를 바라보다가 말고 서로 시선을 마주친다.

남 노인 특종이 뭐요? 설마 나보고 독종이라는 말은 아니겠습죠?

상석 (빙그레 웃으며) 용국이 아버지 덕택에 훌륭한 방송이 될 거라는 뜻이죠.

남 노인 앗차! 그런데 왜 돈은 안 주나?

상석 돈이라뇨?

남 노인 방송에 나가면 돈을 준다던데⋯⋯ 그리고 전기냉장고랑 텔레비랑 양은냄비랑 한 짐 지고 오던데⋯⋯

상석 헛허⋯⋯ 용국 아버지 그건 훗날 제가 드릴게요. 항소에 이기기만 하면 말이에요.

남 노인 그랴! 그랴! 헛허⋯⋯

두 사람이 호탕하게 웃는다.
영사막에 '함께 사는 세상'이라는 자막이 투영된다.

암전

오판

제9장

무대

법정 검사, 판사의 얼굴은 보이지 않고 변호사의 모습만이 조명을 받고 있다. 영사막에는 '1976년 2월 10일'이라는 자막이 투영된다. 잠시 후 자막이 투영된다. 변호사가 변론을 한다.

변호사 따라서 본 변호인은 피고 오상석에 관해서 다음 몇 가지 점을 들어 이 사건은 마땅히 원심을 파기해야 하며 오상석은 무죄임을 주장하는 바입니다. 첫째, 현행 약사법이 내포하고 있는 모순과 취약성입니다. 이 문제에 관해서는 이미 증인으로 출두한 바 있는 약학대학 동창회 회장을 비롯하여 대한약사회 총무부 회장, 약사회 부회장, 무기화학계의 권위자이신 홍 박사, 그밖에 여러 전문위원들의 증언을 토대로 하여 종합해 보았을 때 대통령에 의한 시설 기준령을 제약회사나 소분업소에 해당되는 것이지 일반 매약업소에는 해당 안 된다는 불합리입니다. 바꾸어 말해서 제약회사나 소분업소에서 자의건 타의건 간에 과오를 범했을 때 결과적으로는 약사가 형사상 책임을 져야한다는 건 삼척동자도 알 수 있는 모순입니다. 둘째, 피고 오상석은 그 자연인으로서의 성품이나 평소에 고객을 대해 온 인간성과 약사로서의 성실성으로 봐서 결코 조제에 게을리 할 사람이 아니라는 점입니다. 그는 어려서부터 편모슬하에서 자라났으며 평소에도 면학에 정진하여 줄곧 장학금을 받았으며 평소에 주민들에게는 성실과 후의로 대해왔고 주민들의 그에 대한 존경과 신뢰감은 단순한 친절이 아님을 엿볼 수 있습니다. 그 증거로 이미 재판부에 제시된 바 있는 주민 백삼십육 가호의 진정인에 의한 탄원서가 증명하고도 남음이 있습니다. 뿐만 아니라 그 탄원서를 내기까지 주도 역할을 한 사람 가운데 지난 날 오상석의 본의 아닌 실수로 아들을 잃은 남삼수 옹과 역시 아들을 잃은 윤간난 아주머니가 포함되어 있다는 사실입니다. 셋째, 이 사건의 근원적인 원인은 약사법의 취약성과 동시에 현행 약품 소분법의 무책임하고도 무분별한 실태입니다. 전국 20여 개의 소분업소에는 명분상으로는 정규 약사가 담당하기로 되어 있으나 실지로는 무자격자인 연소한 고용인에 의해 작업을 하고 있다는 가공할 사실입니다. 인명의 소중함을 알고 있으면서 그 약품의 소분작업은 무자격인들에게 일임하다시피하고 있는 현행 소분업체는 보다 강력한 행정당국의 규제와 책임 있는 관리가 앞서야 합니다. 그러기 위해서는 민간인에 의한 소분업소를 국가검정제도 아래 두어 국민이 안심하고 약을 복용하고 정부를 신뢰할 수 있는 약이 약국에서 판매되어야 한다는 근본적인 제도적 개혁이 있어야 합니다. 그리고 또 한 가지 중요한 문제는 이미 보도된 바와 같이 문제의 소분업소 평화화공약품주식회사는 이미 사건이 나기 전인 1973년 9월 10일에 설립허가 취소를 당한 업체인데도 불구하고 그 회사제품인 침강 탄산칼슘 900그램이 9월 26일 자 검사필 도장이 찍힌 채 도매상으로 매각되었다는 사실입니다. 재판장! 그 도장은 누가 찍었습니까? 그 도장이 찍힌 약품을 약사인 오상석이 아무런 의심도 없이 조제에 사용했다는 사실은 그만큼 민간인이 관을 믿고 신뢰했다는 증거가 아니겠습니까? 검인이 찍혀 있고 라벨이 붙어 있는 약품을 사용한 게 불법일까요? 아니 그것도 못 미더워 한 나머지 오상석이가 분석했어야 옳았을까요? 재판장! 불신풍조를 조장하는게 정상적일까요? 관을 믿은 민이 죄인인가 말입니까!

오판

객석에서 '옳소' 하는 소리가 여기저기서 터져 나온다. 객석에는 전 출연자가 방청인으로 앉아 있어야 한다.

판사 조용히! 조용히 하시오!

이와 동시에 무대는 갑작스리 어두워지며 웅장하고도 심오한 교향곡이 크게 울려 퍼진다. 이윽고 다시 무대가 밝아진다.

판사 피고 오상석에 대한 약사법 위반 유죄 원심을 파기 송환함.

이와 함께 객석에서 환호성이 터지고 영사막에 다음과 같은 자막이 투영되고 오랜 침묵 속에 서서히 막이 내린다. 모든 사람이 무대로 올라가 상석을 얼싸 안는다.

1973년 10월 6일 첫 사건 발생
1973년 10월 22일 구속 송치
1974년 1월 24일 유죄판결
1974년 1월 30일 1심 항소
1974년 6월 12일 기각
1974년 6월 12일 대법원 상고
1976년 2월 10일 원심파기 무죄

—막